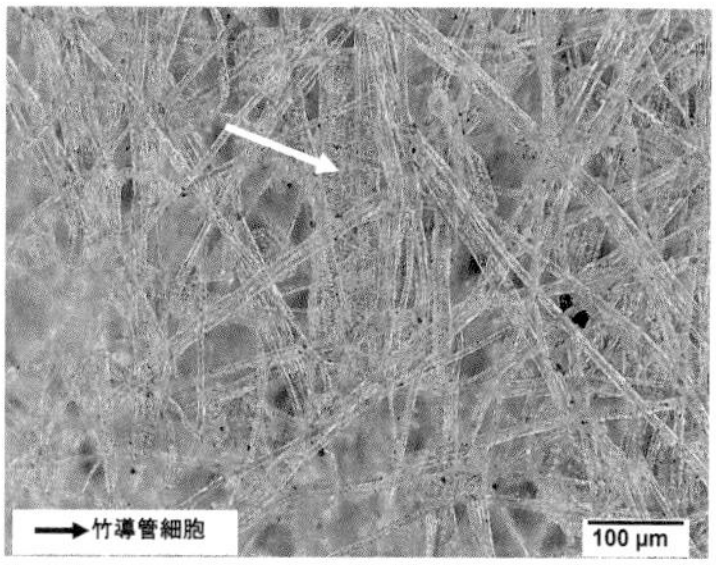

重文高山寺本宋版法蔵和尚伝　竹紙×500
(石塚論文　図1)

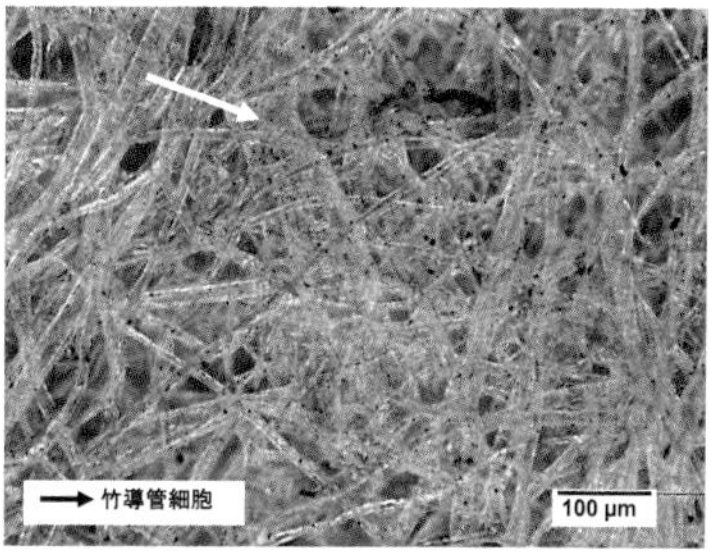

重文宋版斉民要術巻第五　竹紙×500
(石塚論文　図2)

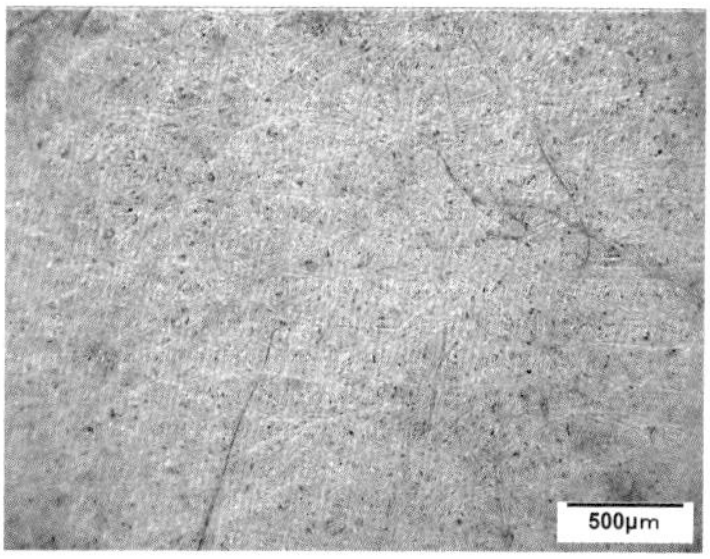

国宝高山寺本冥報記上巻　楮紙×100
(石塚論文　図3)

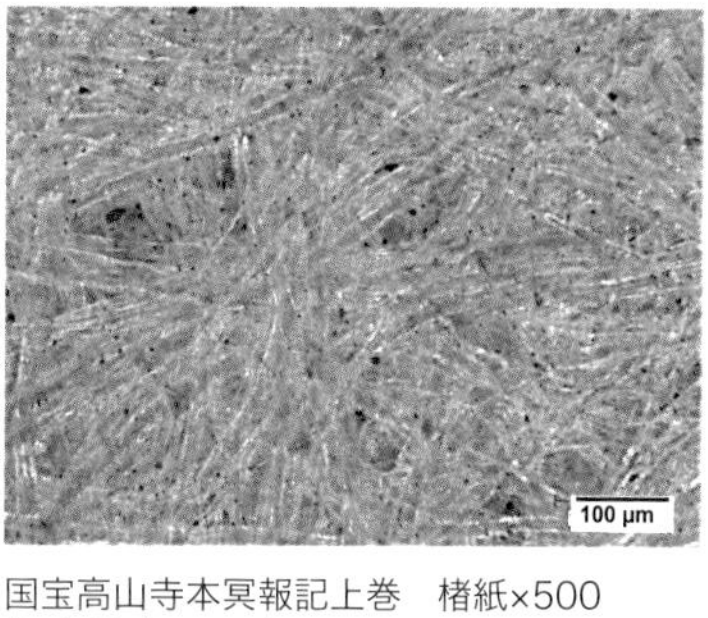

国宝高山寺本冥報記上巻　楮紙×500
(石塚論文　図4)

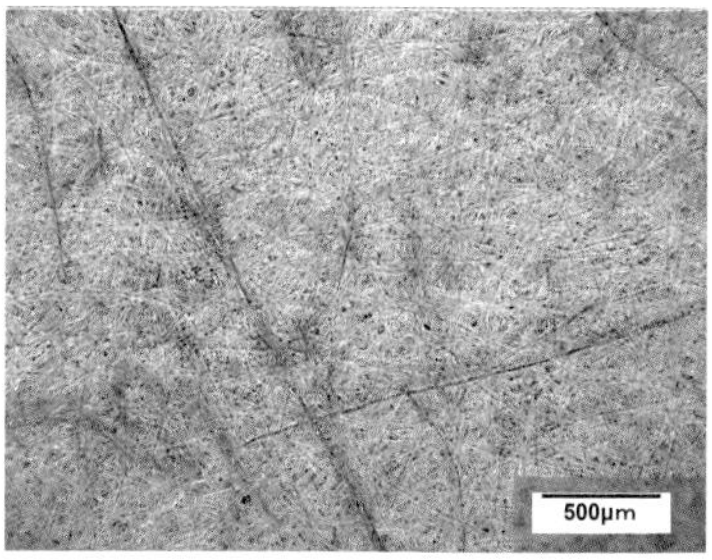

国宝高山寺本冥報記中巻　楮紙×100
(石塚論文　図5)

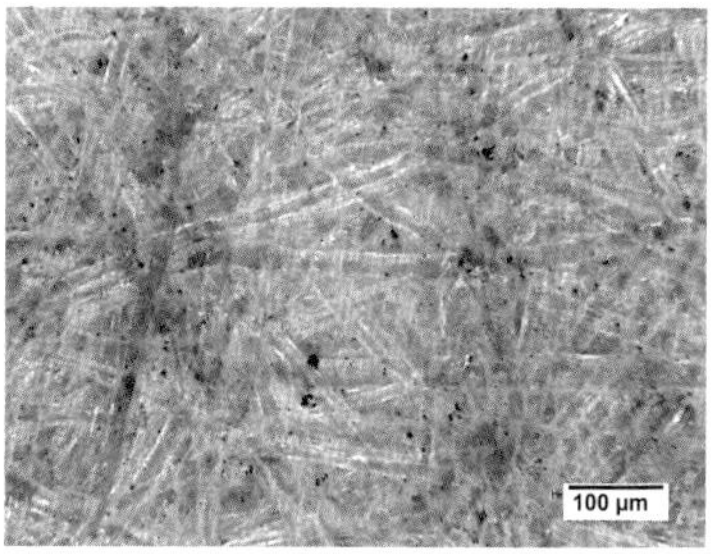

国宝高山寺本冥報記中巻　楮紙×500
(石塚論文　図6)

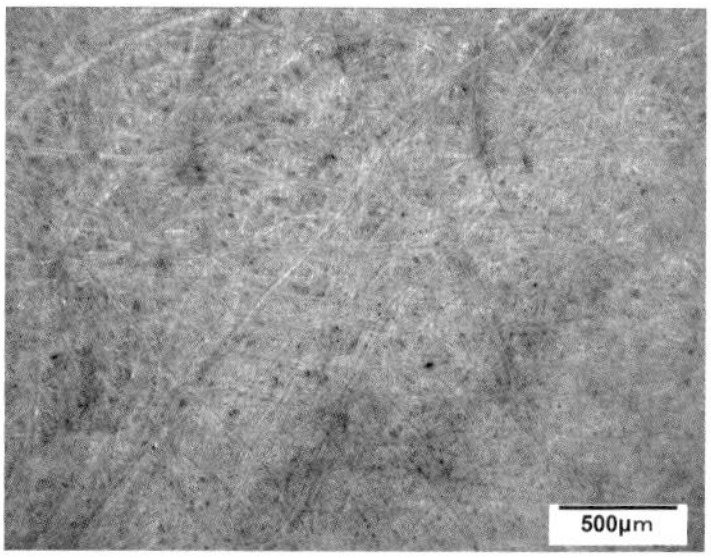

国宝高山寺本冥報記下巻　構紙×100
(石塚論文　図7)

国宝高山寺本冥報記下巻　構紙×500
(石塚論文　図8)

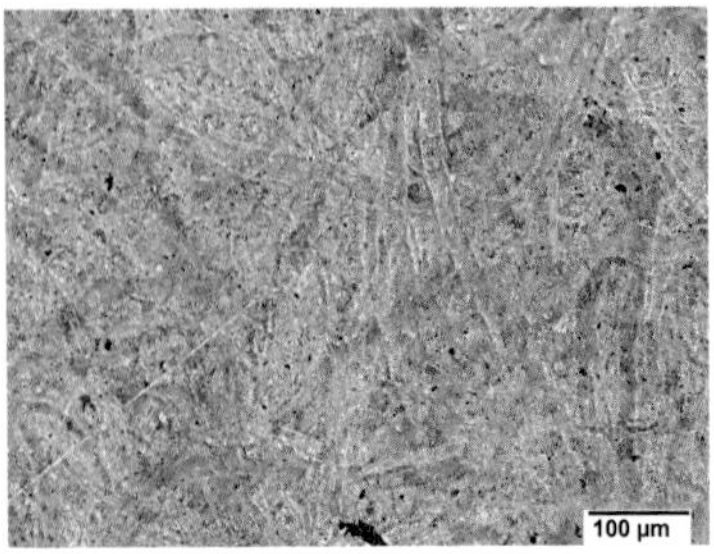

国宝小川本真草千字文　構紙×500
（石塚論文　図13）

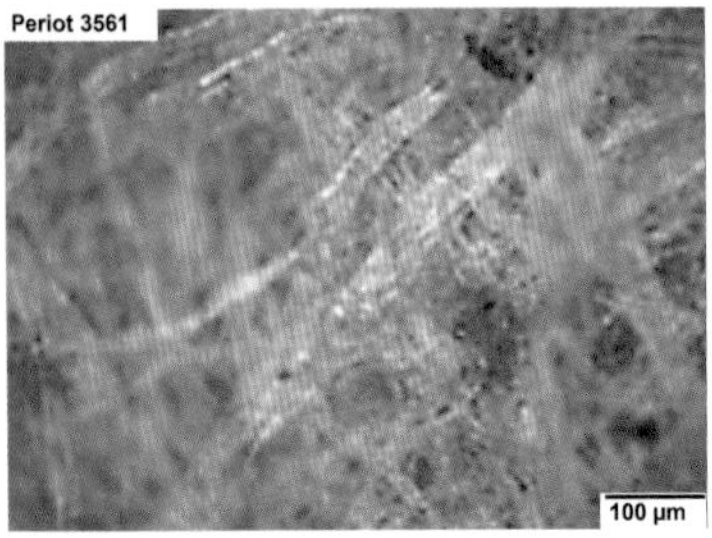

P.3561真草千字文641写本　構紙×500
（石塚論文　図14）

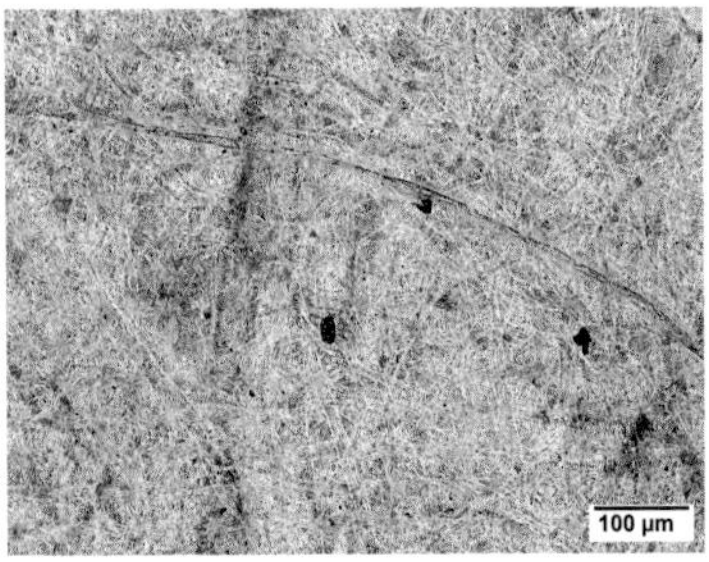

国宝藻塩草所収古今集高野切　雁皮紙×500
（石塚論文　図15）

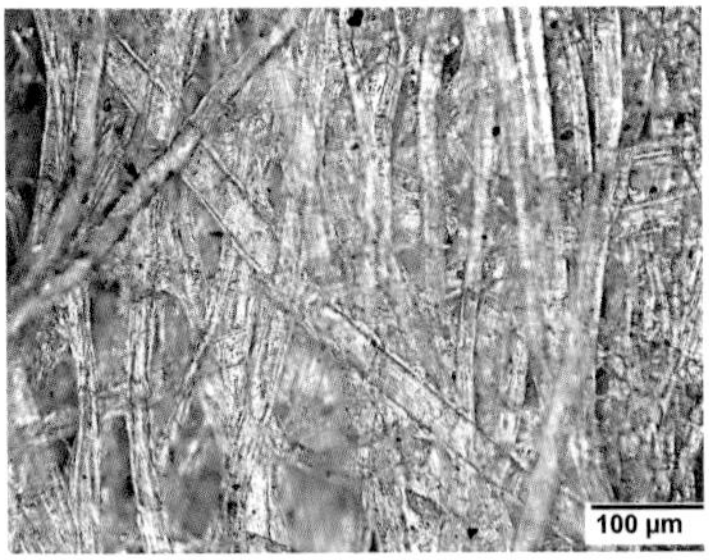

国宝明恵上人歌集　楮紙　×500
（石塚論文　図16）

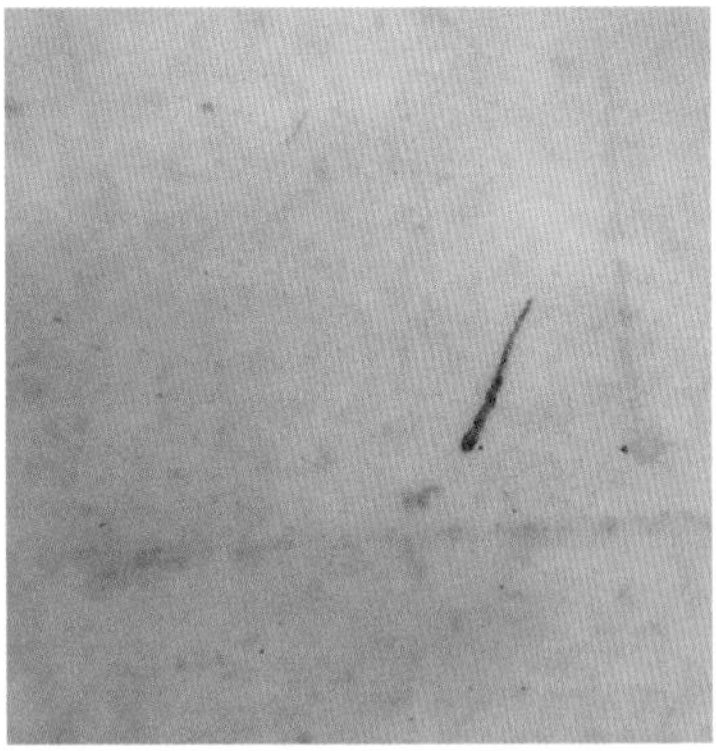

重文入解脱門義（明恵自筆）巻下
　楮紙打紙（樹皮屑）（石塚論文　図9）

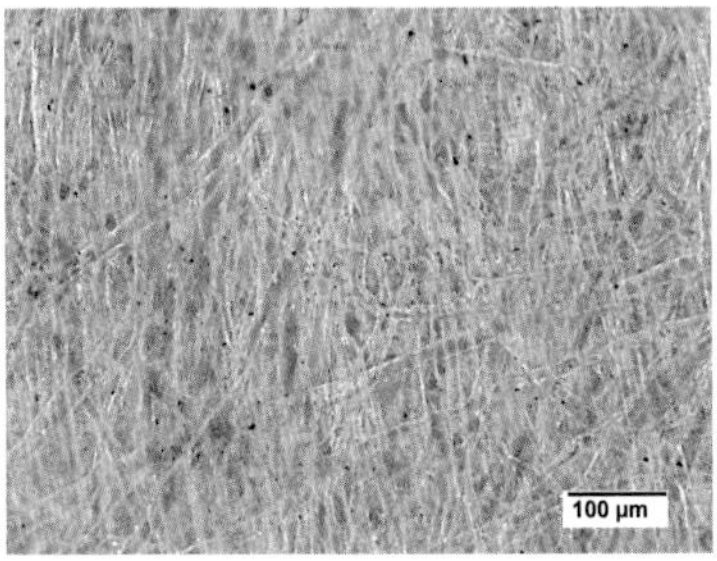

国宝岩崎本日本書紀22巻　楮紙×450
（石塚論文　図10）

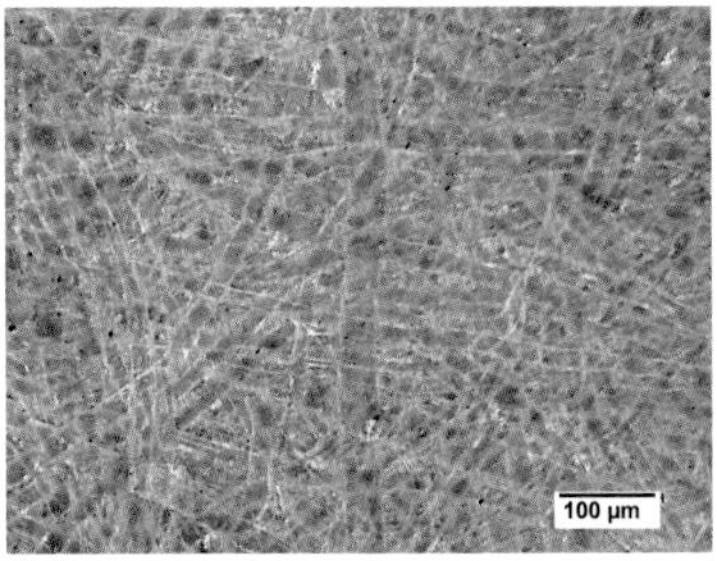

国宝京博蔵兼方本日本書紀　楮紙打紙×450
（石塚論文　図11）

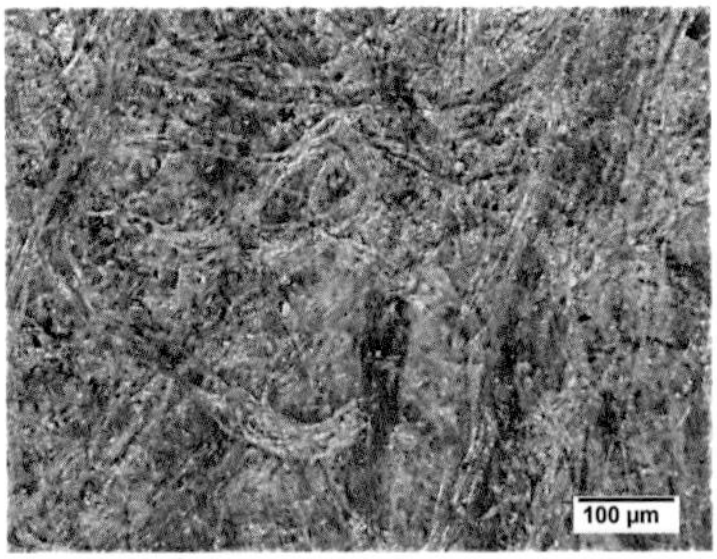

守屋本妙法蓮華経　麻紙×500
（石塚論文　図12）

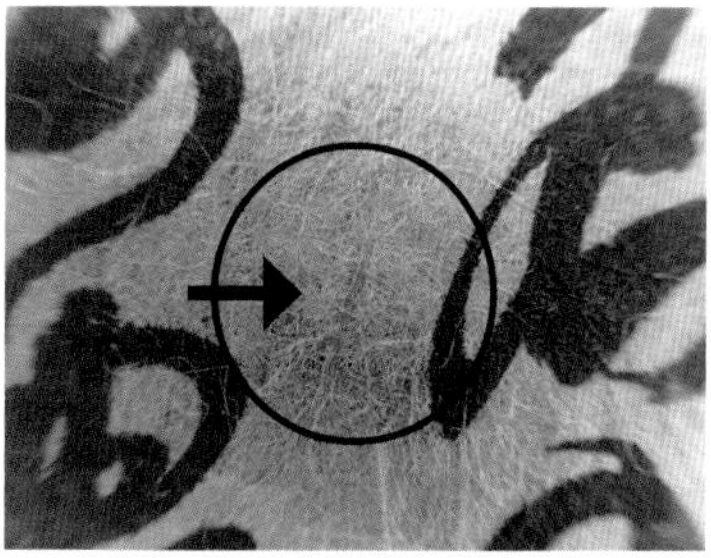

『朝鮮高名記』(楮紙) の接写画像。矢印部分に細長い樹皮屑が確認でき、さらに裏写り(囲み部分) も認められる。
(竹内論文　図3)

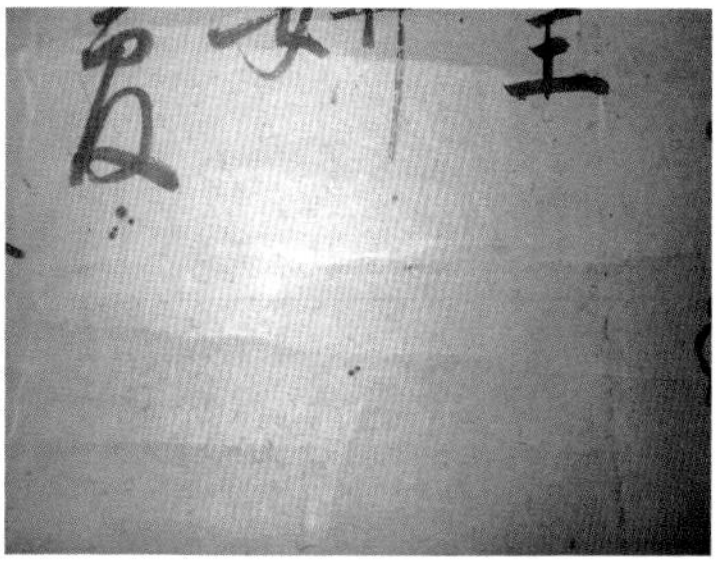

架蔵『[和漢連句懐紙]』(近衛前久発句、楮紙打紙) の表面 (表情)。一般の楮紙でははっきり見える漉き目が確認できない。
(竹内論文　図4)

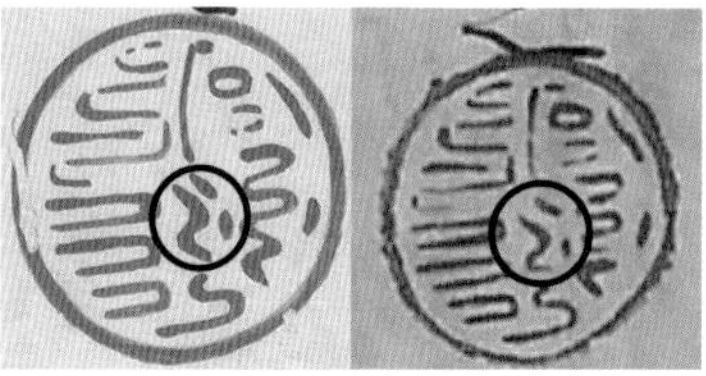

蓬左文庫本の朱印 (左) と大阪城天守閣本の朱印 (右)。一例だが、囲み部分のような箇所に明らかな印紋の違いが見られる。
(竹内論文　図13)

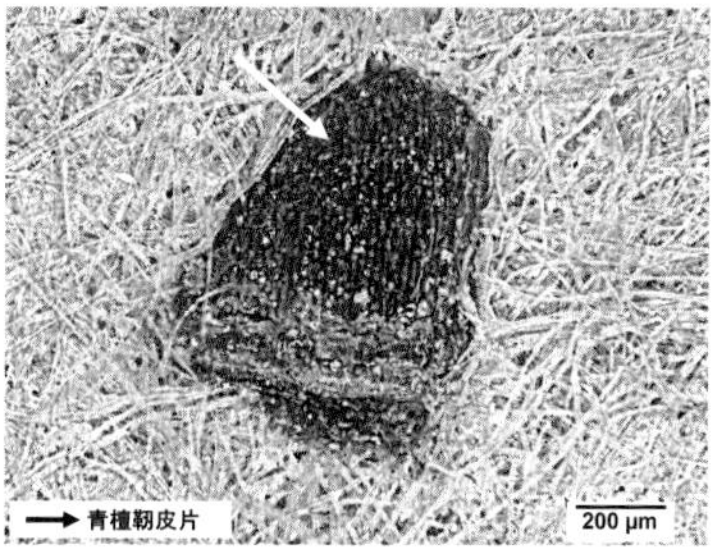

国宝東洋文庫本春秋経伝集解　青檀紙×200
(石塚論文　図17)

※石塚論文図1-図17は、紙繊維を明瞭に示すための画像処理を施しているため、原本と色調が異なるものがある。

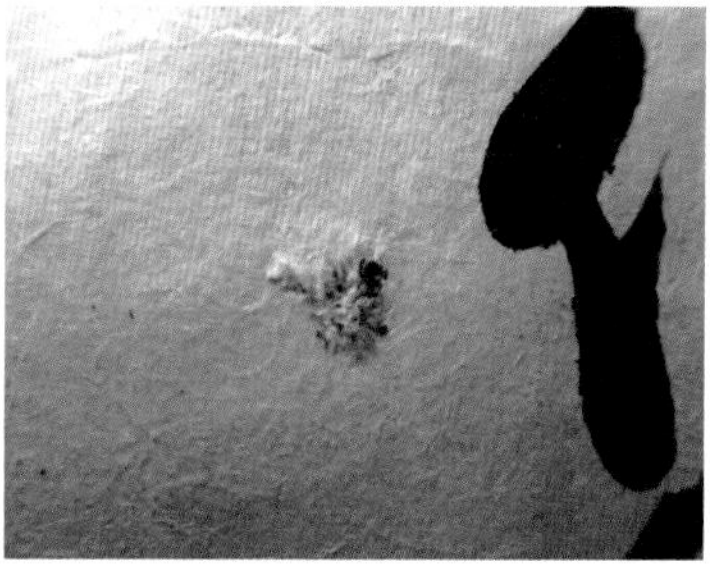

大阪城天守閣蔵『聚楽行幸記』(斐紙) の表面(表情)。中央部に雁皮の樹皮屑も認められる。
(竹内論文　図1)

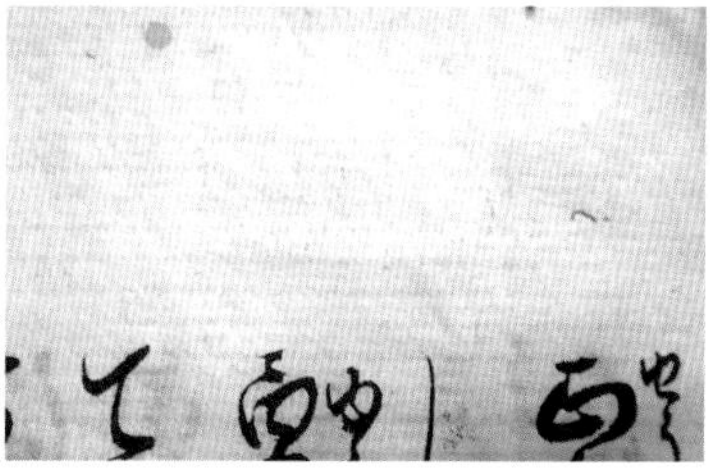

架蔵『朝鮮高名記』(楮紙) の表面 (表情)。横に走る漉き目が確認できる。
(竹内論文　図2)

制作　凸版印刷株式会社
監修　千田嘉博（奈良大学文学部教授）、東京藝術大学、徳川美術館、佐多芳彦（立正大学文学部教授）
協力　大阪城天守閣、京都市立芸術大学芸術資料館、東京国立博物館
※JSPS科研費JP17102001（立正大学）の助成を受けた研究成果を活用しています。

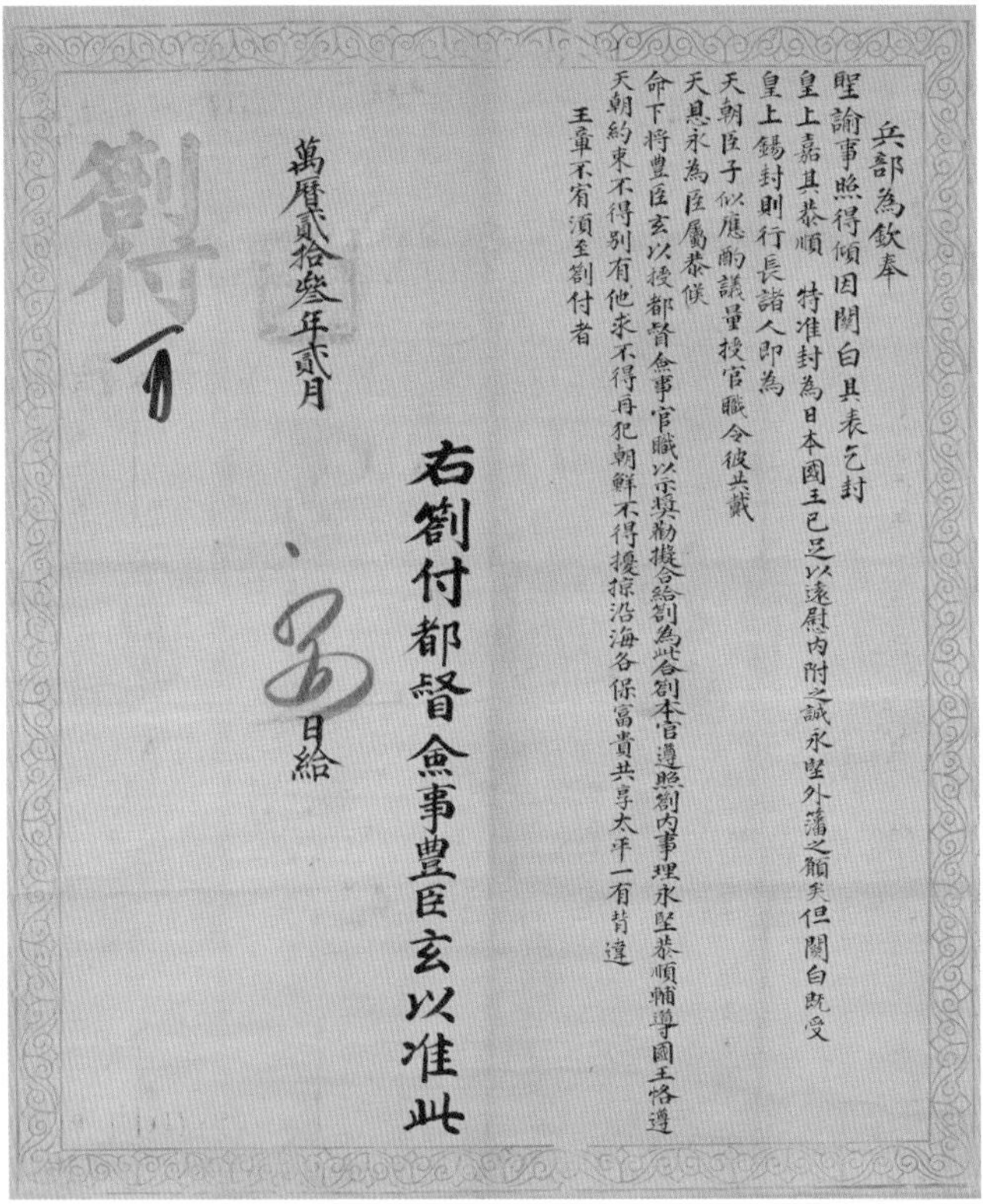

兵部為欽奉
聖諭事照得傾因関白具表乞封
皇上嘉其恭順　特准封為日本國王已足以遠慰内附之誠永堅外藩之願矣但関白既受
皇上錫封則行長諸人即為
天朝臣子似應酌議量授官職令彼共戴
天恩永為臣屬恭候
命下将豊臣玄以授都督僉事官職以示奬勸擬合給劄為此合劄本官遵照劄内事理永堅恭順輔導國王恪遵
天朝約束不得別有他求不得再犯朝鮮不得擾掠沿海各保富貴共享太平一有背違
王章不宥須至劄付者

右劄付都督僉事豊臣玄以准此

萬暦貳拾參年貳月　日給

劄付

前田玄以宛明国兵部箚付（東京大学史料編纂所所蔵）（須田論文　図1）

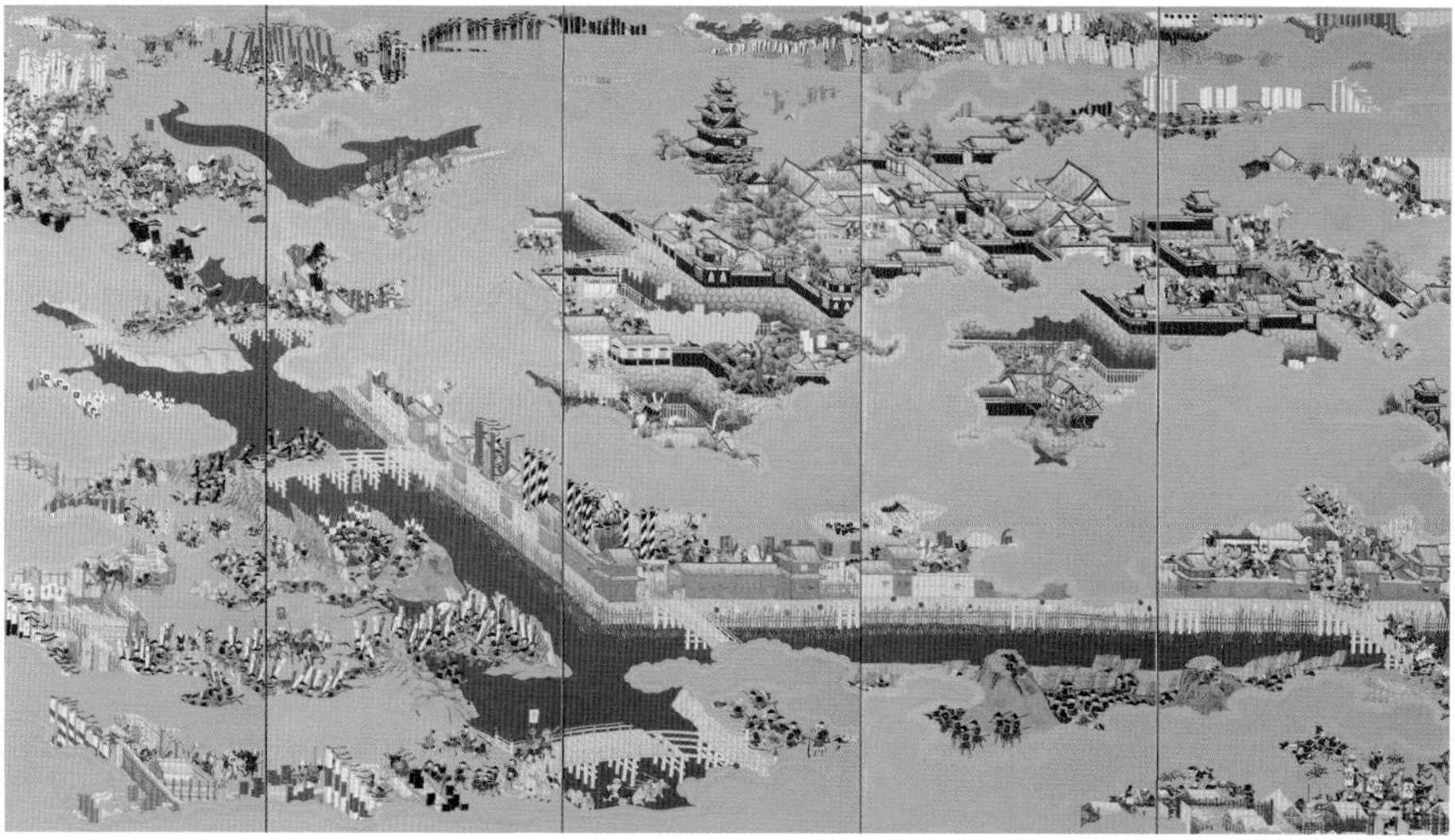

「大坂冬の陣図屏風」デジタル想定復元（凸版印刷株式会社所蔵）（薄田論文　図1）

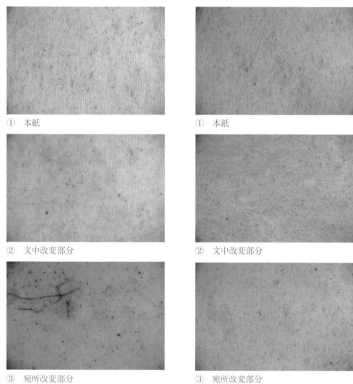

①　本紙

②　文中改変部分

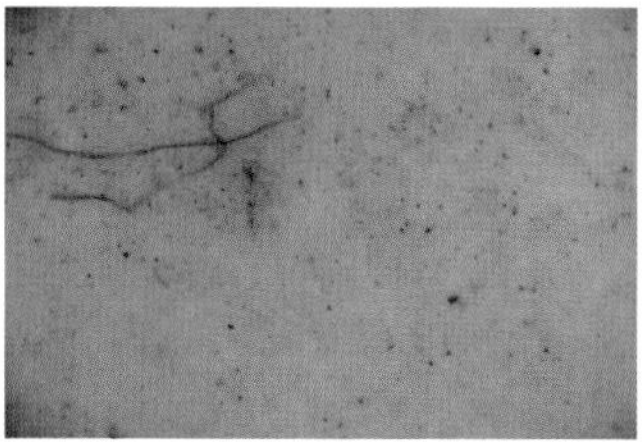

③　宛所改変部分

上杉景勝宛箚付の顕微鏡撮影画像
（須田論文　図7）

①　本紙

②　文中改変部分

③　宛所改変部分

毛利輝元宛箚付の顕微鏡撮影画像
（須田論文　図6）

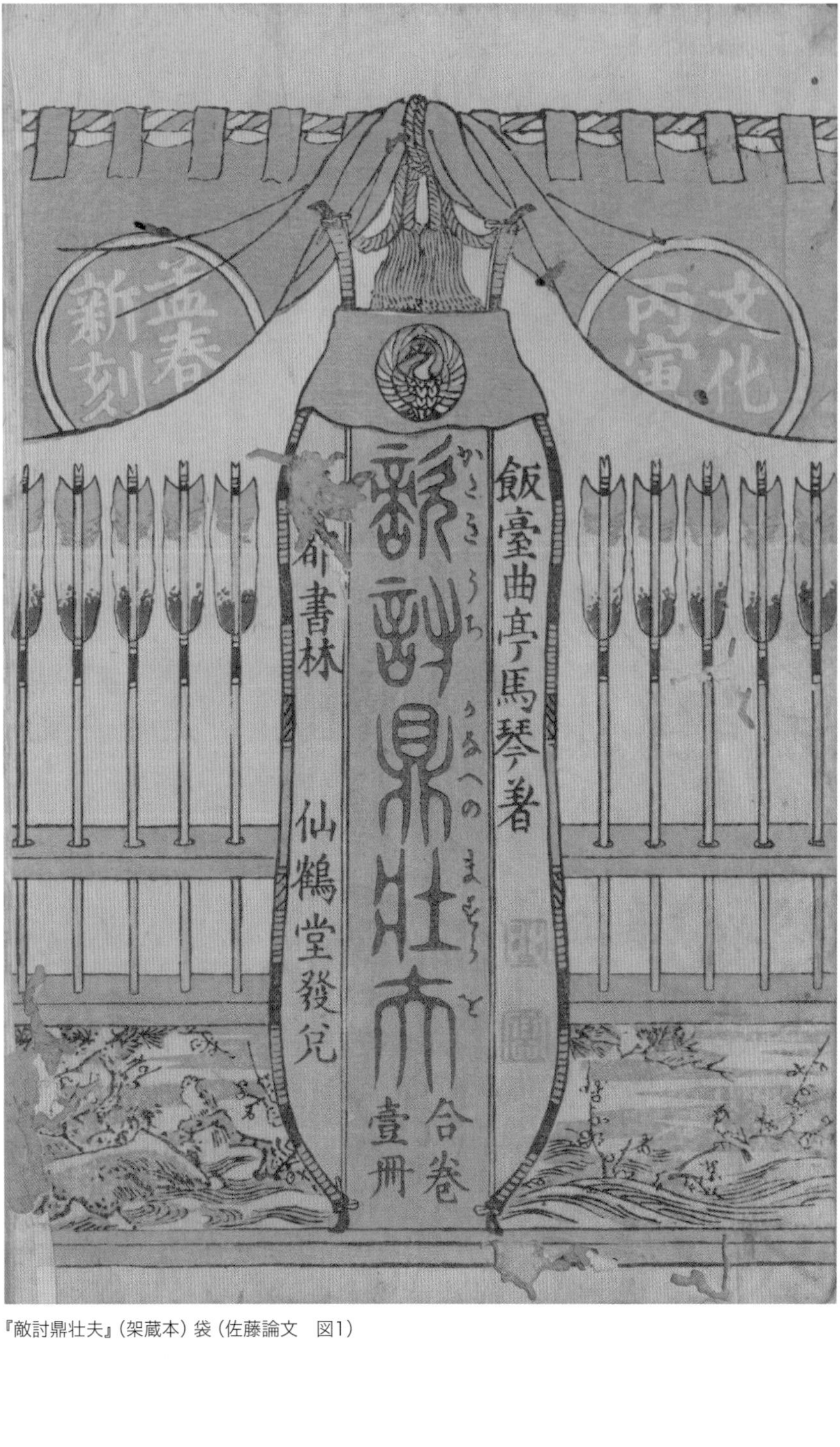

『敵討鼎壮夫』（架蔵本）袋（佐藤論文　図1）

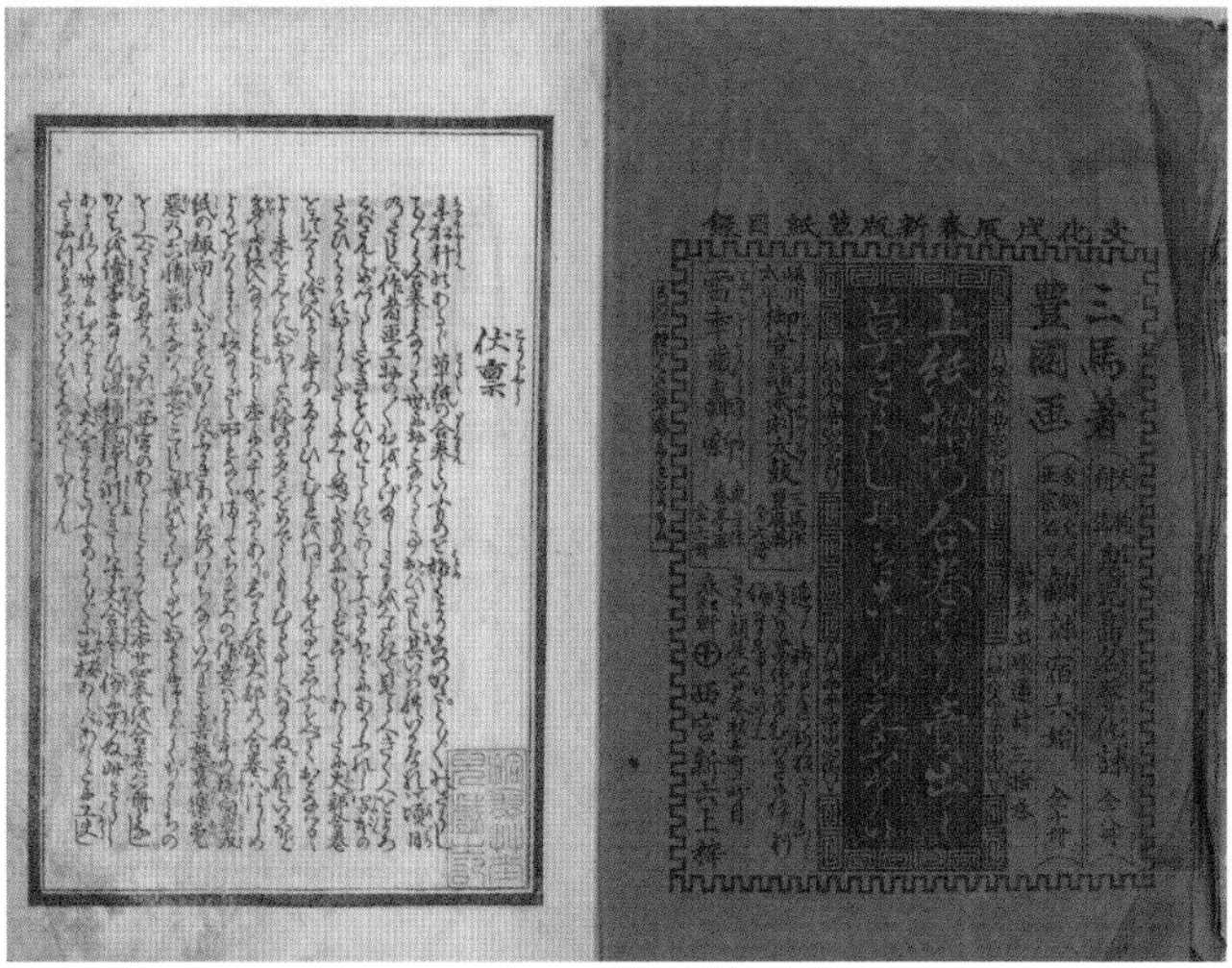

『おとぎものがたり』(架蔵本) 見返し・伏稟 (佐藤論文　図2)

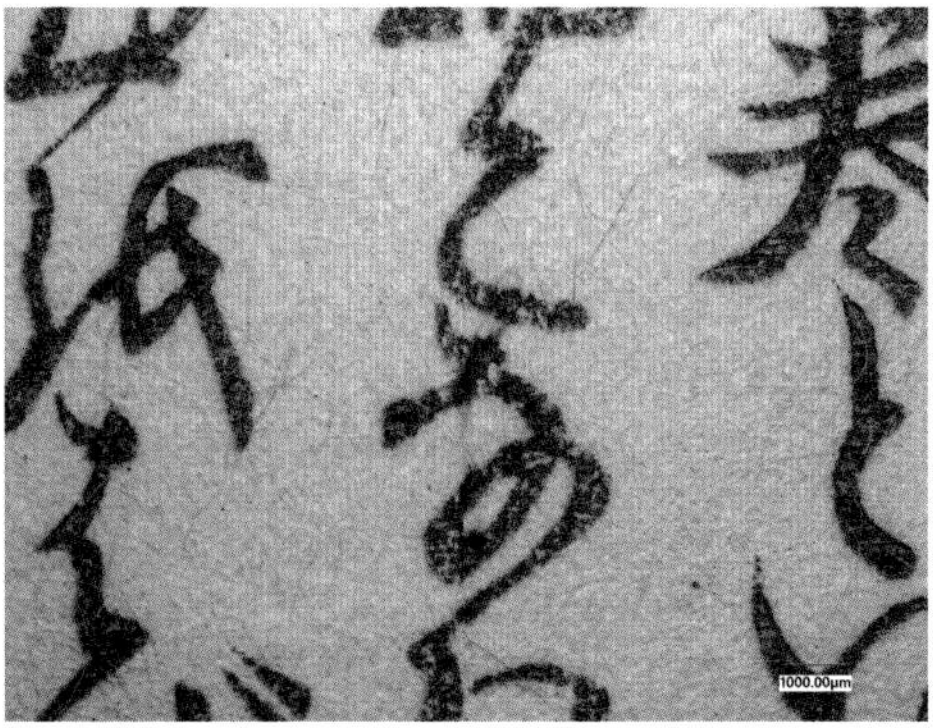

『おとぎものがたり』1オ　×20 (佐藤論文　図3)

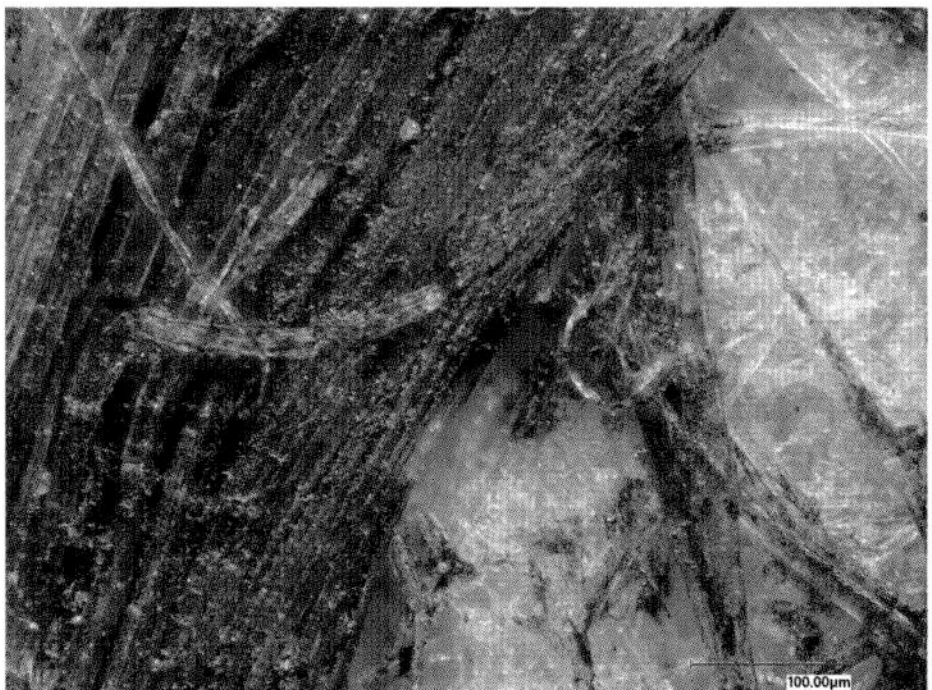

『おとぎものがたり』1オ　×500 (佐藤論文　図4)

「伊勢物語嫁入本 西の対」
白丸で囲んだ部分を分析の対象とした。
(日比谷・大和論文　図1A)

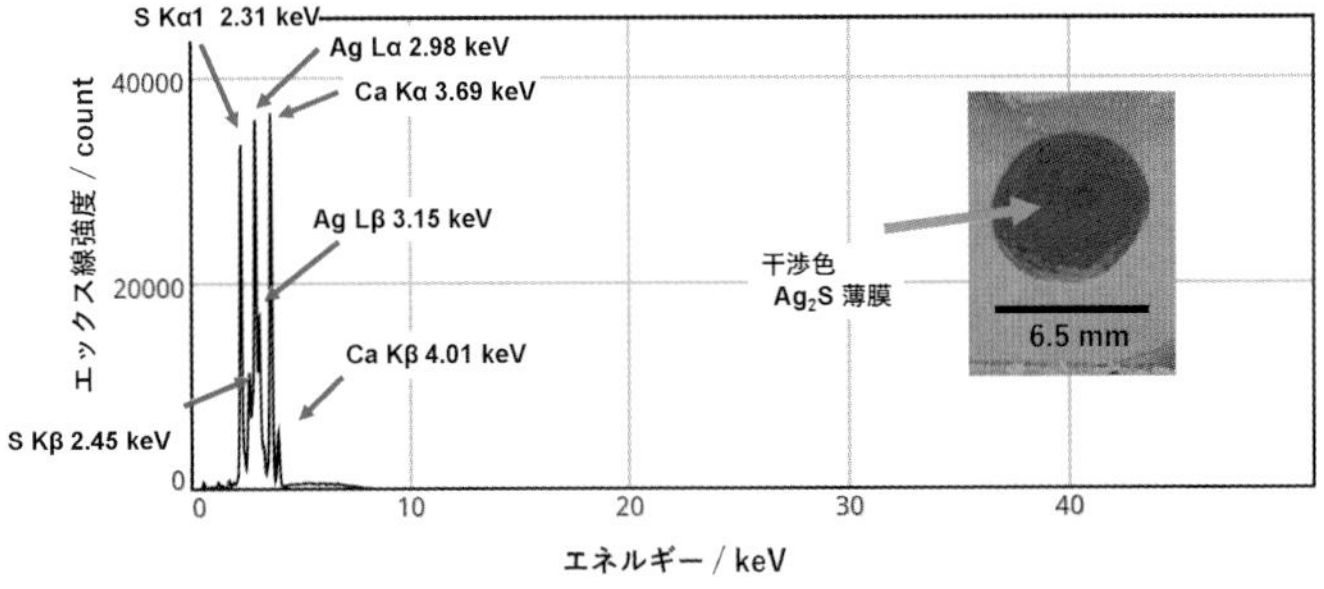

黒化した月における、中央部3mm径部分の蛍光エックス線分析結果
2.31 keV の固有エネルギーを有するイオウ S の Kα1 線を検出しやすくするために、加速電圧および電流値を、それぞれ 8 kV および95 μA として測定した。ここでは、このために 22.16 keV に出現する 銀 Ag の強い Kα1 線の強いピークを表示していない。当初は銀色に輝いていたであろう月が黒化することは、硫化銀 Ag2S の生成による。硫化銀が薄膜となっていることは、水の表面の油膜と同様に干渉色が観測できることから理解できる。
(日比谷・大和論文　図1B)

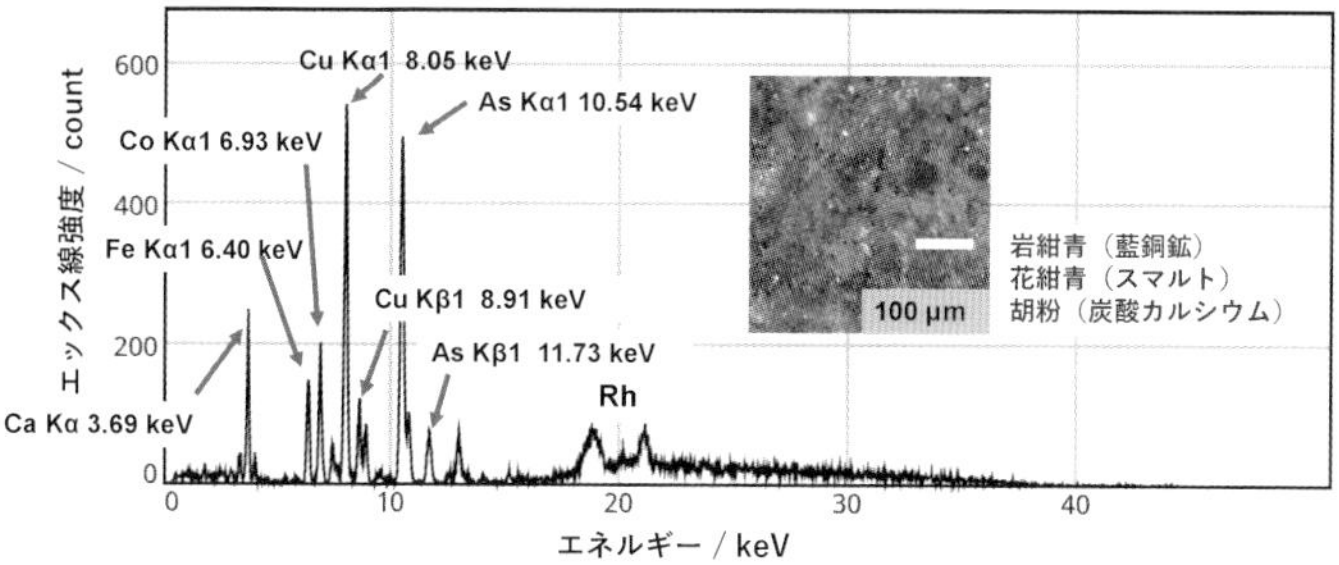

「西の対」における水の部分の色材分析結果

白い色材は胡粉（主成分 炭酸カルシウム）$CaCO_3$であろう。一方、青の色材の一つは銅が検出されることから、群青（主成分 藍銅鉱）$Cu_3(CO_3)_2(OH)_2$推定される。さらに、コバルト Co およびヒ素 As が検出されることから、花紺青（スマルト）の存在が明らかとなった。20 keV 近傍に現れる3つのピークは、励起用の ロジウム Rh 管球に由来する。

（日比谷・大和論文　図1C）

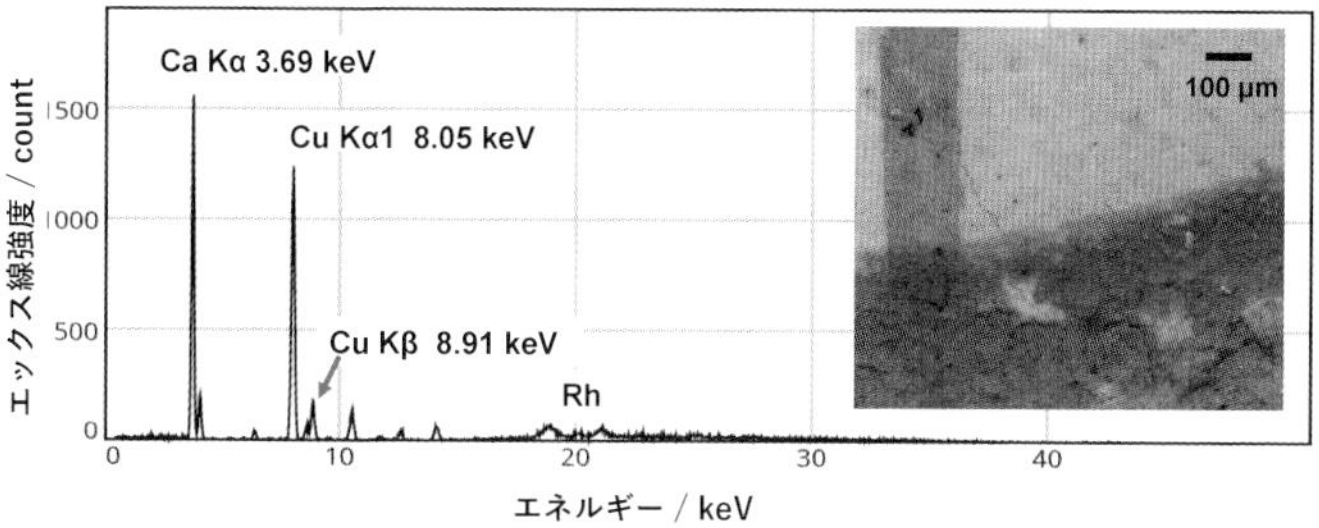

「西の対」における土台の部分

ディジタル顕微鏡画像の上半は、土台に乗せられた束（つか）であり、胡粉（主成分 炭酸カルシウム）$CaCO_3$が塗られているのであろう。下半からは銅が検出されるので緑青（主成分 塩基性炭酸銅）$Cu_2(OH)_2CO_3$と考えられる。緑青の剥落が認められ、その凹凸を測定すると緑青はおよそ5μmの厚さに塗られている。縦に引かれた線は束の部分の墨である。墨の主成分である炭素 C は、蛍光エックス線分析では検出できない。

（日比谷・大和論文　図1D）

「伊勢物語嫁入本 芦屋の浜」部分

（日比谷・大和論文　図2A）

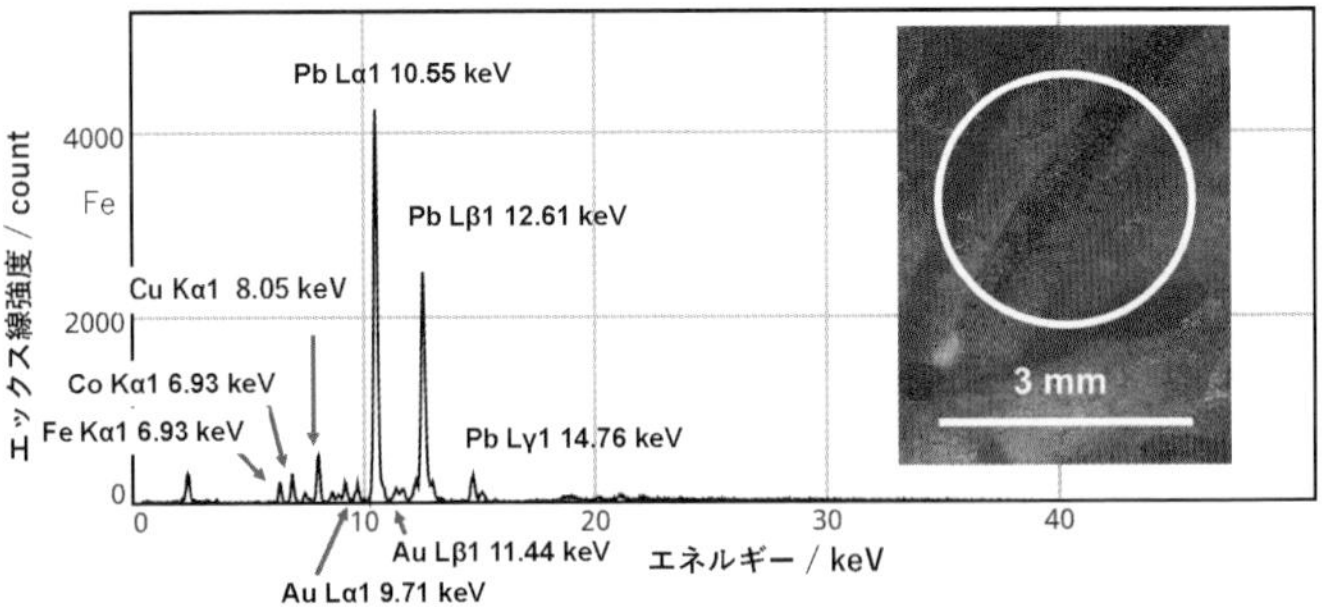

「芦屋の浜」の従者が着る狩衣の模様の蛍光エックス線分析

鉛 Pb、銅 Cu、コバルト Co、鉄 Fe、金 Au のピークが認められる。青の色材で線状に盛り上がった部分に金泥が塗られている。これに対応した極めて弱い金 Au のピークが、エックス線スペクトルに認められる。

(日比谷・大和論文　図2B)

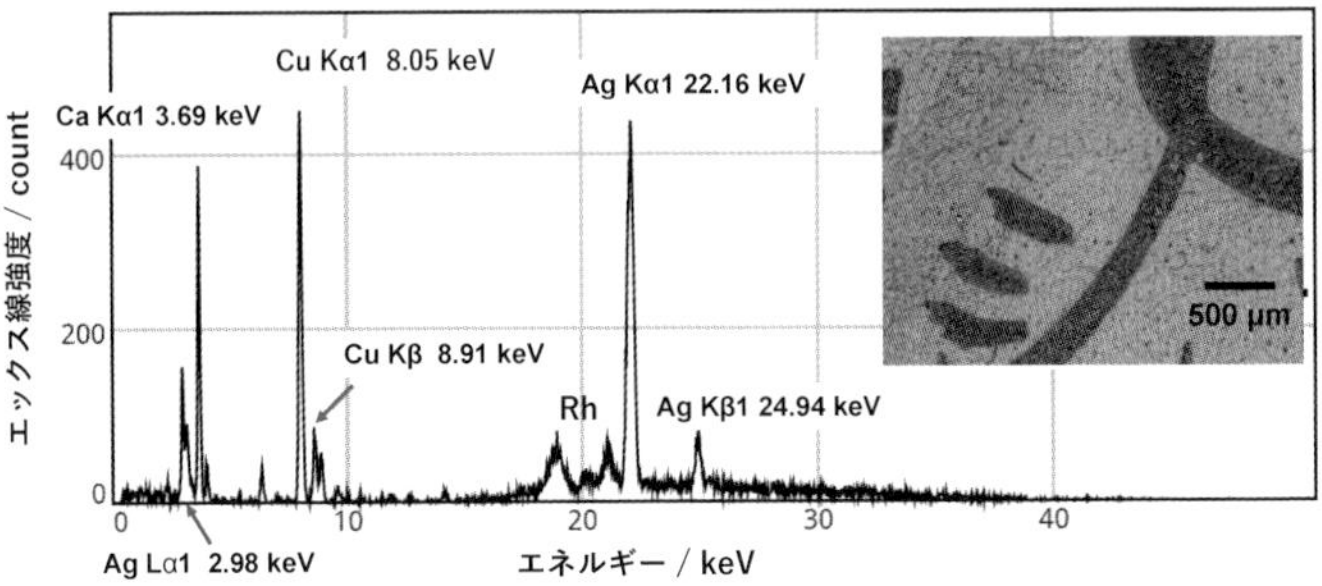

「芦屋の浜」における従者の袴模様

カルシウム Ca と銅 Cu が検出されることから、薄い青色は、胡粉（炭酸カルシウム）$CaCO_3$と群青（藍銅鉱）$Cu_3(CO_3)_2(OH)_2$との混色であろう。黒く見える線状の模様は銀 Ag によって描かれている。黒化した銀粒子の表面には硫化銀 Ag_2S 膜の生成による干渉色が見える。イオウはこの図ではピークとして現れにくいが、加速電圧を 8 kV とすると検出されやすくなる。

(日比谷・大和論文　図2C)

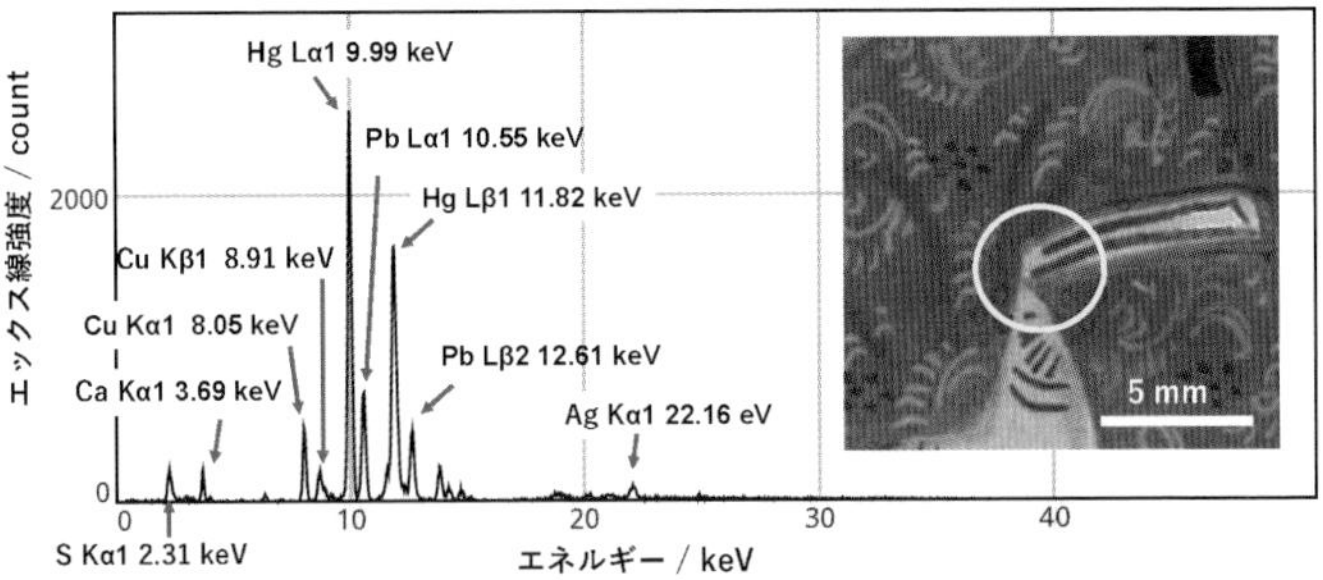

「芦屋の浜」における侍童の水干

鮮やかな朱色の水干に 100〜200 μm 程度の細密な模様が描かれている。青の色材については、空間分解能を向上させた方法により特定することが求められる。

(日比谷・大和論文　図2D)

「新吉原江戸町壹丁目和泉屋平左衛門仮宅之圖」　歌川国芳筆　板元東屋大助　文政8年（1825）
右側の4枚は日本浮世絵博物館蔵。左端の1枚を含め褪色したもの5枚揃いは個人蔵。和泉屋平左衛門初代の七回忌にあたり初代夫妻を顕彰し、見世の全盛を示す絵である。贈答品として作成されたものと考えられる。（日比谷・大和論文　図3）

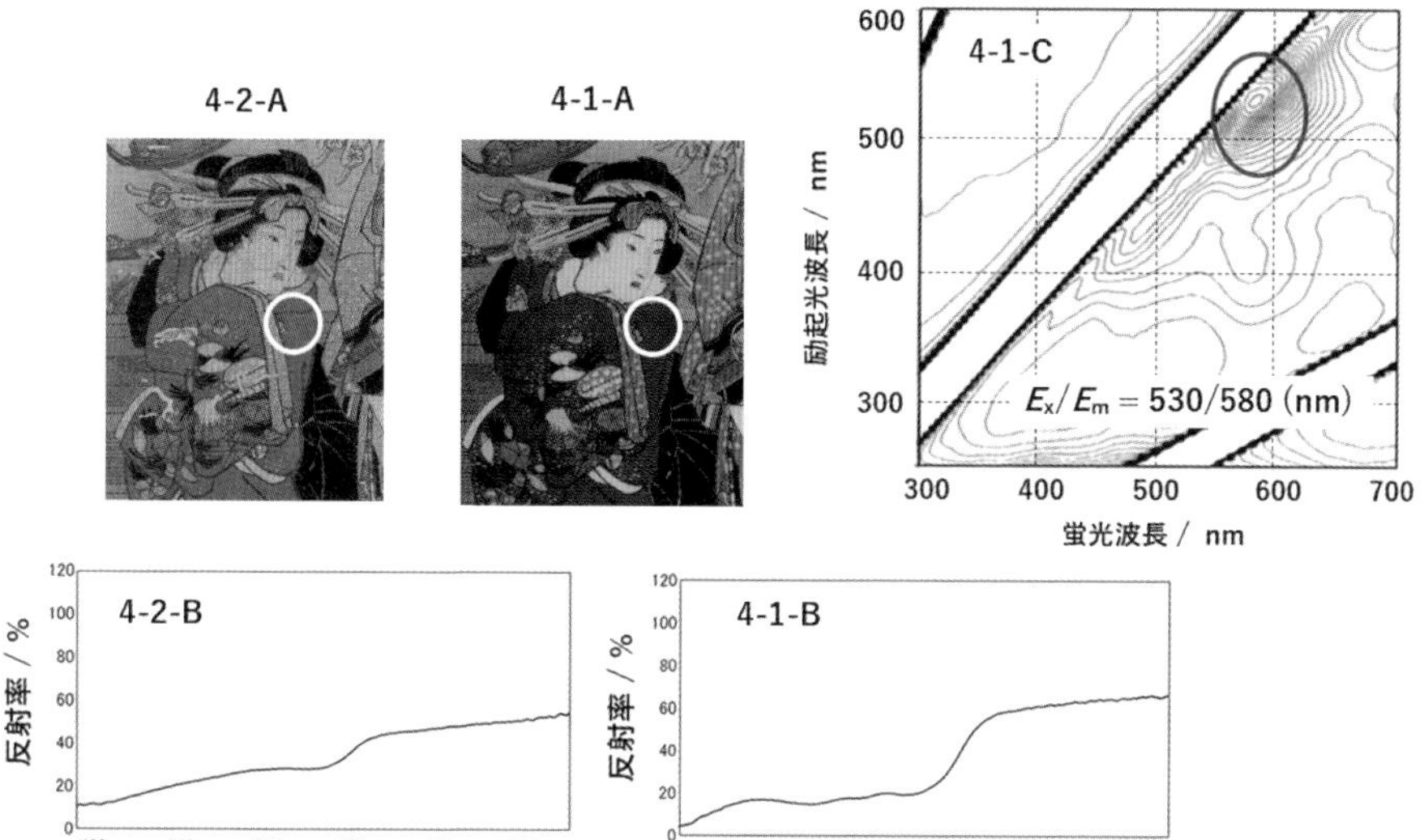

「新吉原江戸町一丁目和泉屋平左衛門花川戸仮宅図」右端における「御瀧」の着物の紫の褪色。
（日比谷・大和論文　図4）
褪色のない「御瀧」日本浮世絵美術館蔵（図4-1-A）　着物の衿部分における反射スペクトル.（図4-1-B）
着物の衿部分における３次元蛍光分析（図4-1-C）
緑に褪色した「御瀧」（図4-2-A）　緑に褪色した「御瀧」の襟における反射スペクトル（図4-2-B）

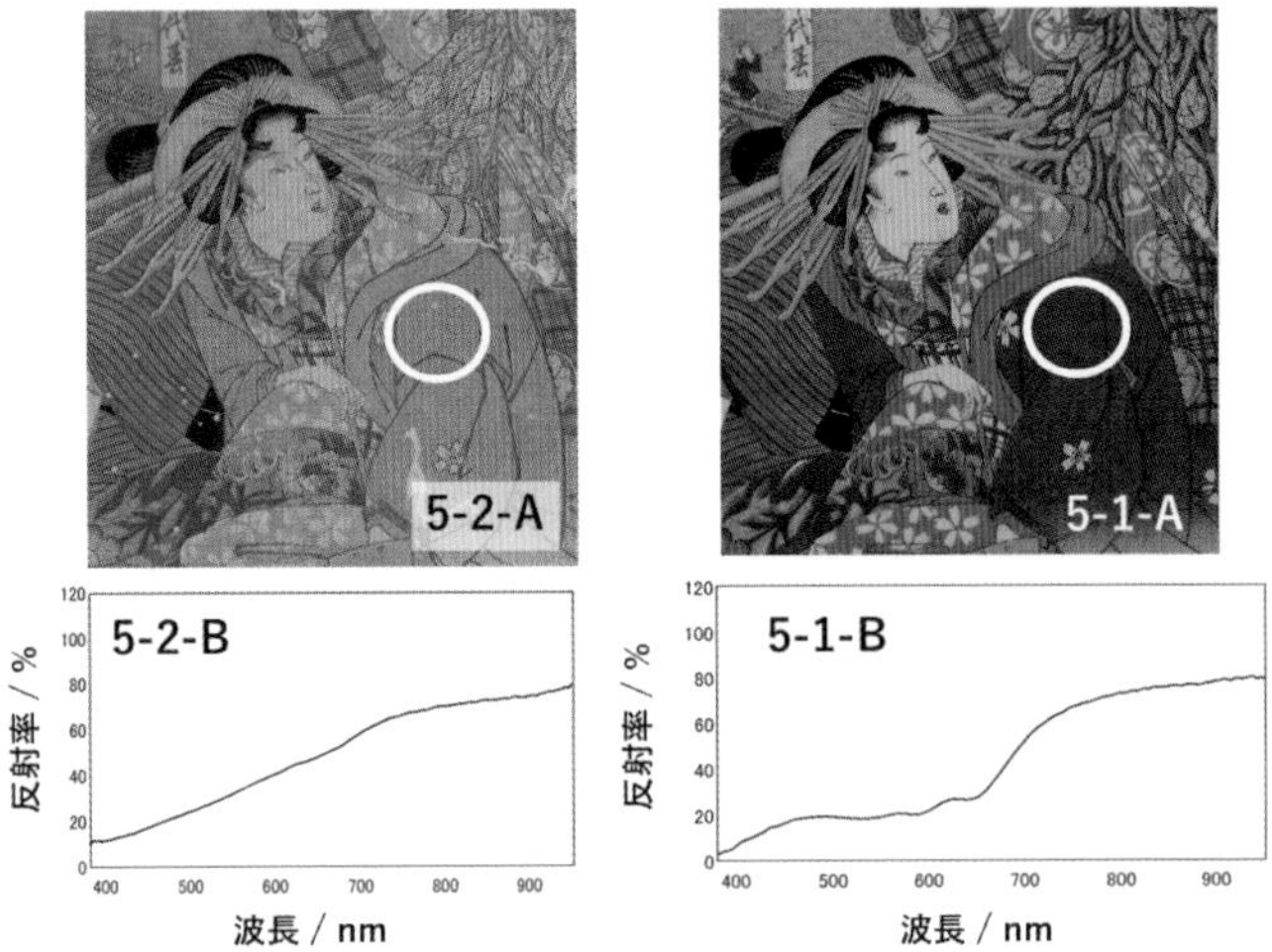

新吉原江戸町一丁目和泉屋平左衛門花川戸仮宅図」右から2枚目における「千代治」（日比谷・大和論文　図5）
褪色のない「千代春」日本浮世絵博物館蔵（図5-1-A）
褪色のない千代治」春の袖における反射スペクトル。（図5-1-B）
褪色により茶色となった「千代春」の着物（図5-2-A）
褪色した「千代春」の着物における反射スペクトル。（図5-2-B）

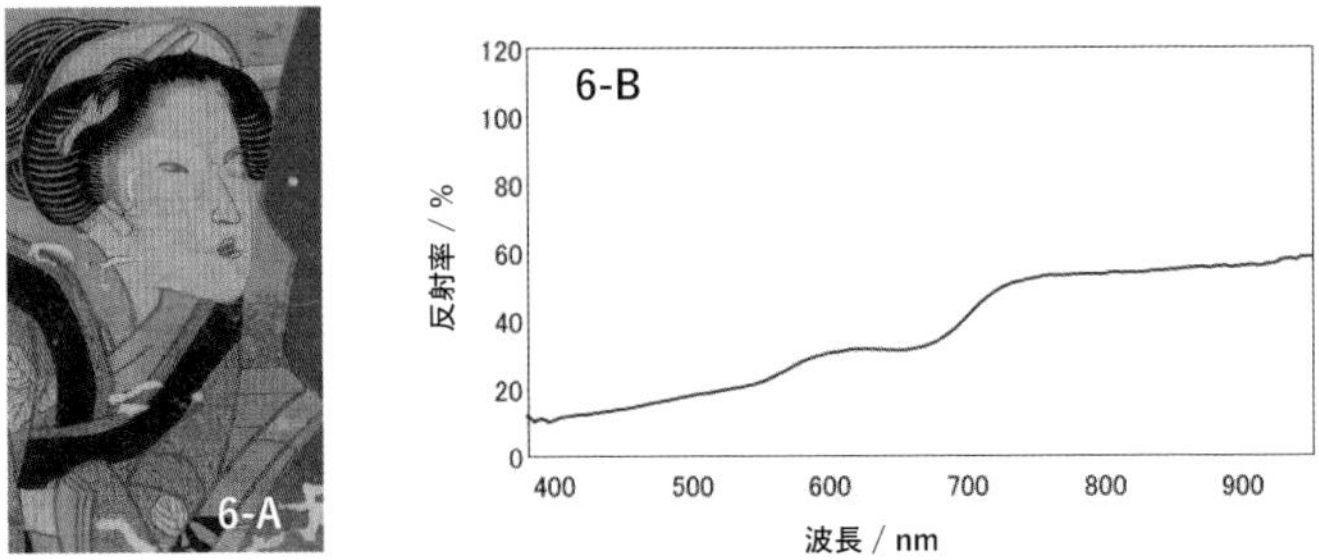

五枚続「新吉原江戸町壹丁目和泉屋平左衛門仮宅之圖」の左端における和泉屋女房の褐色味を帯びた紫の色材分析（日比谷・大和論文　図6）
和泉屋女房（図6A）　着物の袖の紫色の部分の反射スペクトル（図6B）

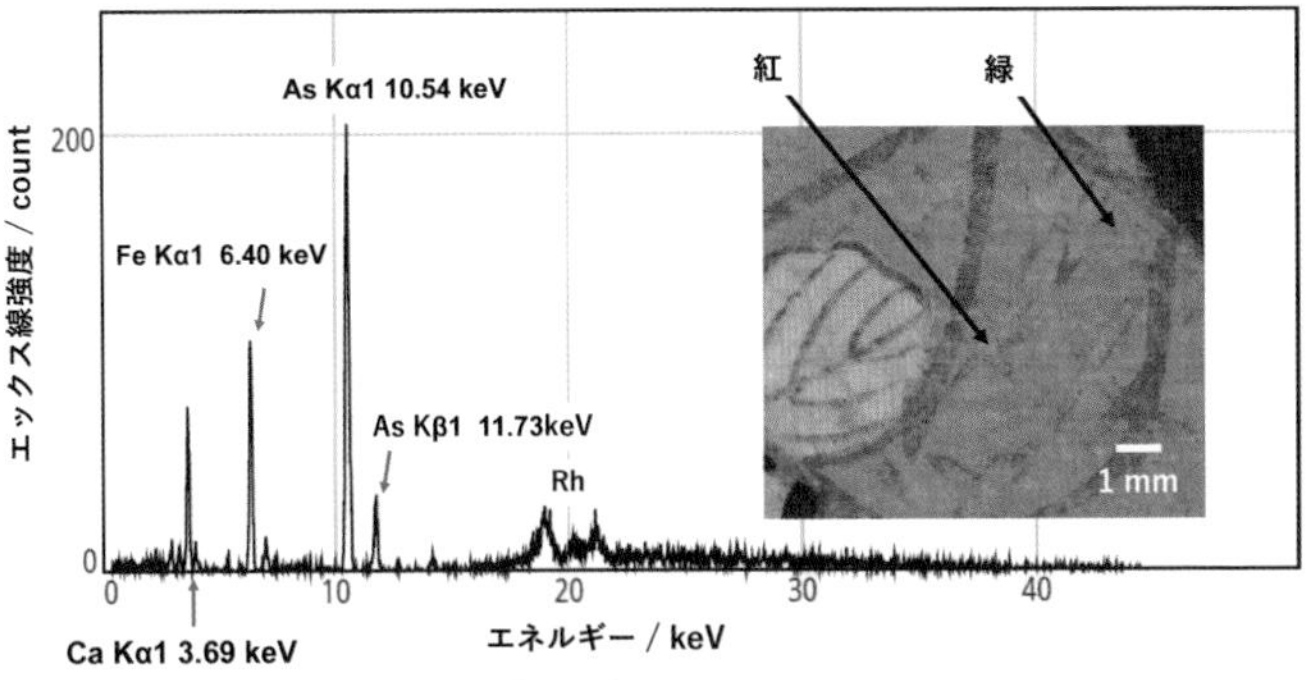

袖の部分の蛍光エックス線分析（図6C）
イオウは加速電圧および電流値を、それぞれ8kVおよび95 μAとすることによりピークとして検出した。

井上泰至〈編〉

資料論がひらく軍記・合戦図の世界

理文融合型資料論と史学・文学の交差

勉誠出版

〈目次〉

使用図版——

右・『平治合戦図屏風』（メトロポリタン美術館所蔵）

左・「前田玄以宛明国兵部箚付」（東京大学史料編纂所所蔵）

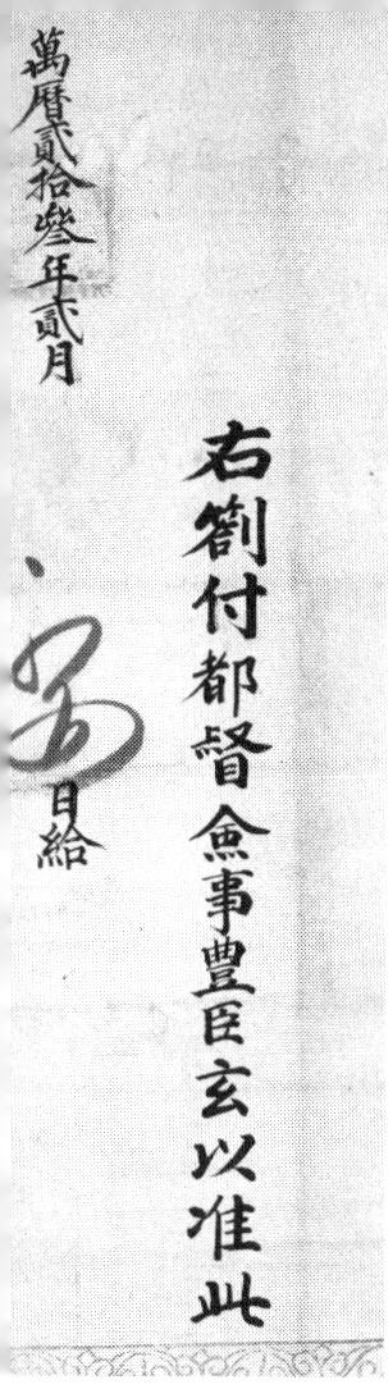

口絵にカラー掲載している図版については、キャプションに「＊」を附して示した。

序言

井上泰至

文学・歴史に関する資料の研究は、近年進展が著しい理工学の研究方法を導入して、大きな変化の節目を迎えつつあります。これは世界的な現象です。資料情報提供のデジタル化・国際化や、理工系の調査方法を資料分析や補修・復元に応用する潮流に端的に顕れてきていますが、こうした環境の変化に伴う新しい研究方法の可能性・問題点も同時に焦点化してきています。それは、文学・史学で個別に蓄積してきた資料への知見の垣根を超えるものでもあります。

国文学研究資料館の共同研究では、私が代表となって、「軍記および関連作品の歴史資料としての活用のための基盤的・学際的研究」と題して二〇一八年度から三年間、文学・史学双方の研究者の参加をお願いし、軍記とその関連資料を対象に新しい研究法の模索を行ってきました。そこでも浮かび上がってきた大きな柱が、理文融合型の研究方法の問題と、史学・文学の交差領域である軍記関連資料への学際的研究方法の問題の二点でした。理文融合型研究が、軍記関連資料のような学際性が要求される研究分野でこそ一つの突破口になることが明らかになるとともに、文学・歴史をまたぐ研究はこれまで注目されてこなかった分野（合戦絵巻や屏風・兵学・有職学など）を前景化することも見えてきました。

本書は、この三年間、本研究の研究会だけでなく、代表である私が様々な研究集会への参加を通して知り得た、注目すべき研究動向を紹介すべく編んだ論文・報告から構成されています。

本書の第一部は、理文融合型研究の可能性と問題点です。この問題で新コディコロジーの提唱をされている石塚晴通先生のご講演の活字化を軸に、文学・史学・美術史学から四名の既発表の先端的研究成果を改めてご報告いただき、コメンテーターやフロアからの応答をも反映しました。また関連論文として軍記関連資料に限らず、理文融合型研究の可能性に示唆的な論考もお寄せ頂いています。

全体から、理文融合型研究方法が開く明るい未来が見えてくると同時に、そこから生じる問題点も浮かび上がってきます。紙質や彩色の分析は、まさに学際的研究による突破口ですが、理文融合型研究は、これまで単純な「復元」の観点からのみ研究が進められてきた観があります。歴史学・文学・美術史学・書誌学の専門家によりデータの検討を行うべきこと、さらにはこの分野の研究の進展に大きく寄与するであろうクラスター分析の為には、未翻刻資料のテキストデータ化が必須であることが明らかになってきました。近年進展している古典籍を機械で読み取っていく研究とのリンクが大きな成果を生むであろうことが予想されます。

第二部は、軍記関連資料の個別論文から成りますが、個々の論文あるいは論文相互から、この分野の学際性に正面から向かい合うことこそが、文学・史学の双方にも新しい可能性を切り拓くことが見えてきます。

本研究の研究分担者のほとんどは、科研費基盤A「戦国軍記・合戦図の史料学的研究」（代表：堀新）、および東京大学史料編纂所特定共同研究「東アジアの合戦図の比較研究」（代表：須田牧子）にも所属して、学際的な人員構成と高精細画像の撮影を基幹として、軍記も史学も絵画資料も一括して検討する場を通し、成果を挙げつつあります。特に戦争表象については、史学で二次史料と考えられてきた軍記や絵画資料の再検討が進み、加えて軍記作者や合戦図データの編集・提供者でもあった兵学者の動向、さらには兵学者の重要な職掌でもあった有職の問題も焦点化しつつあり、その方面の論文も収録することとなりました。

資料の扱い方の変化や、資料を見る目の拡がりは、新しい研究方法の開発に留まらず、研究知見の一般への還元にも新しい光をもたらしてくれます。文系隣接分野の連携・理文の連携の現場を、研究の世界だけでなく、広く文化資源の利用方法へのヒントになるものとして、本書を刊行するものです。

コディコロジー（文理融合型綜合典籍学）の実践（基調講演）

石塚晴通

いしづか・はるみち――北海道大学名誉教授・東洋文庫研究員。専門は国語学、敦煌学、文字学。漢字字体規範史データベース（HNG）編纂委員会委員長。主な著書に『図書寮本日本書紀本文篇・索引篇・研究篇』（美季出版社、汲古書院、一九八〇・一九八一・一九八四年）、『東洋文庫蔵岩崎本日本書紀本文と索引』（共著、日本古典文学会、一九七八年）、『漢字字体史研究』（編著、勉誠出版、二〇一二年）、『漢字字体史研究　二』（編著、勉誠出版、二〇一六年）などがある。

本日は「コディコロジー（文理融合型綜合典籍学）の実践」と題してお話し申し上げる機会をおつくりいただき、誠に光栄と存じます。コディコロジーという術語につきましては、かつてフランス辺りを中心に中世キリスト教写本の研究をする分野の学問として意識されていたかと思われる用語ですが、これを写本のみではなく、版本、そして石刻資料も含め、古い時代のものも新しい時代のものも、とにかく典籍というものを綜合的に考える、伝統的な文系の文献学のみでなく、理系の研究法も導入して綜合的に研究する典籍学と定義し直して展開しているわけです。

その要素としましては、お手もとのレジュメ（後掲）にございますように、漢字文献を扱う場合の漢字の字体の研究にコンピューターを導入しまして、漢字の字体には時代・地域の標準というものが存在する、その標準は時代・地域により変遷するということを大量データの整理によって示してきたわけです。かつて私は北海道大学での演習を通じまして、三十年ほどかけましてその時代の標準と思われる文献、典型的な漢字文献を取り上げて、手作業により、データを蓄積していました。これは、後に「石塚漢字字体資料」と名付けられたわけですけれども、北大の言語情報学講座の有志が「これはデータベース化してオンラインで公開したら非常に役に立つのではないか」ということを申し出てくれまして、二〇〇四年度からそのデータベース、つまり漢字字体規範（史）データベース（HNG：Hanzi Normative Glyphs）のインターネット公開に踏み切ったわけです。

最初に日本の漢字字体ということに焦点を合わせまして、中国の唐代に漢字字体の標準というものが存在した、そして、それが日本の漢字字体の標準となっていくということを十六文献によって示すことから始めまして、一年に十六文献ずつ五年間にわたりデータベースをインターネットで公開してきました。その後、一〇〇文献を超える資料を加えましたけれども、最初の五年間の六十四文献の性格というのは、日本の漢字字体を考える上で初唐に標準字体というものが存在し、それが漢字文化圏の標準となる、そして、その標準というのは開成石経によって変えられる。そして、それが宋版というものによって実現していく。そういうことを六十四文献の中で捉えることもできるデータベースであり、便利ですので、二〇一八年度以降、これを固定して、漢字字体規範史データセット保存会というものができて、現在はＣＨＩＳＥ（https://www.chise.org/）を利用したデータベースがいつでも利用できる形となっているわけです。

先述いたしましたように、唐代初期に初唐標準字体というものが定まり、それが漢字文化圏の標準となり、中国においては開成石経でそれが大きく変遷し、開成石経の標準が宋版となって実現・普及します。漢字文化圏の新しい標準になっていきます。一方、日本では初唐標準字体というものが定着し、中国で開成石経字体が標準になっても、日本はそれに追随しなかった。日本で開成石経体が標準となるのは、近世の出版文化以降であるというようなことが、この六十四文献のデータベース（漢字字体規範史データセット）で分かるわけでありまして、便利なものですから今でもこれはよく使われております。

また、典籍の料紙の研究は、龍谷大学のデジタルアーカイブ研究センターの高精細デジタル顕微鏡というものの協力を得まして、典籍の料紙を研究する方法を導入しました。高精細デジタル顕微鏡分析による料紙分析というものが典籍の正当な価値を見る上で非常に役に立っているわけです。

そして、レジュメの「伝承」という項目ですが、高山寺本約一万三〇〇〇点、敦煌本漢字文献だけで約五万点、また、正倉院本や東洋文庫本といったコレクションがありまして、そういうものの伝承を詳しく分析していきますと、その典籍の価値や性格というものが見えてくるわけです。このように文系の文献学に加えて、理系のコンピューターや高精細デジタル顕微鏡を導入するような研究法を加えますと、より綜合的に典籍の性格や価値というものが分かってきます。それを「コディコロジー」として具体的に展開してきたわけです。

その成果の一つとしまして、二〇二〇年の三月に汲古書院から出版させていただきました高山寺典籍文書綜合調査団五十周年記念出版『高山寺経蔵の形成と伝承』という形で、高山寺本をコディコロジー的に分析する方法を示したわけです。また、東洋文庫におきましては二〇一三年度から、「東洋文献におけるコディコロジーの展開」ということを講座として毎年実践させていただきまして、それをその年度の東洋文庫の『新しいアジア学のために』という紀要に、和文（邦文）とともにインターネット公開の英文としても公開してきました。また、二〇一八年度にウィーンで行われました国際会議におきまして、この典籍の格と料紙の問題につきまして発表させていただきましたものをレジュメに加えています。このように、コディコロジーという視点から典籍を綜合的に分析する方法を具体的に展開してきたわけですが、以下では、高山寺本の場合、京博本の場合、東洋文庫本の場合、そして、そういうものが応用する範囲はさらに広がるということを『聚楽行幸記』の例でご紹介したいと思っております。では早速、高山寺本の場合から入ることにします。

一、高山寺本の場合

(1)『法蔵和尚伝』

最初に重文の『法蔵和尚伝』、紹興十九年（一一四九）の南宋本のケースを取り上げさせていただきます。これは、料紙の五〇〇倍の画像をご覧いただいておりますように、精製された竹紙、竹の繊維の紙であります。そして、この本文が用いている漢字の字体は典型的な開成石経体であります。さらにその本文には、宋の皇帝の名前が缺筆になっているところがありますので、この紹興十九年（一一四九）の南宋本は典型的な宋版としての本文であります。

これは刊記、奥書によりまして、大安八年（一〇九二）の高麗版に基づいてできた版本である、典籍であるということが記されておりますけれども、この大安八年（一〇九二）の高麗版というものは現存しておりませんが、恐らくこれはカジノキの紙（構紙）の料紙でしたでしょ

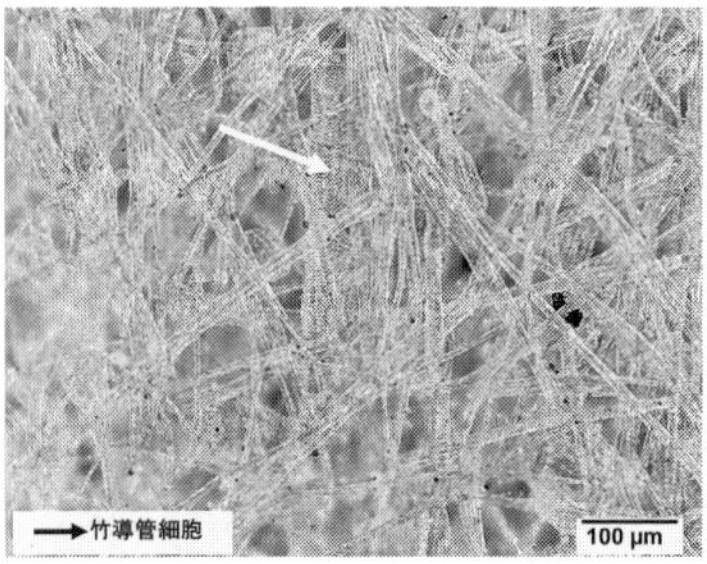

＊図1　重文高山寺本宋版法蔵和尚伝
竹紙×500

うし、漢字字体も初唐標準字体が混じった、少なくとも開成石経体で統一しているようなものではなかった。もちろん宋の皇帝の欠筆などはありませんし、そういう内容のものであったと推察されます。ですから、これらを基にして南宋本を作るときには、料紙も、字体も、それから本文内容も、時代・地域の標準に改変して伝承されているわけです。このように漢字文献というものは、時代・地域の標準に改変して伝承するものであるということをまず示させていただきます。

（2）『斉民要術』

次に、重文の『斉民要術』を取り上げさせていただきます。この料紙は五〇〇倍の画像を示させていただきました。これも竹紙ですけれども、黒いポツポツがところどころに残っておりますように、これは竹紙の再生紙でありまして、これはあまり上等な紙とはいえない。それから、本文に用いている漢字の異体率も一・七八％と比較的高い。すなわち、これは私的な版本です。公の版本ではないということが料紙、それから字体の異体率から判断されるわけであります。このように、料紙と漢字字体とは深く関連しているわけであります。

＊図2　重文宋版斉民要術巻第五
竹紙×500

（3）『冥報記』

次に、国宝の『冥報記』を取り上げさせていただきます。この『冥報記』は、三巻収められている箱のふたの裏に、円行阿闍梨が平安時代初期の承和五年（八三八）の入唐のときに、皇朝の官紙、日本の公の紙を持っていって中国で唐人に写させたものであるということが、幕末の高山寺方便智院住職である慧友僧護によって伝承されているということが、幕末から明治初期に高山寺に滞在した栗原信充による識語として箱書に残っているわけです（レジュメ参照）。この慧友さんの記録というのは具体的な文献として見つかっておりませんけれども、この栗原信充が箱書に書いた内容というものは実に興味あるものでありまして、料紙分析というものを行ってみますと、上巻、中巻はこの一〇〇倍画像によりモルフォロジー（morphology：紙の表情）、紙の漉き方、また、五〇〇倍画像により繊維を詳しく見ていきますと、これは日本のコウゾの繊維の流し漉きであります。楮紙、流し漉きの日本製の紙であるということが料紙分析により示されるかと思います。

面白いのは下巻であります。上巻、中巻とは異なって、一

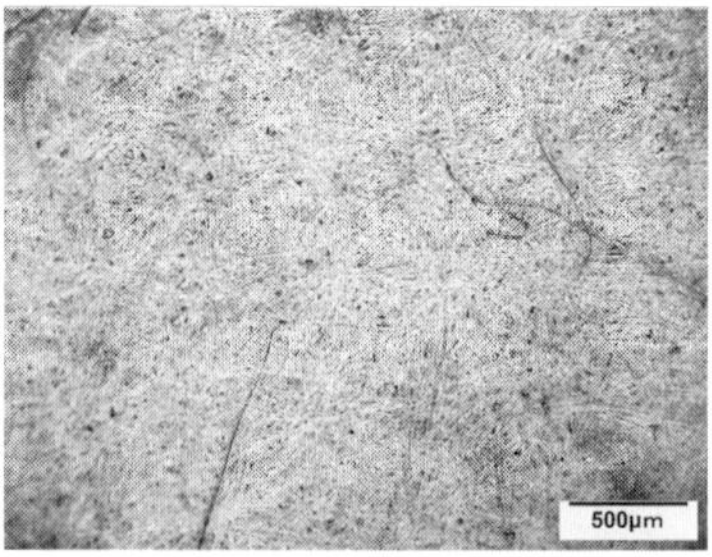

*図3　国宝高山寺本冥報記上巻　楮紙×100

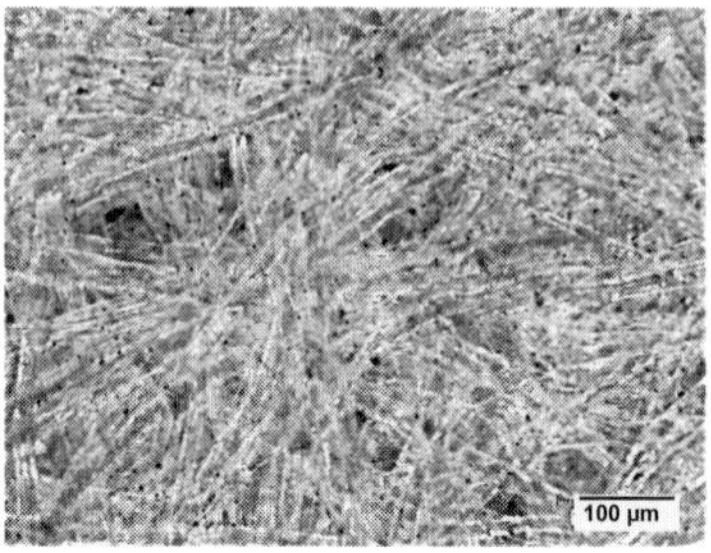

*図4　国宝高山寺本冥報記上巻　楮紙×500

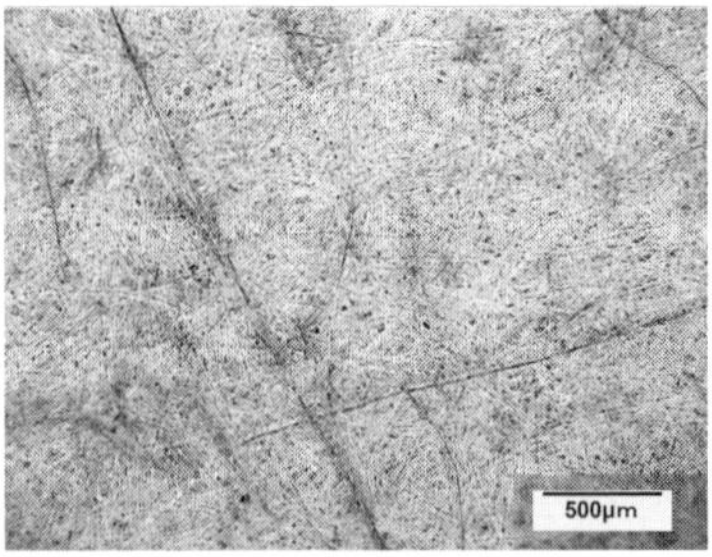

*図5　国宝高山寺本冥報記中巻　楮紙×100

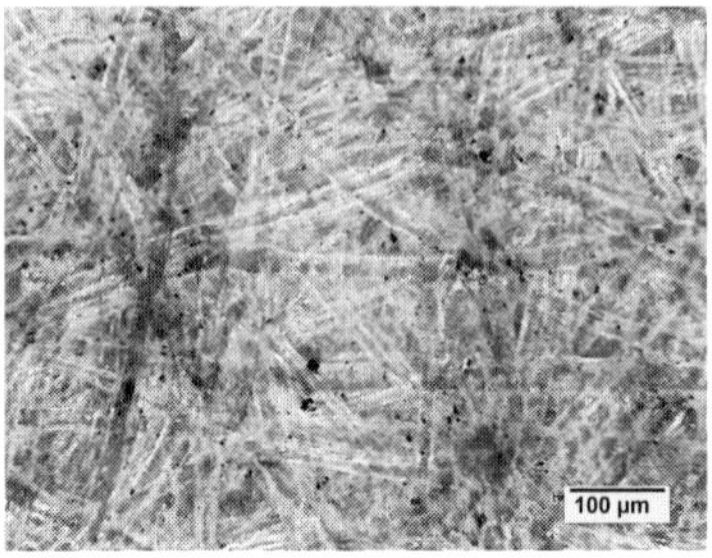

*図6　国宝高山寺本冥報記中巻　楮紙×500

〇〇倍の画像でお分かりのように、これは流し漉きではなくて溜め漉きです。

また、五〇〇倍の画像で見られる繊維は、カジノキの繊維です。この繊維の両側のさやの構造が日本のコウゾと異なっておりまして、これは中国製のカジノキを用いた構紙です。楮という漢字を使いますと日本のコウゾの紙と紛れやすいので、中国のカジノキの紙は構紙という術語を用いることにしているわけです。この下巻は、要するに日本から持っていった紙が何かの事情で足りなくなって、現地調達の紙をもってこの九世紀に書写して持ち帰ったものということが料紙分析によって分かってくるわけであります。このように伝承が料紙の分析によって実証されたケースでありまして、この典籍の価値・性格というものを見る上で非常に面白い内容になるかと思います。

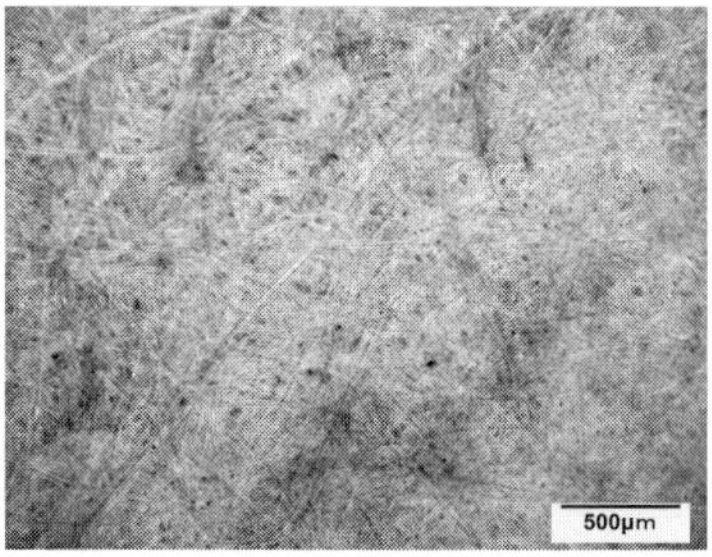

*図7　国宝高山寺本冥報記下巻　構紙×100

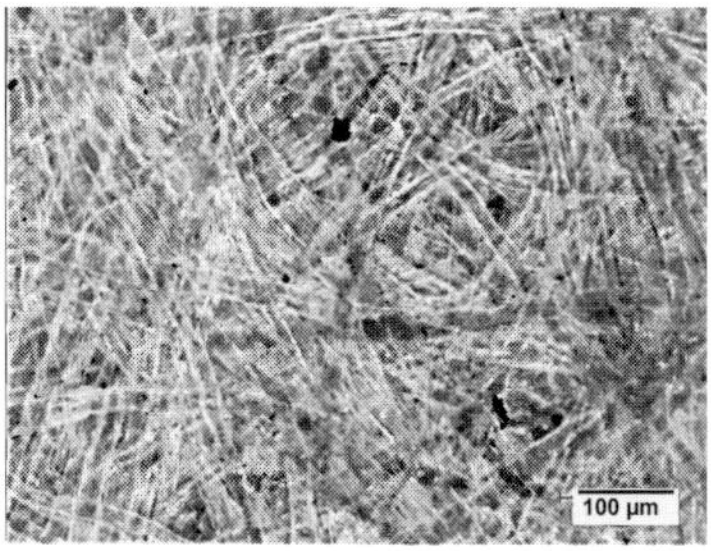

*図8　国宝高山寺本冥報記下巻　構紙×500

(4)『入解脱門義』・『華厳信種義』

次に、重文の『入解脱門義』、重文の『華厳信種義』、これらは高山寺中興の祖であります明恵上人（高弁）の有名な著作の自筆原本であります。しかもこれは、後世に残すために、十分構えて用意して残した写本であるということが料紙分析によって分かると思います。これは東京国立博物館に長年寄託してあるものですから、今までのような高精細デジタル顕微鏡による分析ができておりません。せめてはと思いまして、九州国立博物館の特別展のときの出品に伴って、オリンパスタフでの撮影をいたしました。一見斐紙（雁皮紙）に見えるけれども、これは非常に精製した楮紙打紙であります。かろうじて見つかるコウゾの屑、なかなかこれもないのですけれども、そういうコウゾの屑と思われるようなところを画像でお示しします。もちろんこれは詳しく後ほど高精細デジタル顕微鏡によって正確なデータを撮るべきものと思っております。

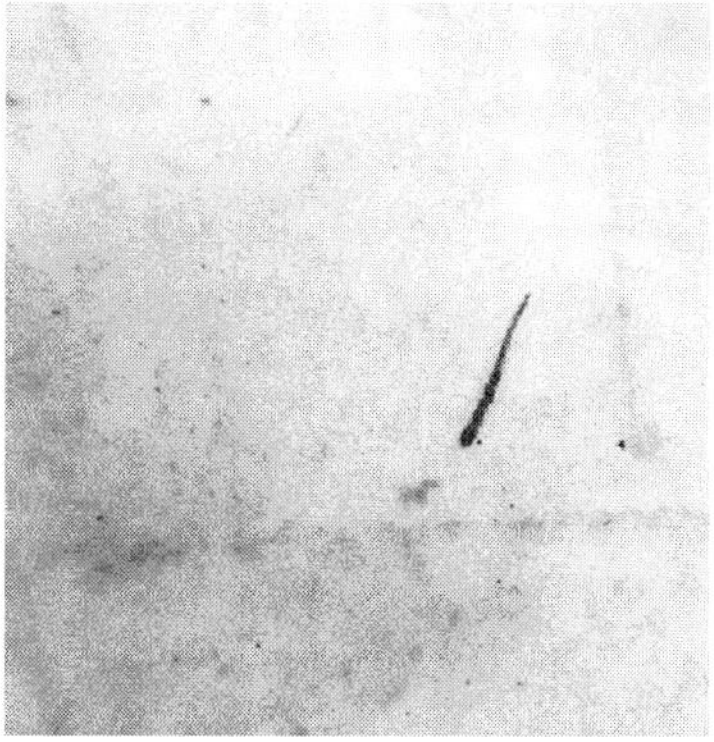

*図9　重文入解脱門義（明恵自筆）巻下
楮紙打紙（樹皮屑）

このように、明恵上人（高弁）が代表的な著作を後世に残すように念入りに作りました写本、いってみればこういう準公的写本とも称すべき一群が、精製された楮紙打紙を用いているわけであります。この楮紙打紙の具体的な分析につきましては、後ほど京博本の兼方本『日本書紀』のところでもう一回取り上げさせていただきます。

二、京博本の場合

(5) 岩崎本『日本書紀』・兼方本（吉田本）『日本書紀』

次に、京博本の実践例を取り上げさせていただきます。まず、国宝の岩崎本『日本書紀』と、国宝の兼方本（吉田本）『日本書紀』を対比して示させていただきます。岩崎本『日本書紀』は、用いている料紙は楮紙です。平安中期のコウゾの紙として普通の楮紙であるかと思います。それから、字体の異体率は二・一五％と結構異体の多い写本です。すなわち、これは私的写本であります。しかし、その故にと言ってもいいと思いますが、この筆跡は非常に伸びやかで、字姿が和様の美というものを典型的に示すケースとなっております。こ

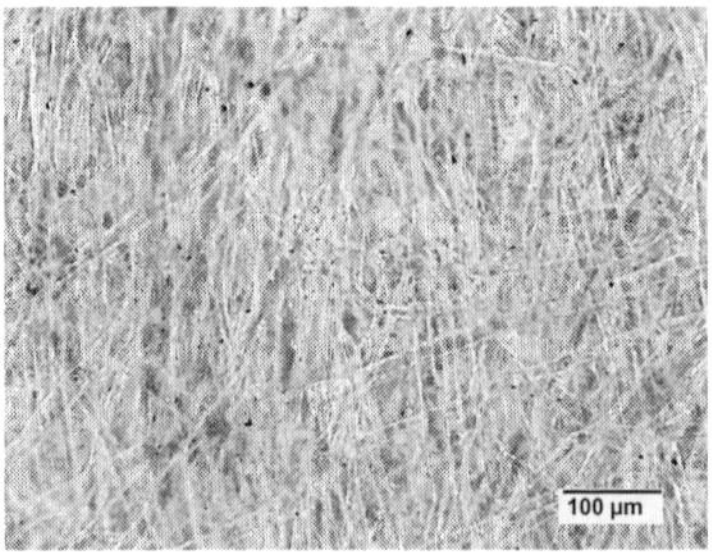

＊図10　国宝岩崎本日本書紀22巻
楮紙×450

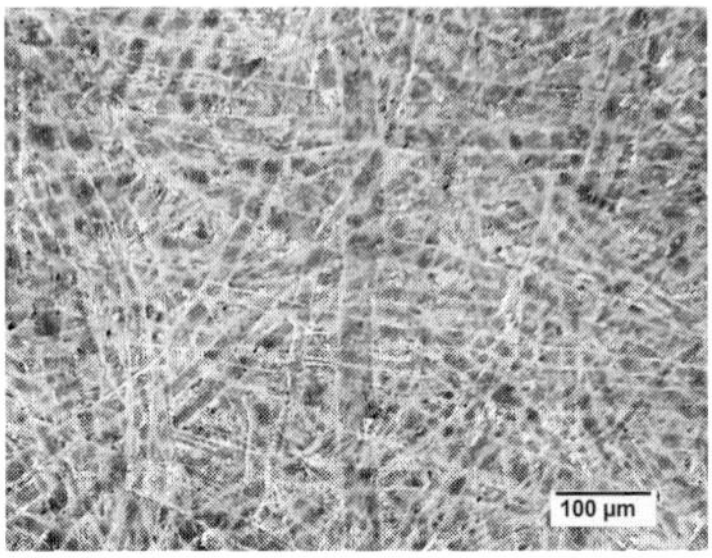

＊図11　国宝京博蔵兼方本日本書紀
楮紙打紙×450

のように、料紙と漢字字体、さらには字姿の美的表現と深く関わる例であります。

兼方本（吉田本）の『日本書紀』は、料紙が一見斐紙（雁皮紙）のように見える、精製された楮紙打紙であります。このコウゾの五〇〇倍画像を見ますと、よく打って、繊維が広くなっているわけです。この両脇のさやがきれいに見えますが、これは日本のコウゾの紙ですけれども、打って広げてあるわけです。これは本文の漢字字体の上でも異体率が〇・五五％という驚異的に精選されたものでありまして、それとともに本文形態が従来の「一書云」を割注形式から、本文と同じ大きさの漢字（一段下げ）として本文形態を変えておりますし、その読み方も卜部家独特の家学というものを反映する和訓になっているわけです。

卜部兼方が卜部家の学問を確立させるために、貴人にも講義できる貴重な写本として念入りに作成しました国宝・兼方本『日本書紀』は極めて迫力のある字姿・形態の写本となっていますが、言ってみれば準公的写本とも称すべき性格を有しておりまして、そういうものに念入りに精製した楮紙打紙が使われているわけであります。

このように、同じ国宝の『日本書紀』でありましても、岩崎本の場合と兼方本の場合は料紙、字体の異体率、本文形態、字姿というものが非常に異なってくるわけでありまして、こういうものをコディコロジーという見地から見ますと、その典籍の性格や価値を見ていく上で有効な手段となるわけです。

（6）守屋本『妙法蓮華経』・小川本『真草千字文』

次に、守屋本『妙法蓮華経』の例を取り上げます。対比させて、国宝・小川本『真草千字文』これは個人蔵の国宝ですけれども、京都国立博物館に寄託されておりますので、比較検討させていただきました。守屋本の『妙法蓮華経』は、いわゆる初唐宮廷写経でありまして、初唐の公的な写本であります。極上の麻紙を用いまして、漢字の字体も異体を用いることが極めて少ない、異体字を用いる率が一％を超えることがない。今、四十点を超える初唐宮廷写経が残っておりますけれども、それらを調べて異体字を用いる率が一%を超えるものがない、そういう非常に精選されたもので、本文もそれに比例して精選されているわけです。この公的写本の一つである守屋本『妙法蓮華経』の場合は異体字を用いる率が他の写本に比べてやや高いのですが、それでも〇・八一%でありまして、精選されております。

また、その料紙は極上の麻紙でありまして、ここに五〇〇倍の画像が掲げてあります。繊維を徹底的に叩解しておりますので、繊維が必ずしもくっきりとは見えませんが、これは恐らく大麻であろうと思います。繊維がよく分からないくらいに徹底的に叩解するという作業が行われまして、想像を絶するような念入りな作業が入って、それで一寸当たり三十三本、一cm当たり十一本の簀の目というような、ものすごく極上の紙が出来上がったわけです。恐らく地上に存在する中で一番精製された紙であろうと思います。

この初唐宮廷写経に比べまして国宝・小川本『真草千字文』の料紙は、そこに五〇〇倍の画像が示してありますけれども、これは七世紀後期の普通の写本でありまして、構紙、すなわちカジノキの紙です。日本のコウゾと区別するために楮紙という言葉を使わずに構紙という言葉を使わせていただきますけれども、これは七世紀後期のごく普通の構紙であろうと存じます。字姿も、七世紀後半の中国写本としてはごく普通の写本といってよろしいかと思います。

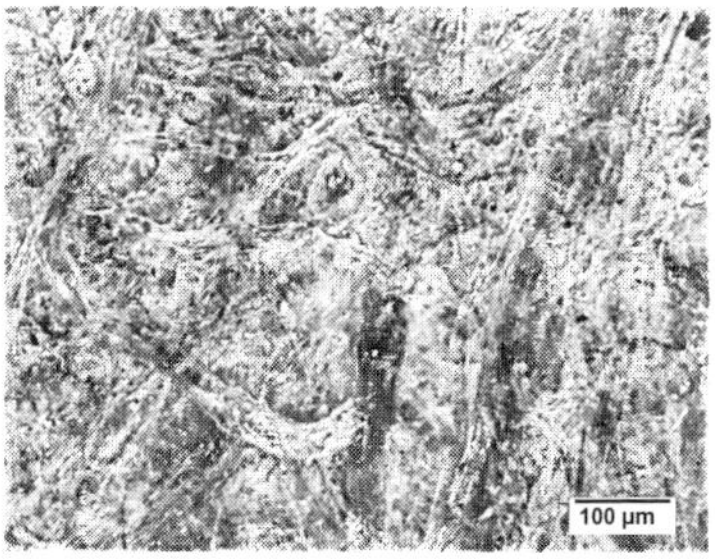

*図12　守屋本妙法蓮華経　麻紙×500

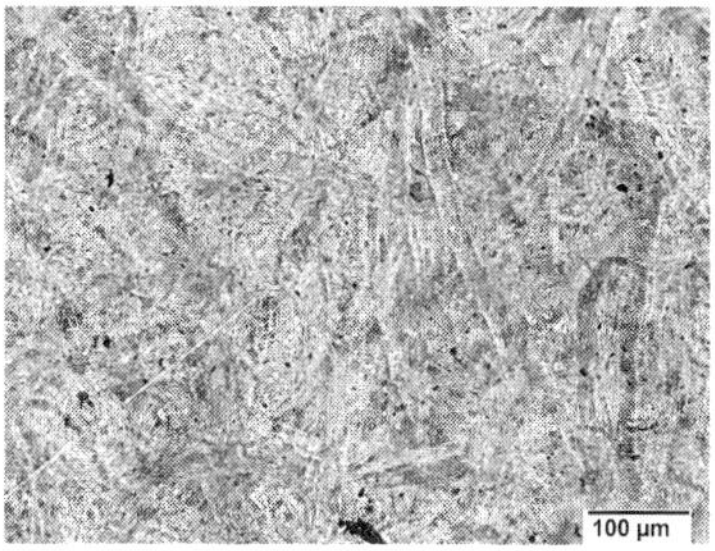

*図13　国宝小川本真草千字文　構紙×500

*図14　P.3561真草千字文641写本
構紙×500

フランス国立図書館には敦煌本の一つであるペリオ3561、六四一年写本がございまして、この『真草千字文』六四一年写本は、ご覧の五〇〇倍の画像が示しますように、より精製されたカジノキの紙（構紙）でありまして、字姿も非常に締まったシャープな、中国的価値観で申しますと小川本よりはより上等な姿を呈しているわけです。この小川本『真草千字文』は、聖武天皇・光明皇后遺愛品と伝承されております。その伝承が新しい価値、日本的美の基準というものを示す上で非常に興味深い姿を示しているわけです。

七世紀後期の中国としましては極めて普通の写本、字姿であったものが、聖武天皇・光明皇后のお気に召して、これが天平の字のお手本となり、以降の日本の漢字の標準となっていくわけであります。すなわち、中国にありましてはごく普通の写本であったものが、日本に来まして聖武天皇・光明皇后による意識、価値付けというものが加わり、日本の漢字の典型、標準となっていったわけです。伝承というものが新しい価値を生んだわけであり、誠に日本の国宝というにふさわしい。そういう伝承こそが日本の国宝を生んだという面白いケースです。

(7)「古今集高野切」・国宝『明恵上人歌集』

次が、国宝『藻塩草』に収めました「古今集高野切」であります。これはご覧の五〇〇倍画像に示されておりますように、典型的な雁皮の繊維が確認でき、斐紙（雁皮紙）に書写されております。歌の資料というものは、公的な写本では斐紙（雁皮紙）、鳥子に書かれる決まりになっております。

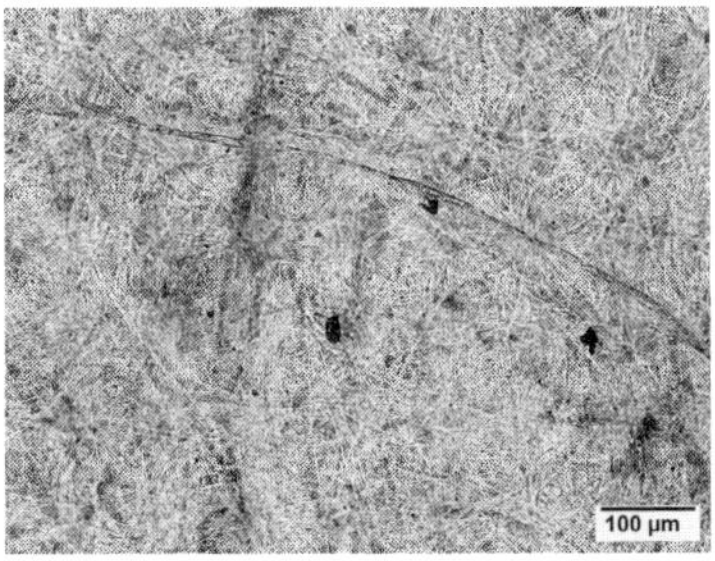

*図15　国宝藻塩草所収古今集高野切
雁皮紙×500

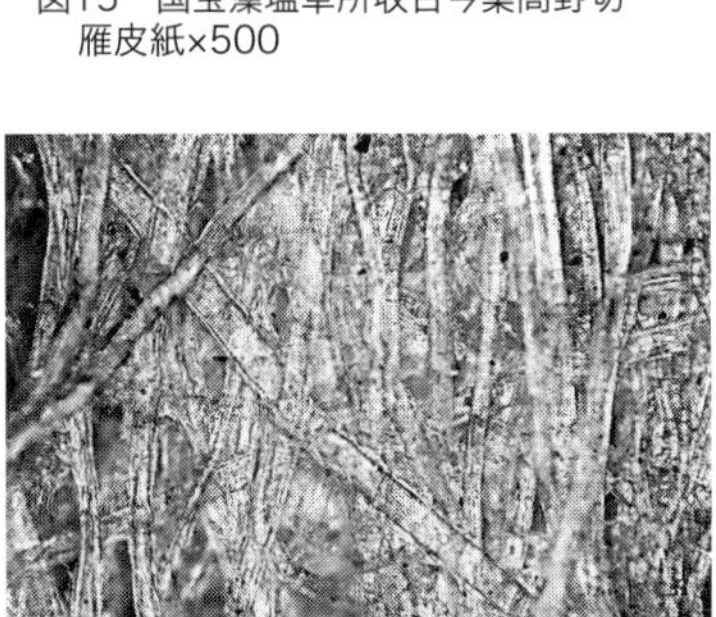

*図16　国宝明恵上人歌集　楮紙　×500

これと対比しますのが、国宝『明恵上人歌集』です。これは高山寺旧蔵本で、東洋文庫岩崎本として岩崎文庫にも収められておりましたが、今は京都国立博物館蔵品となっております。この『明恵上人歌集』は、編者高信の手控本と見られます。と申しますのは、この料紙はご覧のようにコウゾの繊維が歴然と見られますので、これは楮紙であります。当時、十三世紀の前半から中期にかけての料紙としましては普通の楮紙と申していいかと思いますが、これは編者高信の自筆の手控本と見られます。そのために、片仮名で書かれました筆線は非常に伸びやかで、恐らく書写された片仮名資料の中で最も美しい姿を示す字姿であるかと思います。自由な伸び伸びとした態度で書写されたために、この片仮名の美しさが出ているわけです。歌に関する典籍としましても、公的なものは斐紙（雁皮紙）、鳥子に書写されますけれども、私的なものは楮紙に書写されたわけです。それがこのような面白い文化的価値を生んでいるわけです。

三、東洋文庫本の場合

次に、東洋文庫本の場合を取り上げます。先ほど申しましたとおり、二〇一三年度から東洋文庫におきましてコディコロジーの講座というものを展開しまして、東洋文庫の国宝や重文を含む代表的な典籍を分析してきたわけですが、これに龍谷大学デジタルアーカイブ研究センターの全面的なご協力を得て、高精細デジタル顕微鏡による料紙分析をしました。その中で、それが中国中古の唐代の写本であるか、奈良・平安時代等の日本の写本であるかというようなことを見極める上で料紙分析が非常に役に立つとか、あるいはキリシタン版というのは精製された斐紙（雁皮紙）、鳥子を使っているとか、そういうことを順番に分析してきたわけですけれども、非常に面白い事実として一つ紹介申し上げますのは、国宝の『春秋経伝集解』、清原頼業による写本です。

(8)『春秋経伝集解』

これは、清原頼業が院政期の一一三九年に、博士家明経道の家の学問の確立を期しまして、本文を書写し、訓点を加点して、並々ならぬ決意で作成しました典籍ですけれども、この料紙を高精細デジタル顕微鏡で分析しますと、これが青檀の繊維を用いている青檀紙、後で言う宣紙であることが分かりました。すなわち、清原頼業は明経道博士家の学問を確立するに当たり、並々ならぬ決意でこの典籍を作成したわけですが、そのときに用いた料紙が日本の楮紙打紙や斐紙（雁皮紙）ではなくて、中国の一番いい紙とされる、公的目的に使われる高級な青檀紙を用いてこれを書写したことが分かったわけです。そこに清原頼業の価値観があります。中国で公的な目的のときに使われる青檀の紙を用いたことが、この清原頼業の意図、価値観を示しているように思います。

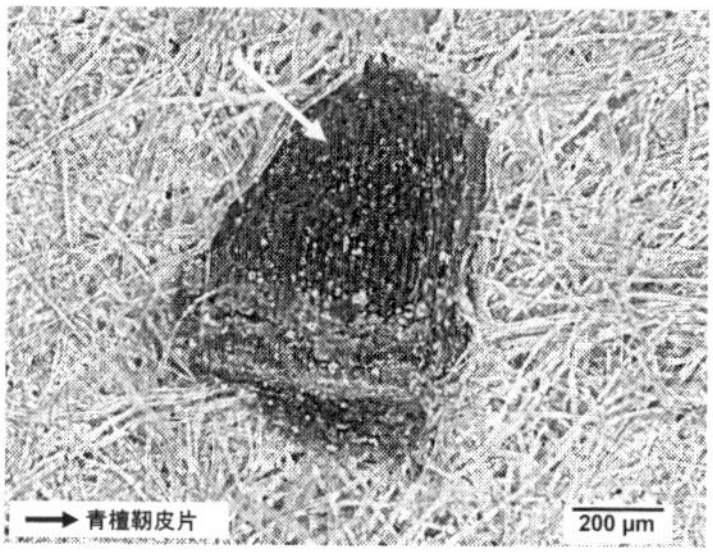

*図17　国宝東洋文庫本春秋経伝集解
青檀紙×200

北宋時代になりますと、中国の公的な目的の写本が、麻紙ではなくて青檀紙が正式な料紙になりますが、このこともこのプロジェクトで二〇一三年ごろからいろいろと分析して、主に京博本のところで調査させていただいた中ではっきりしてきたわけであります。北宋になりますと、中国の公的写本というのは麻紙ではなくて青檀紙に書写される。恐らく版本も、他のものは大部分が竹紙ですけれども、勅版のみは青檀を用いた青檀紙、宣紙が使われたという背景が分かってきたわけです。

四、『聚楽行幸記』の場合

このようにコディコロジーという見解をもちまして綜合的に典籍を見る見方、分析の仕方はいろいろと収穫をもたらしてくれるわけでありまして、これはいろいろな分野に応用できる方法かと思います。その一つの実践例として、竹内洪介さんによる『聚楽行幸記』のケースをご紹介したいと思います。竹内さんによる『聚楽行幸記』のほぼ悉皆調査といってもいい諸本の調査によりまして、本文の研究というものが明らかにされたわけですけれども、料紙・装訂・筆跡・伝承というものをコディコロジーとして綜合的に見たときにも全くその方向性が一致してくるわけでありまして、その本文研究とコディコロジー的視点がどこまで有効に働くかというのが非常に面白い調査結果、分析結果をもたらしているわけであります。コディコロジーという視点が有効なことを示すいい例かと思われますので、竹内さんによる詳しい発表を伺いたいと思います（本書所収）。

コディコロジーという方法論、実践例をご紹介して、その応用例としての本文研究に発展する。それぞれの文献学の分野で本文研究は基本的な位置に来るかと思いますけれども、そういうものにコディコロジー的視点があると非常に有効な方法になるというケースとして指摘させていただきまして、本講演を終りにしたいと思います。

附記　本稿は、科学研究費補助金基盤研究（A）「漢字文化圏における典籍の集積、国際的伝播及びその伝承に関する実証的研究」（研究代表者：石塚晴通、二〇一一年四月～二〇一六年三月）により実施した研究の成果の一である。原本の撮影・公表に当り、所蔵機関である高山寺・京都国立博物館・東洋文庫・龍谷大学及びフランス国立図書館の全面的御協力を戴いたことを特記し、深甚の謝意を表する。また、科学研究費分担研究者である龍谷大学デジタルアーカイブ研究センター岡田至弘教授・江南和幸名誉教授及び京都国立博物館赤尾榮慶氏の御尽力に、改めて感謝申し上げる。

【質疑応答】

（日比谷）　実践女子大学の日比谷孟俊です。今のお話は大変貴重でありがたかったのですが、一つ教えていただきたいのは、例えば楮紙と構紙を顕微鏡で見分けていらっしゃるのですけれども、あれは明らかに楮紙、あれは構紙と言うためには、例えば繊維のＤＮＡのゲノム解析のようなことをやっていらっしゃるのでしょうか。それとも、顕微鏡の見た目の経験の蓄積の中からおっしゃっていて、繊維の幅だとかそういうことをおっしゃっているのか、あるいはゲノムレベルでおっしゃっているのか、そこを教えていただけませんでしょうか。

（石塚）　これは高精細デジタル顕微鏡の繊維観察というものを応用した例でありまして、ＤＮＡ鑑定のような化学的な方法は今のところ適用しておりません。

（日比谷）　分かりました。ありがとうございます。

※　※　※

（佐々木）　慶應義塾大学斯道文庫の佐々木孝浩です。大変有意義なお話、ありがとうございました。先生がご提唱なさっているコディコロジーの有効性は私も大変賛同するところなのですけれども、本日参加の皆さまは必ずしも書誌学の専門の方ばかりではないので、今日のお話を伺っておりますと、料紙研究がコディコロジーであるというような誤解を生じてしまうのではないかと思います。コディコロジーの定義について簡単にご説明いただけますと幸いに思います。どうぞよろしくお願いいたします。

（石塚）　コディコロジーというのは元々、フランスの中世の聖書写本の学として意識されていたものですから、写本だけではなくて版本も石刻本も、古い時代のものも新しい時代のものも含めて、研究法としては伝統的な文系の文献学だけではなくて、大量データ分析のコンピューター導入や、あるいは高精細デジタル顕微鏡による料紙研究といった理的な研究法を加えて総合的に見る。それぞれの典籍の要素がございますけれども、そういうものを個々に分析して綜合的に見ると、大体その方向性が一致してくる、典籍というのはそういうものであるということで、コディコロジーを推奨しているわけです。以上です。

（佐々木）　どうもありがとうございました。最初の説明は伺っておりますけれども、より書物自体を対象として、構造やパーツといったものに注目して綜合的に考えるということでよろしいのでしょうか。

（石塚）　結構です。

（佐々木）　ありがとうございました。

④重文入解脱門義〔画像〕・重文華厳信種義、楮紙打紙、準公的写本としての明恵自筆本

○京博本の場合

⑤国宝岩崎本日本書紀〔画像〕楮紙、異体(字)率 2.15%、私的写本、和様

国宝兼方(吉田)本日本書紀〔画像〕斐紙様に精製された楮紙打紙、家学の確立と手法（本文の異体(字)率 0.55%、本文形態変更、和訓の改変)、貴人への授講

→字体と料紙の性格が一致。本文研究への展開も視野に入る。

⑥守屋本妙法蓮華経〔画像〕上質麻紙、初唐宮廷写経、異体（字）率 0.81%

⑦国宝小川本真草千字文：日本的価値基準の創生

〔小川本画像〕並製構紙、聖武天皇・光明皇后遺愛品、日本的価値基準

〔P3561 画像〕上質構紙、641 写本、中国的価値観は小川本より上位

⑧国宝藻塩草所収古今集高野切〔画像〕雁皮紙

国宝明恵上人歌集〔画像〕楮紙、編者手控本（高信自筆)、片仮名筆線の美

○東洋文庫本の場合

⑨国宝東洋文庫本春秋経伝集解〔画像〕青檀紙、1139 清原頼業受庭訓了

明経道家学の確立を期して舶来高級中国紙を使用（中国的価値基準)

○聚楽行幸記の場合

料紙・装訂・筆跡・本文・伝承が一致する。→本文研究への展開。個々の要素が比例して同じ結果を示すコディコロジーの本領。

コディコロジー（文理融合型綜合典籍学）の実践

国文学研究資料館共同研究成果発表会「新しい軍記関係資料論―理文融合型研究の現在」講演
2020年12月12日

石　塚　晴　通

コディコロジー（Codicology　文理融合型綜合典籍学）

漢字字体：漢字字体規範（史）データベース（HNG）
石塚漢字字体資料→北大言語情報学講座有志データベース化→2004年度以降インターネット公開→HNGの内64文献データ保存会（2018年度以降）CHISE
料紙：高精細デジタル顕微鏡分析（龍谷大学デジタルアーカイブ研究センター）
伝承：高山寺本（約13,000点）、敦煌本（漢文文献約4～5万点）、正倉院本、東洋文庫本

※個々の要素を複眼的に分析し、綜合的な見地を以て典籍の性格・価値を明らかにすることが出来る。これがコディコロジーの特長である。既に具体的な成果として『高山寺経蔵の形成と伝承』（汲古書院、2020年3月）及び『東洋文庫紀要』がある。この他、石塚晴通・赤尾栄慶・江南和幸・岡田至弘の連名で「紙の科学的分析に基づいた新しいコディコロジーから眺めた紙の質と文書の格との比較検討」（勉誠出版報文）を発表しており、またウィーンで行った研究発表「Quality of Paper and the Rank of Books―Case study of Chinese and Japanese Manuscripts and Books」（Harumichi Ishizuka, Kazuyuki Enami, Yoshihiro Okada, Xu Xiaojie：C El'Manuscript 2018, 7th International Conference on Textual Heritage and Information Technologies, Vienna and Krems, Austria, 14-18 September 2018）でも個々の事例や分析結果を報告している。

○高山寺本の場合
①重文高山寺本法蔵和尚伝（南宋版）〔画像〕竹紙、漢字文献の異文化圏伝承
新羅崔致遠撰→大安8年高麗版（構紙・初唐標準字体混交歟）→紹興19年南宋版（竹紙、開成石経字体、宋的缺筆）
漢字文献は、時代・地域の標準に改変して伝承する。
②重文斉民要術〔画像〕竹紙、宋版の紙質（多く竹紙を用いる）異体（字）率1.78%、私的版本
③国宝高山寺本冥報記：伝承記述の科学的検証
〔上巻画像〕楮紙、流漉、日本製（中巻も同様）
〔下巻画像〕構紙、溜漉、中国製
箱蓋裏「圓行阿闍梨承和五年入唐之日以　皇朝官紙／所令書写也　唐書唐臨傳方便智院慧友護／闍梨自書也／七十八老信充記」

◎コメント◎

佐々木孝浩

料紙の紙質分析と漢字の異体字率とを組み合わせて、書物としての格を判断するという、画期的な手法についての具体的な説明に思わず聞き入ってしまった。なかなか実見することの難しい、国宝や重要文化財を含む非常に貴重な資料の、更に見ることが難しい料紙の拡大画図を数多く見せていただけたことも大変ありがたいことであった。

従来も料紙は注目されてきたが、視認と触覚による判断に頼るしかなかったために、あいまいな情報とならざるを得ない憾みがあった。従来麻紙と言われてきた奈良写経の料紙の多くが楮紙であること、雁皮と楮の交ぜ漉きだと説明されてきた写本の料紙が楮打紙《こうぞうちがみ》であったことなど、近時のマイクロスコープの利用によって、かつての常識が次々に改められてきたが、デジタルマイクロスコープの発達は、格段に精度の高い調査を可能とし、料紙の情報をより安心して利用できるようになったのである。

ただし、料紙を拡大して観察すれば直ぐに紙質が理解できる訳でないことは言うまでもない。どの植物の繊維がどのような形状と特徴を有し、どのような加工をすると、どのような変化が生じるのか、観察から判断結果を導き出すには、基準となる画像とその説明が必要となる。原料が雁皮だ楮だと言っても、造紙には長い歴史があり、産地や加工方法も様々であるので、拡大すれば簡単に判断できるわけではない。安心して結論を出すには、多くの基準例が必要となるのである。

東洋文庫や実践女子大学などで料紙観察に関するプロジェクトが進められているようであるが、原料のみでなく、造紙法や加工法、時代・地域などを細かく区分した基準となりうるもの、さらに進んで標準となりうる画像例を広く公開下さることを期待したい。

この御講演で石塚氏が見せて下さった画像は、書物自体が地域や時代・作品ジャンルなどを代表できる存在であるので、その料紙の拡大画像も基準となりうるものであることは明らかである。ただし、それが真に標準となりうるものかどうかは、調査を重ねて慎重に判断する必要があるであろう。

今回ご紹介されたものでも、原料の違いだけではなく、溜め漉きと流し漉という製法が根本的に異なる例や、再生紙の例、繊維を叩解した例などが紹介されたが、その判断のポイントを誰にでも理解できるように、わかりやすく整理して下さることを、石塚氏にのみではなく、料紙プロジェクトに関係にしている方々に強くお願いしたい。

ささき・たかひろ――慶應義塾大学附属研究所斯道文庫文庫長・教授。専門は日本古典書誌学・中世和歌文学。主な著書に『日本古典書誌学論』（笠間書院、二〇一六年）、論文に「室町・戦国期写本としての「大島本源氏物語」」（『中古文学』九七、二〇一六年）、「書物およびテクストの所有性における奥書の役割について」（エドアルド・ジェルリーニ・河野貴美子編『古典は遺産か？――日本文学におけるテクスト遺産の利用と再創造』アジア遊学261、勉誠出版、二〇二一年）などがある。

『聚楽行幸記』の写本学

竹内洪介

一、問題の所在

本書所収の石塚晴通「コディコロジー（文理融合型綜合典籍学）の実践」は、多くの典籍群から漢字字体・料紙・伝承の特徴を個々に分析し、それを総合して典籍の性格を示した。その提言に基づき、本考察では『聚楽行幸記』の原本推定を目的として、同書の諸本を検討する。

本考察で取り上げる『聚楽行幸記』は天正十六年（一五八八）に行われた後陽成天皇による聚楽第行幸の記録である(1)。同書は当時聚楽第の主人であった関白豊臣秀吉が大村由己に命じて記録させたもので、秀吉の右筆楠長諳（楠木正虎）によって清書された。この清書本のうち秀吉の朱印が捺された写本は、後陽成天皇や足利義昭に贈られた（以後送付用と称する）。のちに同書は由己が編纂した『天正記』の一編にも加えられた。

さて、長諳が清書した『聚楽行幸記』の写本は複数伝来する。長諳は尊経閣文庫本の奥書に由己とともに署名しており、その清書本は十分に原本と考え得るものと思う（なお、由己自筆本は伝来しない）。ところが同書の本文は幾つもの系統が大きな時間的隔たり無く発生したという趣旨の指摘もあり(2)、本文のみの検討から原本を推定するのは難しい。そこで今回は石塚氏が示した料紙分析の新視点から『聚楽行幸記』の原本推定を試みたい。

たけうち・こうすけ――北海道大学大学院博士後期課程、日本学術振興会特別研究員。専門は日本近世文学。主な論文に「天正二十年聚楽行幸考――新出『天正二十年聚楽第行幸記』を中心に」（『國學院雑誌』一二一巻九号、二〇二〇年）、「『聚楽行幸記』諸本考――伝本の整理を中心に」（『国語国文研究』一五六号、二〇二一年）、「『太閤真顕記』実録三種考――『真書太閤記』『太閤真顕記』『重修真書太閤記』の成立を辿って」（『近世文藝』一一三号、二〇二一年）などがある。

二、料紙分析

石塚氏が示した諸要素のうち、本考察に最も有効と考えられるのは料紙の繊維分析によるアプローチである。『聚楽行幸記』の原本推定にこの方法が有効と思われる理由は、『言経卿記』天正十八年（一五九〇）二月九日条に[3]、山科言経が由己から『天正記』の一編『西国之記』を「鳥子」（鳥の子）に書写するように依頼されたことに依る。鳥の子とは狭義には斐紙あるいは雁皮紙と呼ばれる、一般に公的写本に用いられた料紙を指すが、のちに格は稍劣るものの外見が似る斐楮交漉紙や三椏紙なども広義に含むようになった。従って『西国之記』の清書本に使われた具体的な料紙は不明であるものの、斐紙あるいはそれに準ずる紙が意図的に用いられたことは確実である。であれば、『聚楽行幸記』の清書本（原本）にも、同様の料紙が使われたと推定される。これは『聚楽行幸記』原本を推定する上でのヒントとなる。

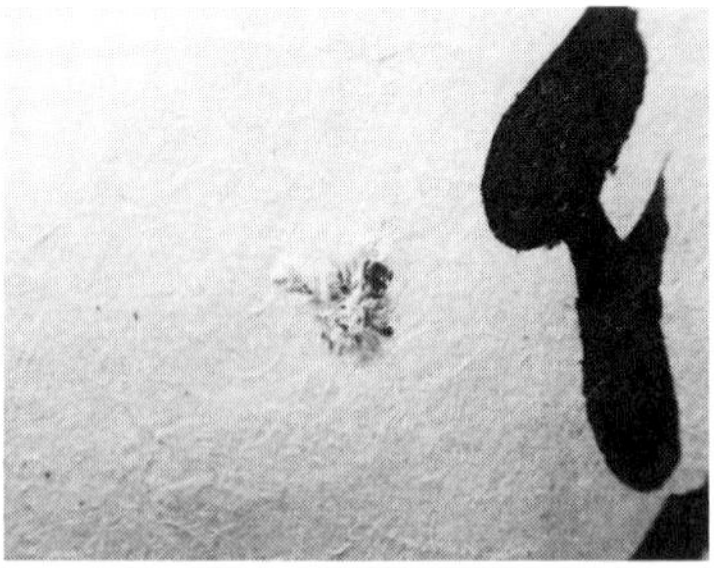

＊図1　大阪城天守閣蔵『聚楽行幸記』（斐紙）の表面（表情）。中央部に雁皮の樹皮屑も認められる。

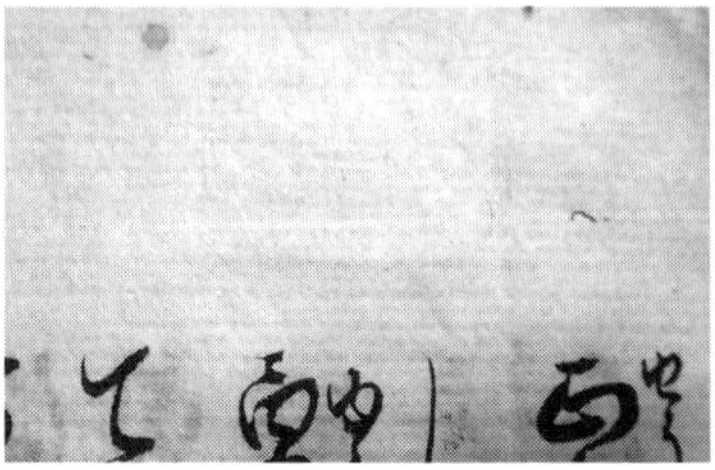

＊図2　架蔵『朝鮮高名記』（楮紙）の表面（表情）。横に走る漉き目が確認できる。

次に、今回取り上げる料紙について述べる。後述する『聚楽行幸記』原本の可能性がある写本の料紙には、斐紙（雁皮紙）、楮紙打紙、楮紙の三種が使われている。この三種の料紙に使われる料紙繊維のうち、雁皮と楮は基本的に判別が容易である。例えばここに示した二資料のうち、**図1**は斐紙、**図2**は楮紙を用いるが、ここに看取される通り、斐紙には楮紙に見られる漉き目が見られない[4]。また、**図3**に見られるように、一般の楮紙には細長く筋張った樹皮屑が頻繁に混入する。斐紙にも樹皮屑の混入は認められるが、それらは大抵黒くて小さく（**図1**）、また高精細で仔細に観察すると縞模様も認められる。さらに、料紙の厚みにも関わることでもあり、一概には言えないが、斐紙は繊維の密度が高く、裏写りしにくい一方、一般の楮紙は繊維の密度が比較的低く、**図3**のように袋綴じの典籍でも裏写りしやすい。

一方、**図4**に示した楮紙打紙は判別が難しい。楮紙打紙とは楮紙を良く叩解して繊維の密度を高めたもので、叩解の程度によって質感は異なるが、極めて精製されたものは斐紙同

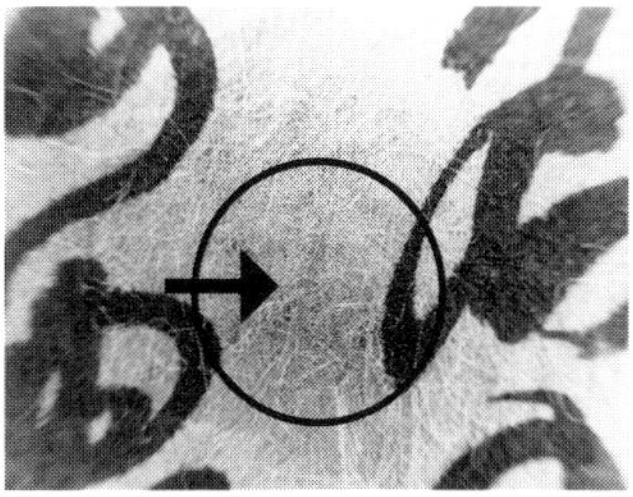

＊図3　架蔵『朝鮮高名記』（楮紙）の接写画像。矢印部分に細長い樹皮屑が確認でき、さらに裏写り（囲み部分）も認められる。

＊図4　架蔵『[和漢連句懐紙]』（近衛前久発句、楮紙打紙）の表面（表情）。一般の楮紙でははっきり見える漉き目が確認できない。

様の張りと光沢を持ち、本考察ではこれを「楮紙打紙」と呼ぶ。ただし、良く精製した打紙であっても、樹皮屑や漉き目があったり、微妙に触感が異なったりするため、そこから料紙の判別が可能であることが多い。ともあれ楮紙打紙とは石塚氏の言に従えば、斐紙が公的な位置づけにあるのに対して言わば準公的な位置にあるものと見做せる。

以上のような判別方法を用いて、『聚楽行幸記』原本の可能性がある諸本五点を検討する。

三、『聚楽行幸記』原本推定

まず、『聚楽行幸記』諸本五点とその料紙、および簡略な書誌情報を以下に掲げる。

・大阪城天守閣本…料紙斐紙、巻子装、一軸、改表紙、奥書に秀吉の朱印あり。竪三一・八×全長約二〇一五・八糎。
・尊経閣文庫本…料紙楮紙打紙、巻子装、一軸、改表紙、奥書に由己・長諳の花押あり。竪三一・七×全長約三一〇六・九糎。
・斯道文庫本…料紙楮紙打紙、巻子装、一軸。竪三二・二×全長二一六〇・〇糎。
・東山御文庫本…未調査資料、一冊。竪二五・八×横二〇・三糎。(5)
・蓬左文庫本…料紙楮紙、大本（袋綴）、一冊、奥書に秀吉の朱印あり。竪二七・六×横一九・九糎。

次に、原本であることが確実な尊経閣文庫本（図5）を示す。同本には奥書に由己・長諳の花押があり、紙背継目に由己による円形黒印が捺される。一方で、後述する大阪城天守閣本にあるような秀吉の朱印はなく、また奥書に「依仰記之」とあることから、送付用ではなく、秀吉の命によって作成された手控え用（副本用）の一本と判断される。尊経閣文庫本が楮紙打紙を用いており、いわば「準公的写本」として

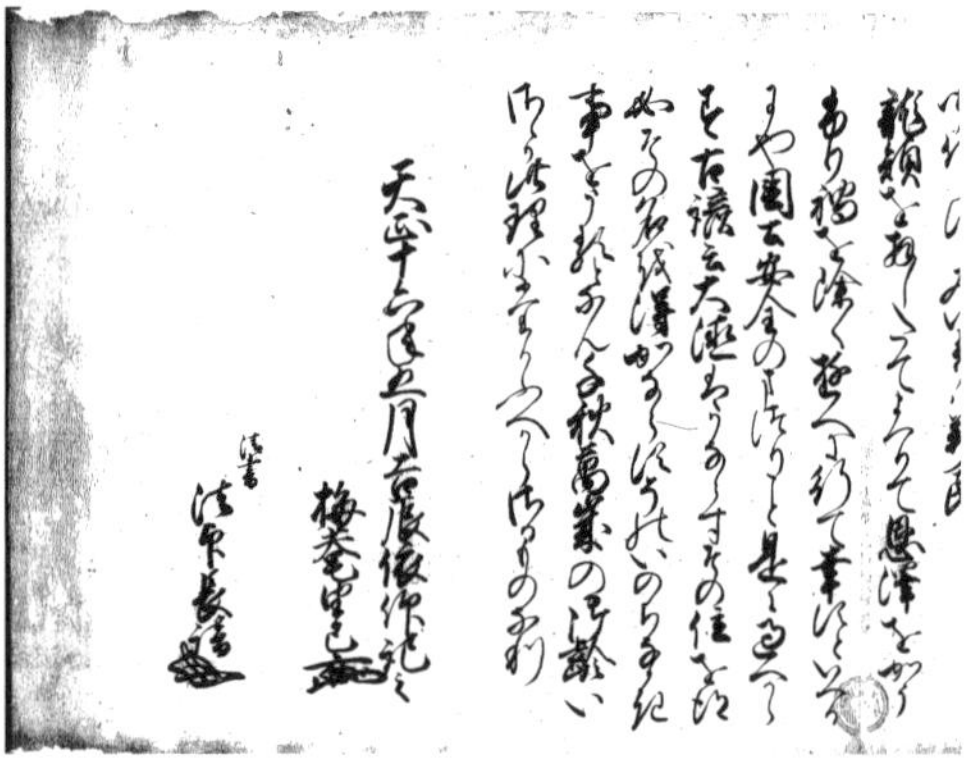

図5　尊経閣文庫本奥書部分。由己と長諳の花押がある。※禁転載

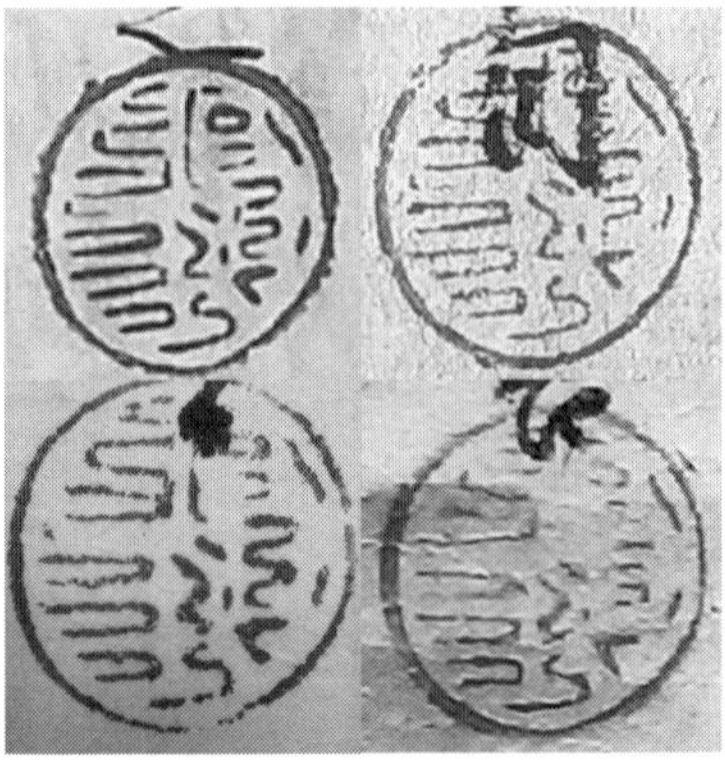

図6　左上から時計回りに、大阪城天守閣本・天正19年豊臣秀吉朱印状（藤井敏材氏所蔵）・天正12年羽柴秀吉朱印状（藤井敏材氏所蔵）・豊臣秀吉朱印状（慶應義塾蔵（センチュリー赤尾コレクション））の朱印。朱印の捺し方などによる線の太さや濃淡に違いはあるものの、印紋が共通することが確認できる。

の位置づけにあることも、手控え用としての用途を想定させる。

これに基づき大阪城天守閣本の検討を行う。大阪城天守閣本は斐紙に巻子装の装訂が用いられ、奥書には秀吉の朱印がある。この秀吉の朱印は現在伝来する複数の秀吉の朱印状と比較しても概ね形状が一致し（図6）、先ず本物と判断される。朱印が捺された原本、しかも斐紙を用いる公的写本としての位置付けから、同本は送付用の一本と考えられる。そこで実際に本文を検討すると、送付用の大阪城天守閣本と手控え用の尊経閣文庫本には明確な異同がある。例えば作中の和歌詠進部分では（図7・8）、尊経閣文庫本にある傍記が大阪城天守閣本にはない。さらに送付用の本文が尊経閣文庫本にある「楠長諳の事績等に関する記述」を一切欠くことも注目される。この記述は傍記・本文の計四か所に亘って見られるが、これが大阪城天守閣本にはない。この特徴は和歌部分の傍記とともに送付用・手控え用の系統に属する諸本において原則的に共通する。

このように考えた上で改めて尊経閣文庫本と大阪城天守閣本を比較すると、大阪城天守閣本も長諳筆本かと推察される。その根拠となる長諳の字形と思われるのが、図7・8にある「詠」字のような、右に流れる字画がはっきり折れ曲がって流れるという特徴である。この特徴は「人」「金」等の字でも確認でき、また「花」や「梅」の字はほぼ同じ形を示す。一方、長諳が学んだとされる飯尾流の書にはこの特徴が見られず、さらに他の長諳自筆の資料からも、この字形を確認できる（図9）。従ってこの特徴は長諳の字形と考えられ、両書は同筆と判断される。

　こうした点から推察するに、字形が同じ特徴を持ち（図10）、字配りも似通う斯道文庫本も長諳自筆本と推定される。同本は長諳の事績の記載がないため送付用と考えられるが、秀吉の朱印がなく、準公的写本と位置付けられる楮紙打紙が

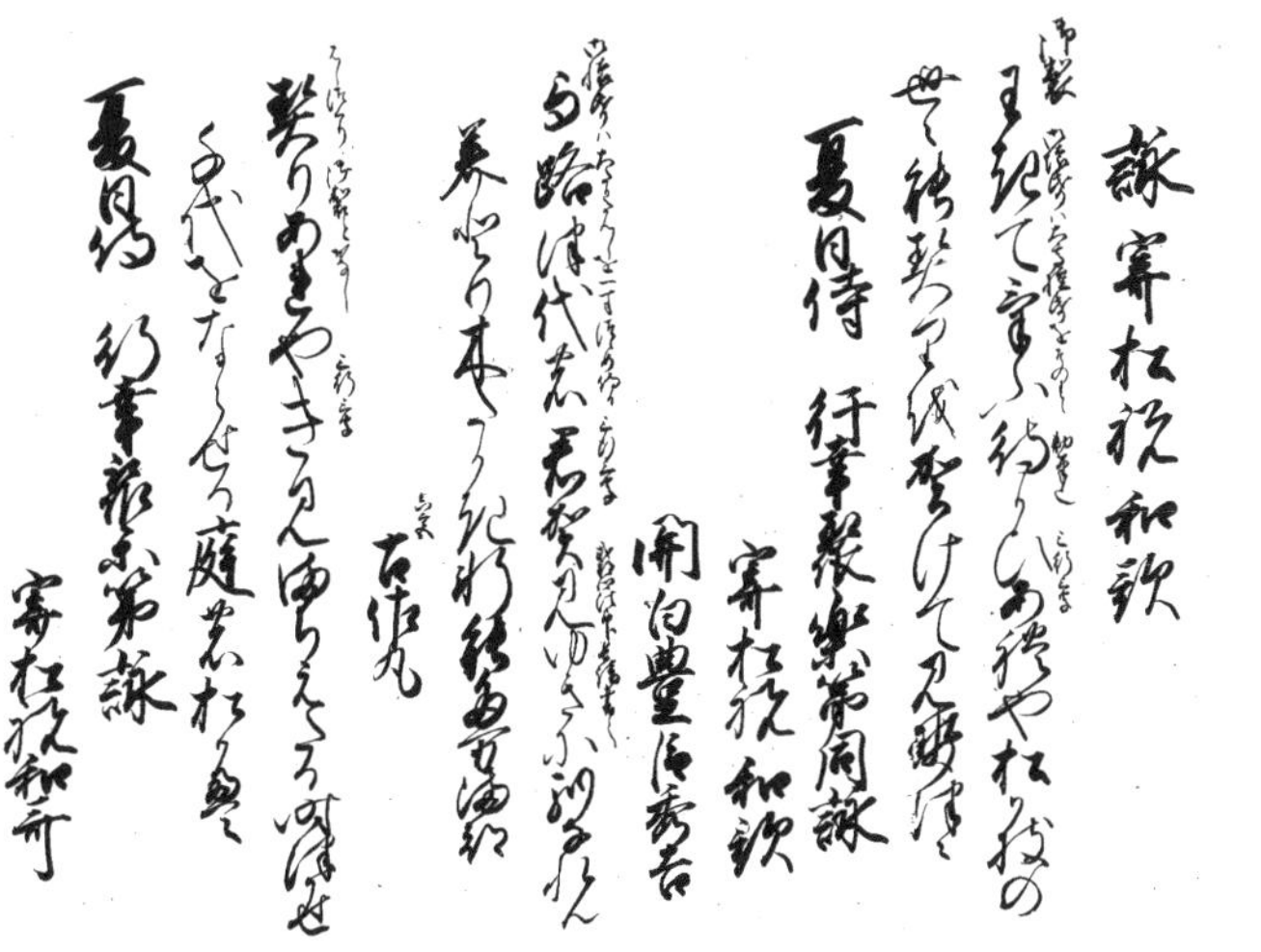

図7　尊経閣文庫本和歌詠進部分。二行書の和歌に傍記が付される。1行目・4行目・12行目の「詠」字の最終画に筆の折れが確認できる。※禁転載

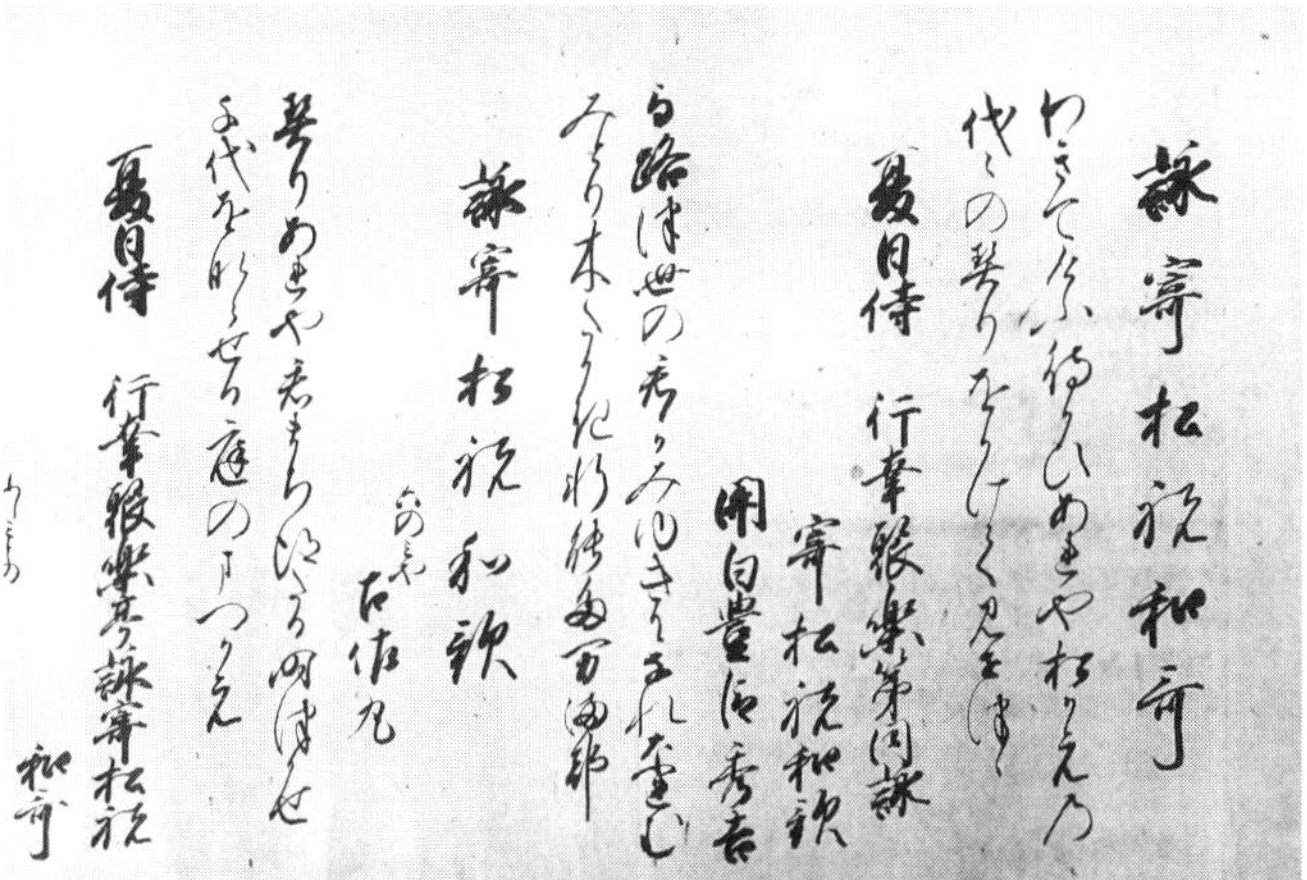

図8　大阪城天守閣本和歌詠進部分。図7にある傍記がない。1行目・4行目の「詠」字の最終画に筆の折れが確認できる。

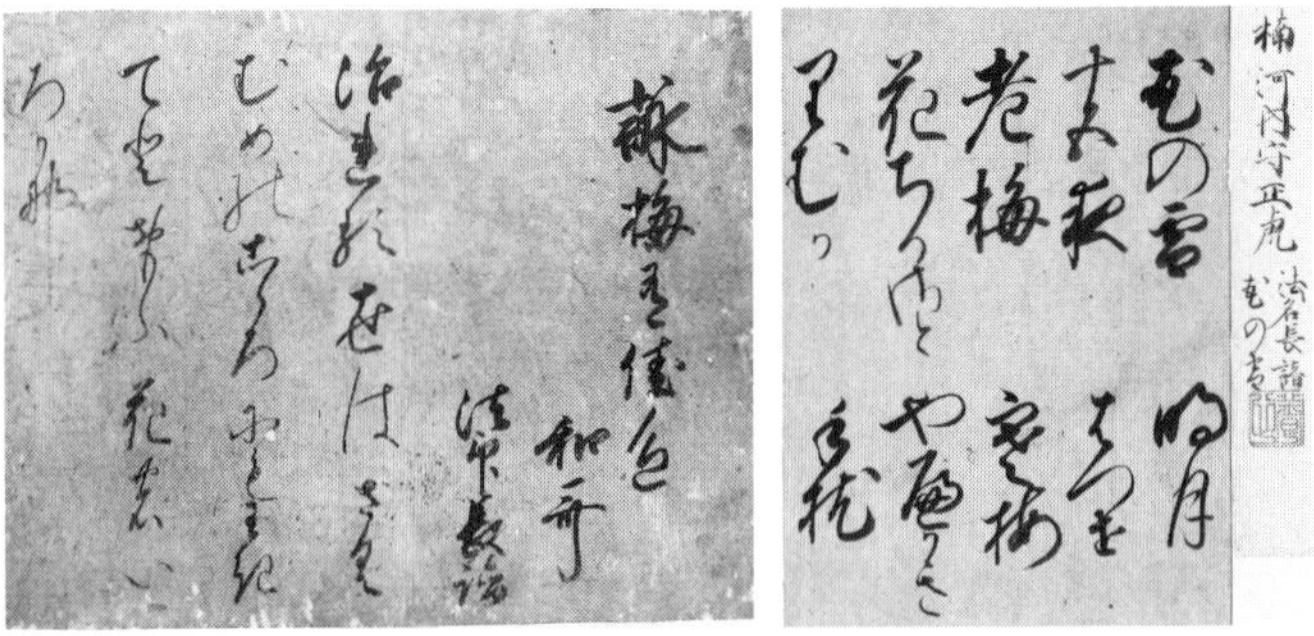

図9　慶應義塾蔵（センチュリー赤尾コレクション）『楠長諳和歌懐紙』（左）、架蔵『伝楠木正虎筆六十一首名香断簡』（右）。左の資料では一行目に特徴的な「詠」字が確認できる。また両方の資料に「花」や「梅」等、前掲の長諳自筆本にもある字が見られ、崩し方がおおよそ共通することが見て取れる。

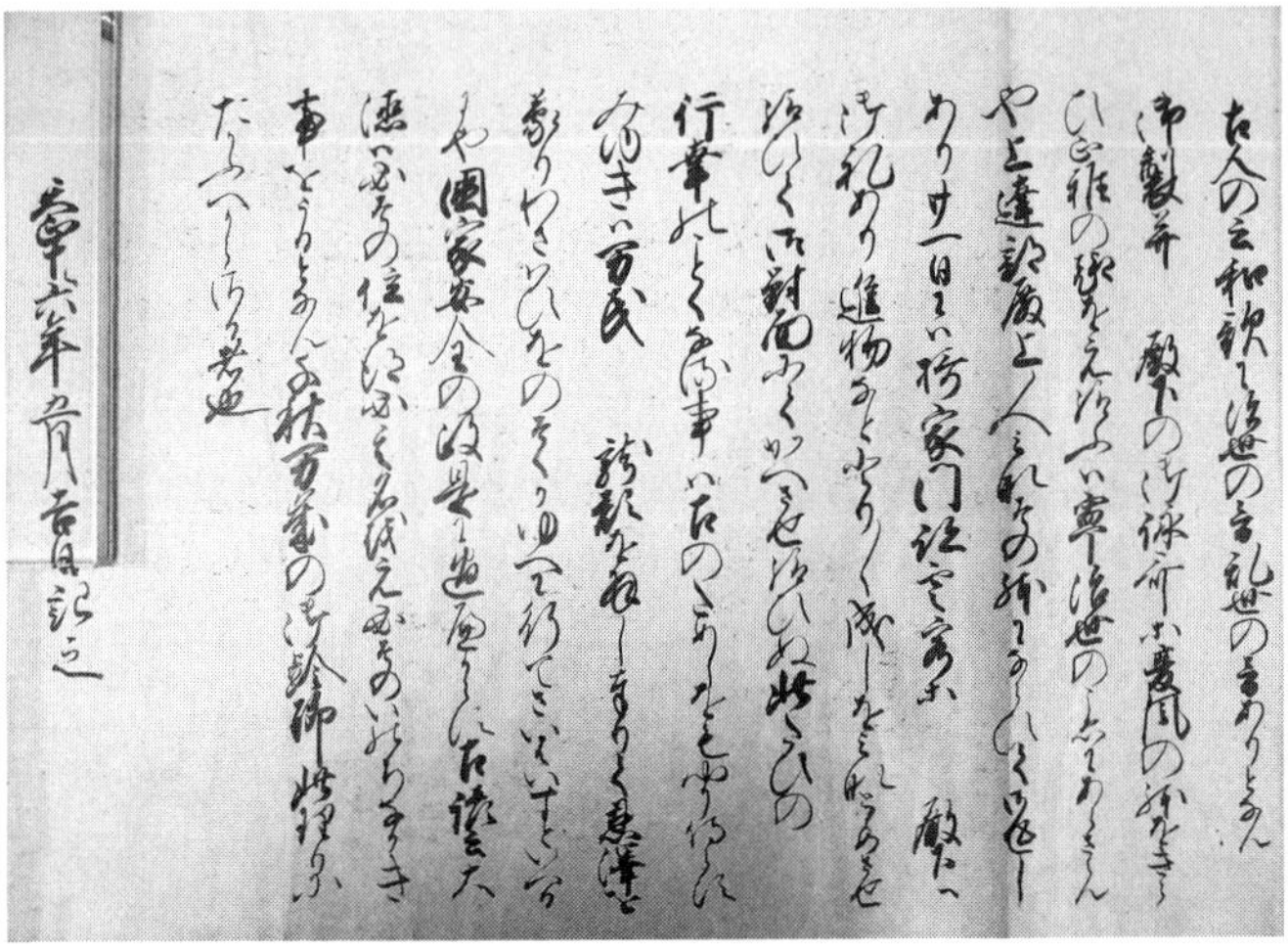

図10　斯道文庫本奥書部分（楮紙打紙）

用いられる点からも、長諳が非公式に清書した一本かと考える。ただし斯道文庫本＝長諳自筆本という根拠は現在のところ筆蹟のみに留まる。

一方、東山御文庫本（図11）と蓬左文庫本（図12）の場合はどうであろうか。前述の通り、長諳清書本が格の劣る一般

楮紙に記されるとは考えにくい。また、装訂の点からも、大阪城天守閣本・尊経閣文庫本・斯道文庫本の三本が格の高い巻子装であるのに対し、袋綴じの冊子は格が劣る。[6] 東山御文庫本は原本未調査ながら、本文に明瞭な裏写りが認められ、楮紙を用いた四つ目綴じの大本と推測される。従って両書はともに公的・準公的写本としては認め難い。

しかし、この両書は従来原本と考えられることもあった。東山御文庫本は桑田忠親『太閤記の研究』（徳間書店、一九六五年）が長諳筆と鑑定している。しかし、図11を見る限り、筆法・書流が異なり、長諳筆とは認め難い。本文については鴨川久夫氏が「誤記や注記が散見されることから、おそらく後世の写しであろう」（注5前掲書、二二頁）と指摘するが、奥書にも「御朱印在之」とあり、後世の写本と考えるのが妥当と判断される。

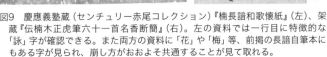

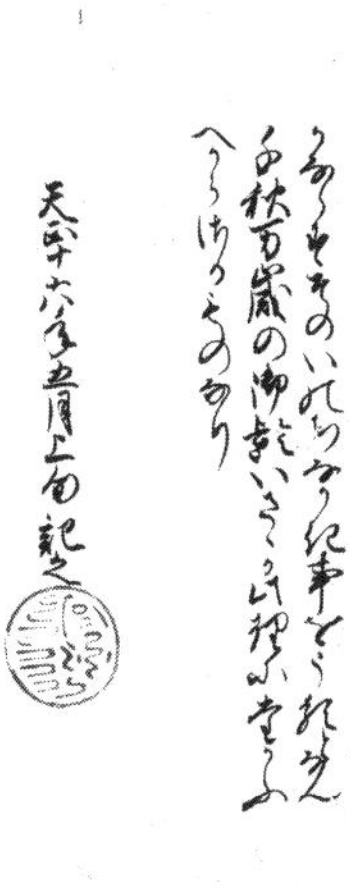

図12　蓬左文庫本（楮紙）奥書部分

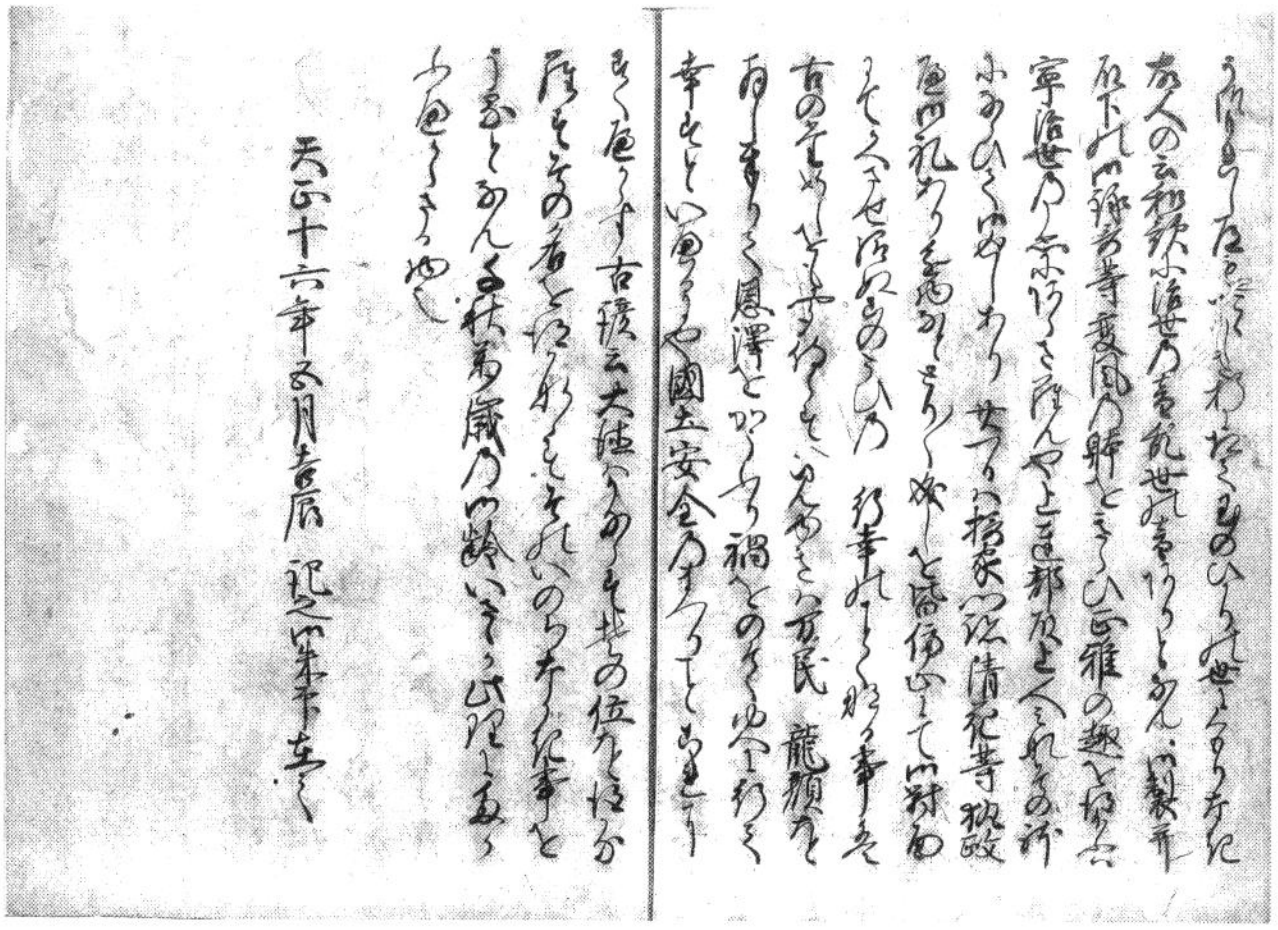

図11　東山御文庫本奥書部分。筆跡がこれまで指摘したような長諳の筆の特徴がない。余白には裏写りも認められる。※宮内庁蔵

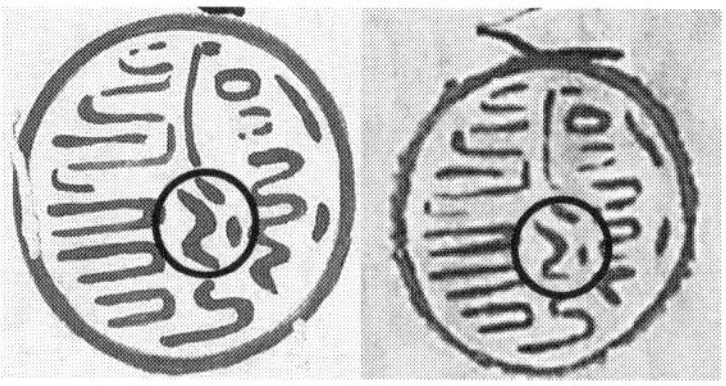

*図13　蓬左文庫本の朱印（左）と大阪城天守閣本の朱印（右）。一例だが、囲み部分のような箇所に明らかな印紋の違いが見られる。

一方、蓬左文庫本には奥書に秀吉の朱印がある。しかし、これも同様に長諳筆とは思われない。加えて前述した書誌的特徴、および長諳の事績が記録されている点から、送付用としての性格に合わない。また、**図13**に示す蓬左文庫本の朱印と大阪城天守閣本の朱印とを比較すると、印紋に微妙な差があり、後世の模印かと見られる。従ってやはり蓬左文庫本も原本とは判断できないのである。

おわりに

以上、『聚楽行幸記』における料紙・装訂・筆跡・本文の四要素から原本の推定を試みた（**図14**に簡略なまとめを示した）。今後は墨の質や朱印の材質分析等、より多くの要素も含めて検討することで、さらに正確な結果を求めたい。また、この手法による他資料への応用も考えていきたい。

注

（1）後陽成天皇の聚楽第行幸は天正二十年（一五九二）にも行われた。この盛事を記録した行幸記もあるが、本考察では天正十六年の記録を指して『聚楽行幸記』と呼ぶ。

（2）遠藤珠紀「天正十六年『聚楽行幸記』の成立について」（本書所収）。

（3）『大日本古記録 言経卿記 四』（岩波書店、一九六四年）参照。

大阪城天守閣本……斐紙（公的）・巻子装・長諳の筆跡（推定）・朱印・本文の特徴から送付用の原本と判断。

尊経閣文庫本……楮紙打紙（準公的）・巻子装・長諳清書・花押・本文の特徴から秀吉手控え用の原本と判断。

斯道文庫本……楮紙打紙（準公的）・巻子装・長諳の筆跡（推定）・本文の特徴から長諳が非公式に清書した一本と判断。
※同本を長諳清書本とする根拠は筆跡の特徴に留まり、さらなる検討を必要とするが、現時点では原本の一と考える。

東山御文庫本……楮紙・冊子本の書型・筆跡・奥書・本文の特徴から原本ではなく後世の写本と判断。

蓬左文庫本……楮紙・大本の書型・筆跡・朱印の問題・本文の特徴から原本ではなく後世の写本と判断。

図14 『聚楽行幸記』の諸本5点に関する本考察の見解

（4） 一般に雁皮を用いて紙を漉く場合は、竹簀の上に絹の紗を載せて手漉きをするため紙に簀の目はできない（『和紙の手帖Ⅱ』、一九九六年）。ただし厚手の斐紙等には漉き目が見られる場合もあるようである。

（5） 東山御文庫本の書誌情報は『皇室の至宝 東山御文庫御物4』（毎日新聞社、二〇〇〇年）に拠った（以下同）。この他、モノクロの複写資料も参照した。

（6） 装訂の格の問題は佐々木孝浩『日本古典書誌学論』（笠間書院、二〇一六年）参照。

附記 本考察は拙稿「『聚楽行幸記』諸本考——伝本の整理を中心に」（『国語国文研究』第一五六号、二〇二一年）で指摘した内容を改稿したものである。

また、本稿はＪＳＰＳ科学研究費（20J11433・19K00314・20H00031）および国文学研究資料館共同研究「軍記および関連作品の歴史資料としての活用のための基盤的・学際的研究」の成果の一である。

◎コメント◎

佐々木孝浩

豊臣秀吉右筆の楠長諳が書写した『聚楽行幸記』が複数存在しているという、稀有な事例における諸伝本の検討に、石塚先生の提唱される料紙の繊維分析の手法を応用した具体例として、とても興味深いご発表であった。

竹内氏は長諳筆の巻子装三本を、撰者自筆本に準ずるものとして「原本」と認識されている。「原本」という術語も意味するところが多くて曖昧であり、個人的にはその使用は基本的に避けるのが良いように考える。

それはともかくとして、竹内氏は紙質が斐紙と楮打紙の二種に分かれることを確認して、奥書や朱印の存在、本文の特徴などの情報と併せて、大阪城天守閣本を貴人への「送付用の原本」、尊経閣文庫を「秀吉手控え用の原本」、斯道文庫本を「長諳が非公式に清書した一本」と判断された。気になるのはこの三本の伝来の問題である。何故秀吉の手控え本が前田家蔵となったのかは追求する必要があるであろう。大阪城天守閣本と斯道文庫本に、旧蔵者を推定させる手掛かりがないのは残念なことである。共に近時の収集品であり、今後も重要な新出本の出現を期待したい。

竹内氏は『言経卿記』天正十八年（一五九〇）二月九日条に、山科言経が大村由己から『天正記』の一編『西国之記』を「鳥子」に書写するように依頼されたことを挙げて、料紙に着目する研究の有効性を説明しておられる。気になるのは、ここに装訂に関する記述がないことである。綴葉装（列帖装）であった可能性もあり、この情報を直ちに巻子装に適用するのは注意が必要であるかもしれない。

時代は遡るが、勅撰和歌集の奏覧本やそれに準ずる巻子装本の料紙に関する記録を調べたことがある（「勅撰和歌集と巻子装」『日本古典書誌学論』笠間書院、二〇一六年）が、『新千載集』と『新続古今集』が「鳥子」であることが確認できた（前者は「打鳥子」で実態が気になる）。「鳥子」以外でも「色紙」や「雲紙」の使用が確認できるので、格の高い本で斐紙だけが用いられたわけでもないことを注意しておきたい。

堀　新

竹内氏の報告は、コディコロジーの手法によって「聚楽行幸記」の原本を推定することを目的としたものであった。ここでいうコディコロジーは「写本学」と訳される従来のものではなく、石塚晴通氏が提唱する文理融合型の「新コディコロジー」とでもいうべきものである。「聚楽行幸記」は合戦を対象とはしないが、大村由己「天正記」を構成する軍記の一つである。他の「天正記」構成作品とは異なり、約四十種の写本類が伝来し、そのなかに原本があると考えられる。にもかかわらず、ほとんどの研究は写本の一つに過ぎない『群書類従』所収本のみに拠ってきた。このことの問題点は、既に遠藤珠紀が指摘している。このように、新しい研究方法の開拓という意味だけでなく、軍記研究としても竹内氏の報告には重要な意味がある。

竹内氏は本文内容を検討するのみでは原本を推定することは難しく、料紙の繊維分析によるアプローチが有効であるとする（実際は筆跡や形態も考慮している）。「聚楽行幸記」諸本を精力的に実見・分析してきた竹内氏ならではの提言には説得力がある。顕微鏡写真を見れば楮紙（楮）と斐紙（雁皮）の繊維の違いは一目瞭然である。ただし竹内氏も指摘しているように、楮紙と斐紙の判別は肉眼でも比較的容易である。そして楮紙よりも斐紙、斐紙よりも大高檀紙の方が「格上」であることは、文献史学でも周知の事柄である。このように料紙を物質《モノ》として検討することは文献史学でも行われてきたが、それは古文書についてであり、古典籍についてはほとんど無自覚であった。ただし「聚楽行幸記」には巻子と冊子があり、遠藤氏によれば巻子の方が古態である。

文献史学の側からすると、新コディコロジーが最大の効力を発揮するのは楮紙打紙の判別であろう。楮紙打紙とは楮紙をよく叩解して繊維密度を高めたものである。そのため良く精製されたものは斐紙同様の張りと光沢をもち、肉眼での判別が難しくなる。楮紙打紙が古文書にも使用されているのであれば、これを斐紙と楮紙の間の格式におくことになり、書札礼の変化をより精密に論じることが可能になるだろう。なお古文書では最高の格式である大高檀紙は分厚く皺もあるため、古典籍で使用されないのは当然だろう。

石塚晴通氏によれば、古典籍の格式では斐紙が公的なものに使用され、楮紙打紙は準公的な位置づけになるという。料紙の格式からすれば妥当な見解であろう。これをもとに竹内氏は「聚楽行幸記」の原本を探るのである。この場合の「原本」とは楠長諳（豊臣秀吉の右筆）の筆によるものという意味であり、複数存在することがありうる。これは太田牛一「信長公記」に複数の自筆本が存在するのと同様であり、その場合はそれぞれの自筆本・原本の差異はあるのか、それぞれどのような目的で作成されたのか、といったことが追究されることになるであろう。

竹内氏によれば、「聚楽行幸記」原本の可能性があるのは、①大阪城天守閣本、②尊経閣文庫本、③斯道文庫本、④東山御文庫本、⑤蓬左文庫本、の五本だという。このうち①が斐紙・巻子装・楠長諳筆で、②③は楮紙打紙・巻子装・楠長諳筆、④⑤が楮紙・冊子体・筆者不明であるから、④⑤が原本とは考えにくい。事実、④の奥書には「御朱印在之」とあり、写本とわかる。また⑤奥書に押された秀吉朱印は、竹内氏・遠藤氏ともに模印とする。かつて筆者は⑤の秀吉朱印を実見して何とも言えない違和感をもっていたが、両氏の研究によってその疑問が裏付けられた。秀吉朱印では「刀剣ワールド」HP掲載の呂宋助左衛門宛とされる秀吉朱印状も朱印の文様が微妙に異なる（https://www.touken-world.jp/search-calligraphy/art0001109/）。今後、秀吉朱印は精巧な模印の可能性を考慮しなければならないだろう。

さて新コディコロジーの成果にもとづけば、①が原本、②③が準公的な写本となる。竹内氏は①を「送付用の原本」と表現するが、「送付用」ではややわかりづらい。誰かに贈ったものであるから、贈答用（相手によっては献上用）とでも表現すべきだろう。このような些末な問題はともかく、竹内氏の新コディコロジー分析に異論はない。ただ遠藤氏が明らかにしたように「聚楽行幸記」には複数の原本があり、それぞれ成立時期が異なるから話はややこしい。遠藤氏によれば①は他本との本文異同からすれば同系統の「祖本」ではない。行幸直後に制作された親本を筆写して、誰かに贈ったものだという。すなわち形態的には斐紙・巻子装・秀吉朱印があり「原本」となる。しかし本文分析（他本との異同）から明らかになった①の成立経緯からすると、竹内氏が推定しようとした「原本」とは異なるものではないだろうか。

②の奥書には楠長諳と大村由己の署名と花押が据えてあり、文献史学ではこれを原本とみてきた。竹内氏は②の料紙が楮紙打紙であることをおもな根拠として、「手控え用（副本用）の一本」「準公的写本」とみる。秀吉の手許に置く副本であれば、料紙も含めた装丁を華美にする必要はなく、また他本にはない作者と清書者の連署があることも整合的に説明できる。

また③は最近その存在を知られるようになったものなので、研究蓄積がまだ少ない。今後は②ともあわせて他本との本文異同を検討して、たとえば②が親本（祖本）的ということであれば、いつ、誰がどのような目的で写本を流布させたのかを考察することになるだろう。

以上、竹内氏の報告に触発されて考えてみたことを述べた。人文系の研究に自然科学の手法を導入し、文理融合型の研究を確立しようという竹内氏の指摘は大変重要であり、今後の方向性を示すものであった。ただ「理」を強調するためであろうが、実験を伴う料紙分析に説明が集中し、「文」にいたってはほとんど言及されなかったように思う。それを差し引いても、文理が融合することで、「聚楽行幸記」の諸本がどのように成立し、それぞれがどのような関係にあるのか、そのうえで「原本」とは何か、こうした課題の解明に大きな一歩を進めた報告であったと思う。

ほり・しん――共立女子大学教授。専門は日本中世・近世史。主な著書に『織豊期王権論』（校倉書房、二〇一一年）、『豊臣秀吉の古文書』（山本博文・曽根勇二氏と共編、柏書房、二〇一五年）、『信長徹底解読』（井上泰至氏と共編、文学通信、二〇二〇年）などがある。

豊臣秀吉冊封関連史料に紙質から迫る

――三通の明国兵部箚付原本の検討

須田牧子

すだ・まきこ――東京大学史料編纂所准教授。専門は中世対外関係史。主な著書に『中世日朝関係と大内氏』（東京大学出版会、二〇一一年）、『「倭寇図巻」「抗倭図巻」をよむ』（勉誠出版、二〇一六年）、論文に「最末期の遣明船の動向と「倭寇図巻」」（上田信・中島楽章編『アジアの海を渡る人々』春風社、二〇二一年）などがある。

はじめに

本稿に与えられた課題は、「豊臣秀吉冊封関連史料に紙質から迫る」ことにある。ここでは三通の明国兵部箚付に注目し、その検討から分析し得たことを述べていきたい。一五九五年、明朝は豊臣秀吉を日本国王に冊封し、併せて日本側諸将にも授職したが[1]、これに伴い明朝兵部から諸将へ発給された箚付原本を現在三通確認することができる。本稿がとりあげるのはこの箚付である。

近年、紙質研究は精緻に、また厚みを増し、原本調査から得られる知見の欠かせない一要素として、その重要性を増しているが、一方で、紙質そのものの分析結果が、ただちにある歴史的事実の解釈に顕著に影響を及ぼす例は、なかなかないのではないかとも思われる。しかし本稿で紹介する事例は、まさしくそのような例として、紙質分析というものがもつ力が効果的に発揮されたものである。すでに他所で何度か紹介させていただいているが[2]、重複をご容赦いただき、以下本書の趣旨に沿って述べていくことにしたい。

一、三通の「明国兵部箚付」

東京大学史料編纂所には「明国箚付」と名付けられた一通の明国発給文書が所蔵されている（**図1**）。縦一一一・〇センチ、横八五・三センチ、軸装である。飾罫線を一枚板に陽刻し、その板に「箚付」の文字をはめ込み、竹紙に青く刷りだした用紙に墨書される。日付の「初四」の文字は朱書、「箚付」の下には押署がなされ、年記の上には朱印がおされている。朱印の朱は褪色し文字は読み取れないが、「兵部之印」ではないかと推定される。収集家として知られる神田孝平（一八三〇～一八九八）の旧蔵で、一九二六年、購入により史料編纂所の所蔵となった。(3) 本文は左記の通りである。

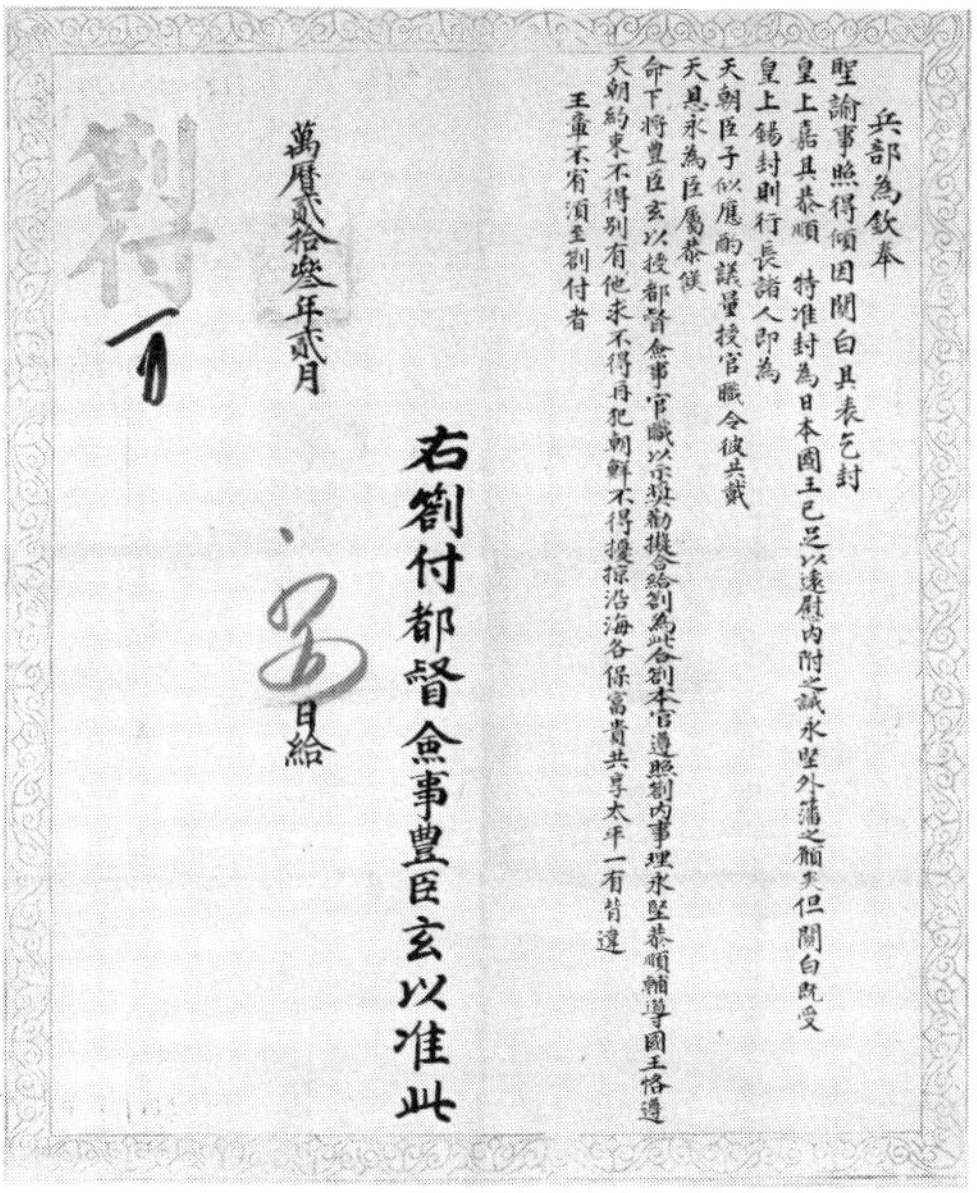

*図1　前田玄以宛明国兵部箚付（東京大学史料編纂所所蔵）

　兵部為欽奉
聖諭事、照得、傾因関白具表乞封、
皇上嘉其恭順、特准封為日本国王、已足以遠慰内附之
誠、永堅外藩之願矣、但関白既受
皇上錫封、則行長諸人即為
天朝臣子、似応酌議量授官職、令彼共戴
天恩、永為臣属、恭候
命下、将豊臣玄以、授都督僉事官職、以示奨勧、擬合給
箚、為此合箚、本官遵照箚内事理、永堅恭順、輔導
国王、恪遵
天朝約束、不得別有他求、不得再犯朝鮮、不得擾掠沿海、
各保富貴、共享太平、一有背違、
王章不宥、須至箚付者、
　右、箚付都督僉事豊臣玄以、准此、
万暦弐拾参年弐月初四日給
箚付　（押署）

万暦弐拾参年は一五九五年。文禄慶長の役／壬辰丁酉倭乱のはざまで、和平交渉が行なわれていた時期にあたる。本文書は、明皇帝は豊臣秀吉を日本国王に封じることとしたので、併せて豊臣秀吉旗下の小西行長以下の武将たちにも官職を授けることとする、豊臣玄以、つまり前田玄以には、都督僉事という官職を授ける、とする任命書である。箚付とは上級官から下級官への下達文書で、ここでは明朝の役所たる兵部から豊臣玄以に宛てる形式をとっている。押署は兵部尚書（兵

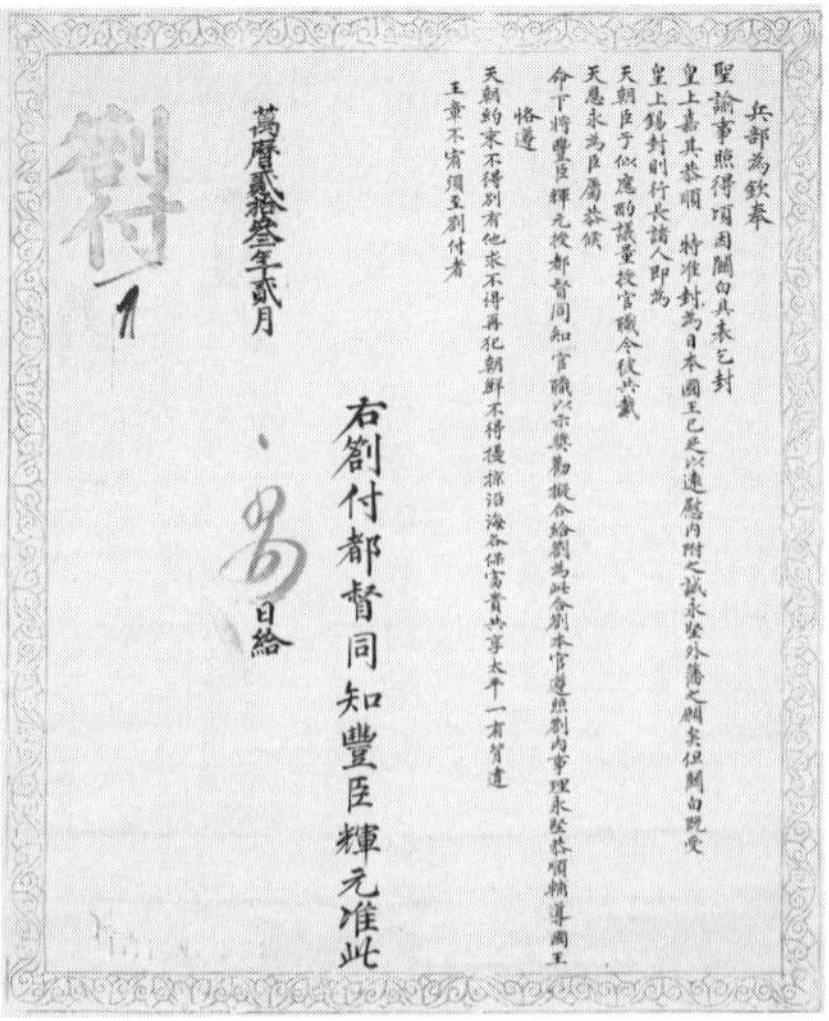

図2　毛利輝元宛明国兵部箚付（黒嶋敏・屋良健一郎編『琉球史料学の船出』勉誠出版、2017年より、以下、図3〜7も同書より引用）

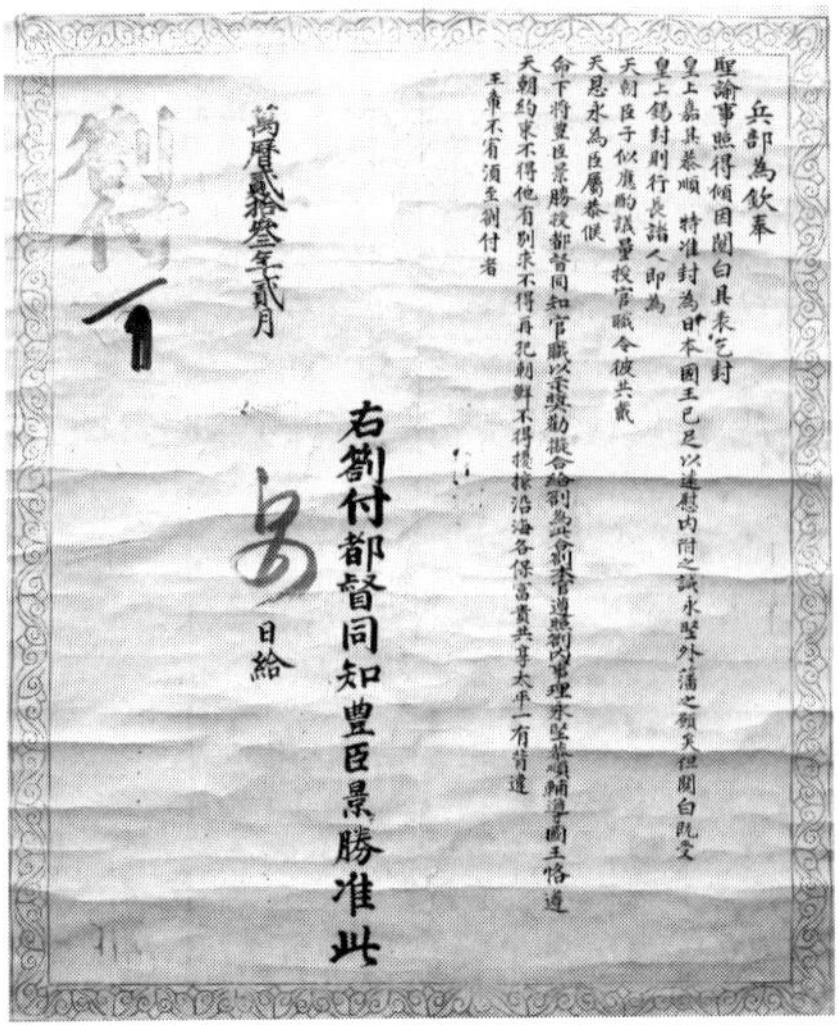

図3　上杉景勝宛明国兵部箚付

部の長官）の石星による。前田玄以（一五三九〜一六〇二）は、京都所司代などを務めたことで知られる、豊臣政権の吏僚である。丹波亀山に約五万石の所領を与えられていたが、その嫡流は玄以の子の代で絶え、三男の家系が江戸幕府の旗本として続いた。嫡流家が絶えてから、本文書がどのような変転を経て神田孝平の所蔵となったのかについては、現状不明である。

この前田玄以宛箚付と同様の箚付が、毛利博物館と上杉神社にも軸装された形で現存する。それぞれ、毛利輝元を都督同知に、上杉景勝を同じく都督同知に任じたものである（**図2・3**）。字配りと字形が多少違うが、官職名と宛所以外はほぼ同文である。(4) また前田玄以宛箚付と、刷り残しの跡が共通しているところから、三通とも同じ板で刷った用紙を使用していることが明らかである。毛利輝元宛のものが一〇七・二×九〇・九センチ、上杉景勝宛のものが一〇五・五×八九・〇センチと、本紙のサイズには多少の差があるが、飾罫線の内寸は九〇×七五センチと三通共通であるから、軸装の際に生じた差異であろう。飾罫線と「箚付」の文字が青く刷りだされている点、日付の「初四」が朱書され、「箚付」の下に押署がなされ、年記の上に朱印がおされる点も同じである。ただ前田玄以宛のものは「万暦弐拾参年弐月」の文字を墨書するが、毛利輝元・上杉景勝宛はともに「万暦弐拾参年月」を黒で刷り出し、「弐」のみ墨書する。この点を除いては、三通とも共通の規格で作成されている。

　一方、授けられた官職は、毛利輝元・上杉景勝と前田玄以とで異なっている。前田玄以宛箚付には彼を「都督僉事」に任命する旨が書かれているが、毛利輝元と上杉景勝は「都督同知」である。都督僉事は正二品相当で、中央官の武官の三等官にあたる。都督同知は従一品相当、中央官の武官の二等官にあたる。つまり前田玄以が貰った官職は、他の二人より一つ低いのである。

　前田玄以が上杉景勝・毛利輝元より一段低い格付けをされていること自体は、日本国内における彼らの立場を考えれば当然ではある。上杉景勝（一五五五〜一六二三）は、当時約九〇万石の所領を有し、豊臣政権の宿老として重んじられていた。毛利輝元（一五五三〜一六二五）も、約一一二万石の所領を有し、景勝と同様、豊臣政権の重鎮であった。豊臣政権の吏僚であり所領は約五万石にすぎない前田玄以とは格が違う。しかしよく見ると毛利輝元宛・上杉景勝宛の箚付には改変した痕がある。

　上杉景勝宛箚付は、二か所の「都督同知」の文字のどちらも、「督同知」の部分は、本紙が切り抜かれ、裏から紙が貼られた、その紙の上に書かれている（図4）。一方、毛利輝元宛箚付も二か所の「都督同知」の文字のどちらも、「同知」の部分は本紙が切り抜かれ、裏から紙が貼られた、その紙の上に書かれている（図5）。つまり、毛利輝元・上杉景勝ともに官職名が改変されているのである。

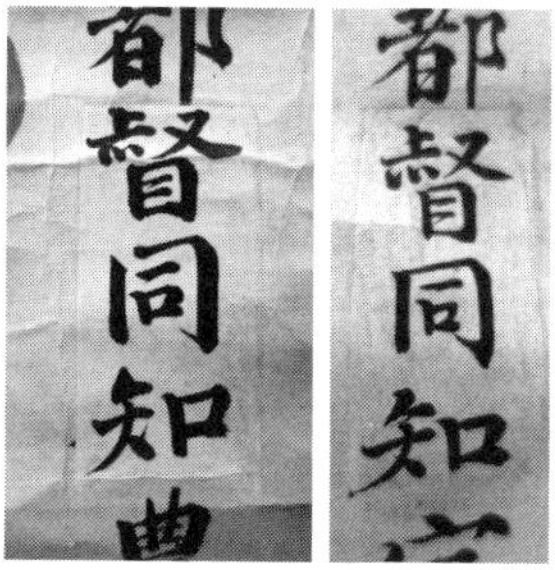

宛所部分　文中部分
図4　上杉景勝宛箚付改変痕

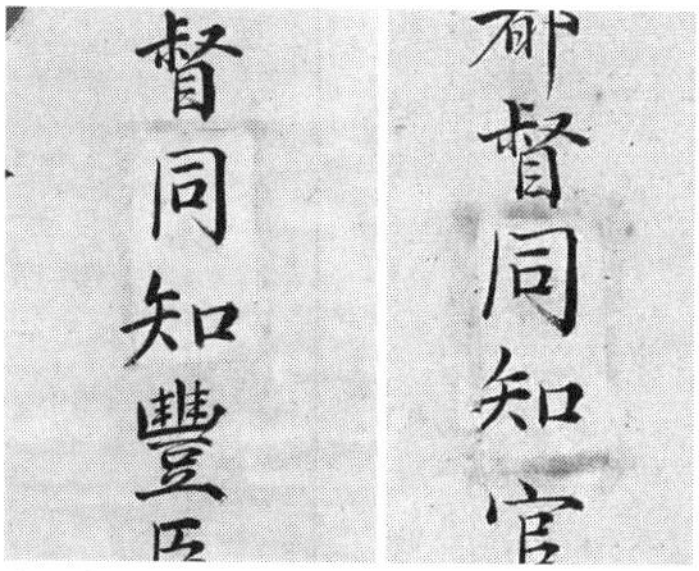

宛所部分　文中部分
図5　毛利輝元宛箚付改変痕

二、明朝の授職

　この改変はいつどこで何のためになされたのであろうか。まずは、これらの文書が発給された事情について簡単に確認しておこう。

　万暦二十二年（文禄三年、一五九四）十二月、内藤如安が北京に到着し、明朝と豊臣政権による和平交渉は本格化する。

この際、内藤如安は、豊臣秀吉を日本国王に任じることとともに、数十名に及ぶ豊臣政権下の武将たちへの授職、および空名箚付の交付を要求した。左記はその要求文書の写である。[5]

日本国差来小西飛弾〔驒〕守滕原如安、謹稟　天朝兵部尚書太保石爺　臺下、小的日本求封、蒙老爺天高地厚之恩、感当何如、昨見四位閣下老爺・礼部范老爺盛心、大事已就、今在議封之時、特将本国一応人員姓名開報、伏乞老爺、照例開後、縁由施行、挙国得安、万代頂恩、謹稟、

計開、

　冊封　勅書并各項儀制、務求老爺、留神要好、不致貽笑朝鮮・琉球海外諸国、至禱、

一、日本国王無有、挙国臣民乞封関白豊臣秀吉為日本国王、妻豊臣氏為妃、嫡子為神童世子、養子秀政為都督、仍為関白、

一、豊臣行長・豊臣三成・豊臣長成・豊臣吉継・豊臣秀嘉

　以上五員、乞封大都督、独行長加世西海道、永与天朝治海藩籬、与朝鮮世世修好、

一、釈玄蘇封日本禅師、

一、豊臣家康・豊臣利家・豊臣秀保・豊臣秀俊・豊臣氏卿・豊臣輝元・平国保・豊臣隆景・豊臣晴信・豊臣義智、

　以上十員、乞封亜都督、

一、釈宗逸封日本一道禅師、

一、豊臣玄次・豊臣吉長・豊臣正家・豊臣行成・豊臣全宗・豊臣調信・豊臣吉隆・豊臣正信・源家次・平行親・平末卿、

　以上十一員、乞封都督指揮、

一、豊臣義弘・豊臣鎮信・金平豊長・源鈍玄・源重政・平信、

　以上六員、乞封亜都督指揮、

一、平山五衙〔衛〕門・兵衛安宅甚藏・平田四都・西山久助・吉下申我・吉田善右衙〔衛〕門・西川与節・十昌九次・十瀬少吉・松井九丈夫、

　以上十名、労苦三年、均乞封爵、直有未尽応封人員、乞老爺、給賜大都督箚付十五張・亜都督箚付二十張・都督指揮箚付三十張・亜指揮箚付五十張、臨時頒賞、使日本大小臣僚、倶各叨受　天朝爵秩、遵　天朝命令、

すなわち、秀吉を日本国王にせよとの要求を記した後、行長以下を大都督に、家康以下を亜都督に…というかたちで、授職を要求する具体的な人名と役職を列記し、最後にここ

に挙げきれない人間もいるからとして、「大都督」「亜都督」「都督指揮」「亜指揮《（都督脱カ）》」の箚付計一一五枚の支給を求めている。この箚付は、各官職名を明記し、任命対象の人名を空欄とした空名箚付であろうと推定される。

これをうけた明朝は、翌年正月七日、まず永楽帝の先例に倣い豊臣秀吉を日本国王に任じる決定を下した。『明実録』によれば、秀吉を日本国王に封じるにあたり、日本国王印と冠服のほか、文書としては誥命・詔・勅が発給されたという(6)。『明実録』はこれらの文書本文を載せないが、明末の歴史家である談遷著『棗林雑俎』智集の「日本関白求封」と題する項には、詔・勅・誥命の本文が写されている(7)。このうち誥命は原本が大阪歴史博物館に、勅は原本とされるものが宮内庁書陵部に現蔵されている(8)。詔は『江雲随筆』（江戸後期に編纂された、外交関係文書を集めた書(9)）に写されて伝わる。これら三点と『棗林雑俎』所収の文章は細かな誤脱を除き同文である。談遷は確度の高い情報を持っていたのであろう。

明朝はついで正月十二日には、小西行長・宇喜多秀家・増田長盛・石田三成・大谷吉継・徳川家康・毛利輝元・羽柴秀保を都督僉事に、内藤如安を都指揮使（地方官の武官の一等官）に任じる決定を下した(10)。『明実録』には、秀吉を日本国王に任じたので、アルタンを順義王に封じたときの例にならい、麾下の武将たちにも官職を授けようとする兵部尚書石星の題奏が引用され、明皇帝がその通りにせよと命じたことが記されている(11)。この石星の題奏では、「豊臣行長・豊臣秀家・豊臣長盛・豊臣三成・豊臣吉継・豊臣家康・豊臣輝元・豊臣秀保」に都督僉事を授け、「小西飛」こと内藤如安には褒美を、景轍玄蘇には衣帽を与える旨が提案されているのみだが、談遷著『国榷』には、内藤如安には都指揮使が与えられたと明記されている(12)。談遷がこの件に関して確度の高い情報を持っていたことは先述したとおりである。

さてここで注目したいのは、明朝が決定したのは、小西行長以下八名に都督僉事を、内藤如安に都指揮使を与えることであった点である。都督「同知」ではなく都督「僉事」である。さらに、毛利輝元は授職対象者に入っているが、上杉景勝・前田玄以はそもそも入っていない。

三、文書の改変痕

このことをどのように解釈するべきであろうか。考えられる可能性は三つある。A決定を下したのち、明朝が日本側との協議に基づき、変更を加えた、B明使が北京を出発し大坂に到着する間に、明・日の現場担当者の手により改変された、C日本側で改変した(13)。

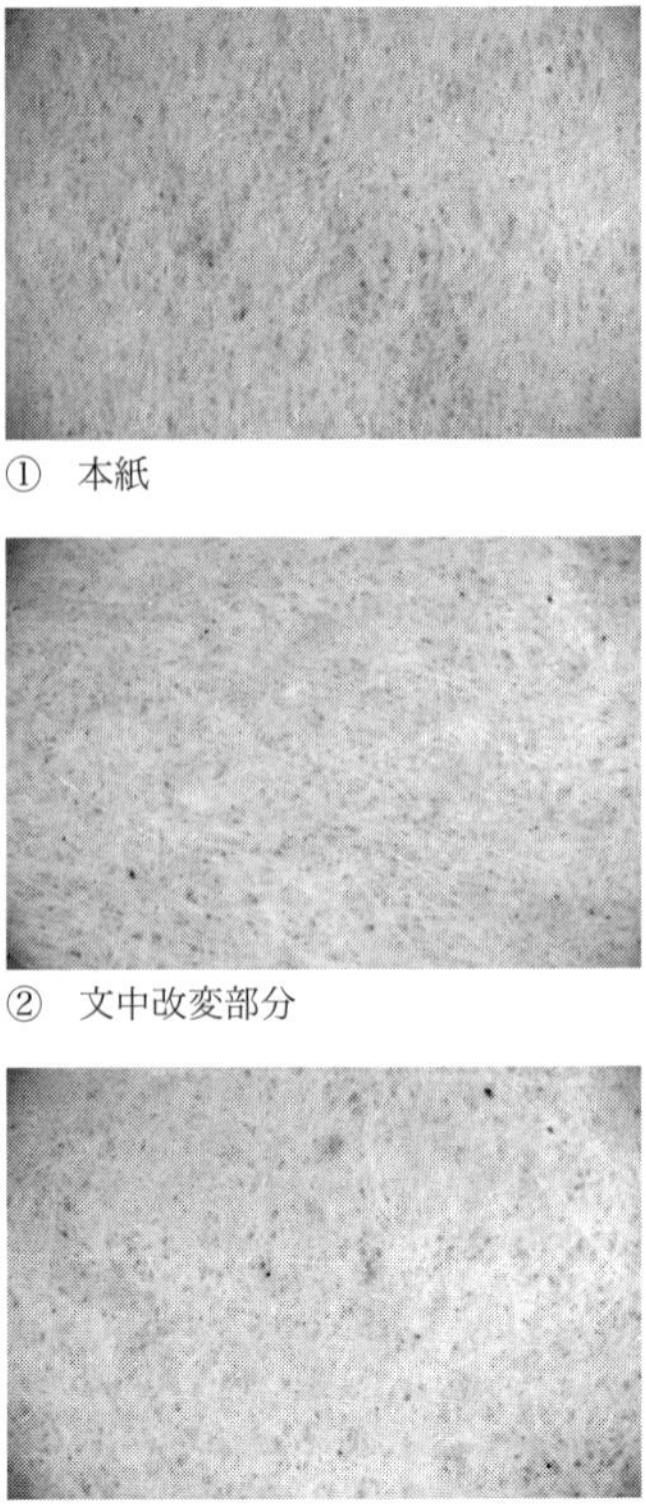
① 本紙
② 文中改変部分
③ 宛所改変部分

＊図6 毛利輝元宛箚付の顕微鏡撮影画像

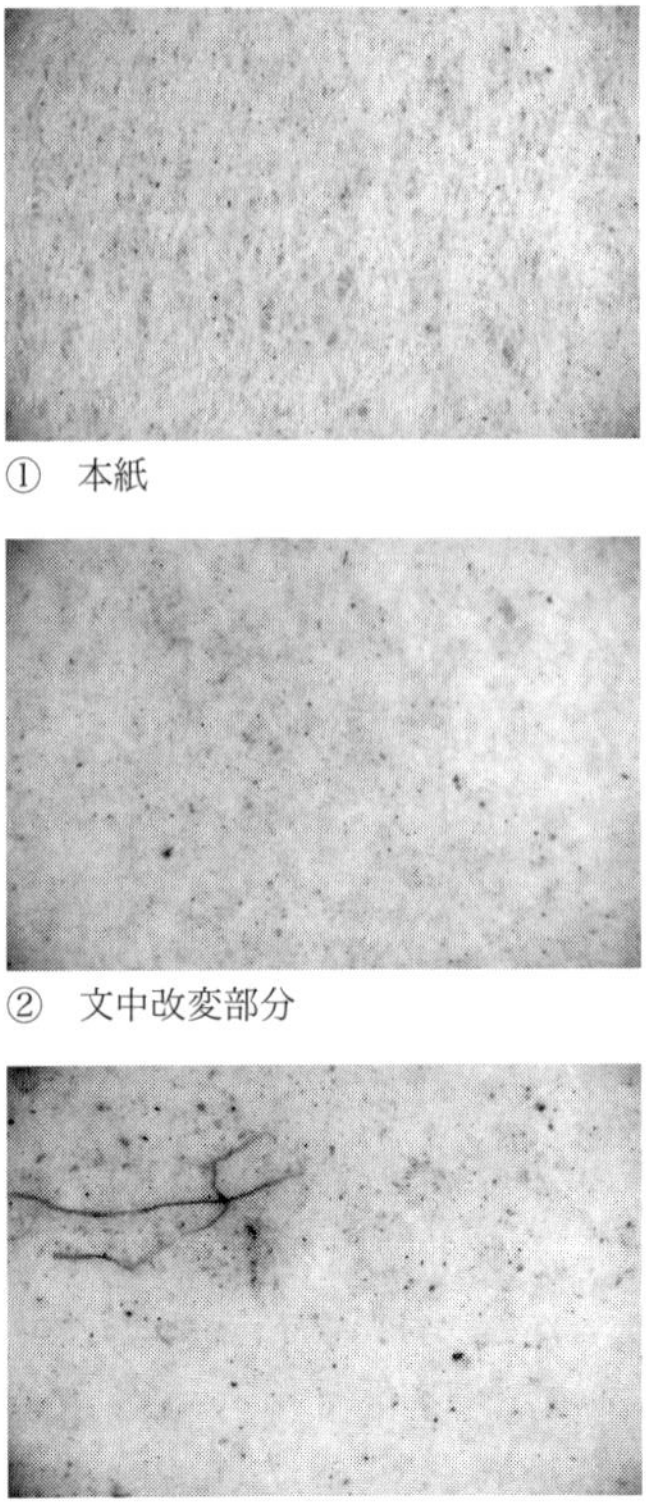
① 本紙
② 文中改変部分
③ 宛所改変部分

＊図7 上杉景勝宛箚付の顕微鏡撮影画像

Aのように明朝で改変がなされたとすれば、改変した後補の紙も明紙であるはずである。そこで両箚付の紙質調査を試みたところ、意外な事実が判明した。すなわち、毛利輝元宛の箚付の後補紙は二か所とも、本紙とよく似た竹紙であったが、上杉景勝宛の箚付は二か所とも雁皮紙、すなわち和紙であったのである。(14)

図6は毛利輝元宛の箚付の顕微鏡撮影画像である。拡大倍率は一〇〇倍で、①が本紙、②が文中の、③が宛所の改変部分である。三枚とも竹の繊維の一本一本が折り重なっているのがくっきりと見える。①②③の番号を外して画像を混ぜてしまえば、違いを見分けるのはまず不可能であろう。

図7は上杉景勝宛の箚付の顕微鏡画像である。拡大倍率は同じく一〇〇倍で、①が本紙、②が文中の、③が宛所の改変部分である。①は、**図4**の三枚と同様、細長い竹の繊維を見て取ることができるが、②③は、繊維一本一本は見えないほどに密に絡みあい、のっぺりした印象をうける。繊維が密なのは雁皮紙の特徴である。

後補紙が竹紙である毛利輝元宛の場合、改変の可能性は明側にも日本側にも残される。北京から朝鮮半島を経る帰国の途上で、日本側が竹紙を手に入れる機会はいくらでもあろう。しかし、雁皮紙である上杉景勝宛の場合、わざわざ和紙を使

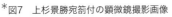

用して明朝兵部で修正したと考えるのは無理がある。日本側での改変と断じざるを得ない。そうなると毛利輝元宛の細工もまた、日本側による可能性が強くなるが、細工に使用した紙の種類が異なるとなると、毛利輝元宛の改変時期と上杉景勝宛のそれとはずれる可能性が新たに浮上する。

改変部分周辺をもう少し詳しく観察してみると、毛利輝元宛箚付は、文中の改変部分は、紙片に「同知」と書いたものを裏から貼っている。「知」の三画目の横棒、四画目の払いの一部が本紙の下に隠れてしまっている。逆に宛所の改変部分は、先に裏から紙を貼り、上から字を書いている。「知」の三画目と四画目の一部が今度は本紙の上に乗っている。最初に先に書いて失敗したので、次は貼ってから書くことにしたのであろうか。注意したいのは、文中の改変部分の本紙のほうに残画らしきものが残っていることである。すなわち「同」の両脇に墨が二つ、「知」の左に墨が一つ見える。あるいは前田玄以宛と同様に「僉事」とあったのではなかろうか。前者は「僉」のかさの残画、後者は「事」の横棒の残画と解せないだろうか。

上杉景勝宛のほうは、紙片に文字が収まっているので、書いて貼ったのか、貼ってから書いたのかは現状からでは判断できない。二か所とも上の字の「都」、下の字の「官」「豊」の一部を潰す形で本紙が切り抜かれ、裏から貼り紙されている。文中の改変部分は長方形ですらなく、台形状を呈しており、かなり慌てて細工を施したような印象をうける。本紙に残る残画という点では、宛所の改変部分の「知」の左脇に一つ墨があるのが注目される。こちらにも「僉事」とあったのであろうか。しかし「都督僉事」とあったのならば、「督」から改める必要はない。毛利と同様「同知」と改変するだけでよかったはずである。では「都」で始まる四文字の官職名には何があるだろうか。

そこで思い出されるのは、正月十二日段階の決定で内藤如安に与えるとされていた「都指揮使」である。地方に置かれた軍政の拠点・都指揮使司のトップである都指揮使は、格としては正二品相当となり、つまり都督僉事と同格で、都督同知よりは一段低い。あるいは上杉景勝は「都指揮使」に任命される予定だったが、明・日間での再度の調整の結果、「都督同知」に任じられることとなり、それに伴い「指揮使」が切り取られ「督同知」と改められたのであろうか。しかし先述のように、この改変は雁皮紙によりなされており、明朝によるものとは考えにくい。さらに上杉景勝は、『明実録』や『国榷』にみられる万暦二十三年正月十二日の受職決定者のなかには名が見えない。再度の調整の結果、明朝から新たに追加授職されたのだとしたら、新たに文書が作られるはずで、そもそも官職名を切り抜いて訂正する必要はない。

四、授職の実態

文書原本の観察から得られた以上の知見をもとに、授職の現場を追及してみたい。豊臣秀吉を日本国王に冊封する使は、万暦二十三年（一五九五）二月に北京を発ちソウルを経て、十一月釜山に至っている。翌年四月正使李宗城が逃亡し、副使楊方亨が正使に繰り上がるなどの騒動を経て、同年八月（明暦、和暦では閏七月）堺に至り、九月一日（和暦）には大坂城で秀吉と会見した。(15)陪臣への授職もこの時に行われている。

この授職について直接言及した豊臣政権側の記録は見いだせないが、明使に同行して来日した朝鮮使節黄慎の日記には、陪臣の授職者は四十名との情報が記されている。(16)またルイス・フロイスの年報には、明皇帝が直接指名した授職者が二十名おり、加えて太閤（秀吉）が独自に指名して授職できるように「顕職」と「衣服」が二十名分送られた、と記されており、計四十名が授職されたことがわかる。(17)どちらも伝聞情報ではあるが、授職者が四十名いたという数字は一致する。すなわち冊封の現場を伝聞した記録では、明側史料の小西行長以下八名に内藤如安を足して九名という数字よりはるかに多い人数が授職されていることになるのである。

実際、前田玄以・毛利輝元・上杉景勝宛箚付のほかにも、文書原本は残っていないものの、写として伝来する同様の明国兵部箚付を、現在までに三点確認することができている。宛所と官職名以外は、文言はほぼ同じ、日付も同じである。

一点目は、和平交渉に活躍した禅僧の景轍玄蘇を「日本本光禅師」に任じたもので、天明元年（一七八一）に、平戸藩主松浦静山が対馬西山寺に保管されていたという箚付を飾罫線まで含めて精巧に模写させたものである。(18)この模写のサイズは約六八×四八センチであるが、書きこまれている注釈によると原本は「内幅竪三尺、横二尺五寸弱」、つまり飾罫線の内寸が約九〇×七五センチだったというから、前田玄以・上杉景勝・毛利輝元宛の箚付と同じ大きさだったことがわかる。青で飾罫線・文末の「箚付」の文字が示されるなどの意匠、また本文の字配り・文言等も共通し、これらと同一規格で作成されているものと判断される。景轍玄蘇については、内藤如安は「日本禅師」に任じることを要求し、『明実録』は衣帽を授与することに決した旨を伝えている。

二点目は、毛利輝元の叔父で、やはり豊臣政権の重鎮であった小早川隆景を「都督同知」に任じたもので、写という形で小早川家と所縁のある「堅田文書」のなかに残される。[19] なお隆景は内藤如安の授職要求には名を挙げられているが、『明実録』の授職決定者の中には見えない。

三点目は、徳川家康を「右都督」に任じたもので、上杉家の歴史を年代順に記した『上杉年譜』中に上杉景勝宛箚付と一緒に引用されている。[20]「右都督」は中央官の武官の一等官で、都督同知よりさらに上、正一品に格付けられ、左都督とともに軍事を総括する官職である。家康は『明実録』の授職決定者の中に名前が見えているが、そこで予定されていた「都督僉事」よりも二段階上に任じられていたことになる。

ところで『上杉年譜』は、この徳川家康宛箚付を引用する直前に、「小西摂津守行長、兼テ内藤飛騨守如安ニ命シ、徳川家康・景勝公・毛利輝元・浮田秀家・前田利家・小早川隆景・金吾秀秋等ノ位品ヲ頒テ明朝ニ告、コレニ依テ明帝ヨリ別ニ箚付ヲ裁シ日本ノ列侯ニ配賦ス、且官職及ヒ冠服ヲ賜ル、今家康ニ授ル書章ト公ニ授ル書ヲ記ス、」と説明を付している。すなわち、小西行長の命により内藤如安が、徳川家康・上杉景勝・毛利輝元・宇喜多秀家・前田利家・小早川隆景・小早川秀秋らに官職を授けるよう明朝に申請し、明朝はこれに応えて箚付を発給したのだ、という。すでに見てきたように徳川家康・上杉景勝・毛利輝元・小早川隆景については原本もしくは写が伝来するが、この記述によれば、宇喜多秀家・前田利家・小早川秀秋も授職されていたことになる。このうち宇喜多秀家は『明実録』の授職決定者の中に名前が見えるが、前田利家・小早川秀秋は見えず、秀秋に至っては、上杉景勝と同様、内藤如安の授職要求リストにも登場しない。しかしルイス・フロイスによると、利家も秀秋も、秀吉の冊封の現場に列席していたといい、[21] 同じく列席していたという徳川家康・上杉景勝・毛利輝元がみな授職されていることを考えると、両人が授職されているのはむしろ当然とも言える。

さらに『江雲随筆』には、徳川家康が「右都督」に、前田利家・宇喜多秀家・毛利輝元・羽柴秀保・小早川隆景・増田長盛が「都督同知」に、石田三成・大谷吉継・前田玄以・長束正家・施薬院全宗・小西如清・石田正澄・小西行長が「都督僉知」(僉事の誤記であろう) に任じられたとある。[22] これがどのような典拠に基づいた記述なのかは不明だが、本史料は以酊庵輪番僧として対馬に赴いた五山の僧侶の手になるものであり、相応の根拠があるものと推定される。また徳川家康が右都督、毛利輝元・小早川隆景が都督同知、前田玄以が都督僉事という点は、現存の箚付原本や写とは矛盾しない。

以上、文書原本の残る上杉景勝・毛利輝元・前田玄以に加え、原本は残っていないが写によって授職が確認できる者が三名、記録によって明朝に授職されたと伝えられる人間が十二名、計十八名の授職者の名前が確認される。試みに内藤如安の要求、明朝の決定、日本現存の任命書原本・写・記録などから、現在確認できる授職者を一覧し比較してみると**表1**のようになる。ここから考えても、現実に日本で授職された陪臣の数は、明朝の決定よりはるかに多く、また内容も相当に改変されているということになる。

この「授職」にあたり、明朝の決定から格上げされた人々については、それに関わる文書の作成は、明朝から渡された本人宛箚付の官職の部分を改変すれば済む。毛利輝元がその具体例である。しかし、明朝の決定の対象外にあったのに授職された人々の場合はどのような形になるのだろうか。

前田玄以宛ならびに上杉景勝宛箚付は、まさにその例である。玄以と景勝は明朝の決定には名前がないが、箚付はある。これらの箚付は毛利輝元宛箚付と共通の板で刷り出された竹紙の用紙に書かれている。つまり用紙そのものは日本側の偽造ではない。したがって明朝からは少なくとも、内藤如安を含む九名の授職者たち宛の箚付のほか、「都督僉事」に任じる空名箚付が何通か日本側に渡されていたと考えられる。ルイス・フロイスの年報に見える、太閤が指名して授与するように送った顕職とは、具体的にはこの空名箚付を指すのだろう。[23]「都督僉事」と断定するのは、前田玄以宛箚付は官職名の部分に細工が見られないからである。

さらに先述したように上杉景勝宛箚付が「督」の字から改変されていることを考えると、「都指揮使」の空名箚付も渡されていた可能性がある。日本側は、明朝が下した授職者宛の箚付の官職部分を適宜切り取って改変するだけではなく、こうした空名箚付に名前を書き入れ、あるいは空名箚付の官職部分をも改変し、日本国内の政治的序列を反映させた形の虚構の「明朝からの授職」を作り上げた。『明実録』に授職者として名前が見える毛利輝元宛の箚付の「豊」の字が本字であるのに対し、上杉景勝・前田玄以宛箚付ではともに略字が使われているのも、彼らの名前が明朝兵部以外の場所で、書き込まれた可能性が高いことと関係しているのかもしれない。その虚構の「明朝からの授職」を作り上げたのは、ルイス・フロイスの年報に見える「太閤」が「指名」という記述[24]を重んじるならば、豊臣秀吉自身であった可能性もある。

しかし以上の考察では、毛利輝元宛箚付の細工が竹紙で、上杉景勝宛箚付の細工が雁皮紙であるという謎は、謎のままである。可能性として考えられるのは、毛利輝元宛箚付を初めとする大部分の文書の細工が先行してなされ、あとから余っていた空名箚付を利用して上杉景勝宛箚付が作成された、これは蒼惶のうちになされたので、竹紙の準備が間に合わず、

表1　史料間による授職者の異同

内藤如安の要求			明朝の決定	日本現存の任命書原本・写*・記録**
記載人名	人物比定	記載官職	官職	官職
豊臣秀吉	豊臣秀吉	日本国王	日本国王	日本国王
豊臣氏	(北政所)	妃	—	—
嫡子	(豊臣秀頼)	神童世子	—	—
養子秀政	豊臣秀次	都督	—	—
豊臣行長	小西行長	大都督	都督僉事	都督僉事**
豊臣三成	石田三成	大都督	都督僉事	都督僉事**
豊臣長成	増田長盛	大都督	都督僉事	都督同知**
豊臣吉継	大谷吉継	大都督	都督僉事	都督僉事**
豊臣秀嘉	宇喜多秀家	大都督	都督僉事	都督同知**
玄蘇	景轍玄蘇	日本禅師	(衣帽を授与)	日本本光禅師*
豊臣家康	徳川家康	亜都督	都督僉事	右都督*
豊臣利家	前田利家	亜都督	—	都督同知**
豊臣秀保	羽柴秀保	亜都督	都督僉事	都督同知**
豊臣秀俊	羽柴秀俊	亜都督	—	—
豊臣氏卿	蒲生氏郷	亜都督	—	—
豊臣輝元	毛利輝元	亜都督	都督僉事	都督同知
平国保	不詳	亜都督	—	—
豊臣隆景	小早川隆景	亜都督	—	都督同知*
豊臣晴信	有馬晴信	亜都督	—	—
豊臣義智	宗義智	亜都督	—	—
宗逸	竹渓宗逸	日本一道禅師	—	—
豊臣玄次	前田玄以	都督指揮	—	都督僉事
豊臣吉長	毛利吉成	都督指揮	—	—
豊臣正家	長束正家	都督指揮	—	都督僉事**
豊臣行成	寺沢正成	都督指揮	—	—
豊臣全宗	施薬院全宗	都督指揮	—	都督僉事**
豊臣調信	柳川調信	都督指揮	—	—
豊臣吉隆	木下吉隆	都督指揮	—	—
豊臣正信	石田正澄	都督指揮	—	都督僉事**
源家次	(不詳)	都督指揮	—	—
平行親	(小西主殿介か)	都督指揮	—	—
平末卿	小西末郷	都督指揮	—	—
豊臣義弘	島津義弘	亜都督指揮	—	—
豊臣鎮信	松浦鎮信	亜都督指揮	—	—
金平豊長	山中長俊	亜都督指揮	—	—
源純玄	五島純玄	亜都督指揮	—	—
源重政	岡本重政	亜都督指揮	—	—
平信	不詳	亜都督指揮	—	—

★人名比定は【中村栄孝1969】【米谷均2014】による。米谷氏による比定は（　）で括った。

(内藤如安の要求にはない人名)

小西飛	*内藤如安*	—	都指揮使	—
豊臣景勝	*上杉景勝*	—	—	都督同知
金吾秀秋	*小早川秀秋*	—	—	(不詳、授職されたことのみ上杉年譜にあり)**
如清	*小西如清*	—	—	都督僉事**

内藤如安の要求した空名劄付の種類と数

大都督	15
亜都督	20
都督指揮	30
亜(都督)指揮	50

手近な雁皮紙で間に合わせた、という流れである。ルイス・フロイスの年報では二十名が明朝の指名により授職されたことになっているが、明側史料で確認できるのは九名にすぎない。したがって毛利輝元宛箚付を含む改変は、明使の堺到着以前に秀吉の知らないところでなされ、陪臣の授職は二十名として準備されていたが、堺到着後、太閤指名分として秀吉の意図のもとにさらに上杉景勝等が追加されたのかもしれない。

ただそのように考えたときに問題となるのは、上杉景勝箚付の宛所部分の状態である。わずかであるが「豊臣景勝」の「豊」の四画目の書き出しが「督同知」の貼紙につぶされている。つまり上杉景勝宛箚付は、都指揮使の空名箚付に豊臣景勝と書きこんだのち、さらに官職名が変更されるという過程を経ている可能性がある。あるいは空名箚付に景勝の名前を書き込むところまでは先になされていたが、官職名の改変は、堺到着後になされたものであろうか。

ともあれ以上から、壬辰丁酉倭乱のはざまになされた明朝の陪臣への授職は、明朝の決定・中途での改変・秀吉による改変と追加という過程を経て完成したと考えられる。そして明朝の陪臣への授職が、こうした複雑な経緯をたどったであろうことは、紙質調査から得られた知見に拠って初めて明らかになったことなのである。

おわりに

最後に本稿で述べてきたことを簡単にまとめておこう。明朝が日本の陪臣に与えるつもりであった官職は都督僉事・都指揮使であり、少なくとも九名分については姓名を書き入れた箚付を作成した。そのほか通数は不明だが、都督僉事・都指揮使の空名箚付を相当数下賜した。日本側は、この空名箚付を使用し、あるいは箚付に細工を施し、虚構の「明朝からの授職」を作り上げた。

ところで、現存する明朝兵部が国内の人間に対して出した任命書には、官職名の上に印がおされ、中央付近に割字がある。[25]いずれも偽造防止の工夫であろうが、日本現存の以上三通の箚付にはこれらは見られない。授与する官職の上から印をおされていなかったことが、これまで述べてきたような改変を可能にしているわけである。空名箚付を渡してしまうということも含めて、明朝は、辺境の蛮夷に授ける官職の管理には、それほど厳密を期さなかったことを示す特徴であると言え、ここからすれば、日本側における虚構の授職の作成は、明朝側でもある程度は予想していたことと考えられる。このような虚構を可能にするような授職文書の発給が、モンゴルや女真といった他の蛮夷への授職の例に比して特異なのか否かについては、現在別の共同研究で検討を進めているところである。[26]

秀吉の冊封をどう理解するかは、文禄慶長の役／壬辰丁酉倭乱研究の中でも、最大の論点の一つであるが、これに伴う陪臣の授職について取り上げられることは多くはない。しかし原本調査によって引き出し得た情報は、この陪臣の授職が、虚実の交錯する外交の現場を具体的に物語る素材として、さらには当該期の豊臣政権内部における政治的秩序の問題として、展開しうる課題であることを示している。日本側による官職名の改変は、政権内部における各家の実情に対する配慮の可視化と言えようが、さらにそれが二段階あるとすれば、各段階の時期的偏差や、改変に関わった人間の認識の偏差としても分析すべき政治史上の論点となる。またそのような形で、陪臣の授職が分析しうることじたい、豊臣政権が明からの冊封を肯定的に積極的に受容していたことの証でもあろう。そしてこうした論点・事実を引き出し得たという意味において、三通の箚付の紙質研究は、高精細の顕微鏡撮影画像を使用した「理文融合型」研究の有効性を示す顕著な事例と位置づけられるのである。

注

（1）陪臣の授職に関わる先行研究としては、中村栄孝「豊臣秀吉の外征」（『日鮮関係史の研究　中』吉川弘文館、一九六九年）、米谷均「豊臣秀吉の「日本国王」冊封の意義」（山本博文・堀新・曽根勇二編『豊臣政権の正体』柏書房、二〇一四年）などがある。

（2）本報告は、拙稿「原本調査から見る豊臣秀吉の冊封と陪臣への授職」（黒嶋敏・屋良健一郎編『琉球史料学の船出』勉誠出版、二〇一七年）をもとにし、「日本所在明国兵部箚付原本について」（第六回東アジア史料研究編纂機関国際学術会議、於中国社会科学院、二〇一八年十月十五日。のち中国社会科学院近代史研究所編『档案修復与歴史資料的数字化』社会科学文献出版社、二〇二〇年に収録）・「豊臣秀吉冊封に伴う陪臣への授職について」（ワークショップ「越境する東アジア」、於一橋大学、二〇一八年十二月二十二日）と題して報告した内容に改変を加えたものである。なお本稿では直接論及していないが、明朝制度史・政治史研究の立場からこの授職について詳説した研究に、大野晃嗣「明朝と豊臣政権交渉の一齣――明朝兵部発給「箚付」が語るもの」『東洋史研究』七八―二、二〇一九年）がある。

（3）大庭脩「豊臣秀吉を日本国王に封ずる誥命」（同著『古代中世における日中関係史の研究』同朋舎出版、一九九六年、初出一九七一年）では、史料編纂所に模本がある由、紹介されているが、原本もある（S貴大―三）。なお模本は、原本が神田孝平所蔵であった明治十九年（一八八六）五月に作成されたものである（模写―仁―三四）。

（4）ただし上杉景勝宛箚付は、他の二通が「不得別有他求」とあるところ、「不得他有別求」とある。

（5）『経略復国要編』後附（宋応昌編、万暦刊本の影印、國學圖書館、一九三〇年）所収「小西飛稟帖」。

（6）『明実録』万暦二十三年正月庚辰（七日）条。

（7）『四庫全書存目叢書』子部一一三（斉魯書社出版、一九九五年）所収。

（8）誥命・勅ともに、京都国立博物館編『妙法院と三十三間堂』（日本経済新聞社、一九九九年）に写真が所収されている。なおこの勅に見られる正使の名前は交替以前のものであり、つまり実際には使用されなかったはずの勅である。正使交替後新たに作成され、ぎりぎりで間に合ったはずの勅については管見の限りその文面を確認できない。

（9）東京大学史料編纂所所蔵謄写本二三五一—三。

（10）中村栄孝前掲論文・米谷均前掲論文の整理による。

（11）『明実録』万暦二十三年正月乙酉（十二日）条。

（12）『国権』（談遷著。古籍出版社、一九五八年）巻七十七、乙未万暦二十三年正月乙酉（十二日）条。

（13）米谷均前掲論文はA説を採る。

（14）高島晶彦「箚付料紙の自然科学的手法による検討」（『東京大学史料編纂所附属画像史料解析センター通信』七六、二〇一七年）。

（15）北島万次『豊臣秀吉の朝鮮侵略』（吉川弘文館、一九九五年）・中野等『文禄・慶長の役』（吉川弘文館、二〇〇八年）などの整理による。なお明使が北京を発った日については大野晃嗣前掲論文の二月説を採った。

（16）『日本往還日記』（『青丘学叢』一一号、一九三三年所収）万暦丙申（二十四年。文禄五年、一五九六）九月初三日条。

（17）「ローマ・イエズス会文書館所蔵一五九六年度日本年報補遺」（一五九六年十二月二十八日付、ルイス・フロイス執筆）Jap. Sin. 52. 247丁表。以下の翻刻・翻訳は疇谷憲洋氏・岡本真氏のお手を煩わせた。記して感謝申し上げる。

Envio mas el Rej dela China veinte vestidos de qungues con titulo y dignidades dela China para veinte hidalgos que el mesmo Rej dela China enviava expresamente nombrados de alla, entre los quales el primero era Agustino, y otros veinte vestidos para que Taicó nombrase otras veinte personas quales a el le pareciese para se los dar y juntamente la dignidad.

さらに、チナ国王（万暦帝）は、チナの称号と顕職とともに、二十着のクンゲ（公家）の衣服を、二十人のイダルゴ（貴人）に送ったが、〔これは、〕同じくチナ国王（万暦帝）があちらから明白に指名して送っていて、その中の筆頭はアグスティノ（小西行長）であり、そして、その他二十着の衣服も送ったが、これは、タイコー（太閤、豊臣秀吉）が、顕職とともにかれらにそれらを与えようとかれ（秀吉）が思った、その他二十名の人物を指名するためであった。

なお、松田毅一監訳『十六・十七世紀イエズス会日本報告集』第一期第二巻（同朋舎出版、一九八七年）所収のラテン語版からの翻訳は以下の通りで、秀吉の裁量で授職された者の人数がはっきりしないので、右記を確認したものである。

シナ国王はこれ以外に、シナ称号と位官の付いた公家の服二十重ね二組を贈ったが、それはシナ国王から明らかに指名された二十名の国主たちのためのもので、その筆頭は（小西）アゴスチイノ（行長）であった。それから同様に他の（国主）たちのためには、太閤自身が同じ位官をもって任ずべきだと考えた者を指名した。

（18）松浦史料博物館所蔵。大庭脩前掲論文で紹介されている。

なお、これをさらに模したものが古河歴史博物館に所蔵されている。

(19) 東京大学史料編纂所所蔵『堅田文書』巻十七所収。村井祐樹氏のご教示による。記して感謝申し上げる。なお『小早川什書』や『萩藩閥閲録』巻十ノ三「堅田安房」にも同文の写がみられ、前者については中村栄孝前掲論文・米谷均前掲論文に指摘がある。

(20)『上杉年譜三十八〈景勝公十八〉』(東京大学史料編纂所所蔵謄写本二〇七五―六〇二)慶長元年九月二日条。角屋由美子氏のご教示による。記して感謝申し上げる。

(21)『十六・十七世紀イエズス会日本報告集』(前掲注17書)。なお同書には「出席者は(徳川)家康、(前田)筑前(利家)、(上杉)越後(景勝)、(宇喜多)中納言(秀家)、(小早川)金吾(秀秋)殿、毛利(輝元)であったが…」とあり、出席者として宇喜多秀家の名も挙げられている。これは同書が依拠するラテン語版が「praesentes autem aderant Ieiaso, Cicugen, Echingo, Nonangio, Quingodono, et Mori, qui sunt Domini totius Iaponiae maximi.」となっていることによる。しかしローマ・イエズス会所蔵のスペイン語版(「ローマ・イエズス会文書館所蔵一五九六年度日本年報補遺」(一五九六年十二月二十八日付、ルイス・フロイス執筆)Jap. Sin. 52. 247丁表)には「estando prezentes yyeyaso, chicugen, yechingo no nangon, quingo dono, y el Mori que son los mayores senores de Japon,(出席していたのは、イエヤソ、チクジェン、エチンゴノナンゴン、キンゴドノ、そしてエル・モーリで、日本で最大の領主たちである)」とあり、「yechingo no nangon」は「越後と納言」ではなく、「越後の納言」すなわち上杉景勝と解される。ラテン語版がここを「Echingo」、「Nonangio」と二名にしているのは、スペイン語版の「yechingo no nangon」を分割して訳してしまった結果と考えられ、したがって少なくともフロイスの書簡には、秀吉による明使謁見の場への出席者として宇喜多秀家の存在は見いだせないことになる。以上ラテン語版とスペイン語版の相違については疇谷憲洋氏の懇切なご教示を得た。記して感謝申し上げる。

(22) 本史料については米谷均前掲論文に指摘がある。

(23) 前掲注17引用史料参照。

(24) 前掲注17引用史料参照。

(25) 中国第一歴史档案館・遼寧省档案館編『中国明朝档案総匯』(広西師範大学出版社、二〇〇一年)に、兵部の任命にかかる文書として以下のものが見える(文書名は『中国明朝档案総匯』による)。六二三号「兵部為欒遵諸城一挙恢復加賞守備夏成徳加銜事札付　崇禎三年七月二五日」・二四九七号「兵部為優叙参将夏成徳事札付　崇禎一三年閏正月一一日」・二八一八号「兵部為副総兵夏成徳加実職一級事札付　崇禎一四年二月二六日」。六二三号ははっきりわからないが、二四九七号・二八一八号のいずれも、宛所の官職名の上に印が捺され、中央付近に割字があるのが見て取れる。

(26) 東京大学史料編纂所共同利用共同研究拠点研究一般共同研究二〇一九年・二〇二〇年度「史料編纂所所蔵明清中国公文書関係史料の比較研究」(研究代表者渡辺美季)。なお中間成果として、『東京大学史料編纂所研究成果報告二〇二一―二　明清中国関係文書の比較研究――台湾所在史料を中心に』(東京大学史料編纂所一般共同研究「史料編纂所所蔵明清中国公文書関係史料の比較研究」プロジェクト編・発行、二〇二一年)がある。

◎コメント◎

佐々木孝浩

明朝から日本の武将に与えられた箚付に切り抜き訂正があることを知って大変驚いた。公式文書にそのような加工が加えられるとは考えもしなかったからである。それと同時に、切り抜き訂正は、朝鮮活字印刷本とその影響を色濃く受けた日本の古活字版で折々に見かけるものであるのだが、その技法と関係があるかどうかが気になった。

朝鮮版の切り抜き訂正について判りやすく記されたものとして、藤本幸夫氏「日本現存朝鮮本とその研究」(『日韓の書誌学と古典籍』アジア遊学一八四号、二〇一五年)がある。そこには、「印面に刷り出された誤字は、該当文字を四角形に切除した上紙背より紙を充て、正字を押して訂正する。あるいは予め正字を押した紙を紙背から充てる。筆者の経験から言えば、国王から賜った書籍(内賜本)の訂正には、後者の方法による場合が多い」と説明されている。

須田氏の御報告では、「毛利輝元宛箚付は、文中の改変部分は、紙片に「同知」と書いたものを裏から貼っている。「知」の三画目の横棒、四画目の払いの一部が本紙の下に隠れてしまっている。逆に宛所の改変部分は、先に裏から紙を貼り、上から字を書いている。「知」の三画目と四画目の一部が今度は本紙の上に乗っている」とある。印刷と手書きの差こそあるものの、まさに朝鮮版の訂正方法の二種をこの箚付は一通で同時に行っているのである。

最古の古活字版は、後陽成天皇の命で、朝鮮製の銅活字を用いて文禄二年(一五九三)に刊行された『古文孝経』とされる(時慶卿記)。現存する古例は、同四年十一月の『天台四教儀集解』と、その翌月に本国寺の僧日保が開版した『法華玄義序』である。古活字版で何時から切り抜き訂正が行われていたかは、詳しく検証したことがないので判然としない。乏しい経験からは慶長八年(一六〇三)以前の刊行であることが確実な、角倉素庵が開版したと考えられる『史記』に、この訂正をしばしば見かける。

この『史記』の切り抜き訂正は、誤植を切り抜いて裏からそれより大きな紙を貼っているのではなく、切り取った部分に別紙を嵌め込み、裏からやや大き目な紙を貼り付けて固定させているようである。切り取る際に下に紙を敷いて、二枚同時に切り抜くことによって、嵌め込めるようにしたものであろうか。藤本氏の説明では嵌め込みには言及されていないので、裏から紙を貼る方法のみであったように思われる。須田氏の説明でも裏から貼るとあるのみであるので、朝鮮版の方法と共通しているようである。

中国にこの技法があるかどうかが気になったので、上海博物館図書館の金菊園氏にお尋ねしたところ、陳正宏氏『东亚汉籍版本学初探』(中西書局、二〇一四年)中の「中国早期金属活字印本散考——以三种明弘治间无锡华氏会通馆印本为中心」を紹介いただいた。明代の弘治三年(一四九〇)の、江蘇省無錫の華氏による銅活字印本『會通館校正宋諸臣奏議』に、切り抜き訂正が存していることがカラー図版入りで報告されているのである。この技法が、中国でどの程度一般的なものであったかは不明であるが、ともかくも中国にも存在していたことは押さえておきたい。

　それにしても、上杉宛の箚付が訂正に雁皮紙、しかも紙を白く見せる効果があると言われる、青く染めた繊維を含んだものを使用していることは、実に衝撃的な事実であった。使用している竹紙に質感や色合が似たものを和紙の中から探したのであろうか。毛利の例のように竹紙を使用できなかったということは、須田氏が推測されるように、日本国内で行われたと考えるのが自然であろう。

　須田氏が論じておられない部分で気になるのは筆跡である。三通の手書き部分を比較すると、前田と上杉宛は同筆で、毛利宛はこれらと異筆に見える。須田氏は『明実録』に名前が見える毛利宛の「豊」字が本字であるのに、上杉・前田宛は略字であることに注目しておられるが、筆者の違いに由来する可能性もあるかもしれない。また前田宛は「万暦弐拾参年弐月」を墨書するが、毛利・上杉宛は「万暦弐拾参年　月」を刷り、月の「弐」のみを墨書していることは、筆者の組み合わせとは齟齬する。改変の問題が非常に複雑であることを暗示しているようである。

　さらに注目されるのは、毛利宛も上杉宛も、改変された部分とその前後の部分とが同筆であるように思われることである。改変が目立たないように、前後の筆跡を真似た可能性もあろうが、画像を見る限りそのような不自然さは感じられない。実見せずに感想を述べるのは不見識の誹りを免れないが、この点は是非確認すべき事柄であろう。墨色に差がないならば、この訂正も前後の部分が書かれたのとほぼ同時に行われたことになるからである。

堀新

　須田氏の報告は、文禄四年（一五九五）の豊臣秀吉の「日本国王」冊封にともない、陪臣（日本側武将など）が授職された際に発給された箚付の改変（改竄）を料紙の観点から解明したものであった。授職者は四十名（このうち明皇帝が指名したのは約二十名）であり、箚付原本が三点、写が三点現存している。文理融合型で問題となるのは原本三点、それは以下の通りである。

A毛利輝元宛、都督同知に授職、「同知」を改変
B上杉景勝宛、都督同知に授職、「督同知」を改変
C前田玄以宛、都督僉事に授職、改変なし

　料紙分析の結果、これらは共通の板で刷り出された竹紙、すなわち明の箚付原本であることが判明する。三人がそれぞれの官職に授職されたことは日本側の記録（『江雲随筆』）で裏づけられるが、この箚付はいずれも疑問があるという。

　このうち明側の記録（『明実録』）に授職者として明記されているのは毛利輝元だけだが、それはワンランク下の都督僉事であった。従ってAは当初「都督僉事」とあったはずで、これが輝元の手に渡るまでに「都督同知」に格上げ改変されたので

ある。B・Cはともに約二十通あったはずの空名箚付（官職名を明記し、人名を空欄にしたもの）を利用したらしい。Bは「都指揮使」の空名箚付を「都督同知」に改変したうえで上杉景勝の名前を書き込み、Cは「都督僉事」用の空名箚付に前田玄以の名前を書き加えたのであろう。このように、現存する箚付はいずれも明皇帝の授職をそのままあらわしたものではなく、改変（書き換えもしくは加筆）されている。

AとBの改変がいつ行われたかを探る手がかりが、改変に使用された料紙の紙質である。Aは竹紙、Bは雁皮紙であった。Bが日本での改変であることはほぼ間違いなく、Aについて須田氏は慎重に留保するが日本の可能性が高いであろう。こうした改変の可能性を明側はうすうす気づいていただけでなく、むしろ改変に協力しているのである。

以上のことから、須田氏は明側が辺境の蛮夷への授職の管理には厳密を期していなかったこと、そして日本側が明からの冊封や授職を積極的に受容していたことを示していたとする。この指摘に異論はないが、これは日本の武家官位叙任も同じと思えてきた。

日本史、なかでも日本近世史における武家官位研究は、天皇の官位叙任権は形式に過ぎず、実質的な叙任権を幕府が握っていたことを強調してきた(1)。これは官位叙任権が暦制定・元号制定とともに近世天皇に最後まで残された統治権的権能（石井良助『天皇』）とみなし、近世天皇を国家元首とした教科書検定への強い批判を背景にしていた。筆者は、江戸幕府が実質的な武家官位叙任権の掌握を進める一方で、天皇の形式的な叙任権を剥奪しようとせず、むしろ保護し安定させたことに注目している(2)。克服（排除による一元化）か服従かの二者択一ではない。「公武結合王権」論の構想は、このような考えが背景にある。

ところで「日本国王」に冊封された秀吉だけでなく、明皇帝から下賜された官服を、武将たちは喜々として着用した。この様子からは、秀吉の「唐入り」（明征服）の意思を見出すことは難しい。では明皇帝の権威に心服していたのかというとそうでもない。秀吉は明皇帝が授職した官職を、豊臣政権の秩序に適合させる過程で勝手に改竄している(3)。明皇帝の叙任権を侵犯し形骸化させており、その権威にひれ伏す態度は微塵も感じられないであろう。

この問題をさらに追究するために、近世武家官位の事例を参照したい。近世大名はほぼ例外なく官位叙任されるが、陪臣（大名家臣）の叙任は幕初と幕末を除き、御三家・御三卿と加賀藩前田家に限定されていた(4)。官位叙任は主従関係の証左でもあるので、大名の官位叙任は江戸在府時にのみ行われた。しかし陪臣は在国時に叙任され、御礼に江戸に参府した形跡もない。何よりも家臣の誰を叙任させるかは大名が決定し、将軍は全くこれに関与しないのである。

これは将軍の実質的な叙任権が形骸化しているのではなく、陪臣の叙任は藩内の秩序問題ということであろう。つまり将軍はどの大名に何人の陪臣が叙任されているかという幕府が支配する権力集団の内部秩序（すなわち大名家格）のみ管理し、大名が支配する藩内部の秩序は大名が管理する問題なのである。

この点は日本武将の授職をめぐる明皇帝と秀吉の関係にも共通する。明皇帝は日本側から一一五通の箚付を求められ、これを約四十通に限定した。これは蛮夷の国王たちをどのように秩序づけるかという、自ら管理する問題だからである。しかし四十人全員の授職者と官職を指定しないのは、これは豊臣政権の内部秩序の問題で、秀吉が管理すべき問題だからである。

　ただ、以下の二点は事情が異なっている。明皇帝は約二十名の授職者と官職を指定している点である。しかし、その箚付には通常あるはずの官職部分への捺印がなく、改変を前提とした発給とも言える(5)。また、約二十名の指定は日本の侵略再発を防ぐため、講和に協力した者への恩賞であろう。いずれにせよ明皇帝の日本武将授職への関与は限定的で、侵略戦争という特殊事情によるものではないだろうか。秀吉は明皇帝の叙任権を自由にコントロールして我が物としていたし、明皇帝もそれを規制する意図は初めからないのである。将軍が大名の陪臣叙任に関与しないのも同様である(6)。

　もう一点は、将軍と大名は同じ日本国内、しかも参勤交代によって隔年で江戸に居住するが、明皇帝と秀吉の居住空間は決して交わらないことである（「唐入り」によって秀吉が北京遠征する場合を除く）。この違いは重大で、主従関係の確認は家臣が主君の許へ出かけ、拝謁して「御礼」することにある。将軍と大名は別個の権力集団のそれぞれ頂点に立つが、両者の主従関係は明白である。これに対して明皇帝と秀吉の主従関係は、形式的には明白である。しかし足利義満の「日本国王」冊封は心底から中国の権威を認めていたのではなく、その態度は尊大で高慢だったことが明らかになっている（橋本雄『中華幻想』）。明と領土を接する朝鮮国王の冊封とは意味が異なるのである。従って明皇帝と秀吉にとって、冊封による主従関係の発生も、箚付の改竄による叙任権ひいては統治権的権能の侵犯も、そんな意識はお互いになかったと考えるべきだろう。いわば「別世界」の権力集団が、授職をめぐって軋轢や矛盾が生じる危険性はほぼゼロであり、秀吉は冊封と授職を喜々として受け入れたし、明皇帝は「勝手にせよ」という考えだったのであろう。

　官位叙任・官職授職をめぐる豊臣秀吉と明皇帝、徳川将軍と近世天皇、そして陪臣叙任をめぐる徳川将軍と近世大名、これらには共通点がある。冊封・授職や官位叙任の意義を形式論から考えてしまうと、それぞれの関係を等身大に見ることができず、本質を見失うのではないか。「官位叙任権は国家元首の統治権的権能に属する」という前提を再考すべきだろう。

　須田報告を聞いて近世武家官位研究を連想したので、その点を中心にコメントした。豊臣秀吉の「唐入り」に関していえば、冊封と授職の受け入れから「唐入り」の放棄と認識するのは早計だろう。外交とは交渉であり、常に自分の意見を一〇〇％ぶつけるわけではない。それをいちいち「構想（政策）の転換」と評価するのはいかがなものだろうか。

　このことを解明するためにも、外部の権力集団からの栄典授与を積極的に受容（利用）する心性、これが問題となろう。こうした大きな問題に迫るためにも、箚付改竄がいつ、誰の意思によって行われたのか、こうした基礎的な事実関係を確定すべきである。文理融合によってどのような地平が切り拓かれていくのだろうか。期待の膨らむ須田報告であった。

注

（1）京都への使者を務めた武家に対して、天皇が直接官位昇進の叡慮を示すこともあった。この場合、武家はいったん保留して江戸に帰府し、幕府の承諾を得た場合のみ昇進した。後述するように、幕府の権力秩序に適合しなければ、たとえ天皇の意思であっても認められなかったのである。また、律令には存在しない官職であっても、幕府から請求されれば朝廷は官位叙任文書を発行した。こうした事例は、天皇の官位叙任権が文字通り「形式的」だったことを示している。

(2)　例えば、それまで口宣案のみだった叙任文書を、位階は口宣案と位記、官職は口宣案と宣旨を発行する律令制本来のあり方に戻し、さらにその謝金を定めて朝廷側の副収入を確立している。

(3)　日本では箚付にあたる口宣案などの叙任文書を改竄する例は見当たらない。しかし徳川家康の叙任文書が藤原姓・豊臣姓から源姓へ書き換えて再発行されたような例は多数存在する。これは改竄するまでもなく、幕府が要求すれば朝廷はそのまま再発行（書き換え）したからであろう。

(4)　これは公卿（三位ないしは参議以上の官位をもつ）は諸大夫を扈従させるという理屈である。近世大名で公卿としての官位をもつのは御三家・御三卿・加賀藩前田家のみであった。

(5)　日本では箚付にあたる口宣案などの叙任文書を改竄する例は見当たらない。しかし徳川家康の叙任文書が藤原姓・豊臣姓から源姓へ書き換えて再発行されたような例は多数存在する。これは改竄するまでもなく、幕府が要求すれば朝廷はそのまま再発行（書き換え）したからであろう。

(6)　ただし、次の段落で述べるように、陪臣の叙任によって将軍と大名それぞれの権力集団に摩擦や矛盾が生じる危険性があれば、将軍は大名の陪臣への叙任に関与・管理するであろう。

計量テキスト分析を用いた戦国軍記の分類

山本　洋

やまもと・ひろし――金沢大学国際機構／金沢大学大学院人間社会環境研究科准教授。専門は日本近世文学、日本近世史、留学生教育。主な論文に「『陰徳太平記』の成立事情と吉川家の家格宣伝活動」（『山口県地方史研究』九三号、二〇〇五年）、「『関ヶ原軍記大成』所載の吉川家史料をめぐって」（『軍記物語の窓　第四集』和泉書院、二〇一二年）、「戦国軍記の類型化に関する一考察――計量テキスト分析を用いたアプローチ」（『軍記と語り物』五六、二〇二〇年）などがある。

一、問題の所在

戦国軍記の全体像をいかに把握するか。これは戦国軍記研究において、もっとも解決が難しく重要な課題の一つである。一口に戦国軍記といっても、個人レベルの備忘録のようなものから、藩の関与の下で編纂された半ば公的な性質を帯びたものまで、生成された背景は実に様々である。記述量についても小部のものから大部のものまである。享受の様相についても、特定の藩内にとどまっているものもあれば、写本或いは刊本の形態で広く世上に流布されたものまである。そのため、最大公約数的に戦国軍記を説明しようとしても、その性質はまさに多種・多様であるが故に、「戦国時代の出来事を題材とした記録類の総称」といった程度の表現でしか共通性を見いだすことは困難であろう。加えて、戦国軍記研究を一層難しくしている要因に、その膨大な残存数がある。圧倒的多数の戦国軍記は、「異名同書や同名異書すら整理もされず、諸テクストが雑然と放置されて」(1)おり、活字化すらされていないという現状が戦国軍記研究の進展の大きな妨げとなっているのである。

そこで本稿では、このような戦国軍記研究の現状を踏まえ、従来の方法とは異なる計量的アプローチにより、戦国軍記の全体像を詳細不明な軍記も含めて把握し、それらを分類するための方法について検討する。具体的には、毛利関係戦国軍記群を題材に、クラスター分析を用いることで軍記を分類し、軍記間の類似度を量的かつ客観的に可視化するための方法を提示する。[2]

二、クラスター分析による戦国軍記の分類

(1) クラスター分析とは

検討に先だって、クラスター分析について述べておく。クラスター分析とは、「分類対象の集合を，内的結合 (internal cohesion) と外的分離 (external isolation) が達成されるような部分集合に分割すること」[3]である。これを戦国軍記研究の方法に即して言い換えるならば、類似度の高い軍記の集まり(クラスター)をそれ以外の軍記と分離する、ということになる。これは軍記を分類するための手掛かりを得るための方法である。ここで手掛かりと述べたのは、クラスター分析はあくまで探索的に用いるための方法であるからである。すなわちクラスタリングの結果は決して絶対的なものではなく、分割結果が直接的に結論を導く証拠とはならない点には注意を要する。

(2) 研究方法

本稿では毛利元就の家督相続に関する記述のある二十二の戦国軍記を対象に、テキスト中に登場する人名、および地名[4]を基準としてクラスター分析を行った。[5] 分類には階層的方法をとり、クラスター間の距離測定方法にWard法、類似度にJaccard係数を用いた。

本稿で類似度として用いたJaccard係数とは、二つの集合に含まれている共通要素数を少なくとも一方に含まれる要素の総数で割ったものであり、**図1**の式によって表すことができる。

$$J(A, B) = \frac{|A \cap B|}{|A \cup B|}$$

例：集合A＝{元就，隆元，元春}　集合B＝{元就，隆元，隆景，輝元}

の場合、

$|A \cap B|=2$，$|A \cup B|=5$，

よって、Jaccard係数=0.4ということになる。

図1　Jaccard係数の計算式

例えば、集合Aを軍記A、集合Bを軍記Bと考えた場合、A・B二つの軍記に登場する全ての人名表記が**図1**に示した通りであれば、軍記間の類似度=Jaccard係数は0.4となる。仮に二つの軍記に登場する人名表記が完全に一致すれば類似度は1となる。

分析の手順としては、まず対象となるすべての軍記から、毛利元就の家督相続に関する箇所をテキストデータ化し、字体や句読点を統一するなど前処理を行う。続いて、それぞれの軍記に登場する人名および地名を、異名・受領名、異称等

も含め全て抽出する。人名・地名をクラスター化の基準として用いる理由は、軍記の特徴が現れやすい品詞が固有名詞であり、とりわけ人名や地名は軍記の性質を考える上で最も重要であると考えられるからである。(6) 本来であれば、形態素解析に基づいてすべての品詞を自動的に抽出し、分析するのが一般的ではあるが、戦国軍記特有の文体に対応した辞書ツールが現時点で開発されていないことから、本稿では手作業でこれらの語句の抽出を行った。

毛利元就を例に挙げると、本稿で扱った軍記のテキストに出てくる毛利元就を表す呼称には、「大江朝臣毛利右馬頭」「毛利右馬頭元就」「刑部少輔元就」「刑部少輔殿」「毛利元就」「元就朝臣」「元就様」「元就公」「元就」がある。これらを人名表記の誤りの有無に関わらず、それぞれ区別し全てリスト化する必要がある。なぜなら、表記の差異は戦国軍記の引用・参照関係の検証、および分類において重要な要素となるためである。そして、この作業を全ての登場人物および地名を対象に行い、得られたリストを元にクラスター分析を行う。これが本分析方法の手順である。では、その結果を示したデンドログラム（樹形図）を見てみよう（**図2**）。

（3）毛利関係戦国軍記のデンドログラム

図の下部の数値は距離係数（非類似度）を表しており、系統化されている位置がゼロに近い、すなわちより左側で結びついているものほど軍記間の類似度が高いことを示す。

このデンドログラムから分かることを以下に箇条書きでまとめる。(7)

・『元就軍記』(8)（未詳）は、『長屋覚書』(9)『元就公記』『松岡覚書』と類似度が高く、(10)『松岡覚書』と極めて近い関係にあることがうかがえる。

・『旧事記』（未詳）と『旧記』（未詳）は類似度が高く(0.537)、『吉田物語』『温故私記』の記述と近い関係にある。

・『江毛武功記』（未詳）は『老翁物語』・『岌円覚書』の系

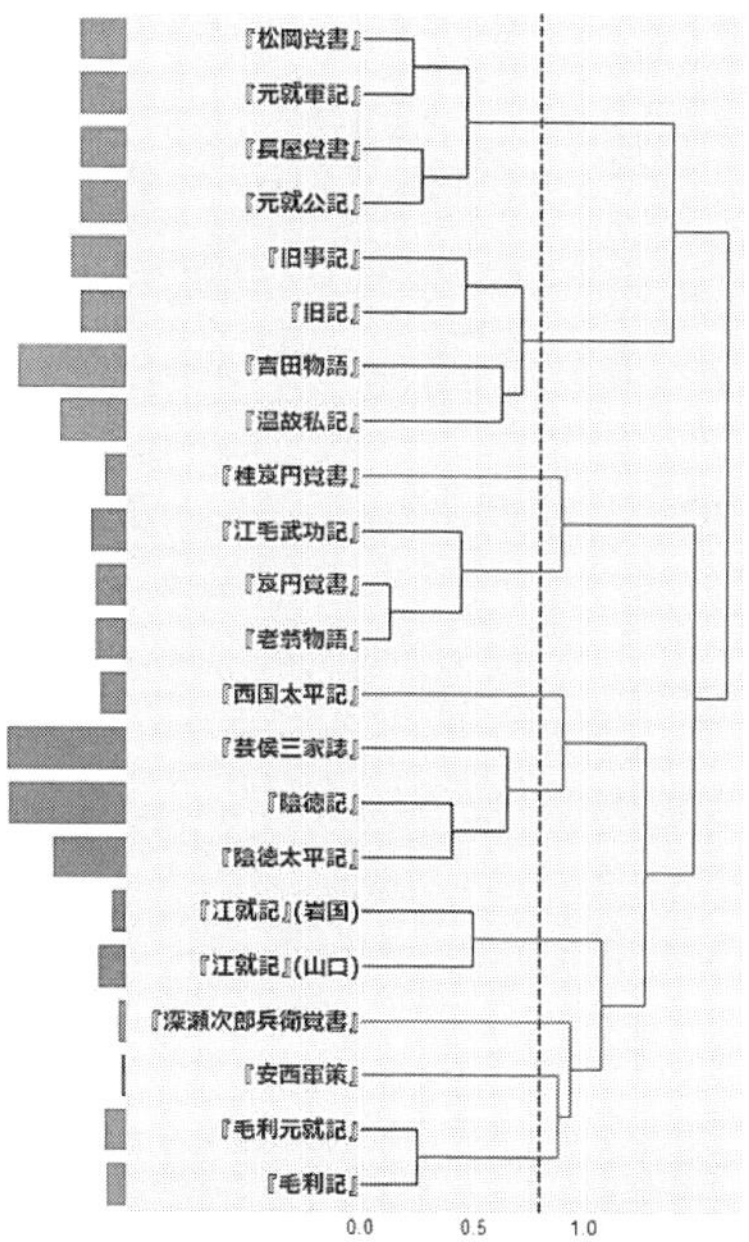

図2　毛利関係戦国軍記のデンドログラム

統[11]であると考えられる。

・『岌円覚書』は『桂岌円覚書』より『老翁物語』と類似度が高い（0.875）[12]。

・『芸侯三家誌』は『陰徳記』・『陰徳太平記』と同系統である。

・『江就記』（山口県文書館本）と『江就記』（岩国徴古館本）は、内題は同一であるが同本とはいえない（類似度0.5）。なお両書は他のいずれの系統とも異なっており、本分析からはその系統を明らかにすることができない。

・『毛利元就記』[13]（未詳）と『毛利記』[14]（未詳）は類似度が高い（0.75）。

以上が、このデンドログラムから得られる情報である。

三、評価と考察

結論から言うと、右の結果は先行研究における指摘、ならびに筆者がこれまで毛利関係戦国軍記を検討してきた結果と[15]ほぼ符合する。ここで重要なポイントは、この結果が先行研究の内容を踏まえたものではなく、単純にクラスター分析の結果からのみ分かる情報であるという点である。

本方法の場合、成立年代や作者など軍記の性質に関する基本情報が全くない軍記＝詳細不明な軍記であっても、他の軍記とあわせて分析を行う事で、その軍記の大凡の系統を客観的に類推することが可能となる。これを従来の方法、すなわち特定の詳細不明な軍記と関係がありそうな軍記をその記述内容に基づいて選択し、内容を対照しつつ系統を類推していく方法と比較すると、誰が行っても同じ結果が再現される上に、どれぐらい「似ている」のかを、量的に表すことができる点においてもメリットがある。

また、クラスター分析による分類は、成立年代を考慮せずに軍記間の類似度を把握する方法であるため、あらゆる軍記をその対象とすることが可能である。テキストに変化がない限り分析結果が変わることもない。加えて、本稿で扱った程度のテキスト量[16]であっても、従来の先行研究によって得られた結論と同等の示唆を得られる点も利便性が高い。効率的な観点からも、膨大な戦国軍記を整理していく方法の一つとして、クラスター分析の有効性が認められるのである。もとより、一つの軍記を質的に検討するような場合であっても、周辺の軍記を含んだ狭義の意味での「全体像」をとりあえず把握しておくことは有益であろう。

本稿では毛利元就の家督相続という特定のエピソードを対象に、クラスター分析の有効性、および妥当性を検証したが、基準とする語句、テキストの翻刻、形態素解析の精度等、解決すべき課題もいくつか残されている。これらの問題については機械学習、深層学習も視野に入れつつ、引き続き検討を進めていきたい。

注

（1）大津雄一「戦国軍記研究の困難さ」（『日本文学』四九（一一）、二〇〇〇年）。

（2）本稿は、拙稿「戦国軍記の類型化に関する一考察――計量テキスト分析を用いたアプローチ」（『軍記と語り物』五六、二〇二〇年）の内容を一部再構成し、国文学研究資料館共同研究成果発表会において報告した内容の梗概である。紙幅の都合上、詳細については右の小論を参照されたい。

（3）大橋靖雄「分類手法概論」（『計測と制御』Vol. 24、一九八五年）。

（4）前述の拙稿ではクラスター分析の基準に人名のみを用いたが、本報告では比較対象のため人名および地名を用いた。その結果、どちらの方法でも同じ結論が得られることが確認された。

（5）分析にはオープンソース・フリーソフトウェアであるR言語を用いた。

（6）拙稿「毛利関係戦国軍記の系譜――『芸侯三家誌』について」（『山口県地方史研究』九一、二〇〇四年）では、人名・地名等の固有名詞、日時、および軍勢数・戦死者数といった数に着目することで毛利関係戦国軍記の引用・参照関係を検証し、毛利関係戦国軍記群をいくつかの系統に分類した。本稿で行った手法はこの方法を発展させたものである。

（7）軍記間の類似度については対象となる軍記名の後に（　）で記載した。なお、詳細不明な戦国軍記は軍記名の後に（未詳）を附した。

（8）県立長野図書館丸山文庫。末尾に「福山家中　三村傳右衛門」との記載あり。

（9）山口県文書館蔵本による。以下、特に断らない限り毛利関係戦国軍記は山口県文書館蔵本による。

（10）類似度は『長屋覚書』(0.619)『元就公記』(0.65)『松岡覚書』(0.778)。この結果は笹川氏の指摘と合致する。笹川祥生『正徳二年板本　陰徳太平記』解題第二章（臨川書店、一九七二年）。

（11）『江毛武功記』との類似度は『老翁物語』(0.61)『岌円覚書』(0.61)。

（12）この結果は布引氏の指摘と一致する。布引敏夫「老翁物語の成立年代再考」（『山口県地方史研究』六八、一九九二年）。

（13）『改訂史籍集覧』第十五冊（臨川書店、一九八四年）。

（14）『続群書類従』二十二巻下、合戦部六四二。

（15）拙稿『毛利関係戦国軍記の研究――成立とその背景』（広島大学大学院社会科学研究科博士論文、二〇〇五年）。

（16）例えば、『岌円覚書』約三〇〇字、『長屋覚書』は約四七〇字、『吉田物語』約一二六〇字、『陰徳記』約一二九〇字、『旧事記』約六六〇字。

◎コメント◎

湯浅佳子

山本洋氏の報告は、戦国軍記の諸作品・諸本の全体像を把握するにあたって、計量学的統計方法（クラスター分析）の有効性について考察したものである。類似度の高い軍記のグループを、それ以外の軍記と分離させ、分類のための手がかりを得るという方法である。具体的には、毛利元就の家督相続の記述のある二十二の軍記について、本文の「人名」「地名」を基準に分析したという。それにあたり、毛利元就の家督相続に関する箇所の本文をデータ化し、字体や句読点の統一、「人名」「地名」を「異名」「受領名」「異称」等を誤記も含め全抽出し、クラスター分析を行ったという。その結果を示したデンドログラムにより、毛利元就関係軍記類のグループ分けを行うことができたとする。この方法により、成立年代や作者などの基本情報が不明の軍記であっても、おおよその分類・系統付けを行うことが可能になるという。発表の最後には、AIのくずし字解析による本文研究など、現在最先端の技術の紹介が行われた。

戦国軍記を調べるには、まず『室町軍記総覧』（古典遺産の会、一九八五年）や『戦国軍記事典　群類割拠篇・天下統一篇』（和泉書院、一九九七年、二〇一一年）が基本資料となる。しかし、それに洩れる作品・諸本も少なくないようである。戦国軍記の作品・諸本の多くは写本であり、山本氏の述べるように、作者名も成立年代も不明の本が殆どである。同内容であっても書名が異なっていたりする。さらには、成立年や作者を仮託した偽書もあり、軍記研究者を困らせる。

作品群を分類するための従来の方法としては、例えば書名でまず判断し、通読して概要を把握し、本文形式や文章表現の特徴から分類していくやり方があるだろう。しかし、それでは分析者によってどうしても主観が入り、作品内容や特徴の把握のしかたに個人差が生じる恐れがある。その点、山本氏によって提起された計量学的統計方法（クラスター分析）は、誰が行っても同一の結果を出せるという客観性が担保できる点で大変有効であり、魅力的な方法であると思われる。

ただ、必要な本文箇所を要領に従って正確に翻刻入力しなければならないという作業があるようだ。山本氏のお話にもあったように、こうした本文入力作業をより負担なく行う方法としては、現在ネット等で紹介されているくずし字ＡＩアプリの利用などが有効であろう。人文学オープンデータ共同利用センターのくずし字アプリサービスや、大阪大学の飯倉洋一氏監修によるくずし字学習支援アプリKuLA等、各方面でくずし字をデジタル技術によって自動的に解読・翻刻する技術の開発が進められている。そうした機器類の利用がより容易に可能になれば、作品の翻刻・データ入力といった労力を要する作業がより速やかに、かつ正確に行われるようになる。基礎データが整備・提供されることにより、戦国軍記の研究は今後さらに進展していくことだろう。筆者もこれらの使い方を学び、積極的に利用していきたいと思う次第である。

入口敦志

国文学研究資料館の「歴史的典籍NW事業」で収集公開する古典籍の画像は三十万点を目標としており、二〇二三年度には完遂の予定である。その先には、画像をテキスト化し、そのテキストを分析するという研究が求められている。三十万点の画像は勿論のこと、それをテキスト化したとしても、一人の研究者がそれを読み分析することはほぼ不可能である。つまり、そこで求められている研究のひとつが、コンピューターを用いて大量のデータを解析する方法の開発である。情報科学の分野におけるそのような研究は、これまでにもなかったわけではない。

しかし、情報科学による解析で得られた結論が、国文学研究者の思い描いていた結論に近い場合は、それなら別にコンピューターを使わなくても良いではないかとし、逆にこれまで考えもしなかった結論が出た場合には、そんなことはないだろうとする。これは、かなり誇張した言い方ではあるが、多かれ少なかれ国文学の研究者は、その成果に至って冷淡であったと言えるのではないか。その原因の一つとして、国文学研究者が情報科学の方法について全く理解できていなかったことがあげられるだろう。その方法はいわばブラックボックスであって、データを入れれば適当な結論が出てくるように見え、狐につままれたような違和を感じていたように思う。一方、情報科学の研究者の側にも、国文学研究者はなぜこの方法が理解できないのか、何を求めているのかといった疑問や不信感があったに違いない。相互の認識に大きな懸隔があるまま、融合することはなかったのである。

そういう状況の中で、山本洋氏のような戦国軍記を専門とする国文学研究者が、情報科学の方法を修得・理解して自ら解析してみせてくれたことは、大きな意味を持つだろう。文理相互の立場をよく理解した上で、その境界を軽く超えているように見えるからである。

ただ、従来からの疑問がすべて解けたわけではない。山本氏の報告について言えば、前処理としての句読点や字体の統一によって失われる情報はないのか、なぜ人名と地名を基準とするのか、人名と地名だけで十分なのか、似ているかどうかが距離係数という数値によって表されているというのだが、その類似度は本当に国文学研究者が〈感じ〉ている類似度と同じなのかなど、疑問点は多い。しかし、疑問点が多いことが問題なのではない。これまで具体的な疑問点すら持ち得なかったことの方がより根深い懸隔を示していると思われる。従って、具体的な疑問点が出され、それについて議論出来ることが相互の懸隔を埋めるための第一歩だと考えたいのである。山本氏のような研究者の登場によって、私たちはようやく理文融合の端緒に立ったと言えるのではないか。今後の議論の深まりに期待したい。

いりぐち・あつし——国文学研究資料館教授。専門は近世文学。主な著書に『武家権力と文学——柳営連歌、『帝鑑図説』』（ぺりかん社、二〇一三年）、『漢字・カタカナ・ひらがな　表記の思想』（平凡社、二〇一六年）などがある。

デジタル技術による合戦図屏風の再生

——「大坂冬の陣図屏風　模本」のデジタル想定復元について

薄田大輔

うすだ・だいすけ——徳川美術館学芸員。専門は近世絵画史。主な論文に「合戦図の系譜と戦国合戦図」（『合戦図　もののふたちの勇姿を描く』徳川美術館、二〇一九年）、「狩野益信筆「堀川夜討絵巻」にみる江戸狩野派の物語絵巻製作」（『造形のポエティカ——日本美術史を巡る新たな地平』青簡舎、二〇二一年）などがある。

はじめに

慶長十九年（一六一四）の大坂冬の陣を描いた「大坂冬の陣図屏風模本」（東京国立博物館所蔵、以下「東博模本」と略称）は、淡彩が賦される一方、画中の至る所に色の書き込みがある模本である。凸版印刷株式会社は、この画中の情報から東博模本の原本を想定復元するプロジェクトを平成二十九年より開始した。復元方法は、デジタルによる復元を基本とし、学術的な検証は、監修者として千田嘉博氏（奈良大学教授）・徳川美術館・東京藝術大学・佐多芳彦氏（立正大学文学部教授）が行った。

本プロジェクトは令和元年五月に完成し、「大坂冬の陣図屏風」デジタル想定復元（凸版印刷株式会社蔵、以下「想定復元屏風」と略称）（**図1**）

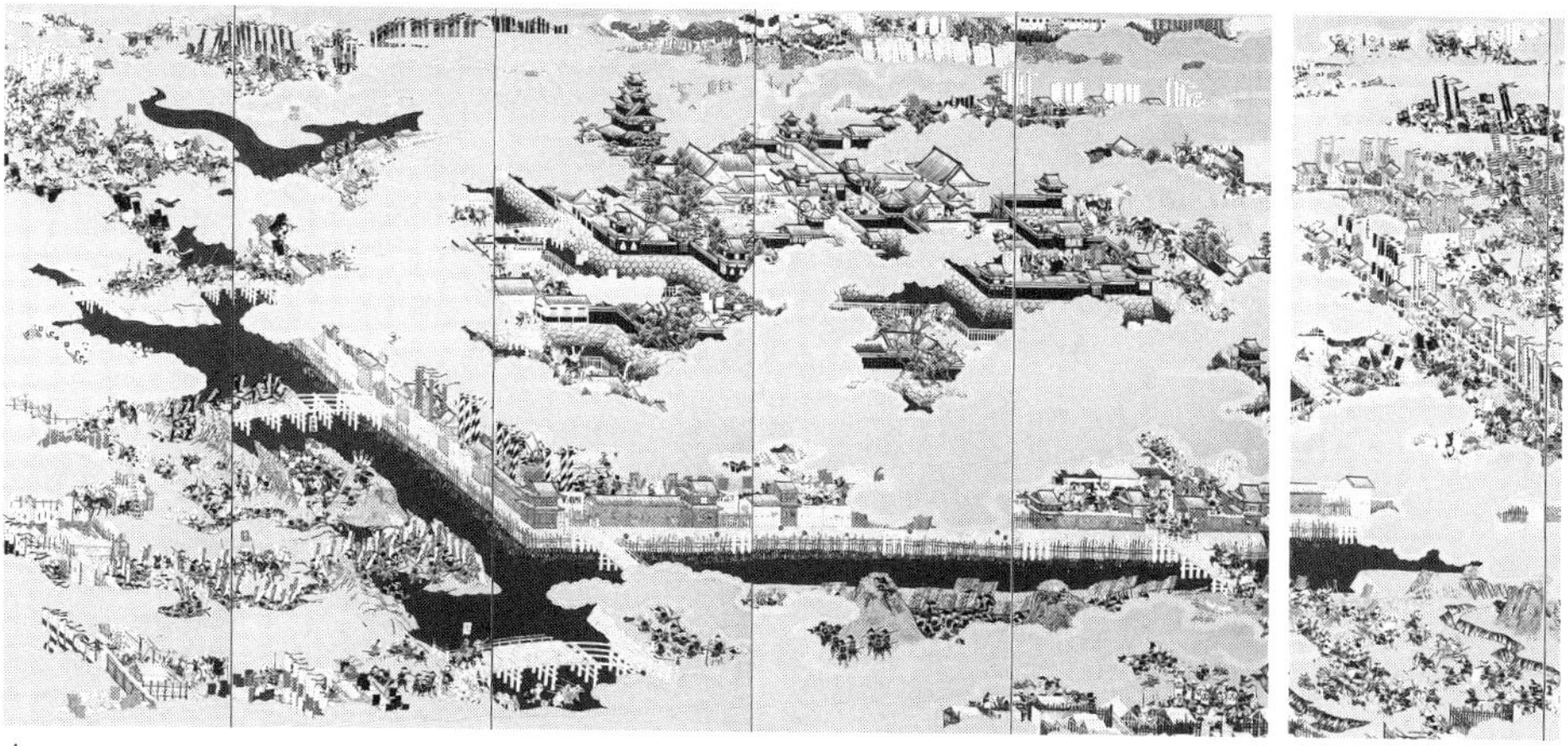

＊図1　「大坂冬の陣図屏風」デジタル想定復元（凸版印刷株式会社所蔵）
制作　凸版印刷株式会社
監修　千田嘉博（奈良大学文学部教授）、東京藝術大学、徳川美術館、佐多芳彦（立正大学文学部教授）
協力　大阪城天守閣、京都市立芸術大学芸術資料館、東京国立博物館
※JSPS科研費JP17102001（立正大学）の助成を受けた研究成果を活用しています。

として、徳川美術館・名古屋市蓬左文庫で開催された夏季特別展「合戦図　もののふたちの勇姿を描く」（令和元年七月二十七日～九月八日）にて初めて一般公開された。筆者は絵画史的考察を行う一人として参加した。本稿では本プロジェクトの中で考察した筆者個人の見解をまとめており、想定復元の詳細については、凸版印刷株式会社の木下悠氏が近く書籍としてまとめる予定であり、そちらをご参照いただきたい。

一、想定復元において決定した制作年代・作者ついて

想定復元における筆者の主な役割は、原本の制作年代と絵師を明らかにすることであった。プロジェクトの結論から述べれば、大坂城の構造や戦の様子が正確に描かれていることから、合戦後まもなく制作されたとする従来の見解通り(1)、十七世紀まで遡り得る屏風として想定復元された。絵師については、他の多くの戦国合戦図と同じく、流派でさえも特定することは出来なかった。このような場合、制作時期を十七世紀と想定しても、絵画表現に時代を反映するのは容易ではない。なぜならば、例えば狩野派の作であれば、十七世紀と十九世紀の絵師とでは、彩色法や筆法も異なるため、目安とすべき時代の絵画様式を取り込むことが可能だが、絵師未詳の場合、あまりにも多様な十七世紀の絵画様式の何を取り込むのかという問いに対して、明確な答えを出すのは困難だからである。

以上のことを鑑み、本プロジェクトでは、基本的に東博模本の線描、

彩色に関する情報をそのまま利用するのみとした。彩色については次の通りとした。まず、色の書き込みがある部分はそれに従い、色の書き込みがなく淡彩のみが施されている場合は、同色で彩色され、なおかつ色の書き込みがある部分も確認した。淡彩と書き込みに矛盾がある場合、あるいは色の書き込みも淡彩もない場合は、その都度検討した。

彩色でのもう一つの課題は、色の書き込みが「白六」（白緑）というように、主に顔料の名称のみという点で、濃淡の差、微妙な色の違いまでは記されていない。例えば、大勢の人物が描かれる絵画では、余程手の落ちる作でなければ、人物は色黒や色白の肌など、微妙な変化をつけて彩色されるが、東博模本にはこのような詳細な彩色に関する情報がない。本プロジェクトでは、実際に日本画の筆をとられている東京藝術大学の監修下で、適切な絵画表現を模索しながら想定復元が進められた。では、次に筆者の考察について記す。

二、作者・制作年代における私見

筆者は原本の制作時期を江戸時代前期よりも降ると想定した。左隻第四扇、天守北東部の塀の描写（図2）のみに、金雲に向かって幅を次第に狭く描く遠近表現が採用されているからである。確かに、川などの自然景物では遠景（画面上部）になるに従いその幅を減じていく描写が、中世絵画にも認められる。しかし、合戦図や洛中洛外図など、高い視点から一定の地域を俯瞰で描く江戸時代前期の景観表現において、建造物にこのような遠近表現が用いられている画を、まだ見出せていない。ここで重要な問題は二点ある。一つは東博模本でこの遠近表現が確認できるのは、第四扇の塀部分のみという点、もう一つは隣の三扇と図柄の繋がりが不自然であり、他に図柄に連続性を欠く箇所はないという点である。つまり、同箇所は、図様が改変された可能性を考えるべきである(2)。ここで東博模本右隻第一扇に貼られた「屏風絵　絵本之下絵相違成事之覚書」（以下、「覚書」と略称）に注目したい。同書の「〇一ノ上方　一　御本陣ニ人形アリ　下絵に者人形なし　御簾下してあり」という記述から、徳川秀忠の姿を御簾で隠す東博模本とは別の「大坂冬の陣図屏風」が存在していたことが分かる。つまり、大坂冬の陣図屏風には、秀忠を描く「大坂冬の陣図屏風」（屏風絵、A本）、秀忠を御簾で隠す「大坂冬の陣図屏風」（絵本之下絵、B本）があった。東博模本はB本、あるいはB本と同図様の模本と見做されるが、「覚書」には左隻第四扇に関する記述がないのである。東博模本はB本とは全く別の屏風、あるいは現存する「覚書」は一部で、左隻の記述も本来はあったならば、東博模本がB本であると

図2　「大坂冬の陣図屏風」デジタル想定復元（左隻四扇部分）

考えることもできよう。この点は、「覚書」がそもそも当初より東博模本に附属したのかという問題と合わせて今後検討が必要である。将軍を御簾で隠した東博模本は、「覚書」に当て嵌めるなら「絵本之下絵、B本」だが、描写から下絵とは考え難い。さらに、「覚書」では秀忠の陣を「一ノ上之方」、家康の陣を「一ノ下之方」としているが、秀忠本陣は画の貼られた扇のみで数えると、その中心は二扇目にあり、家康の陣は一扇目中央寄りに描かれるなど、齟齬も認められる。いずれにせよ、A本については時代を推定することも難しいが、東博模本は江戸時代前期よりも下る時代に改変された図様をもつ作例、というのが筆者の結論であった(3)。

次に絵師については、従来、狩野興以（生年未詳～一六三六）、孝信（一五七一～一六一八）、探幽（一六〇二～一六七四）といった江戸時代前期の狩野派絵師の名が挙がっていた。これは『中院通村日記』元和二年（一六一六）四月廿一日条に「及晩興以許ヨリ、大坂攻之図屏風出来、欲見可進之由申之、他所之物之由也、則取寄覧之」とある事に加え、東博模本が木挽町狩野家に伝来したことによる(4)。そこで、狩野興以筆「韃靼人狩猟図屏風」（福井県立美術館蔵）などと様式を比較検討したが、東博模本に江戸狩野派の絵画様式と近似する要素を見つけるのは難しい。

一方、狩野養信（一七九六〜一八四八）『公用日記』から、狩野派が幕府の命で「大坂御陣・長篠・長久手御用」を承っていたこと、幕府から狩野家へ「大坂御陣■様子之拾枚 折屏風下絵 五枚続二指 右長谷川宗也筆」が貸し出されていたことが、近年明らかにされた。(5) 東博模本の絵画部分は五曲一双と特異な形態であり、ここに記された「五枚続二指」と無関係ではないであろう。しかし、長谷川宗也の現存作例は極めて少なく、同画題も見つかっていない。本プロジェクトでは、長谷川派の合戦図屏風として長谷川等意筆「平家物語屋島の合戦・大坂夏の陣図屏風」（出光美術館蔵）などとの比較を試みたが、やはり東博模本を長谷川派と断定できるほどの根拠は見いだせなかった。

おわりに

本プロジェクトでは多くの研究者が参加し、また原本という正解がないため、筆者の提示した制作年代の例のように、監修者内でも意見が分かれる所があった。当然ながら、想定復元屏風を公開することで、さらなる指摘、批判も出てくると思われる。重要なのは、想定復元の中での考察や議論を明らかにして、想定復元ではどの意見を選択して、どのように復元を行ったのかを提示する必要がある。特に「想定」の部分は、詳細に提示しなければならない。本稿ではその一つとして、筆者の考察内容を紹介した。

徳川美術館での想定復元屏風の展示の際には、このような復元の過程、条件などについては、凡例としてパネル展示を同時に行い、また筆者の考察は、簡単ながら同展覧会図録や、解説キャプションにも示した。(6) 今後はパネル展示以外でも、多くの方が想定復元の過程や基準を確認できるような媒体での情報提示も求められるであろう。

注

（1） 中村博司「狩野家旧蔵「大坂冬の陣図屏風」の成立をめぐって」（『戦国合戦絵屏風集成　第四巻』中央公論社、一九八八年）。

（2） 木下悠氏からも他の場面とは異なり、塀の裏側は人物が殆ど描かれておらず、閑散として違和感を覚えると指摘された。

（3） 東博模本では、家康の姿も御簾で隠している。家康の表象を憚る意識が生まれたのが享保期頃の可能性がある事も指摘されている（原史彦「長篠・長久手合戦図屏風の製作背景」『金鯱叢書』第三六輯、徳川黎明会、二〇一〇年）。

（4） 前掲注（1）中村氏論文参照。

（5） 金子拓「東京国立博物館所蔵長篠合戦図屏風について」（『東京大学史料編纂所附属　画像史料解析センター通信』第七一号、二〇一五年）。

（6） 『合戦図　もののふたちの勇姿を描く』（徳川美術館、二〇一九年）。

◎コメント◎

湯浅佳子

「大坂冬の陣図屏風　模本」（東京国立博物館蔵、東博模本）は、慶長十九年（一六一四）の大坂冬の陣を描いたものである。明治十九年（一八八六）木挽町狩野家第十一代当主の謙柄から東京国立博物館へ寄贈された粉本（白描の模写本）を大正十四年（一九二五）に現在の六曲屏風一双に仕立てたものという。右隻の第一扇、左隻の第六扇に絵がなく、白地に覚書が貼付される。(1)

令和元年（二〇一九年）、東博模本は、凸版印刷株式会社によりデジタル想定復元化された。今回の薄田大輔氏の報告は、原本想定復元プロジェクトメンバーとしてのお立場から行われたものである。

薄田氏によると、東博模本の原本の制作年代について、プロジェクトの結論としては、従来の説どおり十七世紀まで遡り得るということである。ただし、蓮田氏の私見では、東博模本には、改変された可能性のある左隻第四扇の堀部分に江戸前期には作例のない遠近法の使用があること、徳川秀忠を御簾で隠す作法、覚書の文言との齟齬などから、制作年代についてはさらなる検討が必要で、現在の結論としては「江戸時代前期よりも下る時代に改変された図様をもつ作例」であるとする。今後の課題としては、覚書の貼られた時期や、覚書から推定される「大坂冬の陣図屏風」A本・B本と東博模本との関連についての検討が必要があるとのことである。制作者についても、狩野派絵師や長谷川宗也等の先行説の検証が進められるべきという。

東博模本の制作年代や制作者に関する先行説には、『中院通村日記』元和二年四月二十一日の記事や、木挽町狩野家に伝来する等のことから、原本は、合戦後まもなく徳川将軍家の依頼により、狩野孝信や探幽の加わる絵師集団によって制作されたとする中村博司の説、(2)狩野養信『公用日記』の条文から、江戸時代前期の絵師長谷川宗也による制作の可能性を指摘する金子拓の説等がある。(3)また高橋修は、京都芸術大学芸術資料館所蔵の土佐家伝来の「土佐派絵画資料」に、東博模本の図柄と一部一致する巻子二巻があることから、土佐派との関連に言及する。(4)

「大坂冬の陣図屏風」のデジタル想定復元屏風は、徳川美術館・名古屋市蓬左文庫で一般公開されたほか、二〇一九年八月放送のBSプレミアム番組「英雄たちの選択「謎の屏風が語りだす〜復元推理 大坂冬の陣図屏風」や、雑誌『第三文明』二〇一九年十月号において報道され、復元作業の様子や復元から見出された新たな論点などが示された。個人的には、右のテレビ番組で議論になった伊達政宗や徳川秀忠、千姫制作者説などを興味深く聞いた。今後もプロジェクト研究の成果を学んでいきたいと思う。

注

（1）岡本良一「大坂の陣図屏風」八二・八三頁、中村博司「狩野家旧蔵「大坂冬の陣図屏風」の成立をめぐって」（『戦国合戦絵屏風集成』第四巻、中央公論社、一九八〇年）一〇二頁。

（2）中村注1論文。

(3) 金子拓「東京国立博物館所蔵長篠合戦図屏風について」(『東京大学史料編纂所附属画像史料解析センター通信』七一、二〇一五年十月)一四頁。

(4) 高橋修「大坂冬の陣図屏風」(『戦国合戦図屏風の歴史学』勉誠出版、二〇二一年二月)四二五頁。

黒田　智

「大坂冬の陣図屏風」のデジタル想定復元プロジェクト(以下に「想定復元プロジェクト」と略す)について、三点だけ簡単にふれておきたい。

第一に、近年、史料学の進展と複製技術の進化が新たな視覚史料・視覚文化の研究を押し進めつつある。歴史・美術史・文学といった専門分野の垣根をこえた共同研究や連携・対話とともに、さまざまな歴史図像をテーマとした研究プロジェクトが進められている。そこでは、かつての絵画作品のカラー図像集の刊行にかわって、膨大な画像史料の高精細デジタル化とデータベース化が試みられ、国内外に埋もれていた史料の再発見・再評価があいついでいる。想定復元プロジェクトもこうした絵画史料のデジタル化の試みのひとつと評価できるだろう。

たとえば、東京大学史料編纂所では、一九九〇年代から肖像画や洛中洛外図の高精細デジタル画像の作成とデータベース化が進められ、「洛中洛外図」東博模本の復元模写とデジタル公開が実現している。立正大学でも上杉本・林原美術館本の高精細デジタル画像を公開、国立歴史民俗博物館でも歴博甲本の高精細デジタル画像と人物データベースが構築されるなど、さまざまなとり組みがはじまっている。そのほかの屏風絵では、東京文化財研究所の「紅白梅図屏風」のデジタルコンテンツ、東京国立博物館の「風神雷神図屏風」「夏秋草図屏風」の高精細画像、愛知県立芸術大学を中心とする「月次祭礼図」、京都文化博物館の「誓願寺門前図屏風」の復元研究は記憶に新しい[1]。人文学オープンデータ共同利用センターによる絵巻・絵本の顔貌コレクション、デジタル浮世絵研究などでも、膨大なデータが蓄積されつつある。さらに今春、東京・大手町三井ホールで開催された特別展「巨大映像で迫る五大絵師」は、超高解像度画像によるデジタルアート展という新しい視覚体験を提供している。

デジタル複製は、本来宝蔵の奥深くに秘蔵されていた絵画作品を、だれもがいつでもどこでも何度でもより詳細にみることができる点で、飛躍的に高い利便性を兼ね備えている。またそれは、目視では見えなかったミクロの世界、汚れや傷みで見えにくかったディテール、あるいは失われてしまったものまでを可視化してくれる。ただし、人間の想像の穴を埋めるデジタル復元技術の目を見張るほどの革新の裏面で、デジタル複製を作成し、利用することの困難さにも自覚的でなくてはなるまい。かつてヴァルター・ベンヤミンが述べたように、どれほど現実と見分けがつかないほどにバーチャルな複製がつくられても、原本のもつアウラが消えることはなく、原本と複製との間にある〈はみ出すもの〉は解消されることはないはずなのだから。(2)

第二に、想定復元プロジェクトは、これまで手がけられてきた多くのデジタル複製とは異なり、模本・粉本類から導き出された原本の姿をデジタルデータとして「想定復元」するという新しい挑戦でもある。戦国合戦図屏風のひとつである東博模本は、絵師の名前や流派、発注者、制作年代が不明とされ、絵画様式すら定説をもたない作品である。薄田大輔氏が述べるように、完成品としての原本を忠実に再現するのではなく、模本や粉本を元に現存しない原本を「想定復元」する作業は、二重の意味で困難をきわめたことは想像に難くない。こうしてできあがった高い技術によるデジタル想定復元が、アウラを忘却させて、複製であることを離れて独り歩きする危険性にも注意しておきたい。

とはいえ、描かれないもの、伝えられなかったもの（現存しないもの）へ目を向け、粉本や模写本の分析・読解が行なわれた意義は大きい。顧みれば、この列島では実に多くの模写本がつくられ、複製があふれている。たとえば、聖徳太子、大織冠藤原鎌足、天神菅原道真、豊臣秀吉、徳川家康の肖像画は、大量の模写本が現存する。『蒙古襲来絵詞』は三十点以上の模本をもち、「清明上河図」や「倭寇図巻」は明代の蘇州片とよばれる模倣作が大量に流布していたことが明らかになっている。孤高の優品もさることながら、これらの大量の模本・粉本こそが、新しい学際研究の主戦場たりうることをよく示している。

また十八世紀は、日本絵画史における「模写の世紀」といっていい。たとえば、狩野永徳筆「唐獅子図屏風」は、狩野光信、山楽、常信、探幽といった十七世紀の狩野派絵師たちによって屏風絵や板戸絵、絵馬として模写が連綿とつづけられ、近世狩野派にとってきわめて重要な画題として君臨しつづけた。(3)つづく十八世紀に入ると、江戸幕府の関与のもとで、狩野豊久（岡本善悦）や狩野古信、典信といった木挽町狩野派の絵師たちによる模写がつづけられていたことがわかっている。徳川吉宗から田沼意次、松平定信の『集古十種』の編纂・刊行へとつづく十八世紀の幕藩の中枢にあった権力者たちの執拗なまでの模写活動とコレクションは、近世絵画・中世絵画を考える上で重要な手がかりを与えてくれるだろう。狩野派や土佐派をはじめとする絵師の家に伝えられた模本・粉本類の調査研究が、模本・粉本は原本より劣る作品で二次創作だとみなされがちなこれまでの優品主義に一石を投じ、絵画史研究の重要な研究課題となってゆくだろう。

第三に、戦国合戦図屏風研究である。一九九七年の和歌山県立博物館の特別展「戦国合戦図屏風の世界」以降、この分野の研究を牽引してきた高橋修氏の『戦国合戦図屏風の歴史学』（勉誠出版、二〇二〇年）が刊行され、金子拓編『長篠合戦の史料学』（勉誠出版、二〇一八年）によって個別作品研究が大きく進展をみた。なおも、文部科学省科学研究費基盤研究（A）「戦国軍記・合戦図の史料学的研究」（研究代表堀新）や東京大学史料編纂所特定共同研究・複合領域「東アジアの合戦図の比較研究」（研究代表須田牧子）といった研究プロジェクトが継続中である。(4)長篠合戦図屏風研究をはじめとする成果は、十八・十九世紀の大名社会において実に膨大な戦国合戦図屏風の模写や類本が生み出されていたことを明らかにしつつある。原本のみならず大量の模本や粉本との比較が今後の研究に重要な進展をもたらす可能性を示唆している。

とりわけ元和偃武をもたらした二度にわたる大坂城攻防戦は、近世幕藩制社会の淵源をなす重要な合戦として位置づけられる。大坂城天守閣所蔵「大坂夏の陣図屏風（黒田屏風）」は、高精細画像により詳細な分析が可能となり、米田結華氏によって七〇〇〇人余の人物図像の考察がはじまっている(5)。岐阜市歴史博物館、石川県立歴史博物館、太陽コレクションに所蔵される「大坂の陣図屏風」もまた、これら諸本の詳細な比較によって新しい分析・読解の可能性を秘めている。二十点以上の模本の存在が知られる「大坂夏の陣図屏風（最上屏風）」もまた、個別作品の制作・伝来事情を手がかりに、合戦図屏風の享受のあり方の一端を明らかにしてくれるだろう。同様に、想定復元プロジェクトが対象とした「大坂冬の陣図屏風」は、①『中村通村日記』に狩野興以の「大阪攻之図屏風」を叡覧した記事があり、②狩野養信『公用日記』に幕命により長谷川宗也筆「大坂御陣」の「折屏風下絵」の貸し出しがあったこと、③現存する東博模本が木挽町狩野家に伝存したことなどから、狩野派との関係がしばしば指摘されてきた。加えて、これとは別に京都市立芸術大学芸術資料館所蔵の土佐派絵画史料のなかに、左隻四扇分と一致する図様をもつ巻子装の粉本があることがわかっている(6)。想定復元プロジェクトでなされたような模本・粉本類の徹底的な読解が、これからの戦国合戦図屏風研究にとってますます重要度を増してくることはまちがいあるまい。

注

(1)『第二定型洛中洛外図屏風の総合的研究』（文部科学省科学研究費補助金基盤研究（A）研究成果報告書、研究代表黒田日出男、二〇〇五年）、『中近世風俗画の高精細デジタル画像化と絵画史料学的研究』（文部科学省科学研究費補助金基盤研究（S）研究成果報告書、研究代表黒田日出男、二〇一〇年）、小島道裕編『国立歴史民俗博物館研究報告』一八〇、洛中洛外図屏風歴博甲本の総合的研究（二〇一四年）、ＭＯＡ美術館・東京文化財研究所編『尾形光琳筆　国宝紅白梅図屏風』（中央公論美術出版、二〇〇五年）、岩永てるみ・阪野智啓・髙岸輝・小島道裕編『「月次祭礼図屏風」の復元と研究』（思文閣出版、二〇二〇年）、京都文化博物館特別展図録『花ひらく町衆文化』（二〇二一年）。

(2) 多木浩二『ベンヤミン「複製技術時代の芸術作品」精読』（岩波現代文庫、二〇〇〇年）。

(3) 黒田智「天皇と天下人の美術戦略」（髙岸輝・黒田智『天皇の美術史』三、吉川弘文館、二〇一七年）。

(4)『戦国軍記・合戦図屏風と古文書・古記録をめぐる学際的研究』（文部科学省科学研究費補助金基盤研究（B）研究成果報告書、研究代表堀新、二〇一九年）。

(5) 米田結華「「大坂夏の陣図屏風」を読む　掠奪と殺戮の絵画世界」（東京大学史料編纂所国際研究集会「合戦のイメージ形成から実像を考える」於東京大学弥生講堂一条ホール、二〇一九年一月二六日）、同「大坂城天守閣所蔵「大坂夏の陣図屏風」に描かれた女性と子ども」（前掲注4所収）。
（6）土佐光祐（一六七五～一七一〇）のころに制作された粉本と考えられ、東博模本よりも古い可能性がある。

くろだ・さとし——金沢大学教授。専門は中世文化史。主な著書に『草の根歴史学の未来をどう作るか』（吉岡由哲と共編、文学通信、二〇二〇年）、方法論懇話会編『療法としての歴史〈知〉』（森話社、二〇二〇年）、『たたかう神仏の図像学』（吉川弘文館、二〇二一年）などがある。

入口敦志

復元された「大坂冬の陣図屏風」を見ての最初の感想は、モノのもつ力は大きいと言うことであった。日頃古典籍に触れながら思っていたことではあるが、あらためて想像力を喚起する情報量の多さに驚いたのである。普段図録で見る屏風は、一部細部の原寸表示があったにしても、全体の大きさはなかなか想像することは出来ない。しかし、原寸での復元品は、細部の精緻さと全体の大きさとを同時に感じることができ、迫力あるものであった。二〇一九年六月、丸の内の凸版印刷ニッポンギャラリーでの披露目の折、ガラスケースに入っていない状態で、間近に見られたこともその印象を強めたと思われる。

　喚起する力が強いだけに、この想定復元された屏風がわれわれに何を見せてくれているのかは、慎重に判断しなければならない。私の場合、その鮮烈な色彩に対して強い違和感があったことは否定できない。現物であれば、研究者は自己の責任で判断することができる。しかし、復元品には、関わった多くの人の解釈が入っており、それを捨象して観察し、また、考えることは難しい。薄田大輔氏の「想定復元ではどの意見を選択して、どのように復元を行ったのかを提示する必要がある。特に「想定」の部分は、詳細に提示しなければならない」と言う指摘は、的確かつ重要なものだろう。「想定」されたことを、勘案しながら考察しなければならないからである。

　ところで、右隻第二扇の中央に、明らかに人物が摺り消されたと思われる痕跡がある。大きさからすると騎馬武者だったと推測され、重要人物ではなかったかと考えている。制作や伝来に何か関わるのではないかと気になっているのだが、この問題はすでに解決しているのだろうか。

草双紙における上紙摺の意義

佐藤　悟

さとう・さとる――実践女子大学教授。専門は日本近世文学。主な論文に「地本論」（『読本研究新集　Ⅰ』翰林書房、一九九八年）などがある。

文化元年（一八〇四）の色摺禁止令により、草双紙は絵本化し、合巻という造本形態が発展した。これは草双紙に限らず読本にも見られた現象である。両者の絵本化という視点を抜きにして文学史を構築することはできない。この問題を考える上で上紙摺の存在は重要であり、特製本としての性格と文学史における意義を明らかにするものである。

一、草双紙概略

草双紙は十八世紀初期に赤本として誕生し、黒本青本、黄表紙、合巻という分化を遂げていった江戸の大衆文芸である。(1) その名称は装幀や造本形態に由来している。本論では文学史のジャンル名としては赤本、黒本青本、黄表紙、合巻を使用し、煩瑣ではあるが造本形態について記す場合は「体裁本」を付けて区別する。

初期の草双紙には上欄に詞書を記し、その下に挿絵が描かれるという絵本に近い様式が見られる。これは菱川師宣絵本などの様式を踏襲したものである。草双紙の挿絵を担当したのは浮世絵派の画工であり、菱川師宣や鳥居清信の影響を強く受けている。十八世紀前半の草双紙には作者の名は記されず、画工の名のみ記されることも多かった。作者といっても、実態は筆耕であり、画工が兼ねることも多かったと思われる。画工が作者よりも上位にあることからも、初期草双紙は絵本としての性格が強かったことが窺える。画工と作者の関係が逆転するのは十八世紀後半になってからである。作者の名前が記されて、画工の名前が記されないという例も多くなる。この逆転は草双紙が読み物としての性格を強める契機ともなった。ただ合巻の時代になると、再び作者と画工の名前が併記されるが、作者の優位は揺るがなかった。

草双紙は挿絵が中心の本であり「双紙」に「草」が付いていることからも、双紙類の中でも一段と劣ると見られていたことは明らかである。通常の絵本が大本や半紙本であるのに対し、草双紙の大きさは中本で、格落ちの本といえる。また通常の絵本の分量は一冊二十丁ほどであるが、草双紙は五丁一冊を単位とする。その規格は、草双紙がジャンルとして確立し、板元である地本屋間の本替等の必要から生まれたものであろう。[2] 草双紙は絵本などよりはるかに簡便な規格であるが故に、安価であり、昔話、歌舞伎や浄瑠璃といった演劇、歌謡、時事的な話題など様々な要素を自在に取り込み、時代と共にその多様性を増していった。特に演劇との関係は、草双紙を刊行した地本屋が浄瑠璃本屋と呼ばれていたことからも、密接なものであったことが知られる。[3] その後、地本屋は地本問屋となり、享保改革時に地本問屋仲間として整備されるが、その出版物は江戸を中心として流通する地域性の強いものであった。

草双紙の読者は子どもや女性を対象としたというのが通説であった。そのため赤本を近世における児童文学の嚆矢とする考え方もあった。しかし歌舞伎に取材した享保二年（一八一七）刊『まつのうち』、享保三年刊『松ののち』、享保八年刊『傾城道中双六』や吉原を題材とした享保八年刊『さい』（西村市郎右衛門板）といった赤本が存在することから、読者は成人をも含む広範囲に及んでいたことが、近年理解されるようになった。[4] また赤本は祝儀性や破邪性を持っていたため、黒本青本の時代になっても並存して出版されていたことが注目される。[5] この系統のものは青本の時代になっても子ども向けのものとして存続する。[6]

黒本は赤本の中から浄瑠璃や歴史を題材とした一代記ものなどが分化し、やがて草双紙の主流となっていく。青本体裁本は黒本体裁本の特製本として誕生し、やがて黒本体裁本は青本体裁本の後摺本、廉価本として位置付けられた。さらに青本の名が黄表紙と変わり、黄表紙体裁本の中にも袋入本のような特製本が誕生する。草双紙の歴史を通観すると、絶えず従来よりも上質な本を求めようとする動きがすべての時代に見られる。

二、合巻の時代

草双紙は享和・文化期（一八〇一～一七）には、敵討ちものの流行に伴い長編化し、五丁一冊の黄表紙体裁本を合冊して、製本を簡便化した合巻体裁本が誕生する。長編化により、読み物としての性格がより強くなったが、絵を中心とし、その周囲を文章が埋めるという様式に変化はなかった。文化元年（一八〇四）刊『仇報孝行車』（南仙笑楚満人作、歌川豊国画、西村屋与八板、前編三冊、後編二冊）は、最初は黄表紙体裁本として刊行され、同年中に合巻体裁本がやや遅れて刊行された。合巻体裁本の絵題簽に「全部五冊合巻」とあり、草双紙における「合巻」の語の初出と思われる。西村屋与八は文化元年に中本型読本『東海道松白浪』（十返舎一九作、歌川豊国画、西村屋与八板、前編五冊、後編五冊、全五十丁）を刊行し、題簽には「全部十冊合巻」と記し、さらに文化二年に中本型読本『相馬太郎武勇籏揚』（十返舎一九作、歌川豊国画、西村屋与八板、前編五冊、後編五冊、全五十丁）を刊行するが、その絵題簽にも「全部十冊物合巻」と記す(7)。両者とも廉価な本と思われ、中本型読本でありながら、五丁を一単位とするなど、造本意識は草双紙と同じである。文化元年から文化二年にかけて、「合巻」は製本を簡略化した廉価本という位置付けであったと思われ、おそらくは西村屋与八が主導していたのであろう。

合巻体裁本の誕生について、式亭三馬は自作の文化三年刊『雷太郎強悪物語』（歌川豊国画、西宮新六板、前編五冊、後編五冊）を合巻体裁本の権輿とする。式亭三馬『雑記』(8)にはその経緯を次のように記す。

　文化三年の春発兌したる雷太郎強悪物語十冊ものを前後二編となして合巻二冊に分て売出しけるが　大に世に行はれて幸を得たり　さる程に合巻は表紙外題の数も繁からす製作も便理なればとて　其翌年よりさうし問屋不残合巻となりて　ことし文化七年に至れど今に合巻流行す

『雷太郎強悪物語』には合巻体裁本と黄表紙体裁本があり、合巻体裁本の絵題簽には「前編五巻合一冊」などと記される。しかし同年刊『敵討鼎壮夫』（曲亭馬琴作、北尾重政画、鶴屋喜右衛門板）にも合巻体裁本（一冊、二十五丁）と黄表紙体裁本（五冊、二十五丁(9)）があり、合巻体裁本の袋には「合巻壱冊」と記される（**図1**）。草双紙の流通は地本問屋仲間間の本替が原則であったから、文化二年には合巻体裁本を黄表紙体裁本の特製本として製作するという合意が地本問屋仲間の間で既に成立していたのであろう。合巻体裁本と黄表紙体裁本の扱いが逆転したのである。当初は三馬のいうように西宮新六など一部の地本問屋間だけのものであったと思われるが、やがて全ての地本問屋仲間の間で黄表紙体裁本の特製本として合巻体裁本を製作することが普通となり、草双紙は合巻の時代へと転換していく。『雷太郎強悪物語』が好評であったことは間違いなかろうが、合巻体裁本の創始を同書に帰することはできない。穎原退蔵「合巻は一九の工夫か」(10)に見られたような、製本上の現象を、当時の出版システムを無視して一作者に帰するような議論は避けるべきであろう。やがて黄表紙体裁本は廉価本として合巻体裁本よりも遅く製作され、場合によっては翌年の刊行ということもあった(11)。

合巻体裁になると、例えば三十丁の作品を、上下二冊、あるいは上中下三冊というふうに合冊するようになる。それを収める袋も、意匠を凝らし、豪華な色摺を施したものさえ生じる。表紙も極彩色の摺付表紙へと発展し、その精緻な彫りと摺の技術は錦絵を超えるものも現れる。文化七年に刊行された三馬の滑稽本『浮世風呂』第二編には次のような一節がある。

三ばん目の兄どのは又。合巻とやら中草双帋が出るたびに買ますが。葛篭にしつかり溜りました。ヤレ豊国が能の。国貞も能のと。画工の名まで覚えまして。それは〳〵今の子どもは功者な事でございますよ

合巻は誕生から数年の内に、その美麗な装幀が愛され、子どものコレクション・アイテムになったのである。

また文化期の合巻体裁本の特徴の一つに口絵の誕生が挙げられる。文化四年刊『於六櫛木曾仇討』（山東京伝作、歌川豊広画、西村屋与八板、三十五丁）は山東京山の随筆『蜘の糸巻』(12)が合巻における口絵の最初と指摘する作品である。文化四年に刊行された『安積沼後日仇討』（山東京伝作、歌川豊広画、鶴屋喜右衛門板、三十丁）には「奥州安積郡安積沼の図」という口絵が付くが、このほかに、登場人物の姿を描いた三丁の口絵が付いた特製本（都立中央図書館加賀文庫蔵）がある。やがて口絵はほとんどの草双紙の冒頭に置かれ、登場人物の紹介と役割を果たすものとして定着していく。

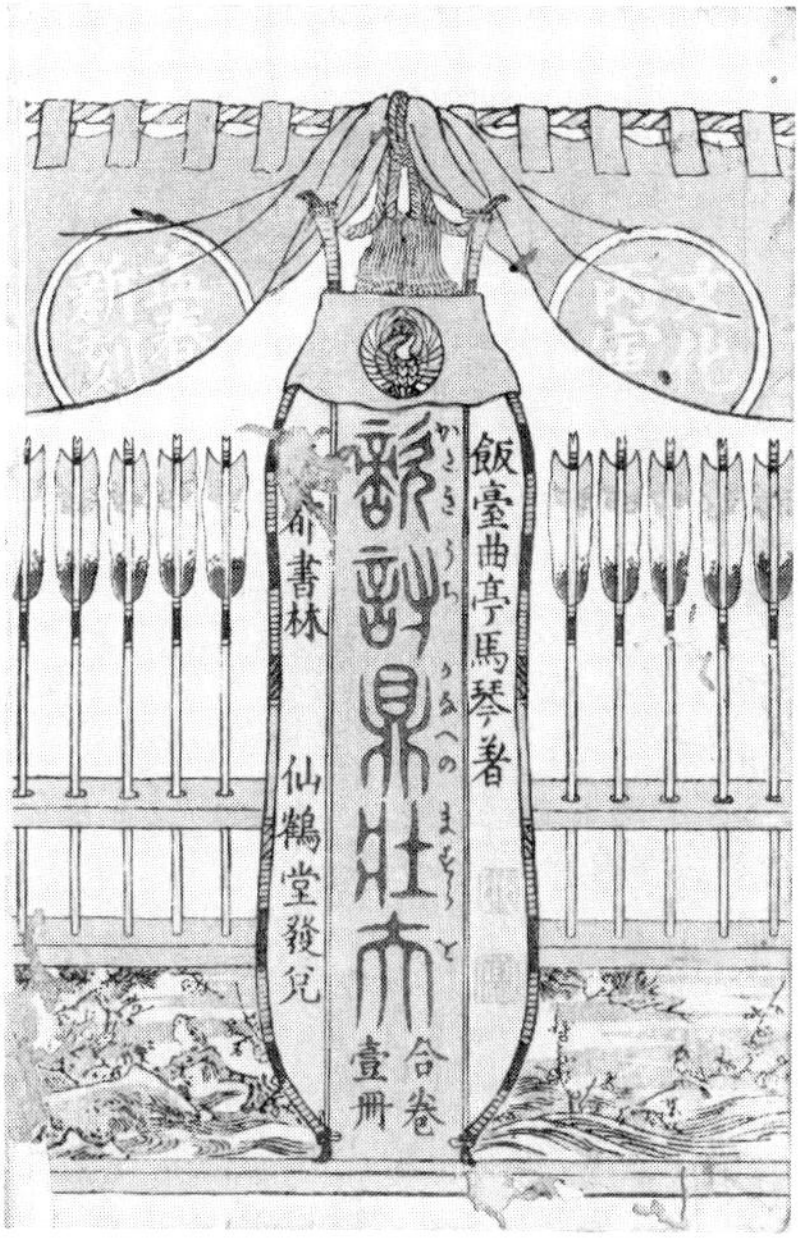

＊図1　『敵討鼎壮夫』（架蔵本）袋

三、上紙摺の誕生——大合巻とは

合巻体裁本の成立とほぼ同時に半紙本型の草双紙が登場す

る。文化四年刊『於六櫛木曾仇討』には半紙本体裁本、合巻体裁本、黄表紙体裁本の三種が存在する。また半紙本型草双紙には、個人を購買者として想定し、袋、表紙、見返しなどに意匠を凝らした豪華な上紙摺と呼ばれた特製本と、貸本屋

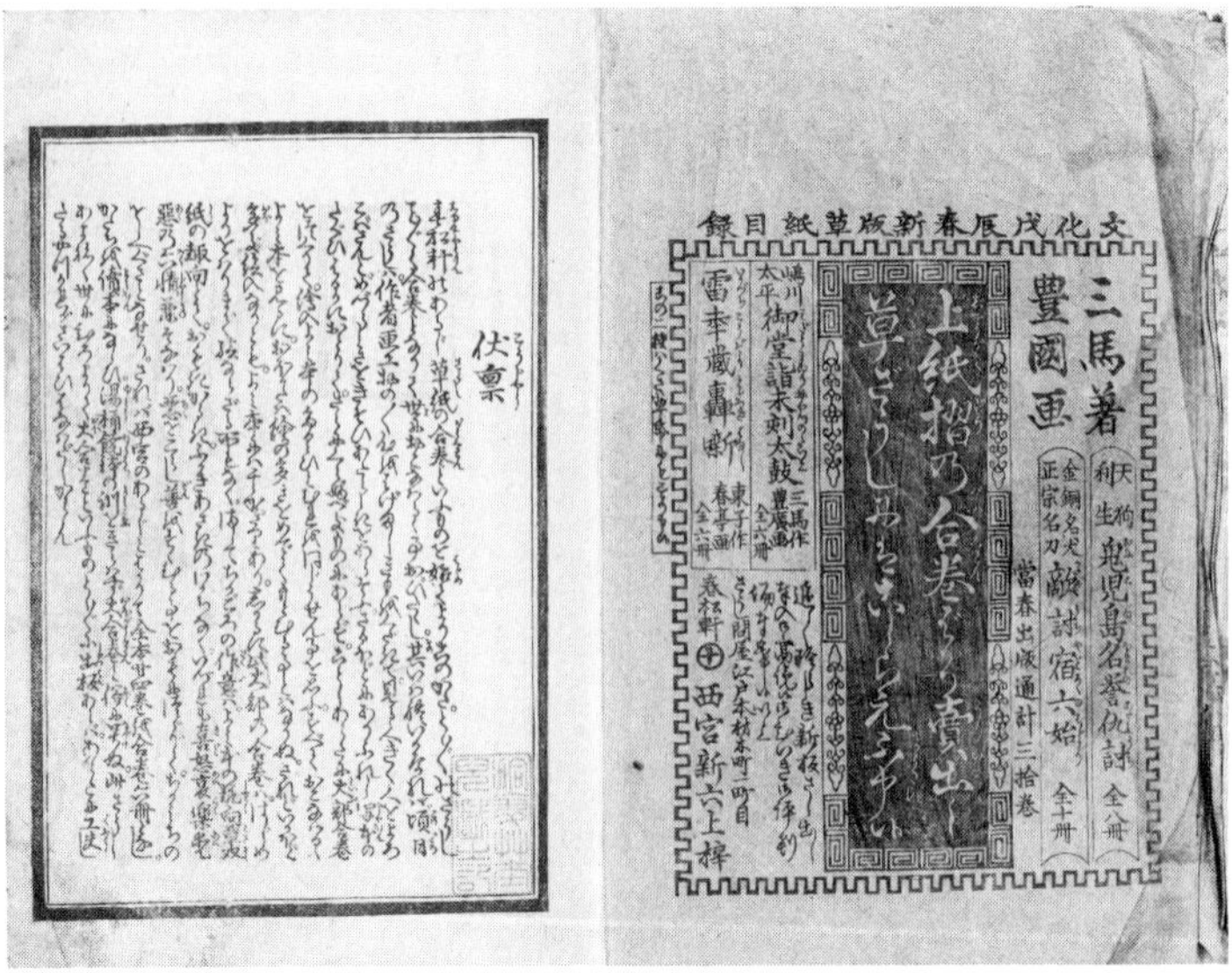

*図2 『おとぎものがたり』(架蔵本) 見返し・伏稟

用と思われるものの二種があった。特に上紙摺には豪華な袋があったと思われるが、袋の現存するものは少ない(13)。また上紙摺がそのまま貸本屋用として用いられることもあった。半紙本の中には貸本屋用として印刷された、版面の粗い、明らかに後摺本のものが見出せる。貸本屋においては、半紙本は中本よりも高い見料であったと思われるので需要があったのであろう。ただいずれも中本用の板木を半紙本に使用しているので、のどが広く、上部に余白の多い版面となっている。

「上紙摺」の名称が初めてみられるのは文化五年に刊行された式亭三馬『おとぎものがたり』(西宮新六板)見返しである(**図2**)。そこには以下のように記される。

> 上紙摺の合巻ばかり売出し草ざうしにはこしらえ不申候

すでに合巻の時代であり、「草ざうし」とは合巻体裁本を指す。それと区別して特製本の半紙本型草双紙のことを上紙摺といったのであった。また「上紙摺」には「じやうがみずり」というふりがなが振られている。文化五年には「上紙摺」の語が確立していたのである。廉価本の合巻体裁本は作らないという宣言である。

この『おとぎものがたり』は文化五年に西宮新六から刊行された『敵討宿六始』(五十丁)、『鬼児島名誉仇討』(四十丁)、『御堂詣未刻太鼓』(三十丁)を都合半紙本六冊として刊行し

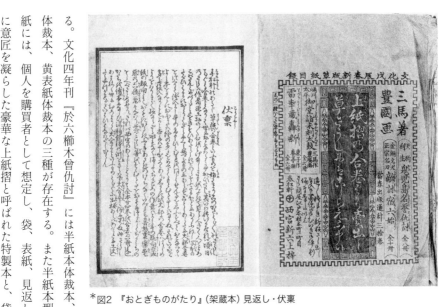

たもので、京都大学文学部図書館蔵本がその原型を今にとどめる。『おとぎものがたり』の版面の状態はどの本も良く、単独で刊行された半紙本体裁本よりも先に刊行されたと考えられる。

『おとぎものがたり』冒頭の三馬の「伏稟」にはつぎのように述べる。

> 春松軒のあるじ草紙の合巻といふものを始てよりこのかた。とし〴〵のさうしこと〴〵く合巻となりて世におこなはるゝ事おびたゝし。其いはれいかなれば。頃日のさうしは。作者画工おの〳〵心をはげましきもをくだきて。見る人きく人をよろこばさんと。めづらしきをきそひあたらしきをあらそふ。さるほどにありふれし写本のたぐひはるかにおとりて。さらにくらぶべきものにあらず。ことしあらたに大部合巻をつくりて絵入よみ本のたぐひとむれを同じうせん事をおもふ。すべておこなはるゝよみ本を見るに。おほかたは絵の多きをめでてもとむるとはなりぬ。されどいかほど多き絵入なりとも。よみ本には其かぎりあり。しかるに此大部の合巻は。はじめよりをはりまで絵ならざる所もなく。ましてちかごろの作意は。よみ本の趣向草双紙の趣向とて。おもきかるき。ふかきあさきのわかちなく。いづれも喜怒哀楽愛悪の六情兼そなはり。悪をこらし善をすゝむる事をおもにつゞりて。ちかみちのをしへぐさとなせり。されば西宮のあるじとはかりて全本廿四巻を合巻六冊となし。かたちは読本にならひ。湯桶饒鉢の訓をきらはず。大合巻と俗に号ぬ。此さうしあまねく世にひろまりて大合巻といふものとし〴〵に出板あらば。あらたに工夫したるやつかれがさいはひはなはだしからん

三部の合巻全二十四巻を半紙本の六冊本とし、読本と同様の作品としたといっている。本作は井浦芳信「大合巻の創始——式亭三馬作「おとぎものがたり」考」(14)により初めて紹介された。井浦論文の巻末注には本書について以下のように記す。

> 「おとぎものがたり」＝井浦蔵本による。稀覯本。国書総目録の記載中、六巻は一巻、東博本文化三刊は文化五刊に訂正を要する。右目録に東博本・京大本を掲げる。

井浦旧蔵本は現在、早稲田大学図書館の所蔵で一冊に合綴され、巻一の絵題簽が残っている。『国書総目録』の文化三年の刊行という記載は井浦のいうように文化五年に訂正すべきである。しかし京都大学文学部図書館蔵本に見るように「六巻」という記載は正しい。井浦本は改装本であり、表紙は第一巻を残すのみであった。そのため井浦は「伏稟」に見

える「大部合巻」「大部乃合巻」について「大部合巻または大部乃合巻の称は、大型の合巻を意味する。二部以上を合わせたことを直接に意味するものではない。」という誤った理解をしたのである。井浦の説明では「大合巻」と半紙本型合巻は同じものであり、「大合巻」と「上紙摺」の区別を付けていない。「伏稟」を素直に読めば、「大部合巻」「大部乃合巻」とは、上記三部の合巻が「おとぎものがたり」という外題を与えられて一体化されて刊行されたことを意味していることが理解される。上紙摺はすでに前年に刊行された『於六櫛木曾仇討』の半紙本型草双紙に見られ、三馬や板元の西宮新六の創案によるものではなかった。

『おとぎものがたり』の眼目は草双紙を読本並みの価格で売ろうとしたことにある。ところがその結果は散々なものであった。式亭三馬『雑記』は次のようにいう。

同年春　敵討宿六始十冊自作豊国画　島川大平御堂前敵討六冊自作豊広画
鬼児島敵討八冊自作豊国画　此三種を一緒に合巻して大合巻と
号し　西宮にて売出させけるが　読本まがひの趣向大き
にはづれたり　されど常の合巻にては鬼児島評よし

売れなかったため、見返しの上紙摺に関する部分を「草さうし合巻」と入木し、「常の合巻」すなわち、合巻体裁本として売り出さざるを得なかった。三馬のいう「読本まがひの趣向」とは、三部の合巻を半紙本六冊に仕立てた読本に近い造本や装幀のことを指している。作品の内容が読本に似ているということではない。三部の合巻は改めて上紙摺、合巻体裁本として刊行されたのである。

井浦は「大合巻」について「大合巻企画の方向は、上質紙使用による上製本作成の企画と同一線上にあつた。」とする。上紙摺という名称そのものが上質な紙を使っているということであるし、『おとぎものがたり』奥書には「専用佳紙精工刷印不破不落」と記される。合巻体裁本より厚手の上質の用紙を使用していることは目視でも明らかである。『おとぎものがたり』（『敵討宿六始』）一丁表の二十倍のデジタルマイクロスコープによる画像（図3）からも、印刷が極めて鮮明なことが容易に見て取れる。紙が柔らかく、板木がしっかりと紙に食い込んでいることが観察される。「な」のところには夾雑物が見える。それを五〇〇倍に拡大した画像（図4）から夾雑物はミツマタの繊維が叩解しきれなかった残滓と判定される。周辺にはコウゾと思われる繊維が検出され、コウゾとミツマタの繊維を混ぜた紙であることが判明する。特筆すべきは繊維間を米粉の粒がぎっしりと埋めていることである。これが充填剤、平滑剤として上紙摺の美しい印刷を支えたのである。『敵討宿六始』の合巻体裁本と黄表紙体裁本のサン

＊図3　『おとぎものがたり』1オ　×20

＊図4　『おとぎものがたり』1オ　×500

プルを手に入れることができなかったので、比較はできないが、同時期に刊行された他の黄表紙体裁本や合巻体裁本と比べても、大量の米粉の存在が特色となっている。米粉の存在は上紙摺のみに限らず、特製本とおぼしき合巻体裁にも大量の米粉が観察されるので、さらなる調査が必要である。

この上紙摺の合巻は文化十四年に「合巻絵草紙一件」(15)により廃絶する。この事件は合巻を高額で老中の奥向きに売りつけたことに端を発したものである。文政元年十月二十八日付鈴木牧之宛曲亭馬琴書簡(16)には、この事件の端緒について以下のように記す。

右合巻絵草紙一件と申事ハ、近年くさざうし今はがふくわんと唱申候、甚花美ニなり候処、昨年初春、一枚絵せり売の小商人、丸の内御老中御屋敷おくへ、元直弐百文、二わり引ケの合巻ニ而、代を六匁ニ売り候ニ付、慰ミもの花美の上、甚だ高料なる事、然るべからずと御沙汰有之。依之、町御奉行より町年寄へ御下知有之、町年寄より、かゝりの肝煎名主へ被申付、去年四月下旬、俄ニ小売先まで、新板の合巻絵草紙類、御とり上ニ相成り、会所へつきおき、売止メ被致候ニ付、

そして改名主からは「已来は昔の草双紙の通り、五丁とぢ黄表紙にてうり候様」という指示が出て、文政元年（一八一八）の新板は黄表紙体裁本として売られたが、販売不振に陥ったという。この一件は老中の注意喚起から始まったので、政策としての継続性はなく、文政二年以降は摺付表紙を有する合巻体裁本が復活する。[17] 天保改革時にも摺付表紙と袋の彩色が問題となり、天保十三年（一八四二）六月四日に絵草紙懸りの名主に対して「表紙上包等ニ彩色相用ひ候儀は堅く可致無用候[18]」という方針が示されている。黄表紙体裁本が売れなかったということは、合巻が単なる読み物ではなく、美しい装丁を愛でるものであったことを示している。これからも合巻体裁本の極彩色の摺付表紙と袋の彩色が従来の黄表紙体裁の作品とは大きく違うところであると認識されていたことが知られる。

元値二〇〇文二割引き（一六〇文）が卸値の合巻を銀六匁（約六六〇文）で売ったというのは法外のように聞こえるが、馬琴の記述は伝聞によるので、六匁というのは合巻体裁本の価格ではなく、上紙摺の価格であろう。

またこの記事から『おとぎものがたり』の小売り値が十八匁以上であったことが想像され、読本の値段に匹敵していたことも理解できる。

この事件の後、半紙本型の合巻は貸本屋用としての製作は続けられたが、上紙摺のような美麗な装幀の合巻は望むべくもなかった。その代わりに登場するのが「上製本」であるが、これについては稿を改める。

四、半紙本型の「絵本一代記もの」について

上紙摺が中本ではなく半紙本として刊行されたのはなぜであろうか。読本の体裁を模したというのも一つの答えであろう。しかしそれだけでは不十分のように思われる。

従来は草双紙の仲間と看做されてはいなかった半紙本型の「絵本一代記もの」とでも称すべき作品群がある。厚手の表紙を付け、五丁一冊を単位としているので、草双紙と大変近い関係にある。「絵本〇〇〇一代記」あるいは「絵本〇〇〇軍談」という題簽を有することが多い。ただ大部分の匡郭は

中本よりも大きく、半紙本での刊行を前提としているが、中には中本として印刷することが可能な匡郭を有するものがある。中本型草双紙の「一代記もの」は黒本青本時代から「〇〇一代記」という書名のものが多く見られるが、匡郭の関係から草双紙とは看做されなかったのであろう。天明七年（一七八七）刊『絵本義経一代実記』（勝川春章画、鶴屋喜右衛門板）は全五冊、五十丁からなる。寛政二年（一七九〇）刊『絵本信玄一代記』（春秋舎荻声作、北尾重政画、鶴屋喜右衛門板）は全五冊で五十丁からなる。甲州系幕臣の武田信玄に対する敬慕には強いものがあったので、それを当て込んだ作品の可能性がある。寛政五年刊『絵本将門一代記』（滝水子作、北尾政美画、秩父屋庄左衛門・西宮新六・鶴屋喜右衛門板）全五冊は五十丁からなる。寛政五年刊『絵本巴女一代記』（南仙笑楚満人作、歌川豊国画、西宮新六板）上中下三冊は本文が二十五丁で後序と刊記が二丁からなる。同書には文化四年に『絵本巴女一代記』と同書名で後序を削除し、草双紙として西宮新六から売り出されたものもある。寛政十二年に刊行された『絵本楠二代軍記』（曲亭馬琴序、北尾政美画、鶴屋喜右衛門板）全五冊、『絵本尊氏勲功記』（曲亭馬琴序、北尾政美画、鶴屋喜右衛門板）全五冊はそれぞれ五十丁からなる。享和三年（一八〇三）刊『絵本日蓮大士御一代記』（北尾重政画、村田治郎兵衛・鶴屋喜右衛門板）は上下二冊で二十五丁である。『絵本天神御一代記』（蘭徳斎作画、西村屋与八板）は上下二冊、二十五丁からなる。文化三年刊『絵本渡辺一代記』（南仙笑楚満人作、勝川春亭画、和泉屋市兵衛板）は上中下三冊、二十五丁からなる。これは五冊ものの黄表紙として製作され、匡郭は中本を前提としているので小さい。文化三年刊『画本武王軍談』（寛政十三年（一八〇一）曲亭馬琴序、北尾重政画、鶴屋喜右衛門板）全五冊は五十丁からなる。『絵本漢楚軍談』（享和二年曲亭馬琴序、北尾重政画、鶴屋喜右衛門板）は上下編、各編五冊、全一〇四丁という長編で、文政十二年（一八二九）に合巻として再刊されている。文化四年刊『絵本大内家軍談』（十返舎一九作、勝川春英画、岩戸屋喜三郎板）三冊は全二十五丁からなり、妙見信仰との関連で出版されたものであろう。このほか刊年未詳『八幡太郎一代記絵尽』（万象亭序、北尾政美画、鶴屋喜右衛門板、五十丁）、刊年未詳『絵本根元石橋山』（南仙笑楚満人作、勝川春英画、板元未詳）、刊年未詳『絵本大塔宮御一代記』（南仙笑楚満人作、画工・板元未詳）などがある。ここに挙げた以外にも多くの作品がある筈であり、このジャンルの研究は今後が俟たれる。

武家を扱ったものは武者絵本的な性格が強い。例えば『絵本義経一代実記』の場合、「僧正が谷」「熊坂」「鬼一法眼」

「白川堪海」「五条天神」「関原与一」「熊谷・敦盛」「牟礼高松」「扇の的」「八艘飛」「堀川夜討」「船弁慶」「横川覚範」「碁盤忠信」「静の舞」「安宅」「亀割坂」「高館」「蝦夷渡海」などといった逸話や画題を連ねて構成されている。その実質は絵本といっても良い内容である。武家以外の偉人や高僧を扱った作品も同様で人口に膾炙した画題等で知られる場面を繋ぐという同様の構成法を執っている。これら一代記ものの起源は奥村政信『絵本天神御一代記』(上下二冊、全二十丁)や安永二年刊『絵本義経記』(北尾重政画、須原屋茂兵衛板、全五冊、五十四丁)などに求めることができよう。そして『絵本巴女一代記』『絵本漢楚軍談』の例に見るように、後に板木を利用して合巻としても刊行されているので、草双紙同様のものと看做されていたのである。

「絵本一代記もの」は基本的には五丁を単位とし、板元は地本問屋である。ただし『絵本信玄一代記』刊記には「書林鶴屋喜右衛門」とあり、書物という意識が強く見られる。また『絵本楠二代軍記』『絵本尊氏勲功記』『絵本日蓮大士御一代記』『画本武王軍談』は書物問屋仲間行事の割印を受けているので、上方への流通も視野に入れて刊行されていたことが知られる。これが地本である草双紙の「一代記もの」との大きな違いである。鶴屋喜右衛門は地本問屋であるとともに書物問屋でもあった。

これら絵本として扱われた一代記ものとの類似性が。半紙本として上紙摺が刊行された背景の一つであったことは十分に考えられる。なぜならば上述のように合巻は絵本としての性格が強かったからである。そして価格も草双紙よりも高価で利幅も大きかったと思われるので、半紙本型の草双紙の製作は板元にとっても魅力的であった筈である。また一部の読者からも特製本の草双紙への要求が絶えずあった。この「絵本一代記もの」の存在が半紙本型草双紙の成立に大きな役割を果たしたことは間違いなかろう。

五、上紙摺誕生の背景とその意義

『おとぎものがたり』「伏稟」において三馬は「すべておこなはる丶よみ本を見るに。おほかたは絵の多きをめでてもとむるとはなりぬ。」と読本は挿絵が多いのを愛でて求められるとしている。そして「されどいかほど多き絵入なりとも。よみ本には其かぎりあり。」と読本の挿絵には数に限界があることを述べる。さらに「しかるに此大部の合巻は。はじめよりをはりまで絵ならざる所もなく。」と合巻挿絵の読本挿絵に対する優位性を述べている。

また「伏稟」の後には次のような『おとぎものがたり』の

装幀に関する一文がある。

ちかごろむかしをこのむ人多くありて。よろづの物ふるきにつくりかへてもてあそぶ事とはなりぬ。これを丹塗の表紙を用ゐ。黄染の標題にむかしゑを画たるは。すべて赤本の製作にならひたる也。此表題の文字は。赤本の筆者が常とする書體に倣ひて。やつがれが手してうつせり。されど丈阿以前の筆意なれば拙きをしばらくいはて。むかしをおもひやり給ふべし。　たらり楼　三馬

「むかしをこのむ人」たちの学問は好事学[19]などともよばれ、山東京伝、曲亭馬琴、柳亭種彦など多くの戯作者もこれに関わっていた。三馬もその一人で、『おとぎものがたり』の装幀は古風に作り替え、表紙は赤本に模し、黄染めの絵題簽に古風な絵を描き、文字も赤本風に描いたとする。[20]読本でも文化三年に刊行された『霜夜星』（柳亭種彦作、葛飾北斎画、山崎平八板）のように赤本の表紙を模して制作された作品もある。三馬がいうように、好古趣味の流行の中で、このような造本・装幀が試みられたということが知られる。三馬自身も文化七年に刊行された読本『阿古義物語』（歌川豊国・歌川国貞画、鶴屋金助板）の絵題簽で再び同じような試みを繰り返し、同書は見返し等に趣向を凝らした装幀となっている。

また『おとぎものがたり』の奥書には次のようにある。

右此おとぎ物語はやまと絵師歌川氏の筆を乞ひ全部六帖にして令板行者也

文化五年辰正月吉日

遊戯堂三馬（「三馬」角印）

貞享二年（一六八五）に刊行された『和国諸職絵つくし』奥書には次のようにある。

右此諸職絵つくしは菱河氏師宣といへるやまと絵師之取集書たりしを二二帖にして令板行者也

貞享弐年丑二月吉日

絵師菱河師宣（「菱河」角印）

三馬も好事学の一人であったので、『おとぎものがたり』奥書の様式は菱川師宣絵本などの奥書に倣ったのである。ここでも『おとぎものがたり』が絵本を強く意識して製作されたことが知られる。

ところが井浦は「大合巻」について「これを絵入よみ本の類としようというのは注目すべき点である。」として、三馬が合巻を読本に接近させたという理解を示している。この理解は佐藤至子「読み物としての合巻」[21]においても次のように継承されていく。

合冊様式の草双紙に対する「合巻」の称は、文化五年には既に定着していたが、三馬はさらに読本に近い草双紙

として、「大合巻」を創始しようとしていたのである。

なぜこのような理解が生じたのであろうか。

この現象は合巻が読本ではなく、むしろ絵本に接近したと考えるべきではなかろうか。その契機となったのが文化元年五月十七日に前日の武内確斎作、岡田玉山画『絵本太閤記』全七編の絶板に伴い出された色摺禁止令[22]であった。

彩色摺いたし候絵本草紙等、近来多々相見不埒ニ候以来絵本双紙等は墨斗ニ而板行いたし彩色を加候儀無用ニ候

この禁令によって、十九世紀になって隆盛を極めていた江戸の色摺絵本の刊行が不可能になったのである。言い換えればマーケットが存在するのに商品供給が不可能になってしまったということである。そこで絵本の代替商品として草双紙が大きな役割を果たすようになる。

文化元年当時の絵題簽は地味なものであったが、表紙や外題は規制の対象外という認識の下、絵題簽の大型化が始まり、合巻体裁のものは時代を追うに従って絵題簽が大型化し、最終的には表紙と一体化した摺付表紙と呼ばれる表紙へと発展していく。当初、絵題簽は淡彩の粗末なものであったが、試行錯誤を繰り返し、やがて錦絵にも劣らない彫と摺を施した凝った表紙へと変化し、草双紙の価格の大部分が摺付表紙の代金となっていった[23]。

口絵も多色摺を模索する。色摺は禁止されているので、薄墨や艶墨を使用した多色摺がおこなわれた。文化五年に刊行された『復讐源吾良鮒魚』（東西庵南北作、勝川春扇画、山田屋三四郎板、六冊）の口絵は主板を薄墨で摺り、さらに艶墨による重ね摺を行っている。文化五年刊『郭公相宿話』（千歳松武作、歌川国貞画、山口屋藤兵衛板、六冊）の合巻体裁本の口絵には薄墨による版彩が加えられているが、黄表紙体裁本には薄墨を施さない。文化六年刊『明石物語』（式亭三馬作、勝川春亭画、森屋治兵衛板、六冊）は上紙摺、合巻体裁本ともに口絵に薄墨を施す。文化六年刊、『復讐実語教』（本野素人作、勝川春扇画、山田屋三四郎板）は印刷したものの上にさらに紙を重ねることにより、薄墨の効果を出そうとしている。また口絵のみならず、文化五年刊『歌舞伎伝介忠義話説』（曲亭馬琴作、勝川春亭画、山城屋藤右衛門板、二冊三十五丁）には全丁に薄墨を施した合巻体裁本の特製本（立命館大学蔵）がある。

口絵について棚橋正博『於六櫛木曾仇討』解題[24]は、以下のような嘉永四年（一八五一）刊、山東京山作『絵図見西行』十一編序文を紹介する。

草双紙に口絵といふ物のはじまりしはわが兄京伝翁今より四十ねんばかり前文化の頃西村が板なりしお六櫛木曾

の仇討といふ艸ざうしに巻中の人物を口絵に出されしぞ艸さうし口画の始原なりけるこは百回の水滸伝に傚へるなりこれを見てや其つぎのとし式亭が作金神長五郎の草ざうしには巧に口画を出ししより作者つぎ〱口画をのせ猶今も艸ざうしにはかならず口絵あるは京伝翁の糟粕とやいはまし

これを見ると、口絵の起源を「百回の水滸伝」に求めている。白話小説「百回の水滸伝」とは百回本の『忠義水滸伝』のことである。草双紙の口絵は読本の繍像に倣ったというのが定説であり、後期読本の繍像の起源は白話小説などの中国小説挿絵ということになっている。後期読本の繍像の誕生は合巻の口絵よりも遥かに先行するが、合巻の口絵も中国小説にその起源を求めることはできないだろうか。

口絵の画像の周辺に飾り枠を施した合巻も多く刊行された。これについては、有澤知世「京伝作品における異国意匠の取材源――京伝の交遊に注目して」(25)や神谷勝広「京伝の飾り枠――『唐詩選画本』『唐士名勝図会』『唐士訓豪図彙』利用」(26)などにより、先行する絵本類からその意匠を借りていることを明らかにしている。岩切友里子はこれらの起源が康熙二十九年（一六九〇）『無双譜』によることを指摘している。(27)管見の範囲では享和元年（一八〇一）『役者三階興』（式亭三馬作、歌川国貞画、西宮新六板）扉絵に施された匡郭枠の例などが先行するものであろう。岩切の指摘を見ても、合巻も中国絵入本の影響を受けていることが見て取れる。同時に飾り枠も合巻の絵本化ということを示している

口絵に趣向を凝らした合巻を刊行した板元山田屋三四郎、山城屋藤右衛門、森屋治兵衛が草双紙に参入したのは合巻の時代になってからである。(28)山田屋三四郎は特に彩色摺絵本を多く刊行していた。これらの草双紙への新規参入板元や山口屋藤兵衛のような小規模な板元が装幀に対して実験的な試みを加えている点に特徴がある。合巻の絵本化ということを意識したのであろう。

一方、読本を概観すると、文化期には装飾性の強い読本が成立する。(29)表紙の趣向を凝らし、絵題簽にも工夫を凝らした例が、山東京伝、式亭三馬、柳亭種彦の読本に多く見られる。購入層として、貸本屋だけではなく、個人の富裕層をも想定していたのであろう。口絵も薄墨、艶墨を多用した独特の発展を見せている。本来ならば上方の根本にみられるような極彩色の口絵があってもよかったはずであるが、禁令との関係で抑制せざるを得なかった。中本型読本の後摺本の表紙にも摺付表紙に近い大型の絵題簽が貼られたことなども合巻と読本の近さが感じられる。しかし絵本化という視点から見ると、

読本も合巻もほぼ同時期に絵本化している。三馬は『おとぎものがたり』「伏稟」の中で「ちかごろの作意は。よみ本の趣向草双紙の趣向とて。おもきかるき。ふかきあさきのわかちなく」といっているので、読本と合巻の趣向の区別がなくなったということをいっている。合巻の趣向が読本の作意を倣ったという意味ではない。

　合巻の読本への接近という考え方は、現在の読本観、合巻観がどのように形成されたかということにも関わっている。十九世紀の江戸文学史は曲亭馬琴『近世物之本江戸作者部類』や馬琴の日記や書簡を元に書かれているといってもよい。文学史は馬琴の考え方が強く反映し、未だにその頸木から逃れることができないのである。馬琴に言わせれば江戸読本の主流は白話小説の翻案という前期上方の方法を継承した馬琴の読本であって、山東京伝や柳亭種彦、式亭三馬の読本は傍流、亜流扱いである。合巻と読本の関係をも含め、十九世紀文学史を再構築する必要があるのではなかろうか。

　結論めいたものをいえば、本稿は合巻が読本へ接近したのではなく、合巻と読本が絵本化していったという視点を提示するものである。これが合巻と読本の関係に新たな視座を開くことになることを願っている。

注

(1) 佐藤悟は第十一回絵入本ワークショップ（明知大学校、二〇一八年十二月十五日）におこなった「草双紙の世界――ソウル大学校所蔵本を中心に」においてこのモデルを提示した。

(2) 「本替あるいは交易と相板元」（『読本研究』第九輯、一九九五年）。

(3) 佐藤悟「地本論」（『読本研究新集 I』翰林書房、一九九八年）。

(4) 佐藤悟「草双紙に関するいくつかの疑問」（『江戸文学』三五号、二〇〇六年）。

(5) 佐藤悟「子ども絵・子ども絵本――破邪と予祝」（『美術フォーラム21』三四号、二〇一六年）。

(6) 明和（一七六四～七二）期に草双紙を読んだ三田村彦五郎旧蔵書には赤本、黒本、青本が含まれる。

(7) 向井信夫「十返舎一九滑稽もの五種解説」（『江戸文芸叢話』八木書店、一九九五年、初出一九六七年）。

(8) 長崎靖子『大東急記念文庫所蔵　式亭三馬自筆『雑記』影印と翻刻』（武蔵野書院、二〇一六年）。

(9) 国立国会図書館本『敵討鼎壮夫』は都立中央図書館加賀文庫所蔵の黄表紙絵題簽よりさらに後摺の異なる絵題簽を有する。

(10) 『穎原退蔵著作集』第十七巻（中央公論社、一九八〇年）所収。初出一九二九年。

(11) 『万福長者栄華談』の合巻体裁本は文化五年に、黄表紙体裁本は文化六年に刊行された。「『万福長者栄華談』の刊年について」（『実践国文学』一〇〇号、二〇二一年）。

(12) 『燕石十種』第二巻（中央公論社、一九七九年）所収。

(13) 佐藤悟「色彩に溢れた文化」（東洋文庫編『岩崎文庫の名品』山川出版社、二〇二一年）。

（14）『国語と国文学』一九七一年十月号。
（15）水野稔「馬琴雑記　一　曲亭書簡補遺――合巻絵草紙一件」（『江戸小説論叢』中央公論社、一九七四年、初出『近世文藝』第九号、一九六三年）。
（16）『馬琴書翰集成』第一巻（八木書店、二〇〇二年）一七。
（17）前述、鈴木牧之宛曲亭馬琴には地本問屋仲間が改名主に贈賄を繰り返し、合巻体裁本復活の許可を取り付けたことが記される。
（18）『江戸町触集成』第十四巻（塙書房、二〇〇〇年）一三六四三。
（19）曲亭馬琴は文化十二年六月四日付黒沢翁満宛書簡の中で山東京伝について言及し、「彼人は好事学を嗜み被申候へども、経書史伝に意を得られ候様には存不申」と記し、考証随筆等に見られる考証を好事学といっている。『馬琴書翰集成』第一巻（八木書店、二〇〇二年）一一。
（20）丹色の表紙ではなく、黒色の表紙を用いて黒本を模したものもある（早稲田大学図書館蔵別板）。
（21）佐藤至子『江戸の絵入小説』（ぺりかん社、二〇〇一年）第二章第一節（初出、一九九八年）。
（22）『市中取締類集』十八（東京大学出版会、一九八八年）。
（23）佐藤悟「文政末・天保期の合巻流通と価格」（『日本文学』二〇〇八年十月号）。
（24）『山東京伝全集』第六巻（ぺりかん社、一九九五年）。
（25）『近世文藝』一〇四号（二〇一六年）。最初の発表は第八回絵入本ワークショップ（実践女子大学、二〇一五年十二月十三日）において「山東京伝と森島中良――京伝作品における異国意匠をてがかりに」として発表された。
（26）第八回絵入本ワークショップ（実践女子大学、二〇一五年十二月十三日）。
（27）第八回絵入本ワークショップ（実践女子大学、二〇一五年十二月十三日）における有沢知世「山東京伝と森島中良――京伝作品における異国意匠をてがかりに」に対する質問の中で金古良『無双譜』などからの影響を指摘した。
（28）佐藤悟「文化前期の地本問屋と文化元年の彩色摺禁令」（『国語と国文学』二〇一〇年三月号）。
（29）髙木元『江戸読本の研究』第二章　中本型の江戸読本」、髙木元「江戸読本に見る造本意識」（『絵を読む文字を見る』アジア遊学一〇九号、二〇〇八年）、髙木元「『敵討枕石夜話』――解題と翻刻」（https://www.fumikura.net/text/sinsekiyawa.html）。

附記　本稿は日本学術振興会科学研究費助成事業・基盤研究（B）「近世期挿絵本や絵本にあらわれる画題の変遷による近世挿絵史の再構築」（課題番号17H02311）による成果の一部である。

近世彩色絵画資料における色材の分析

日比谷孟俊・大和あすか

絵に用いられた色材を同定することにより、制作の動機や、制作年代、保管状況、修復の際に必要な情報を得ることができる。前半では『伊勢物語』の挿絵を例に、使用されている無機系色材を蛍光エックス線により分析した結果を述べる。後半では、有機系色材が主として用いられる浮世絵を例に、三種類の紫の褪色の違いから、紫の作り方について考察する。

はじめに

現在、筆者らは、実践女子大学において私立大学研究ブランディング事業の一環として立ち上げられた、源氏物語写本などの古筆断簡における料紙の共同研究に携わり、また、科学研究費による浮世絵版画の研究を進め、文理融合による研究の意義を追及している。

絵画資料に関しては、描かれた内容のみならず色材を調べることにより、絵の制作を依頼した側の状況も見えてくる筈である。例えば、合戦図のように武家の由緒を絵画化した場合には、用いられた色材が高価なものかどうかを知ることにより、家の歴史を末代にまで伝えようとする、発注者の意図を理解することも可能となり得る。

本稿前半では、屏風に貼られた『伊勢物語』の挿絵（十二

ひびや・たけとし――実践女子大学文芸誌利用研究所客員研究員、慶應義塾大学システムデザイン・マネジメント研究所名誉顧問。専門は江戸吉原文化、材料科学、システム工学。主な著書・論文に『江戸吉原の経営学』（笠間書院、二〇一八年）、「新吉原に見番制度を作った知多の大黒屋庄六と「碁太平記白石噺」」（『みなみ』一一一号、二〇二一年）七二―八一頁、「新吉原松葉屋抱「粧ひ」――教養も智力も人間力もある女性」（『実践女子大学文芸資料研究所年報』三六号、二〇一七年）一一三―一三〇頁などがある。

やまと・あすか――東京藝術大学大学院教育研究助手。専門は錦絵、文化財科学。主な論文に「江戸後期から明治期の錦絵に用いられた有機色材の同定に関する三次元励起蛍光スペクトル分析法および可視分光反射スペクトル分析法の有用性の検討」（『東京藝術大学美術学部論叢』十五号、二〇一九年）二六―四二頁がある。

葉・個人蔵）において試験的に実施した、色材分析の結果の一端を紹介する。この資料は、慶長年間に絵の内容が固定化した版本「嵯峨本」の様式を継承している。奈良絵本としては京都において元禄頃に成立した（グループⅤ期）に属する半紙縦型本であり、綴葉装《てっしょうそう》と呼ばれる装丁であったと推察される。[1] 挿絵の入る部分を白紙にしておき、別の紙に準備した絵を貼り込んで製作することから、挿絵だけを剥がして屏風などに転用するのが容易であった。絵の天地における金砂子による「すやり霞」や、現在では黒化が進み派手さは失われている銀や、金が用いられた衣装の模様など、美しい作りとなっている。色材分析に関しては、江南による奈良絵本における分析結果を参考にして進めた。[2][3]

後半では、浮世絵版画における色材分析について述べる。国芳の若描きであり、初代和泉屋平左衛門の七回忌に作成された五枚続き「新吉原江戸町壹丁目和泉屋平左衛門仮宅之圖」は、単なる商品ではなく贈答用に作られた絵であり残存数は少ない。幸いにも保存の良い状態のものと、褪色が著しいものとの双方に接することができた。両者を比較することを通じ、紫が三通りの方法で作られていることを述べ、さらに、褪色のメカニズムについて触れる。

色材の同定には、無機および有機系のいずれにおいても、反射スペクトル分析が基本である。キセノンランプで照射し、色材から反射してくる光をスリットにより分光し、どのような波長の成分があるかを調べ、このパターンから色材を推定する方法である。無機系色材の同定には、加えて蛍光エックス線分析を用いた（日立ハイテクサイエンスX-MET8000 Expert Geo/CG）。分析の原理は以下のようである。原子核の回りを回転する電子が、励起用のエックス線の照射により高いエネルギー状態に遷移し、再び元の基底状態に戻る際に、元素固有のエネルギー（単位はkeV）を有する蛍光エックス線が発生する。これを特性エックス線と呼び、元素の種類の同定が可能になる。本測定においては、断りの無い限り加速電圧45 kV、電流値15 μAおよび測定時間を60 sの条件で測定した。軽元素の場合には、加速電圧を8 kVおよび電流値を95 μAとし測定時間は60 sとした。分析にさきだち、用紙や裏打ち紙などから発生する蛍光エックス線を調べておき、色材由来のエックス線を考察の対象とできるようにした。

有機系の色材では三次元蛍光分析も用いた（日立分光蛍光光度計F-7100）。有機物では光の照射（励起光）により蛍光を発する物質がある。π（ギリシャ文字のパイ）共役二重結合と呼ばれる、化学結合を有する色材において可能性がある。励起光のスペクトルと蛍光のスペクトルとの関係から、色材を特定する方法である。下山らが開発した方法であり、(4)海外の研究者もこの方法を用いて浮世絵の色材の研究を盛んに行っている。さらに、ディジタル顕微鏡（キーエンスVHX-7000）を用いることにより用紙の特性、顔料のサイズ、形状、その分散の様子、経年変化による劣化などが調べられる。

一、奈良絵本『伊勢物語』における無機系色材の観察と分析

「伊勢物語」は在原業平をモデルとする主人公昔男の歌物語である。中世以降絵画化され、絵巻や絵本が多く制作された。今回、色材分析の対象としたのは、縦が90cm、横が40cmの四曲一双の屏風に、それぞれ六枚づつ貼られていた十二葉の内の「西の対」（**図1A**）および「芦屋の浜」（**図2A**）である。絵の大きさは、おおよそ縦が約235mm、横は165mmであり、江南が色材分析をおこなった『竹取物語』Bおよび『住吉物語』と同様の半紙縦型本の挿絵である。(2)(3)天地に金砂子を用いた「すやり霞」を配している点も共通である。無機顔料に注目し、蛍光エックス線分析とディジタル顕微鏡観察によって色材の特定を試みた。白マルで囲んだ部分が分析を試みた箇所である。

図1Aは、

*図1A 「伊勢物語嫁入本 西の対」
白丸で囲んだ部分を分析の対象とした。

うち泣きて、あばらなる板敷に月のかたぶくまでふせりて、去年を思ひいでてよめる

月やあらぬ春や昔の春ならぬわが身一つはもとの身にして

という第四段「西の対」の図である。五条の館に仁明天皇の后順子がおり、その西の対に女が住んでいた。男（業平）は想いを懸けていたが、女は宮中に上がり男の手の届かぬ存在となってしまう。清和天皇の女御《にょうご》となる藤原高子である。不本意に終わった女のことを想い出して詠んだ歌である。

注目すべきは、男が見上げる歌の主題としての月である。月が黒く描かれている。月が黒くなっているものが、展覧会

などにおいて散見される。銀が酸化したため、あるいは硫化したためと説明され、必ずしも定説がない。**図1B**に月の部分における蛍光エックス線分析の結果を示す。ここでは、軽元素のイオウに着目したので、加速電圧および電流値を、それぞれ8 kVおよび95 μAとして測定した。月の黒化した部分からはイオウが検出された。月の表面において、肉眼でも干渉色が観察されることから、表面に硫化銀Ag_2Sの薄膜が生成しているものと理解できる。

図1Cは、「西の対」において青く塗られた水の部分の分析結果である。青色と共に白色の色材を用い、琳派の絵のように曲線として描かれた水の流れが認められた。カルシウムCaが認められることから、白い色材は胡粉（炭酸カルシウム）$CaCO_3$であろう。胡粉にはヒビ割れが認められた。青の色材には二種類が使われている。青色に塗られた部分における3 mm径のエックス線検出領域から、銅Cuとコバルト Coを検出した。銅を含有する青の色材は群青《ぐんじょう》（藍銅鉱）$Cu_3(CO_3)_2(OH)_2$であろう。さらに、6.93 keV および10.54 kevにおいて、それぞれCoおよびヒ素Asに対応するピークが見いだされることから、花紺青《はなこんじょう》（スマルト）も利用されて

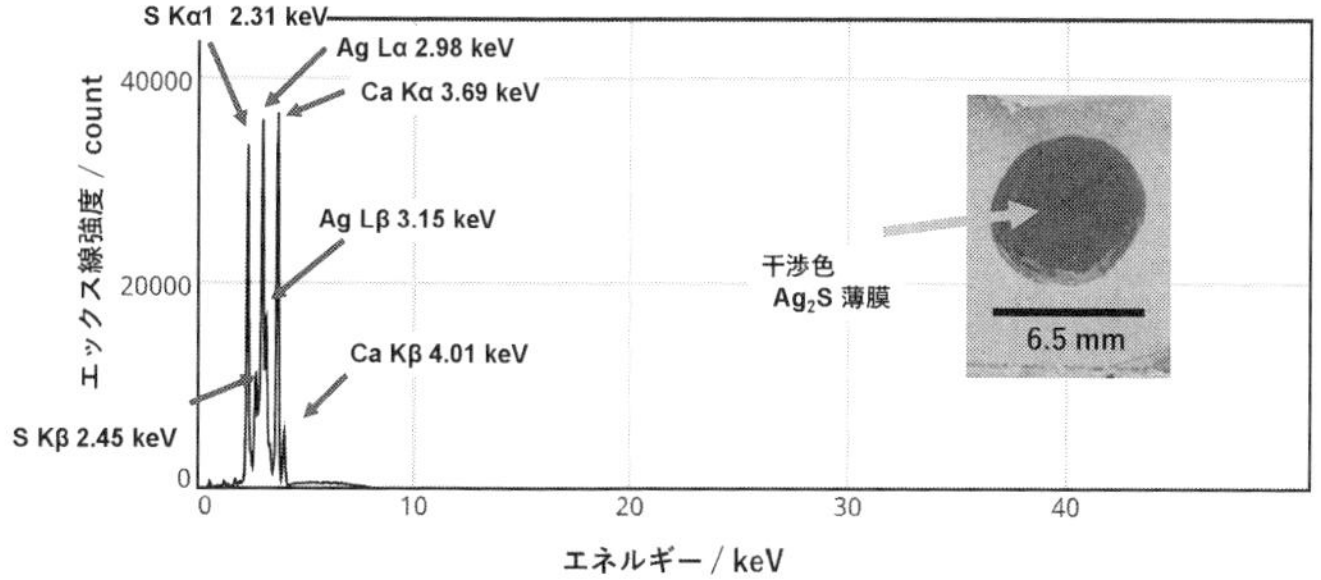

*図1B　黒化した月における、中央部3mm径部分の蛍光エックス線分析結果
2.31 keV の固有エネルギーを有するイオウ S の Kα1 線を検出しやすくするために、加速電圧および電流値を、それぞれ8 kVおよび95 μAとして測定した。ここでは、このために 22.16 keV に出現する 銀 Ag の強い Kα1 線の強いピークを表示していない。当初は銀色に輝いていたであろう月が黒化することは、硫化銀 Ag2S の生成による。硫化銀が薄膜となっていることは、水の表面の油膜と同様に干渉色が観測できることから理解できる。

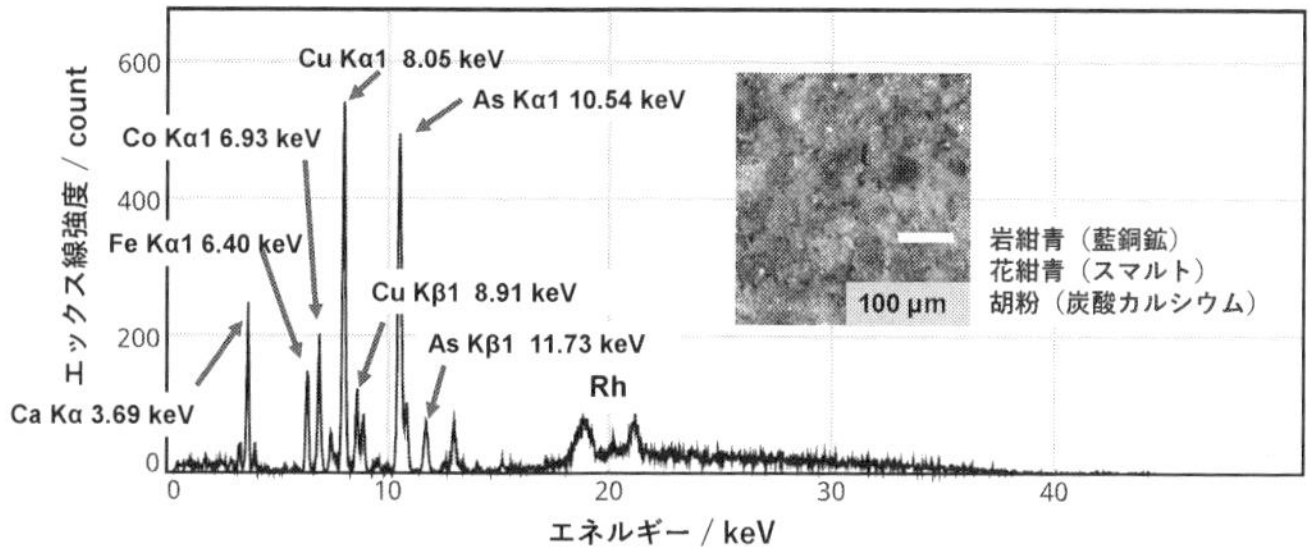

*図1C 「西の対」における水の部分の色材分析結果
白い色材は胡粉（主成分 炭酸カルシウム）$CaCO_3$であろう。一方、青の色材の一つは銅が検出されることから、群青（主成分 藍銅鉱）$Cu_3(CO_3)_2(OH)_2$推定される。さらに、コバルト Co およびヒ素 As が検出されることから、花紺青（スマルト）の存在が明らかとなった。20 keV 近傍に現れる3つのピークは、励起用の ロジウム Rh 管球に由来する。

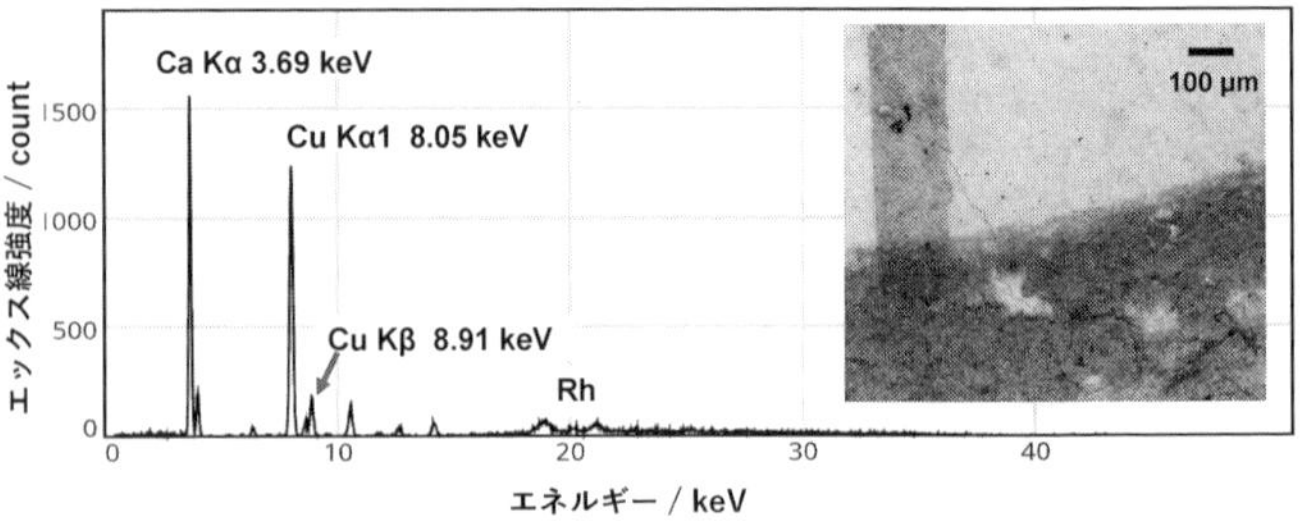

＊図1D 「西の対」における土台の部分
ディジタル顕微鏡画像の上半は、土台に乗せられた束（つか）であり、胡粉（主成分 炭酸カルシウム）$CaCO_3$が塗られているのであろう。下半からは銅が検出されるので緑青（主成分 塩基性炭酸銅）$Cu_2(OH)_2CO_3$と考えられる。緑青の剥落が認められ、その凹凸を測定すると緑青はおよそ5μmの厚さに塗られている。縦に引かれた線は束の部分の墨である。墨の主成分である炭素Cは、蛍光エックス線分析では検出できない。

いることが明らかである。青く塗られた地において島状に濃くなっている箇所に、花紺青が重ね塗りされているようである。重ね塗りは、「八ッ橋」（九段）および「花の賀」（二十九段）における水の表現にも共通であった。

図1Dは「西の対」における土台の部分である。銅が検出されており、色材は緑青（塩基性炭酸銅）$Cu_2(OH)_2CO_3$と推定される。顕微鏡で観察すると、土台の部分で色材が一部剥落しているのが認められる。その凹凸の測定から、色材の厚さは5μm程度であることが分かった。カルシウムCaは、土台の上に描かれた束《つか》に塗られた胡粉に起因するものであろう。

＊図2A 「伊勢物語嫁入本 芦屋の浜」部分

図2Aは第八十七段「芦屋の浜」である。業平は兄の行平たちと布引の滝に登った帰途、日の暮れた芦屋の浜で海を眺めると、自分の住んでいる家の方に、夜の星や蛍の明かりのように漁火が見えることを詠んだ歌である。

晴る夜の星か川辺の蛍かもわが住む方の海人の焚く火か

図2Bは「芦屋の浜」において、男の右に立つ従者が着る朱色の狩衣の模様における、蛍光エックス線分析の結果である。併せて、この部分を顕微鏡で観察した結果を示す。マルで囲んだ箇所（3mm径）で分析を行った。鉛Pbの強いピークが存在する。朱色の色材が鉛丹《えんたん》（四三酸化鉛）Pb_3O_4である

ことを示している。100μmほどの太さの金泥による彩色もされていることが、蛍光エックス線分析（9.71 keV および 11.44 keV）と顕微鏡観察からも理解される。視野の中央にある、盛り上がった明るい青の色材の背においても、金泥の彩色が認められる。

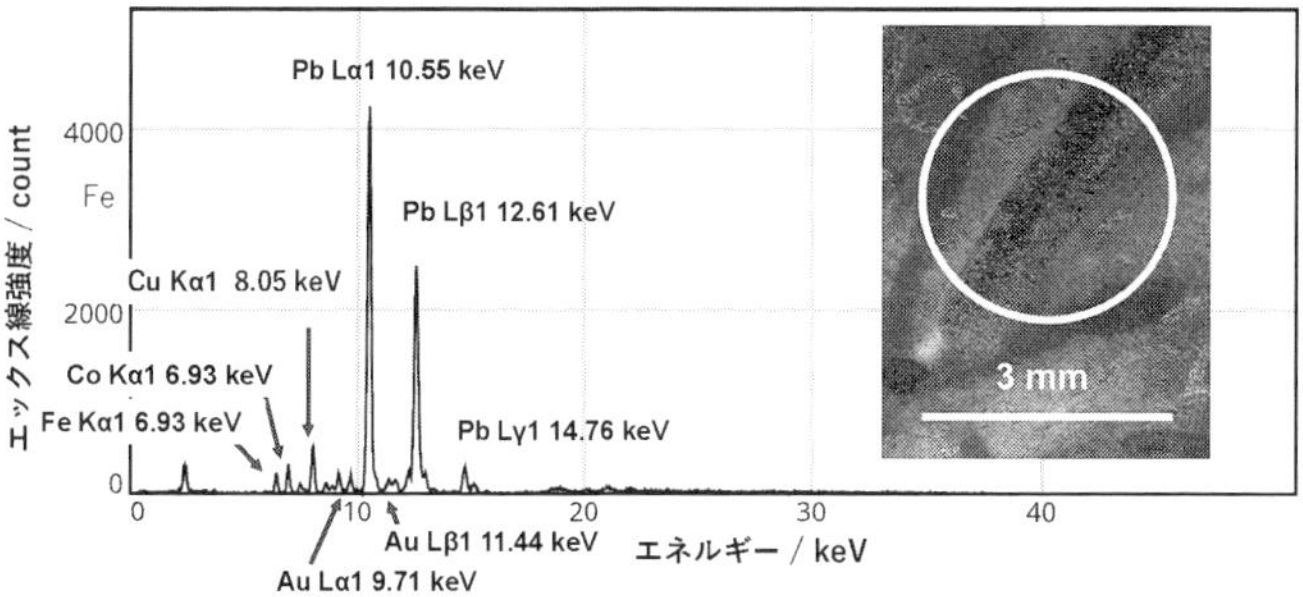

＊図2B 「芦屋の浜」の従者が着る狩衣の模様の蛍光エックス線分析
鉛 Pb、銅 Cu、コバルト Co、鉄 Fe、金 Au のピークが認められる。青の色材で線状に盛り上がった部分に金泥が塗られている。これに対応した極めて弱い金 Au のピークが、エックス線スペクトルに認められる。

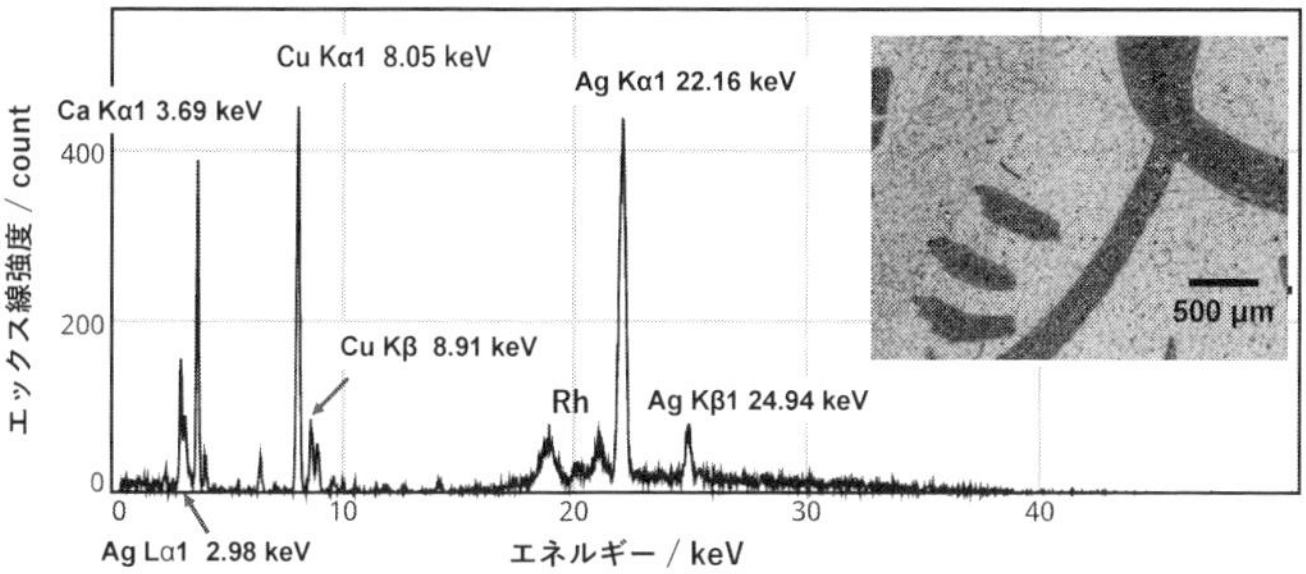

＊図2C 「芦屋の浜」における従者の袴模様
カルシウム Ca と銅 Cu が検出されることから、薄い青色は、胡粉（炭酸カルシウム）$CaCO_3$と群青（藍銅鉱）$Cu_3(CO_3)_2(OH)_2$との混色であろう。黒く見える線状の模様は銀 Ag によって描かれている。黒化した銀粒子の表面には硫化銀 Ag_2S 膜の生成による干渉色が見える。イオウはこの図ではピークとして現れにくいが、加速電圧を 8 kV とすると検出されやすくなる。

8.05 keV に銅 Cu および 6.93 keV にコバルト Co のピークが見られ、青系の顔料として群青と花紺青（スマルト）が使われていることが分かる。エックス線の検出径が3mm であることから、現状では群青と花紺青がどのように用いられたのかを判定することは不可能である。スマルトの成分としてのヒ素 As も検出されているが。図上では鉛のピークと重なり識別が困難である。細い線での彩色が多く、詳細な分析には空間分解能を向上させた分析が求められる。

図2Cは「芦屋の浜」における従者の袴の模様の分析結果である。カルシウム Ca、銅 Cu および銀 Ag が検出された。2.31 keV に現れるイオウ S のピークは、加速電圧 8 kV および電流値を95 μA 照射すると検出できた（**図1B**参照）。

袴の地は薄い青色であり、胡粉と混ぜられた群青で着色されたものであろう。黒く見える線状の模様は、銀によって描かれたものが黒化したものと推察される。顕微鏡で観察すると、図1Bの月と同様に硫化銀薄膜の生成に起因する干渉色が観察される。ここでも胡粉にはヒビが認められ、いずれ補修が必要となろう。

侍童の水干に使われている色材の分析結果を図2Dに示す。顕微鏡像において、マルで囲んだ部分が分析を試みた箇所である。蛍光エックス線分析のスペクトルからは、水銀Hg、鉛Pb、銅Cu、銀Ag、カルシウムCaおよびイオウSが認められた。また、ピークとしては現れていないが、微量のコバルトCoおよびヒ素Asも検出されている。

侍童の水干では、狩衣における橙色に近い朱（図2B）と比べ、赤味の強い鮮やかな朱となっている。水干が赤味の強い朱で着色され、かつ、水銀とイオウが大きく検出されていることから、水銀朱（硫化水銀）HgSと鉛丹（四三酸化鉛）Pb_3O_4の混色を使用した可能性がある。硫化水銀と四三酸化鉛との併用は奈良絵本「長恨歌」において、江南により報告されている。(2)(3) 帯の白地は胡粉$CaCO_3$であろう。帯に描かれた黒い線は、顕微鏡観察からは干渉色が見られることから銀の硫化によるものと推察される。

花紺青（スマルト）の成分であるコバルトCoとヒ素Asも、ピークには現れる程ではないが検出されている。銅が主成分の群青とコバルトが主成分の花紺青とを、どのように使い分けたのかは、今後、空間分解能を向上させた測定により決めてゆきたい。

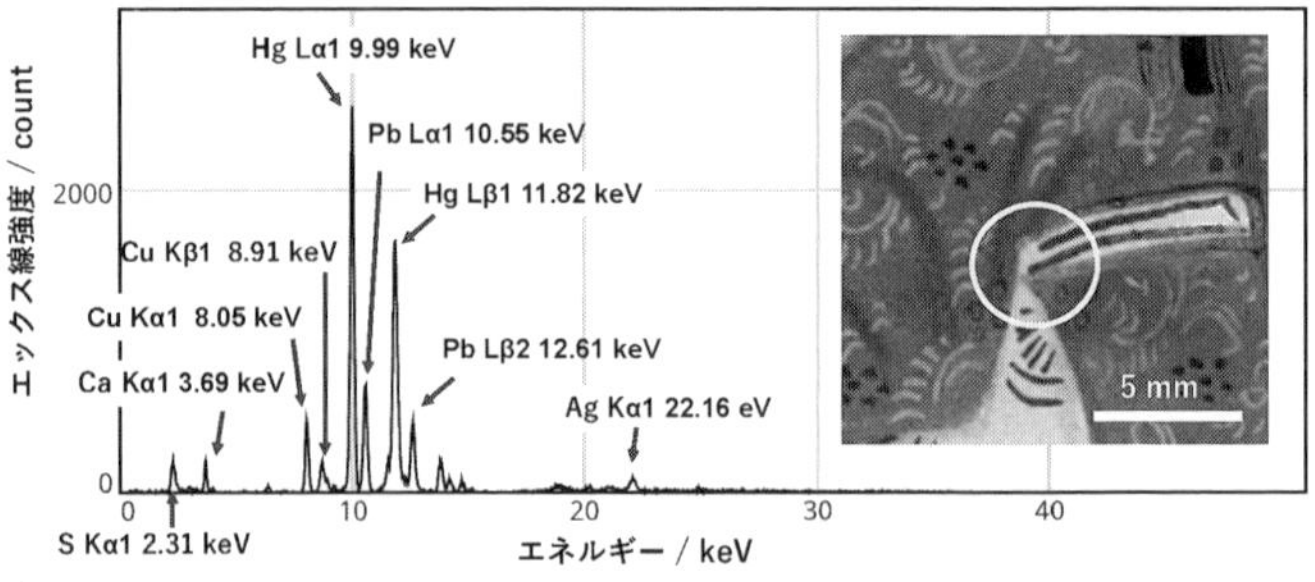

*図2D 「芦屋の浜」における侍童の水干
鮮やかな朱色の水干に 100〜200 μm 程度の細密な模様が描かれている。青の色材については、空間分解能を向上させた方法により特定することが求められる。

二、浮世絵における主として有機系色材の分析——褪色の視点より

前節で紹介した伊勢物語の奈良絵本断簡においては、無機顔料を中心に、蛍光エックス線分析と顕微鏡により、その同定を試みたことを述べた。一方、江戸後期に発展した多色摺りの浮世絵版画においては、主として有機物が色材として利用されている。

筆者らは、科学研究費による江戸吉原研究の一環として、

＊図3 「新吉原江戸町壹丁目和泉屋平左衛門仮宅之圖」 歌川国芳筆 板元東屋大助 文政8年（1825）
右側の4枚は日本浮世絵博物館蔵。左端の1枚を含め褪色したもの5枚揃いは個人蔵。和泉屋平左衛門初代の七回忌にあたり初代夫妻を顕彰し、見世の全盛を示す絵である。贈答品として作成されたものと考えられる。

遊女を描いた浮世絵、すなわち遊女絵の研究を進めている。浮世絵を誰が企画して流通させるのか、絵師、彫師、摺師は誰なのか、開板費用を負担するのは誰なのかなど、商業生産品としてシステム・オブ・システムズの視座から理解する必要がある。

システムとしての浮世絵を実現する材料として、紙と色材がある。浮世絵の用紙は楮《こうぞ》繊維が主成分であり、三椏《みつまた》が添加される場合もある。[5] 美人画おける髪の毛を10 μmの精度で摺るために、あるいは『吉原細見』において禿《かむろ》の名前を小さな細い文字で摺る必要から、コメ澱粉が充填剤として用いられている。[5] 楮に三椏を加えるだけでは、表面は充分に平滑にならないからである。ちなみに、近代的な製紙産業において写真などを印刷するためには、パルプを原料とする紙に様々な充填剤を塗布し、さらにカレンダーロールによって表面を平滑にし、光沢を持たせている。

浮世絵では有機物の色材が多用されている。有機系色材の場合、化学結合エネルギーよりも高いエネルギーの光、例えば、太陽光に含まれる紫外線などが照射されると、色材の化学結合が破壊される。美術館などでは展示を「休ませる」という考え方があるようだが、生物のDNAが放射線を浴びても時間の経過により回復する場合があるのと異なり、無生物における有機色材では期待できない。光の照射により時間の指数関数として有機系の色材は破壊が進行し、不可逆的に褪色が生ずる。

本稿では、江戸後期の文政八年（一八二五）二月に開板された五枚続き「新吉原江戸町壹丁目和泉屋平左衛門仮宅之圖」（**図3**）を例に、紫が三通りの方法で作られていることを紹介し、かつ、その褪色の様子が紫の作られ方に依存することを述べる。

この絵は、歌川国芳の若い時代の作であり、板元は両国の東屋大助である。[6] 幕末

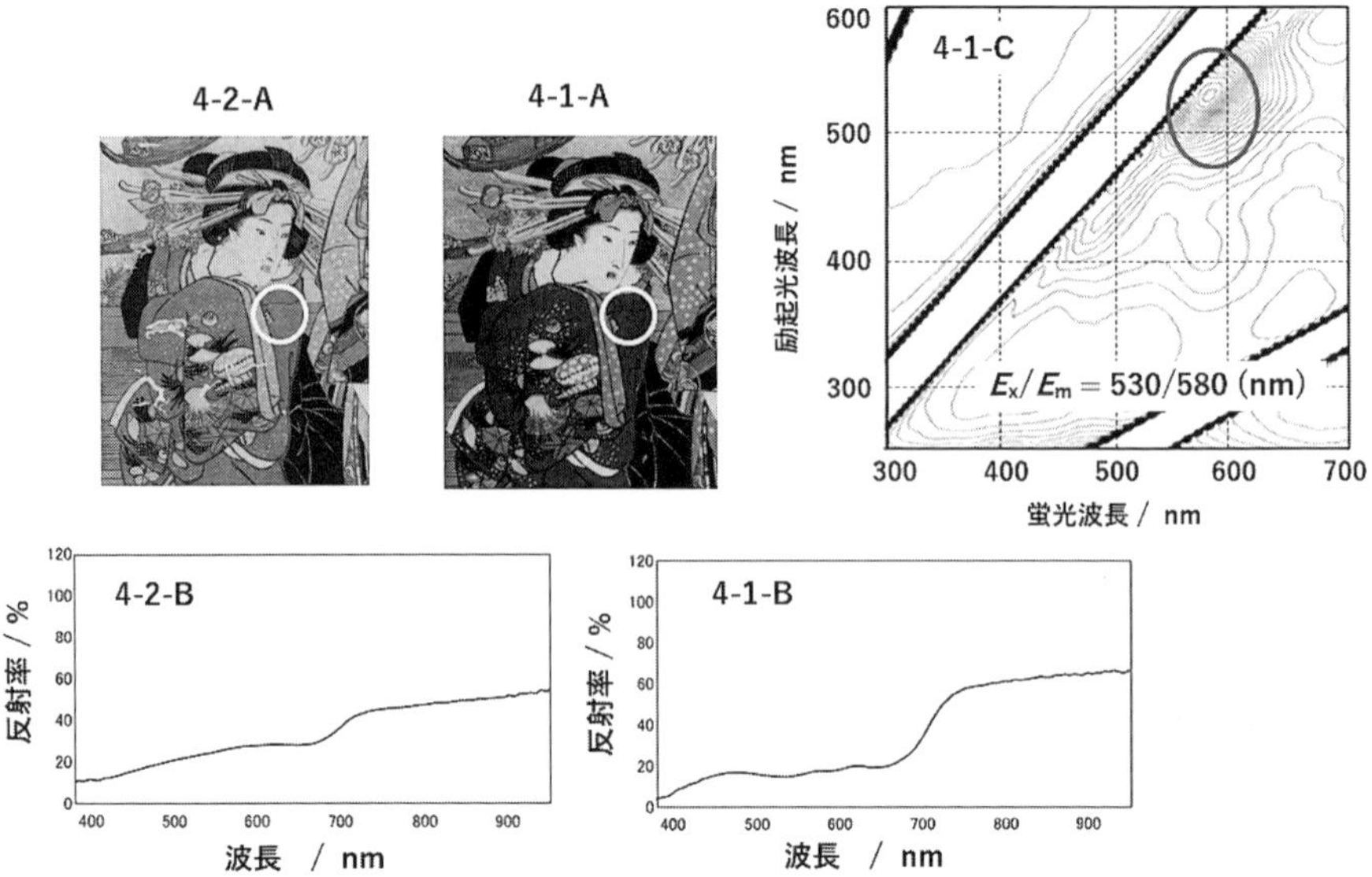

*図4 「新吉原江戸町一丁目和泉屋平左衛門花川戸仮宅図」右端における「御瀧」の着物の紫の褪色。
図4-1-A 褪色のない「御瀧」日本浮世絵美術館蔵 図4-1-B 着物の衿部分における反射スペクトル
図4-1-C 着物の衿部分における３次元蛍光分析
図4-2-A 緑に褪色した「御瀧」 図4-2-B 緑に褪色した「御瀧」の襟における反射スペクトル

になって紫の染料が輸入されるまでは、紫は青と赤との混色で作られている。しかし、この揃い物からは、紫が三通りの方法で作られ、褪色の様子が紫の作り方によって異なることを知ることができる。

(1) 藍、つゆ草および紅花でつくられた紫とその褪色

図4―1Aおよび**図4―2A**に、五枚続き右端の絵に描かれた「引っ込み新造御瀧」を示す。**図4―1A**は日本浮世絵博物館所蔵であり、**図4―2A**は個人蔵である。何度も版を重ねて出版された絵の場合には、同じ図像であっても異なる色材が使用されている場合がある。しかしながら、この揃い物は後から述べるように贈答品としての性格を有し、開板部数が少なかったものと考えられる。管見の限り、いずれの場合も摺りの状態が良い。したがって、日本浮世絵博物館蔵の絵と個人蔵の絵とには、同じ色材が用いられていると考えてよい。

　引っ込み新造というのは、「御瀧《おたき》」というような町娘風の名前を与えられ、妓楼の内証《ないしょう》において実の娘のように仕込まれ、吉原細見には名前が載らない若い遊女である。突然、高位の遊女として吉原細見に登場する。[7] 歌舞伎「助六所縁江戸桜」の三浦屋の女房の科白にも、「あのお子さんたちは、この頃までの引っ込み衆、みな揚巻さんのお世話でごんす」

と「引っ込み」が登場する。
御瀧（図4―1A）の着物の色は紫である。反射スペクトル分析（図4―1B）から、紫をつくる青色材として、藍（インディゴ）およびつゆ草（コンメリニン）が使われたことが分かる。すなわち、コンメリニンに特有の550～630 nmにおける二つのコブが存在する。また、赤色材としては、三次元蛍光分析（EEM: excitation–emission matrixとも呼ぶ）において、オレンジ色の580 nmの蛍光が検出されることから（図4―1C）、紅（カルタミン）が用いられたことが分かった。

一方、図4―2Aにおいて着物は緑に褪色している。図4―1Bと同一の場所における反射スペクトル（図4―2B）では、コンメリニン固有の二つコブが消滅している。このことから、図5Dにおいては、つゆ草および紅が褪色することにより、つゆ草よりも褪色に強い藍の存在と、紅に含まれるSafflower Yellow Bなどの黄色色素[8]によって緑に見えているものと推測される。このことは、「御瀧」の髪飾りおよび袖の赤が橙色に褪色していることからも肯ける。緑色が現れることから、黄色成分として無機顔料の石黄（三硫化二ヒ素）As_2S_3の存在も想定されたが、蛍光エックス線分析ならびに顕微鏡観察からは検出されなかった。

紫の緑への褪色は、右端の絵に描かれた初代和泉屋平左衛門とされる男の着物、さらに、右から三枚目の「錦木」の襟、四枚目の「逢里」の着物、および「千本」の着物の衿と裾模様の藤の花にも認められる。

また、図4―1Aおよび図4―2Bに袖の模様として大きく描かれた青い貝は、つゆ草を使わずに藍だけで摺られていることが分かった。

(2) つゆ草と紅でつくられた紫とその褪色

次に、図3の右から二番目にある「千代春」の着物の紫について見てみよう。図5―1Aは日本浮世絵博物館所蔵、図5―2Aは個人蔵である。いずれも褪色前の「御瀧」と「千代春」の着物の色を比べると、「御瀧」では「青味がかった紫（図4―1A）であるのに対し、「千代春」の場合にはあずき色に近い紫である（図5―1A）。「千代春」における反射スペクトル（図5―1B）に550～630 nmにおけるコブが観察できることから、紫を作る青につゆ草が用いられていることが分かる。すなわち、最初に裾の部分を紅で薄く摺った後に、つゆ草と紅とを混ぜた紫による「ぼかし」として仕上げられていることが分かる。

褪色した「千代春」の着物では、図5―2Bに示すようにつゆ草に起因するコブが消失し、茶色に褪色している。図4―2Aにおける「御瀧」の着物が緑に変化しているのと対照的である。「御瀧」の場合には、紫を作る青として褪色に強い藍も用いられているのに対し、「千代春」では褪色が容易に生ずる、つゆ草のみが用いられたためと考えられる。

紫の茶色への褪色は、ほかにも、「千代春」の右に立つ「園菊」の前帯の立涌模様、千代春の左で岡持ちを持つ女性

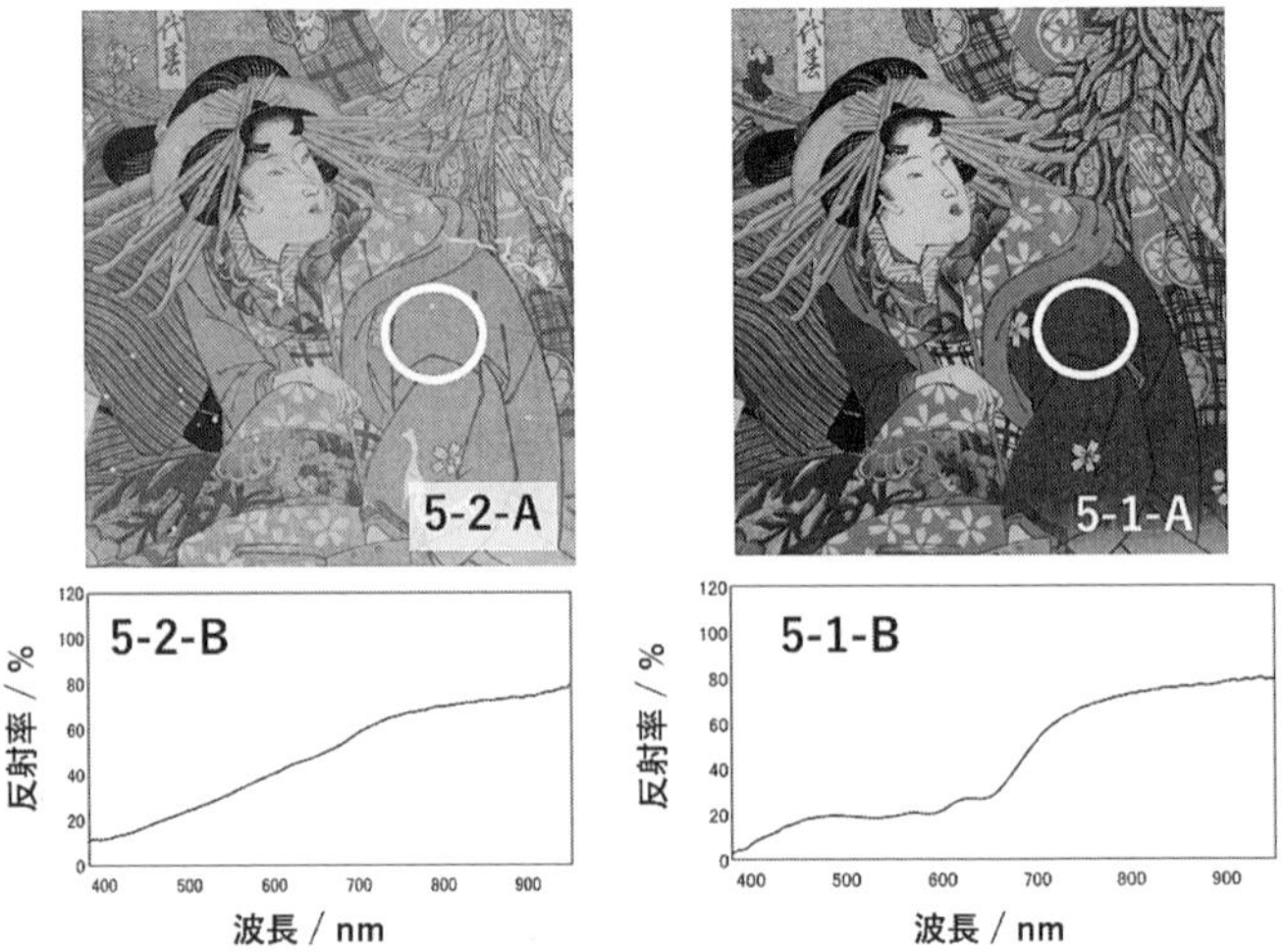

*図5　新吉原江戸町一丁目和泉屋平左衛門花川戸仮宅図」右から2枚目における「千代治」

図5-1-A　褪色のない「千代春」日本浮世絵博物館蔵　図5-1-B　褪色のない千代治」春の袖における反射スペクトル

図5-2-A　褪色により茶色となった「千代春」の着物　図5-2-B　褪色した「千代春」の着物における反射スペクトル

(二代目平左衛門の女房と推察される)の襦袢、および三枚目の坊《ぼう》主《ず》禿《かむろ》の着物に見られる。三枚目にある「泉州」の着物には濃い紫と薄い紫が用いられているが、薄い方の紫は同様に茶色に褪色している。いずれも、「千代春」同様に、つゆ草と紅の混色により作られた紫であろう。

(3) 紫に見える緑とべんがら

図6Aは五枚続きの絵の左端に描かれた初代和泉屋の女房である。着物の色は褐色がかった紫に見える。**図6B**に示すように、反射スペクトルからは藍の存在が示唆された。一方、蛍光エックス線分析からは鉄の存在が確認され、同時にヒ素Asも検出されている(**図6C**)。イオウSは加速電圧および電流値をそれぞれ8kVおよび95μAとし、ピークを確認できた。

女房の着物は褐色がかった紫に見える。しかし、顕微鏡観察すると女房の着物には鳥が羽を広げたような淡い紅色の模様が、浮き出るように見えている(**図6C**)。褐色がかった紫に没して肉眼では識別が困難であるが、淡い紅色の地にこの部分だけを白抜きにして、薄く緑の色板を重ねたものと理解される。鳥のような模様の内側の部分は、元は紅で摺られていたが、褪色して淡い紅になったと想像される。この部分から20～30μm径のべんがら(酸化第二鉄)Fe_2O_3の粒子が認

められた。すなわち、当初は紅とべんからで作られた赤であったと推測される。

この淡い紅色に見える部分と薄い緑との境には、幅が100～200μmの濃い緑色の線がくっきりと目立つ。この部分には粒径が10～60μm程度の石黄の顔料、および10μm径の藍の顔料が集中していた。ディジタル顕微鏡観察による測定から，色材は周囲よりも20μm程度盛り上がっていることが判明した。すなわち、この部分は線として彫られたのではなく，赤色の上に薄く緑を摺る際、板木の凸部の脇に溜まっていた色材が絵に移動したためと考えられる。

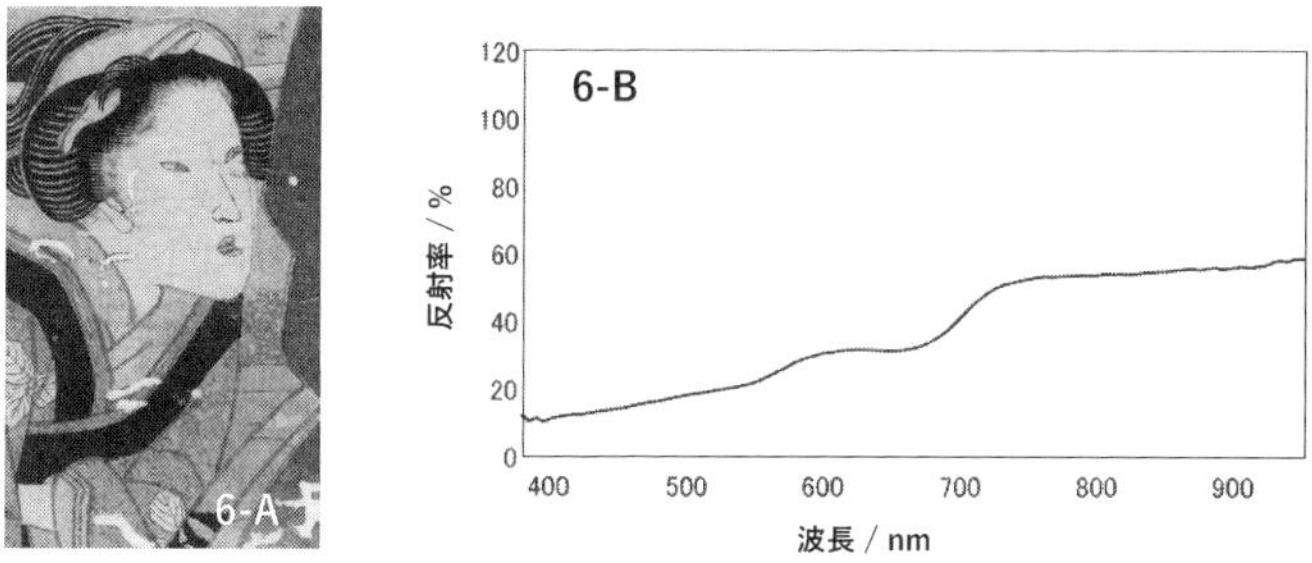

＊図6　五枚続「新吉原江戸町壹丁目和泉屋平左衛門仮宅之圖」の左端における和泉屋女房の褐色味を帯びた紫の色材分析
図6A　和泉屋女房　図6B　着物の袖の紫色の部分の反射スペクトル

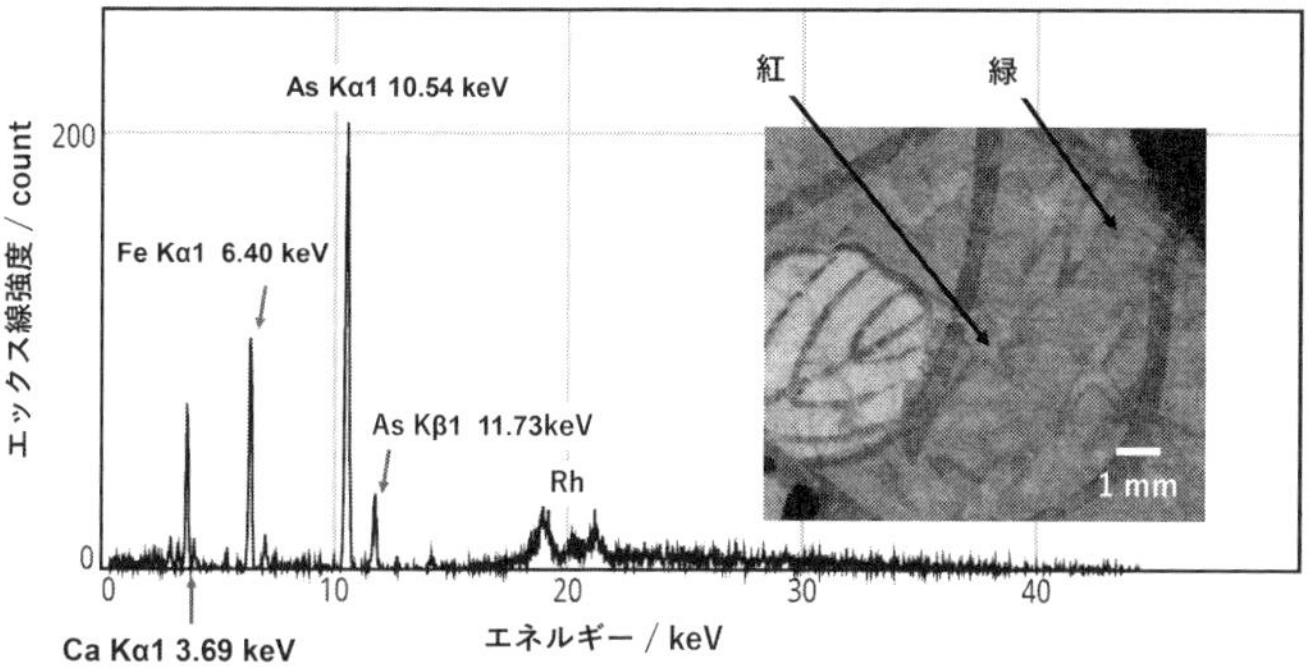

＊図6C　袖の部分の蛍光エックス線分析
イオウは加速電圧および電流値を、それぞれ8kVおよび95 μAとすることによりピークとして検出した。

褐色がかった紫に見える女房の着物は、紅とべんからの混色でつくられた赤の上に薄い緑が摺られ結果、視覚的には褐色がかった紫として認識されものと推測される。

この左端の絵の褪色していないものが、いつか発見されることを期待している。

この五枚続きの絵の開板動機は、両端に描かれた初代和泉屋平左衛門夫妻を顕彰し、和泉屋の全盛を示すことにある。絵が作られた文政八年（一八二五）二月は、和泉屋の過去帳によれば、初代和泉屋平左衛門の七回忌にあたっており、女房の歿後三年目でもある(9)。このハレのイベントに対応すべく、楼主夫妻および遊女の紋を全員描き分ける、さらに色に関しては、三通りの紫を使い分けるなど、発注者である和泉屋平左衛門二代目の要求を満たすよう、絵師歌川国芳、板元東屋大助、彫師および摺師が共同して腕を振るったことが想像される。

この絵の残存しているものは極めて少なく、色分析に利用した絵は、いずれも摺りが良い。したがって、この絵に改印はあるものの、市販というよりも関係者への贈答を目的に作成されたものと理解される。[10]

おわりに

屏風に仕立て直された『伊勢物語』の挿絵には金、銀、水銀朱、群青（藍銅鉱）、緑青、花紺青（スマルト）、胡粉、鉛丹などの、高価な色材がふんだんに使われている。絵の仕上がりも、ディジタル顕微鏡の観察から分かったことであるが、1mm以下の細い線や模様が描きこまれており、細密画の雰囲気を醸しだしている。江南が報告している奈良絵本「竹取物語B」および「住吉物語」と似た雰囲気である。この絵の発注者と受容者が、大名家や豪商などの富裕層であることは想像に難くない。実践女子大には『伊勢物語』の色紙大の絵による貼交屏風、居初氏女書画と巻末に書かれた巻子本、同じく居初氏女書画になる『さごろも』がある。[11]料紙や色材の科学分析を総合的に行うことによって、それぞれの資料の成立時期や背景、流通、その受容を、客観的に論ずる上での情報が得られることになる。

遊女絵とよばれる浮世絵の場合、贔屓やパトロンが作った私家版としての摺物が最も上質である。次いで、贔屓が作らせたと思われる絵や、遊女の宣伝のために妓楼が入銀して開板したものが上質である。一方、展覧会には決して展示されることなく、収蔵庫に眠り続けるような、チラシのような美的価値の低いものもある。また、一旦摺られた絵を後日に上質の縮緬絵に加工されたものもある。そのような分類の視点からは、「新吉原江戸町壹丁目和泉屋平左衛門花川戸仮之圖」は、紫を三通りの方法で摺るなど、入銀者や板元の意向を受けて作られたことが理解できる。残存する絵が殆どなく、浮世絵市場に出たことがない。つまり、開板動機が初代の七回忌にあたり、初代夫妻を顕彰し、関係者に配布することが目的であったからである。

肉筆であれ版画であれ、これらの絵画史料に用いられている色材や紙を現代の科学分析機器で詳細に調べることにより、制作の目的や意図を明確にできる。海外では、日本の浮世絵に関心のある美術館関係者、特に保存科学が専門の学芸員によって、下山が開発した三次元蛍光分析（ＥＥＭ）が大いに試みられている。しかしながら、多くの論文が色材の化学に終始しており、開板動機や浮世絵出版の社会的文化的背景に、殆ど言及していない。[12] 一方、日本の浮世絵研究者の間では、科学分析技術への関心は必ずしも高いとはいえない。社会的文化的背景を理解し、開板動機を把握できる日本の研究者が、理文融合の立場から色材分析の研究を進めることを強く期待したい。

理文融合という観点から執筆することとなった。この概念は近代のものである。ダビンチは芸術家であり、科学者であり、軍事技術者であった。デカルトも、日本では『方法序説』(一六三七年出版の本の序)によって、哲学者の面が強調されている。[13] デカルトは三十年戦争に従軍の経験のある科学者である。そして、現代にも役立っている直交座標系(Cartisian coordinate)を定義している。これにより、動く物体上での運動を記述できるようになった。宇宙航空分野では必須の考え方である。つまり、ダビンチにせよデカルトにせよ、理文融合という考えはもともとなく、その関心は全方位に向いていたのである。理と文を分ける考え方は、学問分野が細分化されたことにより生まれた近代の産物である。

二〇一九年に東京大学史料編纂所での研究集会において、倭寇に関する絵巻を拝見する機会があった。倭寇が放った火で焼け落ちる民家の炎の色は褪色しているように見えたが、鎮圧に向かった明の役人の服には、彼の官位を表すように見事な朱色が残っていた。絵をシステムとして捉えたとき、この色の違いの必然性が見えてくる筈である。

肉筆や浮世絵版画のような絵画資料であれ、また、経典や古文書においても、一つの視点からの議論だけでは理解が進まない。料紙や色材の科学的分析を行い、これに従来からの各分野での知識を重ねて多視点から俯瞰的に論ずることにより、文学、歴史、美学美術史の各分野において、それを大きく発展させる情報を提供することが期待できる。

注

(1) 石川透『入門 奈良絵本・絵巻』(思文閣出版、二〇一〇年)。

(2) 江南和幸「奈良絵本挿絵の彩色材料の科学的分析」(『第九回絵入り本ワークショップ――絵入り本と日本文化――資料集』実践女子大学文芸資料研究所、二〇一六年)六―一七頁。

(3) ENAMI Kazuyuki, Invited Lecture "ANALYSIS OF COLOURS USED FOR PICTUTR BOOKS""NARA-EHON" OF EARLY PREMODERN ERA OF JAPAN" The International Seminar" The Art of Restoration" The State Hermitage, May 15-18, 2019.

(4) 下山進、野田裕子、勝原伸也「光ファイバーを用いる三次元蛍光スペクトルによる日本古来の浮世絵版画に使用された着

色料の非破壊同定」（『分析化学』四七巻、一九九八年）九三―一〇〇頁。

（5） 江南和幸、岡田至弘、日比谷孟俊、佐藤悟、横井孝、澤山茂、徐小潔「高精細デジタル顕微鏡による科学分析が明かす浮世絵用紙の姿」（『日本文化財科学会 第三十七回大会研究発表要旨集』二〇二〇年九月、別府大学、オンライン）二八―二九頁。

（6） 山本親「一勇斎国芳画（新吉原江戸町壹丁目和泉屋平左衛門仮宅之圖）大判錦絵五枚続に関する考察」（『浮世絵芸術』一二四号、一九九七年）三―八頁。

（7） 足立直郎『遊女風俗姿細見』（展望社、一九七六年）二一三頁。

（8） J. Onodera, H. Obara, R. Hirose, S. Matsuba, N. Sato, S. Sato and M. Suzuki, "The structure of safflomin C, a Constituent of Safflower", Chemistry . Letters, 18, 1571 (1989) .

（9） 日比谷孟俊『江戸吉原の経営学』（笠間書院、二〇一八年）八八頁。

（10） 滝口正哉「江戸の錦絵――三代歌川豊国を中心に」（『土地の記憶をひらく――千代田学入門』上智大学公開学習センター、二〇〇八年）一〇九―一二五頁。

（11） 石川透『奈良絵本・絵巻の展開』（三弥井書店、二〇〇九年）。

（12） たとえば、Michele Derrick、Richard Newman & Joan Wright, "Characterization of Yellow and Red Natural Organic Colorants on Japanese Woodblock Prints by EEM Fluorescence Spectroscopy, Journal of the American Institute for Conservation", (2017) DOI: 10. 1080/01971360. 2016. 1275438.

（13） ルネ デカルト著　谷川多佳子訳『方法序説』（岩波文庫、一九九七年）。

附記　本研究の一部は、実践女子大学における「源氏物語研究の学際的・国際的根拠形成」文部科学省 平成30年度 私立大学研究ブランディング事業業の一環として、また、日本学術振興会科学研究費基盤研究 B「江戸後期の文化・芸能におけるパトロネージュ構造の解明：吉原を中心に」（代表者日比谷孟俊）、ならびに若手研究「江戸時代の愛知県津島市周辺に展開した多色摺木版画の技法材料および出版状況の研究」（代表者大和あすか）の一部として行われたものである。

謝辞　色材分析に関して龍谷大学江南和幸名誉教授および、実践女子大学澤山茂名誉教授に討論して頂いた。『伊勢物語』の国文学の視点からの議論を、実践女子大学横井孝名誉教授および上野英子教授より頂戴した。奈良絵本の歴史と書誌学上の分類について、慶應義塾大学石川透教授および佐々木孝浩教授よりご教示頂いた。浮世絵「新吉原江戸町壹丁目和泉屋平左衛門仮宅之圖」の色材分析では、日本浮世絵博物館酒井浩志館長およびデンマテリアル株式会社色材科学研究所下山進博士の協力を頂いた。理文融合の哲学的意味に関しては東京工業大学狼嘉彰名誉教授から示唆を頂いた。これらの方々に紙上において感謝申し上げる。

山内首藤氏の「討死」と『平治物語』『平治物語絵巻』『平治合戦図屏風』

川合　康

かわい・やすし——大阪大学大学院文学研究科教授。専門は日本中世史。主な著書に『源平合戦の虚像を剝ぐ』（講談社、一九九六年）、『日本中世の歴史3　源平の内乱と公武政権』（吉川弘文館、二〇〇九年）、『源頼朝　すでに朝の大将軍たるなり』（ミネルヴァ書房、二〇二一年）などがある。

中世の合戦が史実から離れて、軍記物や絵巻物、合戦図屏風などにおいてどのように虚構化され、展開していったのかについて、平治の乱における山内首藤氏の「討死」を素材に検討した。山内首藤氏の親子討死譚が虚構であったことを明らかにしたうえで、当の山内首藤氏自身は、史実に基づいた家伝を伝えていたことに注目した。

はじめに

日本中世の合戦の実像と、軍記・絵巻・合戦図屏風において形成された合戦イメージとを比較検討するうえで、有効な素材となりうるものに、平治元年（一一五九）十二月に勃発した平治《へいじ》の乱をあげることができよう。平治の乱に関連しては、十三世紀前半に古態本（永積安明氏の分類による第一類本）が成立したと推定される『平治物語』をはじめ[1]、十三世紀後半に制作されたと考えられる『平治物語絵巻』三巻や[2]、十七世紀初頭に制作されたと推測されているメトロポリタン美術館蔵『平治合戦図屏風』が存在しており[3]、『平治物語』諸本の動向と絡みながら、合戦のイメージがどのように展開していったのかを考えることができる、貴重な題材であるからである。本稿は、以上の関心から平治の乱をとりあげ、史実と軍記・絵巻・合戦図屏風との関連を探ることを目的とする。

平治の乱については、周知の通り一次史料に乏しく、『愚《ぐ》管抄《かんしょう》』や『平治物語』が基本史料となるため、史実と虚構の見極めが難しいが、本稿では、『平治物語』の合戦場面において、特に印象深く描かれている山内《やまのうち》首藤《すどう》氏親子の討死に焦点を当てることにしたい。

一、相模国の山内首藤氏について

相模国の武士団である山内首藤氏に関しては、野口実氏(4)や湯山学氏(5)による詳細な研究があり、美濃国席田《むしろだ》郡司守部《もりべ》氏の出身であった資清《すけきよ》が、秀郷《ひでさと》流藤原氏の系譜をひく佐藤公清《きんきよ》の養子となり、主馬首《しゅめのかみ》に任じられて首藤を称したことに始まると理解されている（**図1**「山内首藤氏略系図」参照）。資清の子資通《すけみち》は、源義家《よしいえ》にしたがって後三年《ごさんねん》合戦に参加し、承徳二年（一〇九八）に豊後権守となり、その子親清《ちかきよ》も鳥羽《とば》院の北《ほく》面下臈《めんげろう》として活動が見え、康治二年（一一四三）には左衛門少尉であることが確認されるなど、有力武士として在京活動を展開した。そして十二世紀前半、資通の子で刑部丞《ぎょうぶのじょう》に任官した通義《みちよし》（義通とも）、あるいは孫俊通《としみち》の代になって、相模国鎌倉郡山内《やまのうち》に拠点を置いたと考えられるが、俊通子息の経俊《つねとし》・俊綱《としつな》は内裏を警護する「滝口《たきぐち》」を名乗っており、引き続き都でも活動した(6)。

この山内首藤氏一族は、河内源氏《かわちげんじ》嫡流と緊密な主従関係をもったことでも知られ、義家に臣従した資通の姉妹は源為義《ためよし》の乳母《めのと》となり、また源義朝《よしとも》に最期までしたがった鎌田正清《かまたまさきよ》（資通の孫）は義朝の乳母子《めのとご》、俊通の妻（山内尼《やまのうちのあま》）も京で源頼朝《よりとも》の乳母となっている(7)。山内尼が、のちに石橋山《いしばしやま》合戦で頼朝に敵対して弓を引いた「愛息」経俊の命乞いをしたことは、周知の通りであろう(8)。

右のような山内首藤氏に関する研究成果は、中央貴族の日記を博捜して進められている近年の武士論の特徴をよく示している。ところが、保元《ほうげん》・平治の乱については一次史料に乏しいため、『保元物語』『平治物語』の記述にそのまま依拠して、両合戦に山内首藤俊通・俊綱父子が参加し、平治の乱において父子ともに討死したと理解されている(9)。こうした理解は、『国史大辞典』(10)や『平安時代史事典』(11)などの辞典類でも示されており、揺るぎない「史実」としてあつかわれてきたのである。

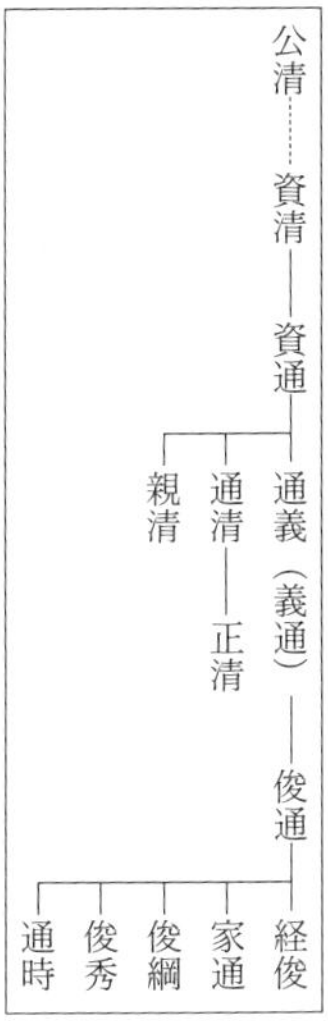

図1　山内首藤氏略系図（……は養子関係を示す）
本図は、野口実『鎌倉の豪族Ⅰ』（かまくら春秋社、一九八三年）一四二頁の図、湯山学『相模武士四　海老名党・横山党・曽我氏・山内首藤氏・毛利氏』（戎光祥出版、二〇一一年）一三四頁の図、「山内首藤氏系図」（『大日本古文書　山内首藤家文書』五六八）をもとに作成。

本稿では、この山内首藤氏の平治の乱における「討死」の問題について史実を検討し、史実とは異なる合戦イメージがどのように展開していくのかを考察したい。

二、金刀比羅宮蔵本『平治物語』における山内首藤氏の「討死」

まず、保元元年（一一五六）七月に起こった保元の乱への山内首藤氏の参加について考えることにしたい。『保元物語』第一類本に属し、鎌倉末期の『保元物語』を再現しうる最古態本と指摘されている半井本《なからいぼん》『保元物語』は、(12) 保元の乱で源義朝にしたがった相模国の武士を、「相模国ニハ大庭《おおば》平太景《かげ》義《よし》、同三郎景親《かげちか》、山内須藤刑部丞俊道、子息須藤滝口《たきぐち》俊綱、海老名《えびな》ノ源太季定《すえさだ》、波多野《はたの》次郎吉道《よしみち》」と記し、(13) 白河殿《しらかわどの》攻撃における「山内須藤刑部丞父子」の戦いぶりを描いている。(14) 保元の乱で義朝が動員した軍勢は、実際には在京武士を中心とするものであったと想定されるから、(15) 在京して妻を頼朝の乳母としていた山内首藤俊通が、義朝の軍勢に加わった可能性は十分にあると思われる。

平治元年（一一五九）十二月に勃発した平治の乱に関しては、『平治物語』第四類本に属し、最も広く流布した伝本群の一つ金刀比羅宮《ことひらぐう》蔵本『平治物語』は、(16) 山内首藤氏の活動を、A源義朝の軍勢（上「源氏勢汰への事」）、B待賢門《たいけんもん》の合戦（中「待賢門の軍の事 付けたり信頼落つる事」）、C六条河原の合戦（中「義朝六波羅《ろくはら》に寄せらるる事幷びに頼政心替りの事」）、D三条河原の合戦（中「義朝敗北の事」）の四場面で描いている。(17)

まずA源義朝の軍勢の描写では、相模国の武士として、

郎等には（中略）相模国には波多野二郎義通・三浦《みうら》荒次郎義澄《よしずみ》・山内首藤刑部俊通・子息首藤滝口俊綱、

という四人を列挙し、山内首藤刑部俊通と子息滝口俊綱が合戦に参加したことを記している。

次にB待賢門の合戦では、悪源太義平《あくげんたよしひら》に率いられた武士のなかに、

つゞく兵には、鎌田兵衛・後藤《ごとう》兵衛・須藤刑部・長井《ながい》斎藤別当《さいとうべっとう》、

とあり、首藤刑部俊通の名を記すとともに、義朝が義平に遣わした伝令として、

義朝み給ひ、須藤滝口俊綱を以て、「汝不覚なればこそ二度まで敵は門より内へは入らめ。あれ遠やかに追出せ」とてつかはす。俊綱参、此由申せば、「承候と申せ、俊綱」とのたまひ、

と首藤滝口俊綱が登場する。源義朝・義平父子に近侍する武士として俊通・俊綱父子が位置づけられ、描かれていること

がわかる。

そして、C六条河原の合戦では、子息の俊綱が源頼政《よりまさ》郎等の下河辺《しもこうべ》行吉《ゆきよし》に矢を射られ、味方の斎藤実盛《さねもり》に首を打たれる様子を描いている。

> 頼政が郎等、下総国住人、下河辺藤三郎行吉が放矢に、悪源太の郎等、相模国住人、山内須藤滝口俊綱が頸のほねにたつ。馬よりおちんとしければ、父刑部丞是をみて、「矢一にあたりて馬よりおつる者やある。不覚なり」といさめられければ、弓杖《ゆんづえ》つゐてのりなをる。悪源太 宣《のたまひ》けるは、「滝口矢にあたりつるぞ。敵に頸《くび》ばしとらすな。御方《みかた》へとれ」との給へば、斎藤別当太刀を抜て寄あひたり。滝口、「御辺《ごへん》は御方とみるはひがことか」。実盛いひけるは、「敵に頸ばしとらすな、御方へとれと、悪源太のおほせなり」といへば、「さては心やすし」とて頸をのべてうたせけり。弓取のならひほどあはれにやさしきことはなし。生ては相模国山内、はては都の土となる。父刑部丞是をみて、「命捨て軍をするは、滝口を世にあらせむ為也。今は生ても何かせん。うち死せん」とて戦ければ、悪源太、「あッたら武者刑部うたすな、者ども。刑部うたすな」とのたまへば、兵中にへだゝりてかけさせねば、涙とともに引返す。

敵方の下河辺行吉によって首を射られた滝口俊綱は、父の叱責を受けて馬に乗り直すものの、敵に首を取られるよりは味方に取れという源義平の命により、味方の斎藤実盛に討たれることになる。俊綱の討死を見ていた父刑部丞俊通は、俊綱が死んでしまった以上、生きていても仕方がないとして、討死するつもりで戦ったが、義平が俊通を討死させるなと命じ、味方の武士が戦闘を遮ったため、俊通が涙ながらに引き返す場面である。

最後に、D三条河原の合戦では、敗北が決定的となった義朝を、東国に落ちのびさせるために、義朝に属した武士たちが奮戦する様子を描いている。

> 佐々木源三・須藤刑部・井沢の四郎をはじめとして、我も〳〵と中にへだゝり戦けり。佐々木源三秀義《ひでよし》は、敵二騎うつて手負ければ、おふみ《（近江）》をさしておちにけり。須藤刑部俊通は、六条河原にて子息をうたせ、うち死せんとおもひけれども、いのちはかぎりあるものなればにや、そこにて敵三騎うつて討死をす。

六条河原において子息俊綱を失った首藤刑部俊通は、義朝を東国に逃がすために三条河原において奮戦し、敵三騎を討って自らもそこで討死したとする。

以上のように、金刀比羅宮蔵本『平治物語』においては、山内首藤俊通・俊綱親子が平治の乱において源義朝・義平にしたがい、六条河原と三条河原で子と父がそれぞれ討死する様子が描かれている。これらの記載は、第十一類の流布本《るふぼん》系統に属する古活字本《こかつじぼん》『平治物語』にも共通しており[18]、山内首藤氏の討死に関する通説は、このような『平治物語』の記事に基づいていることを確認しておきたい。

三、『平治物語』諸本における山内首藤氏の「討死」

さて、こうした平治の乱における山内首藤氏の討死に関する通説に対して、近年、古態本『平治物語』の分析に基づいて異論を展開されたのは佐々木紀一氏である[19]。佐々木氏は、古態本とされる第一類本に属する陽明文庫《ようめいぶんこ》蔵㈠本・学習院大学図書館蔵本・国文学研究資料館蔵本（九条家《くじょうけ》本）・松平文庫《まつだいらぶんこ》本などの分析から、『平治物語』の古態本では、討死するのが刑部丞義通・滝口俊通であったものが、後出本になると一代下降して（**図1**「山内首藤氏略系図」参照）、刑部丞俊通・滝口俊綱に変更されていくことを指摘されたのである。

そこで本稿では、佐々木氏の議論を踏まえて、陽明文庫蔵㈠本・学習院大学図書館蔵本（九条家本）・松平文庫本・国文学研究資料館蔵本のそれぞれ古態本に該当する巻におけるA・B（上巻）、C・D（中巻）の記載を、**表1**「『平治物語』古態本における山内首藤氏の描写」にまとめた[20]。

この表を見れば、陽明文庫蔵㈠本のAの「俊綱」、学習院大学図書館蔵本のDの「俊通」に若干の錯綜が見られるものの、佐々木氏が指摘された通り、『平治物語』古態本が基本的に平治の乱の参加者を山内首藤義通・滝口俊通父子ととらえ、六条河原で敵方の下河辺行泰《ゆきやす》（行義）[21]に矢を射られて討死した人物を滝口俊通、三条河原で源義朝を東国に逃すために奮戦・討死した人物を山内首藤刑部丞義通として描こうとしていたことは明らかであろう[22]。

そして、こうした『平治物語』古態本の記事と一致する内容を伝えているのが、次の『吾妻鏡《あずまかがみ》』治承四年（一一八〇）十一月二十六日条である。

山内滝口三郎経俊可レ被レ処二斬罪一之由、内々有二其沙汰一、彼老母武衛御乳母也、聞レ之、為レ救二愛息之命一、泣々参上申云、資通入道仕二八幡殿（源義家）一、為二廷尉禅室（源為義）御乳母一以降、代々之間、竭二微忠於源家一、不レ可二勝計一、就中俊通臨二平治戦場一、曝二骸於六条河原訖一、（傍点川合、以下同じ）

ここで頼朝の乳母であった山内尼は、石橋山合戦で頼朝に敵対した子息滝口三郎経俊の命乞いをするために、代々山内首藤氏がいかに源家に忠節を尽くしてきたのかを主張してい

表1　『平治物語』古態本における山内首藤氏の描写

諸本名	A　源義朝の軍勢	B　待賢門の合戦	C　六条河原の合戦	D　三条河原の合戦
陽明文庫蔵㈠本	山内首藤刑部丞よし通、子息滝口俊綱、	山内首藤刑部丞、子息滝口、	悪源太が郎等、山内首藤刑部が子息滝口としみち、立とゞまり戦ひけり。下総の国の住人下河辺の三郎庄司行泰が射ける矢に、滝口が首の骨を射させて、	相模国の住人、山内首藤刑部よしみちと名乗て返し合はす。(中略)その中に山内首藤刑部は、嫡子滝口が討たれたる所なれば、なき跡までもなつかしう覚ゆ。
学習院大学図書館蔵本（九条家本）	上巻は金刀比羅本系	上巻は金刀比羅本系	悪源太が郎等、山内須藤刑部が子息滝口俊通、引とまり闘けり。下総国住人河辺庄司三郎行泰が射ける矢に、滝口が頸の骨を射させて、	相模国の住人、山内首藤刑部丞俊通と称て、返しあはす。(中略)其中にも山内首藤刑部は、嫡子滝口がうたれたる所なれば、無跡までもなつかしうおぼゆ。
松平文庫本	上巻欠	上巻欠	悪源太郎等山内首頭刑部丞子息滝口俊通、ひきとまりてたゝかひけり。下総国住人下河辺庄司行康かいける矢に、滝口かくひのほねいさせて心ちみたれけれとも、	相模国の住人山内首頭刑部丞義通と名のりて返し合す。(中略)さても山内首頭刑部丞は、嫡子滝口かうたれたるところなれは、なきあとまてもなつかしうおほえ、うち死せんとおもひさため、大せいの中へかけ入、かたき三騎きりてをとし、後はよきかたきとひくみとつてをさへてくびをとり、立なをらんとしけるを、かたきすきをあらせすとりこめて、首頭刑部丞をうちにける。
国文学研究資料館蔵本	山内首藤刑部丞義通、子息滝口俊通、	上巻に待賢門の合戦の章段なし	中巻は金刀比羅本系本文を基調	中巻は金刀比羅本系本文を基調

るが、特に俊通が平治の乱において六条河原で討死したと述べていることに注目したい。『吾妻鏡』は父義通の討死には触れていないが、俊通が六条河原で討死したとする点は、第一類本の古態本『平治物語』の記載と一致するのである。

ちなみに、日下力氏校注の『新日本古典文学大系』（岩波書店）の『平治物語』は、上巻は陽明文庫蔵㈠本、中・下巻は学習院大学図書館蔵本を底本とし、完本の存在しない古態本の全容を示された労作であるが、上巻Aの記載では、底本の「山内首藤刑部丞よし通」を本文中で「山内首藤刑部丞俊通」に訂正され、「「俊通」は底本「よし通」。他諸本・尊卑《そんぴ》分脈《ぶんみゃく》に従い訂す」と脚注に記されている。(23) また、中巻Cの記載でも、六条河原の合戦で討死する「山内須藤刑部が子息滝口俊通」を本文中で「山内須藤刑部が子息滝口俊綱」に訂正されたうえで、脚注で「底本「俊通（としみち）」とし、傍書に「綱つな歟」。傍書および他諸本に従い訂す。父の名と誤ったもの」と解説されている。(24) しかし、先にも触れたように、『吾妻鏡』も六条河原で俊通が討死したことを記しているのである。

このように『新日本古典文学大系』では、本文の校訂作業の結果、かえって古態本独自の記述が見えにくくなっているといえよう。(25)『平治物語』古態本が、平治の乱に参加した武士を俊通・俊綱親子ではなく、義通・俊通親子として描いていたことを明らかにされた佐々木紀一論文の意義は、その意味でも大きいと思われる。

四、山内首藤俊綱は平治の乱で討死したのか

それでは、古態本は史実を伝えているのであろうか。ここであらためて諸系図を検討すると、『尊卑分脈』では、義通は「山内　刑部丞」、俊通については「滝口刑部丞」「保元平治両度合戦義朝朝臣郎等」と記載され、俊綱は「滝口四郎」と記されるのみである。(26)

一方、山内首藤家に伝えられた貞治三年（一三六四）八月書写の「山内首藤氏系図」では、通義（義通）は「刑部丞」、俊通は「住㆓相模国㆒、号㆓山内滝口㆒」「平治之乱時、相㆓具源義朝㆒、於㆓四条河原㆒父子共□□（二字抹消）畢」（**図2**「山内首藤氏系図　俊通」参照）と記されており、俊綱は「文治元年十月、九郎判官（源義経）謀反時、依㆑為㆓伊勢守護㆒、搆㆓関東㆒、被㆑誅畢」（**図3**「山内首藤氏系図　俊綱」参照）と説明されている。(27) 本系図では、平治元年（一一五九）十二月の平治の乱から二十六年後の文治元年（一一八五）十月に、源義経《よしつね》が鎌倉の頼朝に対して反乱を起こした際、俊綱は「伊勢守《しゅ》護《ご》」であったために義経の軍勢によって殺されたことに

なっており、平治の乱における俊綱討死を否定する内容である。

同じく山内首藤家に伝わる室町初期書写の「山内首藤氏系図」でも、通義（義通）は「刑部丞」、俊通については「号二山内一、滝口、住二相模国一」「平治乱時相二具源義朝一、四条川原被レ誅畢」とある一方、俊綱は「四郎」「文治元年九郎判官謀反之時、依レ為二伊勢守護一、搆二関東御方一、於二彼国一被レ誅畢」と見えている。(28) ここでも俊綱は、文治元年に伊勢国で源義経の軍勢に殺されたと伝えられているのである。

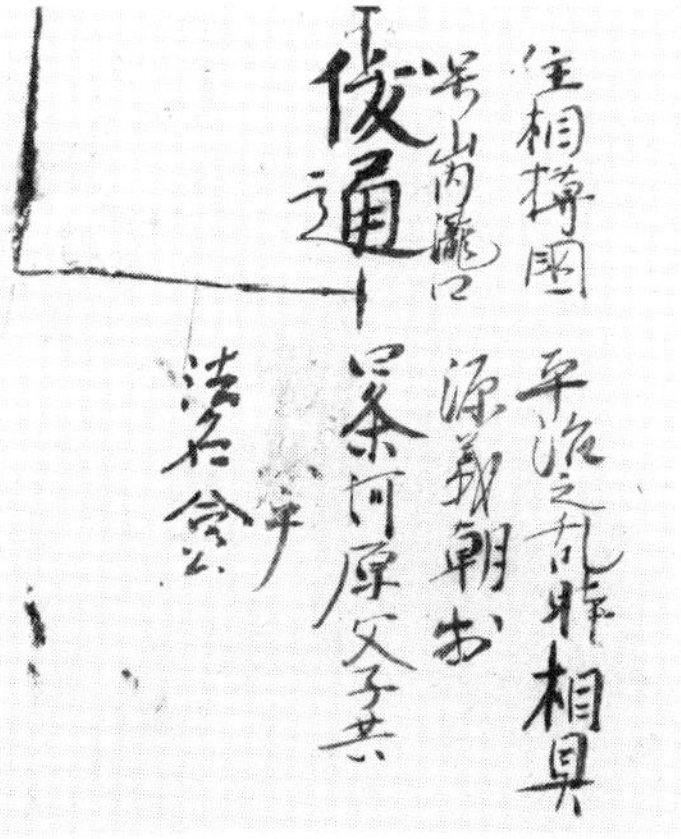

図２　山内首藤氏系図　俊通
（「山内家別箱－568」山口県文書館所蔵）

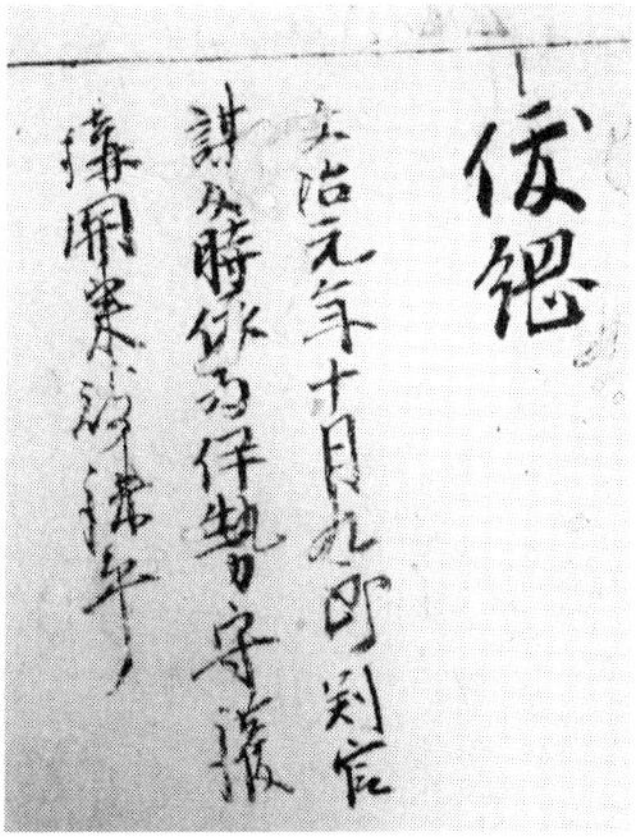

図３　山内首藤氏系図　俊綱
（「山内家別箱－568」山口県文書館所蔵）

「山内首藤氏系図」に記されたこうした俊綱の所伝は、諸家の系図にありがちな荒唐無稽なものだったのであろうか。『吾妻鏡』文治元年十月二十三日条には、義経の反乱と伊勢国「守護所」との関係を示す次のような記述がある。

山内滝口三郎経俊僕従自二伊勢国一奔参、申云、伊予守（源義経）称二宣旨一、被レ催二近国軍兵一、此間、為レ誅二経俊一、去十九日被レ囲二守護所一、定不レ遁歟云々、仰曰、此事非二実証一歟、経俊無二左右一非下可レ被レ度二于人一之者上云々、経俊者所レ被レ補二置勢州守護一也、

朝廷に強要して、十月十八日に頼朝追討宣旨《せんじ》を獲得した京の義経が、(29) 軍勢を伊勢国に派遣して、翌日に俊綱の兄弟の山内首藤経俊が任じられていた伊勢国「守護所《しゅごしょ》」を囲んだことが知られるのである。もちろん、この段階では「守護」の職名は未成立であり、「守護所」は厳密には「惣追捕使所《そうついぶししょ》」と呼ぶべきであろうが、俊綱が経俊の代官として伊勢国惣追捕使所にあったところを、義経の軍勢に攻撃されて討たれた可

能性は十分に考えられよう。

同様の記事は、『源平盛衰記《げんぺいじょうすいき》』にも見られる。[30]

> 義経都ヲ落ケル時、義盛(伊勢三郎)君ノ落著給ヘラハ、急キ可馳参ト様々契申テ、思様アリトテ暇ヲ乞テ、故郷伊勢国ニ下、其時ノ守護人首藤四郎ヲ伺討ツ。国中ノ武士追カヽリケレハ、義盛鈴鹿山ニ逃籠テ戦ケルカ、敵ハ大勢也。矢種射尽シテ、自害シテ失ニケリ。

義経が都落ちをする際、義経家人の伊勢三郎義盛《よしもり》が故郷の伊勢国に下向し、伊勢国守護人である「首藤四郎」を討ち取り、自身も伊勢国の武士たちに追われて鈴鹿山《すずかやま》で自害したという。伊勢国惣追捕使の山内首藤経俊の通称は「(滝口)三郎」であり、「(滝口)四郎」を名乗っていたのは俊綱である。

これらの史料に注目された佐々木紀一氏は、「刑部丞俊通」「滝口俊綱」が平治の乱で討死したとする『平治物語』後出本の記載は史実と合致しないことを指摘されたが、[31]次節で検討するように、俊綱が鎌倉幕府成立期に伊勢国内において活動していたことは、別の一次史料からも確認でき、その生存は明らかである。平治の乱で俊綱が討死したために経俊が家督を継いだとする、山内首藤氏に関する通説的理解は訂正されなければならない。[32]

なお、山内尼が頼朝に子息経俊の命乞いをした『吾妻鏡』の記事には、「就中俊通臨二平治戦場一、曝二骸於六条河原一訖」とだけあり、[33]また「山内首藤氏系図」でも滝口俊通だけが平治の乱で「四条河原」で討死したことを伝えている。[34]山内首藤氏の家伝では、俊通がなぜ「四条河原」で討死したと伝えられたのかは不明であるが、平治の乱に参加して討死したのは、『平治物語』古態本の記事にも反して、俊通だけであったと考えられよう。佐々木氏が紹介された『本朝世紀《ほんちょうせいき》』天養元年(一一四四)十月二十五日条には、「刑部丞藤通義死去」とあり、山内首藤刑部丞通義(義通)の死亡を伝えるものと考えられるからである。通義(義通)は、平治の乱以前にすでに没しており、山内首藤親子の討死譚自体が『平治物語』が形成されるなかで創作されたものと推測されよう。

そして、当初は義通・俊通親子の討死譚であったものが、理由は不明ながら、やがて俊通・俊綱親子の討死譚へと展開することになる。第二節で触れたように、『保元物語』の最古態本である半井本『保元物語』は、保元の乱に「山内須藤刑部丞俊道、子息須藤滝口俊綱」が参加したと記し、[35]また延慶本《えんきょうぼん》『平家物語』も、「山内首藤刑部丞俊通」と「首藤滝口俊綱」が平治の乱で討たれたことを明確に述べている。[36]鎌倉末期にはすでに、後者の討死譚が浸透していたことがうかがえるのである。

五、伊勢国惣追捕使代山内首藤俊綱の活動

　母山内尼の嘆願により、頼朝に敵対した罪を許された滝口三郎経俊が、伊勢国惣追捕使に補任されたのは、摂津・播磨・美作・備前・備中・備後・伊賀・紀伊などの畿内近国で、一斉に惣追捕使が設置された寿永三年（一一八四）二月の生《いく》田《た》の森《もり》・一《いち》の谷《たに》合戦前後の時期であったと推測される。[37] 経俊は、同年（元暦元年と改元）五月に伊勢国羽《は》取山《とりやま》において志田《しだ》義広《よしひろ》を追討し、[38] 七月には伊勢・伊賀平氏が起こした元暦元年の乱の鎮圧にもあたっているから、[39] その頃にはすでに伊勢国惣追捕使として任国に下向し、伊勢と京を往来しながら活動していたものと思われる。

　その兄弟である滝口四郎俊綱の活動が一次史料に見られるのは、伊勢国大橋御園《おおはしのみその》と河田別所槻本御園《こうだべっしょつきもと》においてである。両御園は、別稿で論じたように、平忠盛《ただもり》の弟前伊勢守平貞《さだ》正《まさ》（河田入道蓮智《れんち》）の子息で、幼い時に父のもとを離れた僧行恵《ぎょうえ》の所領であり、貞正から譲られた所領ではなかったが、鎌倉方の武士からは没官《もっかん》対象となる平氏一門・家人領（謀叛《むほん》人跡《にんあと》）と見なされ、たびたび乱入を受けることとなった。[40]

　最初の乱入について、文治元年（一一八五）十二月に行恵（仮名多米正富《ためのまさとみ》）は次のように訴えている。[41]

然間令レ乱二入大夫判官（源義経）使主税大夫隆康一、暗当御園鎮（領）主得業行恵称二平家方人一之刻、指無レ誤之由披陳之間、自二神宮一　奏聞既畢、其上鎌倉殿進二誓言状一、所レ致二御祈禱一也、因レ茲、俊綱下知亦畢、

　本解状によれば、大夫判官《たいふのほうがん》源義経の使者である主税《しゅぜい》大夫隆康が、行恵を「平家方人《かたうど》」と称して大橋御園に乱入したという。右の行恵解状《げじょう》には時期が明記されていないが、源義経の軍勢が伊勢国に駐留したのは次の二回である。

　一回目は、寿永二年（一一八三）閏十月に源義経と中原《なかはら》親能《ちかよし》が、鎌倉軍としてはじめて西国に進軍し、伊勢国に駐留して京を制圧する木曾義仲《きそよしなか》を攻撃する機会をうかがっていた段階である。[42] しかし、この段階の義経軍は、都落ちした平氏一門とゆかりの深かった伊勢国の在地武士団や貞季《さだすえ》流伊勢平氏の平信兼《のぶかね》と同盟関係を結んでおり、[43] 伊勢国内の平氏方所領の没官を進めていたとは考えられない。

　二回目は、元暦元年（一一八四）八月十日、元暦元年の乱に関与した嫌疑をかけて、それまで同盟関係にあった平信兼の子息三人を京の義経宿所に招いて殺害し、[44] さらに伊勢に留まっていた信兼を追討するために、同十二日に義経が軍勢を率いて伊勢国に下向した時である。[45] この時は信兼追討後に、当時伊勢国内で最大勢力を誇っていた信兼の関係所領を洗い

出すために、義経の軍勢による聞き込みが伊勢国内で広く展開し、没官措置が進められたと考えられるから、大橋御園が「平家方人」所領として没官対象とされたのも、おそらくこの段階であったと思われる。

この義経使者の主税大夫隆康による乱入事件に対して、大橋御園司行恵は無実である旨を訴え、伊勢神宮による奏聞がなされたうえに、鎌倉殿《かまくらどの》源頼朝に誓言状を進めて御祈禱を行い、「俊綱」なる人物の下知も受けて、いったんこの事件は落着している。

しかし、文治元年十二月二十五日夜、大橋御園に再び武士たちが乱入した。(46) 行恵の申状《もうしじょう》によれば、数多の武士たちがいきなり御園内に乱入し、「勲藤庄司家人則安」の知らせにより御園内蓮華寺《れんげじ》の住房から退出したところ、武士たちが倉々や住房に押し入って納物をことごとく追捕したため、この様子を見た御園百姓が「逃出」してしまったという。そこで行恵は伊勢神宮を通じて訴え、京都守護として在京する北《ほう》条時政《じょうときまさ》から安堵の外題《げだい》を得ることができたため、(47) 所司住人らが帰住している。

しかし、それでも武士乱妨はおさまらず、翌文治二年(一一八六)一月十二日に三度目の乱入事件が起こっている。(48) 一月十二日夜、武士たちは二手に分かれて御園内大乃木《おおのぎ》・棚橋《たなはし》両郷に乱入し、門戸を打ち破ろうとしたが、その際に御園内「村々大少諸人」が発向したため、今回は武士たちの方が武具を捨てて逃げ去ったという。鎌倉初期において、村人たちの武力抵抗によって武士が退散させられたことがわかる貴重な事例である。

同様の事態は、行恵の別の所領である河田別所槻本御園でも起こっていた。(49)

毎朝奉㆓為太神宮幷熊野権現㆒、法楽庄厳、仁王経各一部講読、旁行法・持経皆以為㆓自他法界平等利益㆒也、如㆑此之行法不退見知故、滝口四郎御祈禱申前付弖、河田別所鎌倉殿之御祈禱所之由、賜㆑札留、(中略)字紀藤四郎之三箇度住房幷倉々令㆓追捕㆒、令㆑追㆓出寺僧等㆒、迎㆓居妻子等㆒已寄住、爰帯㆓北条御下文之状㆒倆、河田入道私領宇佐美三郎可㆓知行㆒云々、而子息と云文字入㆑筆也、是可㆑謂㆓結構之文㆒哉、

ここ河田別所においては、不退の行法が認められて、「鎌倉殿之御祈禱所」の札をすでに滝口四郎から賜っていたにもかかわらず、「河田入道私領宇佐美三郎可知行」という北条下文を帯する紀藤四郎が、下文に「河田入道子息私領」と文字を書き入れて、行恵領の河田別所の住房に妻子を迎えて寄住してしまったのである。紀藤四郎は、河田入道跡地頭職《じとうしき》に

補任された宇佐美三郎祐茂《すけもち》の地頭代であったと思われる。

　結局、大橋御園と河田別所槻本御園で文治元年末から翌二年にかけて引き起こされた武士乱入事件は、文治二年一月の行恵申状に対して、京都守護北条時政が「如レ状者不便也、早可レ停ニ止他人狼藉一之状如レ件」という外題を行うとともに、二月十一日には狼藉停止の下文をあらためて発給し、さらに二月中には乱入の主体が自己の配下であった宇佐美三郎祐茂の下文や、「同月（二月）廿日首藤刑部丞与判」、すなわち文治二年二月時点では伊勢国の国地頭《くにじとう》であった山内首藤経俊の与判《よはん》も下されて落着している。(50)

　以上、紙幅を割いて、鎌倉幕府成立期に起こった大橋御園・河田別所槻本御園への武士乱入事件について述べてきたが、ここで注目したいのは、源義経の使者主税大夫隆康が大橋御園に乱入したことに対して、それを停止し鎌倉殿の御祈禱を行うように、「俊綱」が下知を行っていることであり、河田別所槻本御園においても、乱入事件が起こる前に、河田別所の不退の行法を認めて、「滝口四郎」が「鎌倉殿之御祈禱所」の札を給付していることである。(51) これらは共通して、鎌倉方の武士による寺領・境内への乱妨を停止し、寺社を安堵するという鎌倉幕府の政策の遂行を示しており、その執行主体が「俊綱」であり「滝口四郎」なのである。とすれば、この「滝口四郎」と「俊綱」は同一人物であり、伊勢国惣追捕使山内首藤経俊の兄弟である滝口四郎俊綱と理解して間違いないであろう。(52) おそらく俊綱は、寿永三年（一一八四）二月以降に経俊が任じられた伊勢国惣追捕使の代官として、伊勢国内における義経軍による大橋御園での没官の停止や、河田別所に対する寺社安堵など、在地の紛争処理にあたっていたと考えられる。

　そして、こうした俊綱の活動を踏まえると、源義経が頼朝に叛旗を翻すと同時にまず伊勢国の惣追捕使所を攻撃したのも、鎌倉幕府権力と義経権力との矛盾が伊勢国において最も鋭く生じていたからに違いない。義経が挙兵する四カ月前の元暦二年（一一八五）六月十五日、頼朝は西国ではじめて荘郷《しょうごう》地頭職の補任を行ったが、(53) それは伊勢国においてであり、「凡不レ限ニ伊勢国一、謀叛人居住国々、凶徒之所帯跡ニハ、所下令レ補ニ地頭一候上也」として地頭制は展開していく。(54) その地頭職がはじめて設置された伊勢国の没官領は、前年八月に義経軍が追討した平信兼の党類領だったのである。(55) とすると、地頭職補任にいたるまでには、義経の軍勢が没官措置を進め、一時的に義経が管領した没官領を、幕府が伊勢国惣追捕使を通じて回収し、そのうえで頼朝が御家人を地頭職に補任するという過程が想定されよう。義経が頼朝に背く理由として、

「没官所々廿余ヶ所、先日頼朝分賜、而今度勲功之後皆悉取返、宛㆓給郎従㆒等了」と、自らが賜った没官領を取り上げられて、御家人に分配されたと後白河院《ごしらかわいん》に嘆いていることも、[56]右のような事態を想像させるのである。

いずれにせよ、史実としては、山内首藤俊綱は伊勢国惣追捕使代として活動し、源義経が反乱を起こした際に、義経の軍勢に惣追捕使所を囲まれて殺された。[57]伊勢国における俊綱の活動の痕跡は、鎌倉幕府成立期の惣追捕使代の活動を示す稀有な事例といえよう。

六、『平治物語絵巻』から『平治合戦図屏風』へ

さて、本稿はここまで、平治の乱における山内首藤氏の討死をめぐる『平治物語』諸本の記載と史実について検討してきた。結論を簡単に示せば、次の通りとなる。①平治の乱で討死したのは山内首藤俊通だけであり、父の刑部丞通義（義通）は平治の乱以前に死去、子の滝口四郎俊綱は鎌倉初期に伊勢国惣追捕使代として活動したが、反乱を起こした源義経の軍勢に討たれたこと、②『平治物語』古態本は、平治の乱における刑部丞義通・滝口俊通親子の討死譚を創作したこと、③『平治物語』後出本は、親子討死譚を俊通・俊綱親子に変更し、『保元物語』古態本や延慶本『平家物語』に取り入れられるなど、鎌倉末期には後者の討死譚が浸透したこと、である。

それでは、十三世紀後半に制作されたと推定される『平治物語絵巻』は、山内首藤氏の討死をどのように描いているのであろうか。

『平治物語絵巻』は、本来は十数巻におよぶ大部な作品であったと思われるが、現在は、「三条殿夜討巻」（ボストン美術館蔵）・「信西巻」（静嘉堂文庫《せいかどうぶんこ》美術館蔵）・「六波羅行幸巻」（東京国立博物館蔵）の三巻と、「六波羅合戦巻」の残欠数点が諸家に分蔵されている。このほか「六波羅合戦巻」の白描模本（東京国立博物館蔵ほか）、「待賢門合戦巻」の彩色模本（東京国立博物館蔵）が存在する。[58]『平治物語絵巻』の詞書は現存三巻に加えて、「六波羅合戦巻」の詞書（模本・断簡）も知られており、詞書を分析された永積安明氏は、絵詞であるがゆえの抄略本でありながら、陽明文庫蔵㈠本・学習院大学図書館蔵本の第一類本と近似していることを指摘され、『絵巻』を『平治物語』の第二類本に位置づけられた。[59]それに対して、『絵巻』詞書は金刀比羅宮蔵本とも近似性を有しているとして、「『平治物語』が金刀比羅本的なありかたへ変貌し始めたのち、金刀比羅本的本文が一般に定着するまでの期間におい

図4　『平治物語絵巻』「六波羅合戦巻」デジタル復元図①
（小林泰三『国宝 よみがえる色彩』双葉社、2010年より引用）

図5　『平治物語絵巻』「六波羅合戦巻」デジタル復元図②
（小林泰三『国宝 よみがえる色彩』双葉社、2010年より引用）

て、成立してきたもの」とする日下力氏の研究などもある。[60]

こうした『平治物語絵巻』の詞書には、山内首藤氏は登場しないが、絵については、東京国立博物館所蔵の「六波羅合戦巻」の白描模本のなかに、D三条河原の合戦での山内首藤刑部丞の討死を思わせる場面がある。**図4**の「『平治物語絵巻』「六波羅合戦巻」デジタル復元図」は、画像を明瞭化するために、「六波羅合戦巻」の白描模本ではなく、小林泰三氏が、白描模本の合戦場面をベースにして、現存する三巻の完本と断簡を参考に、彩色をデジタル復元されたものを、白黒で掲載した。[61] **図5**はその人物のアップである。相手を組み伏せて首を掻《か》いている武士の背後から、敵が長刀《なぎなた》を振りかざしている構図であり、周囲には首のない死体が転がる凄惨な場面である。日下力氏は、この場面を、

相模国の住人山内首頭刑部丞義通と名のりて返し合す。（中略）さても山内首頭刑部丞は、嫡子滝口かうたれたるところなれは、なきあとまでもなつかしうおほえ、うち死せんとおもひさため、

大せいの中へかけ入、かたき三騎きりてをとし、後はよきかたきとひくみとつてをさへてくびをとり、立なをらんとしけるを、かたきすきをあらせすとりこめて、首頭刑部丞をうちにける。

という松平文庫本『平治物語』の山内首藤刑部丞の討死に相応する図であることなどに注目され、『平治物語絵巻』の絵は、古態本の本文を基調として制作されたことを論じられた。[62]ちなみに、山内首藤刑部丞の討死場面として意識されたかどうかは不明であるが、この組み打ちの場面は、色紙形に切断された「六波羅合戦巻」残欠の一葉でもある。[63]

それでは、十七世紀初頭の時期に制作されたと推測されているメトロポリタン美術館蔵『平治合戦図屏風』は、山内首藤氏をどう描いているのであろうか。

本屏風は、出雲藩主松平伯爵家に所蔵されていた、『保元合戦図屏風』と対になる六曲一双の屏風で、それぞれ『保元物語』『平治物語』に基づいて合戦の顛末を大画面に描き込んだものである。制作の事情はほとんど知られないが、土佐《とさ》派《は》の系譜を引く画家の筆によるものと推測され、『平治物語』第十一類の流布本系統の一本に基づき、『平治物語絵巻』をはじめ、先行する多くの絵巻や合戦図を参考にしながら描かれたと理解されている。[64]

さて、本屏風には山内首藤氏が二場面に登場する。一つは**図6**「『平治合戦図屏風』二扇中（六条河原の合戦）」の場面で、首に矢を射られ、弓杖をついて馬に乗り直した首藤滝口を、味方の武士が近寄り、太刀を振り上げて首を落とそうとし、それを見た父首藤刑部丞が思わず目を覆う、という印象的なシーンである。

図6を見ると、滝口を討つために太刀を振り上げている武士に「実盛」という短冊形の名札が貼られている。本屏風の名札はのちの貼り入れと推測されるため、[65]屏風自体の性格とは別に論じることが必要であるが、名札もやはり流布本に依拠して貼られていることは明らかである。[66]したがって本屏風の「須藤滝口」は俊綱、「須藤刑部」は俊通と想定していることになる。

二つ目は**図7**「『平治合戦図屏風』四扇上（三条河原の合戦）」の場面である。この絵は『平治物語絵巻』の「六波羅合戦巻」の図様を転用したと考えられる部分であるが、[67]**図4・5**の『絵巻』において、首藤刑部丞として日下力氏が推定された人物ではなく、馬上の人物に「須藤滝口（ロ）」の名札を貼っている。これは松平文庫本が、「後はよきかたきとひくみとつてをさへてくびをとり、立なをらんとしけるを、かたきすきをあらせすとりこめて、首頭刑部丞をうちにける」と、

図6 『平治合戦図屏風』二扇中（六条河原の合戦）
六条河原の合戦で深手を負い、斎藤実盛に首を討たれる須藤滝口（画面右下、名札なし）と、我が子の最期に目を覆う父の須藤刑部（画面左、名札あり）。
（メトロポリタン美術館ホームページより https://www.metmuseum.org/art/collection/search/44853）

図7 『平治合戦図屏風』四扇上（三条河原の合戦）
源義朝を東国に逃すために三条河原で奮戦する須藤刑部（画面左上、名札あり）。馬上で組み合っている武士に、「須藤滝□（欠損）」の名札を貼っている。
（メトロポリタン美術館ホームページより https://www.metmuseum.org/art/collection/search/44853）

地面に敵を組み伏せた様子を描いているのに対して、流布本（古活字本）は単に「須藤刑部俊通も、六条河原にて、滝口と共に討死せんとすゝみしを、とゞめ給ひしかども、こゝにて敵三騎討取て、つゐにうたれてけり」と記すだけであり、[68] それに依拠する本屏風と名札は、騎馬武者でも一向に構わなかったからである。義朝方で奮戦している武士の一人を、「須藤刑部丞」として自由に選択したと考えられよう。

なお、ここに見られる「須藤滝口」の名札は、滝口俊綱を指すから、本来は**図6**の六条河原の合戦で討死する俊綱に貼るべきであり、この場面は「須藤刑部」の名札を貼り入れるべきである。「須藤刑部」俊通には、六条河原で子息俊綱の討死を目撃するところと、義朝を逃すために三条河原で奮戦して討死するところの、二つの名場面が存在するために、名札を屏風に貼り入れた人物は、誤って「須藤滝口」の名札を付けてしまったのであろうか。それとも、ジュリア・ミーチ＝ペカリク氏が、本屏風を「武士道の規範を絵画化した」作品と評されたように、[69] 親子の情愛と主人への忠誠を体現する「須藤」俊通を、屏風上の二場面でどうしても指示したかったために、一枚ずつ用意されていた「須藤刑部」と「須藤滝口」を、ともに俊通としてわざと貼ったのであろうか。このように考えてくると、名札貼付の誤りも、『平治物語』の読み方を反映しているのかもしれない。

なお、『平治物語絵巻』の「六波羅合戦巻」は、このメトロポリタン美術館蔵『平治合戦図屏風』だけでなく、各種の『源平合戦図屏風』の制作に粉本《ふんぽん》として用いられたことが知られており、(70)さらには戦国期に日向国で大友《おおとも》氏と島津《しまづ》氏が戦った『耳川《みみかわ》合戦図屏風』（相国寺《しょうこくじ》蔵、十七世紀成立）の人馬描写にも、「六波羅合戦巻」の図様が二十箇所以上利用されていることが指摘されている。(71)日下力氏が山内首藤刑部丞の討死場面と推定された相手を組み伏せている武士も、メトロポリタン美術館蔵『平治合戦図屏風』において「須藤滝口」の名札が貼られている馬上の武士も、ともに『耳川合戦図屏風』に登場している。(72)『平治物語絵巻』の「六波羅合戦巻」は、平治合戦図にとどまらず後世の合戦図全体に大きな影響を与えたのである。

おわりに

本稿は平治の乱における山内首藤氏の「討死」の問題に焦点を当てて、史実と『平治物語』諸本、『平治物語絵巻』『平治合戦図屏風』との関係を探ってきた。史実としては山内首藤俊通（滝口俊通）一人の討死が、『平治物語』において刑部丞義通（通義）・滝口俊通の親子討死譚として創作され、それが鎌倉末期には刑部丞俊通・滝口俊綱の討死譚に変化して広まったことを論じてきた。『平治物語』古態本に拠る『平治物語絵巻』は、六条河原の合戦場面がのこされていないので、滝口俊通の討死が描かれていたのかどうか不明であるが、三条河原の合戦では、古態本である松平文庫本に記されている、敵を組み伏せる刑部丞義通に該当する武士が描かれている。一方、『平治物語』流布本に依拠する『平治合戦図屏風』では、名札も流布本に基づいて貼り込まれているが、六条河原の合戦で子息滝口俊綱の討死を目撃する人物に「須藤刑部」、三条河原の合戦において馬上で組み合う人物に「須藤滝口」の名札が貼られ、ともに山内首藤俊通を示そうとしていたことを指摘した。

今後は、『平治物語』において山内首藤義通・俊通親子の討死譚が創作された意味や、『平治物語』後出本でそれが俊通・俊綱親子の討死譚に変化した理由などが課題となろうが、それにしても興味深いのは、鎌倉末期に金刀比羅宮蔵本『平治物語』や延慶本『平家物語』などにより、俊通・俊綱の親子討死譚が広まっていたにもかかわらず、当の山内首藤氏自身は平治の乱での俊通の討死のみを伝え、俊綱は文治元年に伊勢国で源義経軍に殺されたという史実を語り継いでいたことである。貞治三年（一三六四）書写の系図は「平治之乱時、相具源義朝、於四条河原父子共□□畢」と二字削消されているが、山口県公文書館で原本を熟覧させていただいたところ、「被誅」と読めそうである（図2参照）。つまり、南北朝期には山内首藤氏も『平治物語』や『平家物語』の父子討死記事を知っていたのであり、そのうえでなお、俊綱は伊勢国で義経軍に殺されたという家伝を伝えているのである。

周知の通り、鎌倉末期以降、山内首藤氏は相模国から備後国地毗荘《じびのしょう》に本拠を移して活動し、近世には萩藩毛利《はぎはんもうり》家の重臣の家柄である寄組《よりぐみ》に属した。寛保元年（一七四一）五月には、当時の当主であった山内広通《ひろみち》が毛利家に「略系」を提出しているが、そこでも平治の乱では俊通が四条河原で討死し、俊綱は伊勢国守護所を義経軍に囲まれて戦死したとする中世以来の家伝を記している。[73] ところが、京都青蓮院《しょうれんいん》の寺誌『華頂要略《かちょうようりゃく》』巻五十七によると、享保二年（一七一七）八月に、山内氏の菩提所洞春寺《とうしゅんじ》の僧が、平治の乱で討死した俊通の古墳を探しに京にやって来て、三条白川橋近辺の民家の裏山に「山伏塚《やまぶし》」があると聞き、そこを「山内塚」と認定すると、二年後の享保四年七月二十三日に、山内広通はその塚のうえに「白川東南佳城鬱々《かじょううつうつ》　嗟《ああ》首藤公永居二此室一」という俊通の墓石を建立し、追善供養を行ったという（図8「首藤刑部俊通墓」、図9「山内首藤俊通の墓石」参照）。[74] ここでは、広通は家伝の四条河原ではなく、三条河原の合戦で俊通が討死したという流布本『平治物語』にしたがって、先祖を顕彰したことになる。史実に基づいた中世以来の家伝を守り伝える一方で、世間一般に流布している軍記物のストーリーにそって先祖顕彰も行っていたのである。

一般の感覚からすると、『平治物語』が創作した親子討死譚の方が、後世の山内首藤氏にとって武士の家としての栄誉を周囲に誇示できたように思われるが、墓石建立後においても、前述のように山内広通は家伝に依拠する「略系」を毛利家に提出している。このような山内首藤氏の家の歴史に対する態度は、同じく萩藩毛利家の永代家老《えいだいかろう》であった益田《ますだ》氏が、近世益田氏の公式な系譜認識に都合の悪い中世史料を破棄せず、相伝し続けてきたという、最近の久留島典子氏の研究成果とも通じるものがある。[75] 中近世の武士の家の歴史に対する意識や態度を、家伝や史料の継承という視点からあらためて考えていきたい。

図8　首藤刑部俊通墓
『花洛名勝図会　東山之部』は、「三条通粟田口東分木町民家の裏山の崖にあり。長四尺ばかりの石碑を建つる」と説明している(『日本名所風俗図会7 京都の巻 I』角川書店、1979年、282頁)。

図9　山内首藤俊通の墓石
首藤刑部俊通の塚(山内塚)は取り壊され、現在は山内広通が建立した墓石だけが、ウェスティン都ホテル京都の裏山にのこされている。

注

(1) 永積安明「解説」(『日本古典文学大系　保元物語　平治物語』岩波書店、一九六一年)、同「保元・平治物語の成立」(『中世文学の成立』岩波書店、一九六三年)。日下力「平治物語　解説」(『新日本古典文学大系　保元物語　平治物語　承久記』(岩波書店、一九九二年)も参照。

(2) 日下力「『平治物語絵巻』と『平治物語』」(『平治物語の成立と展開』汲古書院、一九九七年、初出一九七七年)。

(3) 辻惟雄「《保元・平治合戦図屏風》について」(『辻惟雄集4　風俗画の展開』岩波書店、二〇一四年、初出一九七九年)。

(4) 野口実「十二世紀における坂東武士団の存在形態」(『坂東武士団の成立と発展』戎光祥出版、二〇一三年、初出一九八二年)、同『鎌倉の豪族I』(かまくら春秋社、一九八三年)。

(5) 湯山学『相模武士　全系譜とその史蹟四　海老名党・横山党・曽我氏・山内首藤氏・毛利氏』(戎光祥出版、二〇一一年)。

(6) 山内首藤氏の成立については、野口実前掲注4論文参照。

(7) 山内首藤氏と河内源氏嫡流との乳母関係については、米谷豊之祐「武士団の成長と乳母」(『大阪城南女子短期大学紀要』七巻、一九七二年)参照。

(8) 『吾妻鏡』治承四年十一月二十六日条。

(9) 野口実前掲注4論文一八二頁。

(10) 『国史大辞典　第十四巻』(吉川弘文館、一九九三年)の「山内首藤氏」「山内首藤経俊」「山内首藤俊通」(いずれも福田以久夫氏執筆)を参照。

(11) 『平安時代史事典』(角川書店、一九九四年)の「藤原俊通」(信太周氏執筆)を参照。

(12) 永積安明前掲注1論文。

(13) 半井本『保元物語』上「主上三条殿ニ行幸ノ事 付ケタリ官

軍勢汰ヘノ事」。本稿では半井本『保元物語』は、栃木孝惟・日下力・益田宗・久保田淳校注『新日本古典文学大系　保元物語　平治物語　承久記』（岩波書店、一九九二年）を使用する。

(14) 半井本『保元物語』中「白河殿へ義朝夜討チニ寄セラルル事」「白河殿攻メ落ス事」。

(15) 拙稿「保元・平治の乱と相模武士」（『相模武士団』吉川弘文館、二〇一七年）参照。

(16) 永積安明前掲注1論文。

(17) 本稿では、金刀比羅宮蔵本『平治物語』は、永積安明・島田勇雄校注『日本古典文学大系　保元物語　平治物語』（岩波書店、一九六一年）を使用する。

(18) 永積安明前掲注1論文。本稿では古活字本『平治物語』は、永積安明・島田勇雄校注『日本古典文学大系　保元物語　平治物語』（岩波書店、一九六一年）を使用する。

(19) 佐々木紀一「軍記物語の山内首藤刑部丞・滝口親子」（『山形県立米沢女子短期大学紀要』四六号、二〇一〇年）。

(20) 本稿では、陽明文庫蔵㈠本『平治物語』は、『陽明叢書国書篇　平治物語　明徳紀』（思文閣出版、一九七七年）、山下宏明校注『平治物語　中世の文学』（三弥井書店、二〇一〇年）を、学習院大学図書館蔵本（九条家本）『平治物語』は、山岸徳平・高橋貞一編『平治物語〈九条家本〉と研究』（未刊国文資料刊行会、一九六〇年）、『保元物語　平治物語　日本古典文学影印叢刊』（日本古典文学会、一九八八年）を、松平文庫本『平治物語』は、和田英道「島原公民館蔵松平文庫本『平治物語』翻刻」（『跡見学園女子大学国文学科報』九号、一九八一年）を、国文学研究資料館蔵本『平治物語』は、相沢浩通「国文学研究資料館蔵『平治物語』上巻」（『軍記と語り物』二九号、一九九三年）、同「国文学研究資料館蔵『平治物語』中巻」（『軍記と語り物』三〇号、一九九四年）、同「国文学研究資料館蔵『平治物語』下巻」（『軍記と語り物』三一号、一九九五年）を使用する。

(21) 下河辺行泰（行義）については、「保元物語　平治物語人物一覧」（前掲『新日本古典文学大系　保元物語　平治物語　承久記』）を参照。

(22) なお、陽明文庫蔵㈠本や学習院大学図書館蔵本は、三条河原における義通の奮戦を描くが、討死の場面を描いていない。

(23) 前掲『新日本古典文学大系　保元物語　平治物語　承久記』一八六頁。

(24) 前掲『新日本古典文学大系　保元物語　平治物語　承久記』二〇〇頁。

(25) 同様の問題点は、日下力氏訳注『平治物語　現代語訳付き』（角川書店、二〇一六年）にも該当する。

(26) 『尊卑分脈』第二篇「藤成孫」。

(27) 「山内首藤氏系図」（山口県文書館「山内家別箱―五六八、『大日本古文書　山内首藤家文書』五六八）。写真撮影・掲載を許可していただいた山口県文書館に謝意を表したい。

(28) 「山内首藤氏系図」（山口県文書館蔵「山内家別箱―五六九、『大日本古文書　山内首藤家文書』五六九）。

(29) 『玉葉』文治元年十月十九日条。

(30) 『源平盛衰記』巻四十六「義経始終有様」。本稿では、『源平盛衰記』は、渥美かをる解説『源平盛衰記　慶長古活字版』（勉誠社、一九七八年）を使用する。

(31) 佐々木紀一前掲注19論文。

(32) 野口実前掲注4著書、前掲注10「山内首藤経俊」など。

(33) 『吾妻鏡』治承四年十一月二十六日条。

(34) 前掲注27・28史料。

(35)　前掲注13史料。

(36)　延慶本『平家物語』第二末「兵衛佐国々へ廻文ヲ被遣事」。本稿では、延慶本『平家物語』は、北原保雄・小川栄一編『延慶本平家物語　本文編』(勉誠社、一九九〇年)を使用する。但し、同じ読み本系の長門本は、頼朝に悪口を吐く滝口三郎・四郎の祖父と父を義通・俊通と記し(巻第十「伊豆国目代兼隆被討事」)、祖父俊通・父俊綱とする延慶本と異なっている。

(37)　佐藤進一『増訂　鎌倉幕府守護制度の研究』(東京大学出版会、一九七一年)。摂津国惣追捕使については、拙稿「生田の森・一の谷合戦と地域社会」(『院政期武士社会と鎌倉幕府』吉川弘文館、二〇一九年、初出二〇〇七年)参照。

(38)　『吾妻鏡』元暦元年五月十五日条。

(39)　『吾妻鏡』元暦元年七月十八日条。

(40)　拙稿「鎌倉幕府荘郷地頭職の展開に関する一考察」(『鎌倉幕府成立史の研究』校倉書房、二〇〇四年、初出一九八五年)、同「中世前期の戦争と在地社会」(前掲『院政期武士社会と鎌倉幕府』、初出一九九二年)。なお、平貞正は治承二年(一一七八)八月に死去し、平頼盛・教盛が軽服にあったことが知られる(『図書寮叢刊　御産部類記　下』「十三　安徳天皇」所収『山槐記』治承二年八月八日条)。

(41)　文治元年十二月日「行恵(多米正富)解案」(醍醐寺文書、『鎌倉遺文』一―三五)。

(42)　拙稿「治承・寿永の内乱と伊勢・伊賀平氏」(前掲『鎌倉幕府成立史の研究』)参照。

(43)　『玉葉』寿永二年十二月一日条。

(44)　『山槐記』元暦元年八月十日条、『百練抄』元暦元年八月十日条。

(45)　『山槐記』元暦元年八月十二日条。

(46)　文治二年一月日「行恵(多米正富)申状案」(醍醐寺文書、『鎌倉遺文』一―四四)。

(47)　前掲注41史料。

(48)　前掲注46史料。

(49)　前掲注46史料。

(50)　元久元年十二月日「僧継尊申状案」(醍醐寺文書、『鎌倉遺文』三―一五一三)。

(51)　河田別所と同様の「鎌倉殿御祈禱所」の制札は、文治元年十二月に京都守護北条時政が河内国薗光寺に対して発給したものが、現存最古の制札としてのこされている(文治元年十二月日「北条時政制札」河内玉祖神社文書、『鎌倉遺文』一―三四)。拙稿前掲注40「中世前期の戦争と在地社会」参照。

(52)　湯山学前掲注5著書は、ここに見られる「俊綱」と「滝口四郎」は山内首藤俊綱であると指摘されながら、一方で俊綱は平治の乱で討死したと述べられている。

(53)　元暦二年六月十五日「源頼朝下文」(島津家文書、『平安遺文』八―四二五九・四二六〇)。『百練抄』元暦二年六月十二日条も参照。

(54)　『吾妻鏡』文治二年六月二十一日条。

(55)　前掲注53史料。

(56)　『玉葉』文治元年十月十七日条。

(57)　伊勢国惣追捕使代の山内首藤俊綱が源義経の軍勢に「守護所」を囲まれて殺された文治元年十月という時期は、平氏追討のために軍事動員を行っていた諸国惣追捕使が、同年六月十九日に一旦停廃され(『百練抄』元暦二年六月十九日条)、義経の謀叛を契機に同年十一月の文治勅許で各国に国地頭が設置される、ちょうど間の時期にあたる。したがって、俊綱の事例は、伊勢国惣追捕使の勢力が、惣追捕使停廃後も任国から退去していなかったことを示し、国地頭制は実態としては惣追捕使制から連続していたと考えるべきであろう。なお、山内首藤氏が拠った伊勢国惣追捕使所の位置は不明であるが、室町期の伊勢国守護所は、『満済准后日記』永享元年十月二十八日条に「只今守護居住在所ヨリ河辺マテハ六七里之間」とあり、雲津川まで六、七里の距離にあることなどから、河曲郡あたりに存在したと推定されている（岡野友彦「伊勢国」『中世諸国一宮制の基礎的研究』岩田書院、二〇〇〇年）。

(58)『平治物語絵巻』（平治物語絵詞）の現状と伝来については、松原茂「「平治物語絵詞」の伝来と成立」（『日本絵巻大成　平治物語絵詞』中央公論社、一九七七年）参照。

(59) 永積安明前掲注1論文、同「『平治物語絵詞』について」（『中世文学の可能性』岩波書店、一九七七年、初出一九六九年）、同「『平治物語絵詞』の構想」（前掲『中世文学の可能性』、初出一九七四年）。

(60) 日下力前掲注2論文、三七六頁。

(61) 小林泰三『国宝　よみがえる色彩　デジタル復元でここまで見えた！』（双葉社、二〇一〇年）一二・八五頁。

(62) 日下力前掲注2論文。

(63) 前掲『日本絵巻大成　平治物語絵詞』七七頁参照。

(64) 本屏風については、「保元平治合戦図屏風解」（『国華』五一九号、一九三四年）、Miyeko Murase, “Japanese Screen Paintings of the Hōgen and Heiji Insurrections,” *Artibus Asiae*, Vol. 29, No. 2/3, 1967. 辻惟雄前掲注3論文、梶原正昭「保元平治合戦図屏風について」（『保元平治合戦図』角川書店、一九八七年）などを参照。

(65) 辻惟雄前掲注3論文。

(66) 陽明文庫蔵㈠本や学習院大学図書館蔵本、松平文庫本などの古態本は、首藤滝口の首を落とすのは、鎌田正清の下人と記している。

(67) 辻惟雄前掲注3論文。

(68) 本稿では、古活字本『平治物語』は、前掲『日本古典文学大系　保元物語　平治物語』所収の宮内庁書陵部蔵本を使用する。

(69) ジュリア・ミーチ＝ペカリク「保元平治合戦図屏風に見る武士の世界」（前掲『保元平治合戦図』）。

(70) 田沢祐賀「平家物語　一の谷・屋島合戦図屏風の諸相と展開」（『秘蔵日本美術大観一　大英博物館Ⅰ』（講談社、一九九二年）、伊藤悦子「源平合戦図屏風（一の谷・屋島合戦図屏風）諸本の改変方法と関連資料」（『國學院雑誌』一二〇巻四号、二〇一九年）など。

(71) 伊藤悦子「『耳川合戦図屏風』と『平治物語絵巻』「六波羅合戦巻」」（『日本文学論究』七九号、二〇二〇年）。

(72)『耳川合戦図屏風』については、『絵で知る日本史20　耳川合戦図屏風』（集英社、二〇一一年）参照。

(73)「山内広通差出同氏略系（袋綴）」（『大日本古文書　山内首藤家文書』附録一）。

(74)『華頂要略』は、京都府立京都学・歴彩館デジタルアーカイブで閲覧した。なお、『花洛名勝図会　東山之部』（『日本名所風俗図会7　京都の巻Ⅰ』角川書店、一九七九年）、「須藤俊通墓」（『日本歴史地名大系　京都市の地名』平凡社、一九七九年）なども参照。

(75) 久留島典子「益田氏系図再考」（『東京大学史料編纂所研究紀要』二九号、二〇一九年）。

天正十六年『聚楽行幸記』の成立について

遠藤珠紀

えんどう・たまき——東京大学史料編纂所准教授。専門は中世朝廷制度史。主な著書・論文に『中世朝廷の官司制度』（吉川弘文館、二〇一一年）、「秀吉と天皇　実像編」（堀新・井上泰至等編『秀吉の虚像と実像』笠間書院、二〇一七年）、『史料纂集　兼見卿記』一～七（共編、八木書店、二〇一四～二〇一九年）などがある。

天正十六年に行われた後陽成天皇の聚楽行幸は、秀吉政権にとって一つの画期となった。本稿で取り上る『聚楽行幸記』は、豊臣秀吉が書かせた行幸の記録である。原本二本を含め伝本が多数残るが、これらには種々の異同が見られる。本稿では諸本を五つに分類し、それぞれの特徴を明らかにし、秀吉の意図を検討した。

はじめに

『聚楽行幸記』とは

天正十六年（一五八八）四月十四日から十八日まで、後陽成天皇は関白豊臣秀吉の京屋敷聚楽に行幸した。聚楽行幸と呼ばれる盛儀である。この行幸の意義については、山口和夫氏による評価がある。すなわち秀吉が天皇権威を利用することにより武家の編成を樹立、誇示するものであり、これにより最上級「公儀」を樹立し、また朝廷秩序を再編したという。(1)豊臣政権の一つの画期になった出来事として様々な視点から検討が進められている。(2)

行幸の後、秀吉はお伽衆大村由己に『聚楽行幸記』を執筆させた。天正記とよばれる一連の著作の一つで、聚楽行幸を詳細に記す主要な史料である。秀吉は天正記、太閤能など様々な形で自らの宣伝行動を行った。この行幸も『聚楽行幸記』を下敷として太閤能「行幸」が作成されたようである。(3)ところが『聚楽行幸記』、さらに天正記全体にいえることだが、群書類従所収の刊本、あるいは適宜の史料写真が使用され、史料的検討が充分に行われていない。幸い『聚楽行幸記』は原本二本をはじめ近い時期の写本が複数現存しており、かつこの諸本には無視しがたい異同が見られる。これらの諸本を検討することで、史料的性格を明らかにするのみならず、秀吉が喧伝したかった点も検討できよう。

先行研究

『聚楽行幸記』諸本については、桑田忠親氏が大著『太閤記の研究』の中で検討している。[4] 著者も以前に天皇と秀吉の関係を探る中で、『聚楽行幸記』に複数の奥書、系統があり、史料的検討が必要なことを指摘した。[5] ただこの時は、指摘のみで詳細に論ずることはしなかった。本稿ではその不充分な記述を補いたい。

また近年竹内洪介氏が検討を進めている。まず二〇一九年四月に竹内氏・石塚晴通氏の共著で大阪城天守閣所蔵本の翻刻・検討を発表された。[6] 原本である大阪城天守閣所蔵本の翻刻が示された意義は大きい。本稿では以下『聚楽行幸記』の該当箇所を示す便宜のためにこの論考の行番号を算用数字で付記する。なおこの論考では大坂城本「こそが当に送付本の正本（原本）」であり、本書の送り主は「後陽成天皇へ贈られたものと考えるのが妥当である。（略）本書が足利義昭へ贈られた可能性についてもなお否定できない」と指摘している。さらに同二〇一九年六月の日本近世文学会でも『聚楽行幸記』諸本に関する報告をされ、改稿の上で二〇二一年三月『国語国文研究』で発表された。[7] この論考では、伝本四二点を送付本系統と豊臣秀吉手控本系統に大別し、大阪城天守閣本・尊経閣文庫本がそれぞれの原本であると指摘した。そして送付本系統を七系統に、豊臣秀吉手控本系統を三系統に分類し、さらに細分類を提示し計十七系統とされた。精力的な調査であり、料紙に注目した分析も貴重であるが、いくつか疑問点が存在する。一つは分類の基準が不明瞭なこと、また諸本の伝来や性格が充分に検討されていないことである。かつほぼ同時に発表された前稿との矛盾がある。前稿では大阪城天守閣本は天皇あるいは足利義昭に贈られた本としているが、この報告では別系統とされている。諸本については後述するが、大阪城天守閣本と後陽成天皇に献上された本、義昭に献上された本は明らかに異なっている。

以上のような問題関心に基づき、本稿では、まず一節で主要な伝本の紹介、二節でその諸本間の関係を確認したい。三節では、特に特徴的な異同とそこから窺われる当時の意識を検討していく。

『聚楽行幸記』の概要

次に『聚楽行幸記』の概略を示す。まず行幸に至るまでの経緯が述べられる。初日十四日には、内裏より聚楽に行幸があり、その行列が詳細に記される。到着後に名謁、御遊が行われた。二日目、秀吉は天皇・公家に所領を献上し、諸将が天皇に誓う体裁で秀吉に忠誠を誓う起請文を提出した。三日目には和歌御会が行われた。四日目は舞御覧、北政所・大政所より天皇に対する献上があり、また正親町院より和歌が届けられた。五日目十九日に内裏に還幸する。その後、和歌の贈答が行われ、秀吉を賞賛する文章で行幸記は締めくくられる。日付としては四月二十一日までの記録である。

一、諸本の紹介

(1)『聚楽行幸記』諸本の分類

本節では主要な諸本を検討していく。拙稿で指摘した通り『聚楽行幸記』諸本の奥書はいくつかの系統に分かれる。本稿では奥書に基づき以下の一類～五類と分類した。

一類　天正十六年五月吉日記之　大阪城天守閣所蔵本ほか
二類　天正十六年五月吉辰記之　東山御文庫収蔵本ほか
三類　天正十六年五月上旬記之　蓬左文庫所蔵本ほか
四類　天正十六年五月吉辰依仰記之、梅庵由己・清書法印
　　　長諳　尊経閣文庫所蔵本ほか
五類　そのほか

以上の内、一類～三類はおおもとの本には秀吉の花押が据えられ、秀吉から誰かに贈られた記録の系統である。一方、四類は仰せにより書いたとして筆者の大村由己と清書の楠長諳の署名がある。こちらは秀吉の仰せを受けた二人が献上したものの系統となる。なお竹内氏は「蓬左文庫本系統」(本稿の三類)を、四類と同系統とし、秀吉からの送付本系統の本ではないとするが、奥書の書き方は四類とは異なり、こちらも送付したものと考えられる。今一つ、五類は秀吉の手を経由していない本を想定している。例えば由己と親しい山科言経は、知人に『聚楽行幸記』を読み聞かせたり、貸したりしている[8]。これは由己の手許にある草稿をもとに書写した本であろう。本文としては一類～四類のいずれかと同じと考えられる。しかし秀吉から下賜された行幸記を書写したわけではなく、秀吉に献上したものを書写したものでもない。このような形で流通した写本がほかにも存在したと想定される。

以上の五類型につき、本稿で検討する主な諸本を紹介する。竹内氏の指摘通り『聚楽行幸記』の諸本は多く存在する。しかし転写を重ねた本には、誤写や混合など様々な要素が影響し、慎重な検討が必要である。そのため拙稿でも本稿でも諸本約三十七点を調査した上で、比較的近い時代に作成された、原態を留めていると推測される本を取り上げ、検討を行った。

（2）主な一類本

大阪城天守閣所蔵本

一類本としては四本をとりあげる。まず大阪城天守閣所蔵本である（以下、大本とする）。大本は、一九七一年春に京都の古美術商から購入された。古美術商以前の出所・伝来は不明であり、箱書の痕跡があるが削られているという(9)。末尾には秀吉の朱印があり、秀吉から某氏に贈られた原本と考えられる。冒頭一紙ほどが著しく傷み、後半部に一紙分ほどの欠、また三日目の記事に錯簡がある。先述の通り石塚氏・竹内氏による翻刻がある。

柳沢昌紀氏所蔵本

二つ目として、柳沢昌紀氏所蔵本がある（以下、柳本）。柳本には一類共通の本奥書に続き、「于時天正十七年貳月十九日書之、筆者／空存斎（花押）」とある。近い時期の写本と推測されるが、筆者空存斎については不明である。秀吉に対する避諱が行われている(520)。

慶應義塾大学斯道文庫所蔵本

慶應義塾大学斯道文庫所蔵本（以下、斯本）も古い写本と推測される。伝来は不明であるが、竹内氏は秀吉の祐筆で『聚楽行幸記』の清書楠長諳の筆跡と指摘する。楠長諳筆とすると、奥書が「天正十六年五月吉日記之」のみで、秀吉の花押が見えない、という点が注目される。すなわち秀吉からの下賜を経由していない五類系統の本の一つである可能性も存することになろう。

前田育徳会尊経閣文庫所蔵本（尊B本）

四本目に前田育徳会尊経閣文庫所蔵本を取り上げる（以下、尊B本）。奥書は次の通り。

　天正十六年五月吉日記之、朱印有、
　　右此一巻従秀吉公正山様え被進書也、御本は巻本也、
　　紙数五十七枚有、不思儀以伝乍恐染愚筆者也、
　　　慶長六年十一月廿二日書写　廿一歳　康元

秀吉が正山（昌山の誤であろう）、おそらく室町幕府足利義昭に進上した書を慶長六年（一六〇一）に「康元」が書写したという。前田家では、この書を貞享二年（一六八五）ころ春日社家より入手したとの記録があり(10)、南都方面が注目される。また尊B本と同系統の写本に宮内庁書陵部所蔵柳原本（函号柳六十九号）、味の素食の文化センター所蔵本がある。両本では尊B本の奥書を途中まで写し、次に「元和七年辛酉十月日」という日付、さらに味の素食の文化センター所蔵本には元和の日付の下に「祐範判」と記される。祐範は元和七年（一六二一）当時の春日社正預大中臣祐範と考えられる。祐範が書写したことからは、やはり足利義昭旧蔵本とされる

本が春日社周辺に伝来したことになる。あるいは義昭子息で興福寺大乗院門跡義尋の縁によるものであろうか。尊B本も秀吉に避諱が行われている（520）。

大本は足利義昭に送られた本、すなわち尊B本の親本の可能性も指摘されている。しかし、二節で検討する通り文言が異なる箇所が多数ある。また奥書には親本が「紙数五十七枚」とある。大本は現在一部に脱落や錯簡があるが、原態は四十七紙程度と推測され、紙数が異なる。尊B本の奥書を信じる限り、大本は義昭に渡された本ではない、といえよう。

（3）主な二類本

高岡市立博物館寄託本

次に主な二類本を三本紹介する。二類本の原本は残らないが、管見の限りこの系統の写本が最も多数残る。そこで諸本共通の異同に注目する。まず現在高岡市立博物館に寄託の個人蔵の本である（以下、阿本）。表紙題簽に「阿野侍従実政朝臣真跡（花押）」、末尾にも「天正十六年閏五月吉辰　阿野／侍従藤原実政」とあり、公家の阿野実政の関与があった本のようである。阿本および次の立本について、拙稿では表に掲載したのみだったので、ここで少し詳しく述べたい。奥書は

　天正十六年五月吉辰記之、　御朱印
　　此行幸之記従関白殿
当今様え御進上候、申出候而写申候、作者由己と申候
而関白殿に伺候之仁候也、
　　于時天正十六年閏五月吉辰　　侍従《阿野》藤原実政生年□□

とある。すなわち秀吉が当今後陽成天皇に進上したものの写しで、作者は大村由己であるという。ここから秀吉が天皇に献上した本が存在したこと、その系統の本を阿野実政が入手したことが窺われる。また和歌御会の記事には「藤原（阿野）実政」（651）の和歌も記され、その下に「改名—顕」と注記される。実政は文禄元年（一五九二）に実顕と改名した。こうした注記の存在からも、阿野家にゆかりのある写本であるのは確かであろう。

ただし天正十六年の写本そのものではないと考えられる。阿本は反故紙を翻し冊子として書写されている。冊子のため紙背文書ははっきりとは見えないが、書状や連歌懐紙などが用いられている。その中で確認できる充所には「妙院さま」「妙さま」「めうもし」が複数ある。また書状の差出、連歌の参加者には「堯信」「堯演」「観済」など（六丁裏・八丁裏・二十五丁裏など）、豊臣期の醍醐寺僧が多く確認できる。年紀が明らかなものでは、十八丁裏に「天正十七年正月朔日法務大僧正堯雅」と見え、醍醐寺周辺が注目される。

以上から、天正十六年閏五月に書写したという奥書は本奥

書であり、阿本はその転写本と考えられる。紙背文書に登場する人物の活動時期や、天正十七年の文書が使用されていることを考えあわせると、行幸からさほど下らない時期に醍醐寺「妙院」（妙雲院一雅か）周辺で書写されたものであろう。一雅の無量寿院には実政の弟、のちには子息も入室しており阿野家と縁がある。(11) 阿本は阿野実政所持本を妙雲院で借用書写したものではないか。転写本であるが、比較的近い時期のものといえる。

京都大学総合博物館所蔵影写本

次に京都大学総合博物館所蔵影写本を取り上げる（以下、立本）。立本は近代に作成された影写本であるが、後補表紙を写したと推測される部分に「聚楽第行幸記　左京亮宗継大夫筆」、もと原表紙に「行幸記　青木紀伊守」とある。禁裏御倉立入家にゆかりと推測される本である。竹内氏も触れているが、立本には後陽成天皇に進上された本を書写したという阿本と同文の奥書がある。すなわち天皇に献上した本を某氏が書写し、さらに阿野や立入など各所に広まったという流れが推測される。とすると阿本の本奥書も署名以外は実政によるものではない可能性がある。もと原表紙には秀吉の家臣「青木紀伊守」の名前が記されており、立入の手許に来る前に青木を経由している可能性も考えられる。この影写本のもとになった原本は現在確認できない。ただし江戸時代に立入経徳（一七五五～一八二四）が『校註行幸記』を著している（京都市歴史資料館蔵）。この本についてはすでに桑田氏の紹介がある。『校註行幸記』では、もとの行幸記が「此記天正五年富森水田帳之裏也」と注記されている。富森は立入家領であり、その天正五年の水田帳の紙背を使用している点からは、立入家で行幸からさほど遠くない時期に書写、伝来した写本の影写本と推測される。

立本の特徴

立本は誤写・脱落も見え、本文としてはやや注意を要するが、注目される点がいくつかある。そのうちの一つを紹介する。最終日聚楽からの還幸の行列の場面で「前駈のさきに奉行をつけてつかはさる」（481）との表現がある。この奉行は豊臣の奉行であろう。ところが立本のみ「前駈のさきに両御倉奉行にてつかはさる」と「両御倉」という単語が加わる。対応のためか「民部卿法印玄以奉行として」（33）という文章にも、立本では「民部卿法印玄以惣奉行として」とされる。立入家はこの時期禁裏御倉を勤めているが、『聚楽行幸記』には登場しない。しかしここに三文字付け加えることで、聚楽行幸において自家が活躍したと紛れ込ませる意図があったと考えられよう。江戸初期には、立入家の経歴として聚楽行幸への参仕が何度も主張されている。例えば立入直頼(一六六五没)の「聚楽行幸之時、御進物請取、唐櫃、前駈にて御倉え納申候、此役仕来候」という主張は、まさにこの立入家の『聚楽行幸記』をふまえているのであろう(京都市歴史資料館蔵「立入家旧例書上草案」)。すなわち立本の原型は一七世紀前半以前の写本で、立入家の活動を加えている点でも注目される。

東山御文庫収蔵本

以上は、近い時期に作成された写本であるが、本文的にこの系統の本の中で良質なのは、現在東山御文庫に収蔵されている本であろう(以下、東本)[12]。桑田氏はこの本を楠長諳筆とし、禁裏に献上した副本であろうと指摘した。しかし奥書に「御朱印在之」とあることや書き直しの様子からも、献上した本そのものではなく写本と考えられる[13]。竹内氏も長諳筆ではないとし、謹書されていない冊子本であることから写本とする。

近年、蔵書目録等を活用した禁裏文庫の研究が飛躍的に進められている。その中でここで注目したいのは勅封一二〇—一三—二「御本御目録」である。この目録は後西院が文庫を整理した際に作成し、後西院崩御後霊元院の手に渡った書目の目録とされる[14]。この目録に「聚楽行幸仮名記　一巻」が見える。東本は冊子本なので、巻子と思しいこの項目には該当しない。あるいは後陽成天皇に献上された原本であろうか。次に霊元院が記した勅封一三〇—一「御入記目録」には「聚楽行幸記一冊新加」と記載がある。小倉慈司氏によれば、この「聚楽行幸記」が東本に対応するもので、扉題は後西院筆という。「新加」は、後西院の所蔵本から霊元院が接収した本と指摘されている。後西院は後水尾院の子で、傍流の天皇だったこともあり多数の古記録写本を作成させた。なお後西院による古記録写本の多くは大和綴の冊子本である。現在後西院の写本が最善本となっているものも多く、古典籍の伝来上重要な天皇である。これらから東本は、十七世紀半ばに後西院が作成させた写本と考えられ、その親本は秀吉から後陽成天皇に献上された本そのものの可能性もある。

(4) 主な三類本

蓬左文庫所蔵本

四番目に三類本である。こちらも原本は確認されていない。まず尾張徳川家に伝来し、現在蓬左文庫所蔵の冊子本がある(以下、蓬本。請求番号一〇八—一二)。尾張徳川家は多数の蔵書目録を作成している。その中で蓬本は、最古の「御書籍目録(元和・寛永)」には記載が見えず、慶安四年(一六五一)の「御書籍目録」より以後の目録に記されている[15]。奥書には秀吉の印の模写がある（堀新氏・竹内氏のご教示による）。十七世紀前半以前の写本であり、秀吉朱印の模写が存在することからは、親本が秀吉の下賜本だった可能性がある。ただし竹内氏が主張するように蓬本が次の高本以下の諸本の祖本であったとは、直ちには考えにくい。

国立歴史民俗博物館所蔵高松宮家伝来禁裏本

国立歴史民俗博物館所蔵高松宮家伝来禁裏本の中にも三類の『聚楽行幸仮名記』がある（以下、高本。資料番号H—六〇〇—一五九〇）。高本は高松宮家の目録類のいずれにも記載が見えず、後西天皇由来ではないと考えられる。[16] 主要な本の一つであるが、脱落等が見え、この系統の最善本とはいえない。本稿では蓬本を中心に高本を参照しつつ検討していく。

このほか三類の早い時期と推測される写本に公家の久我家本（後欠。北野天満宮所蔵）、勧修寺家旧蔵本（京都大学総合博物館所蔵）がある。宮城県立図書館所蔵伊達家旧蔵本（伊達文庫目録四四九）も三類であり、三類本もある程度流通していたと推測される。

（5）主な四類本

四類は原本が前田育徳会尊経閣文庫に残されている（以下、尊A本）。これは大村由己と清書楠長諳の花押があり、秀吉の命を受けて執筆した両人から秀吉に献上された原本と桑田氏により指摘されている。また前田綱紀による「所献豊太閤之旧本」との箱書、「梅庵」の紙継目印がある（竹内・石塚二〇一九）。さらに同梱の史料から、享保三年（一七一八）に前田綱紀が入手、修補したことがわかる。四類についてはこの尊A本に基づき検討する。

四類の写本として宮内庁書陵部所蔵九条家文書に伝わった本がある。[17] この本は裏書より、当主九条兼孝が天正十六年五月に宇喜多秀家家中の女性を通じて入手したことが判明する。倉卒のメモだったのかやや走書きの単葉装だったものを、現在は巻子装に改めている。すなわち四類本も早くから書写され流通していたことが窺える。ただし四類本と同系統の本文を持ち、他者に下賜された系統の本は、現在のところ管見には触れない。

（6）群書類従所収本

最後に、もっともよく使用されている群書類従所収本についても簡単に触れておきたい。群書類従本のもととなる宮内庁書陵部所蔵和学講談所本（函号一七五・五一五）を確認すると、群書類従本に見える奥書とは別筆で「右一帖以保己一検校本遂一校畢」とある。ここから和学講談所本を塙保己一の所蔵本で校訂していることがわかる。本文の脇には校訂注が見え、この校訂が塙本に基づくと推測される。本文の系統は次節で述べるが、和学講談所本は二類系列である。校訂の傍書は一類の本文となっている。さらに『豊鑑』と注記された校訂もあるが、これは三類系統の本文である。現在の刊本になると、和学講談所本に附されていた校訂は、本文に取り込まれている。すなわち二類本に一類本が混ざった取混本である。『豊鑑』の注記はそのまま付されている。さらにまた異なる箇所に二類本との対校がイとして示されている。

二、諸本間の関係

(1)『聚楽行幸記』の執筆

二節では前節で紹介した諸本の関係を検討する。それに先立って『聚楽行幸記』の成立過程を確認する。『聚楽行幸記』の執筆過程は、大村由己と親しい公家山科言経の日記から窺うことができる。行幸直後の二十日、由己から言経に行幸の記録について相談があった。この相談は二十日～二十五日まで連日行われている。『聚楽行幸記』には二十一日の記述まで存在するが、それ以前から準備が始められていたことがわかる。この時、言経は参加する武家の着付の手伝のために在京しており、二十六日に大阪に帰った。由己は引き続き閏五月初頭まで在京していたようである。四月二十五日までの言経の助言に加え、その後も他の識者に助言を求めたり、推敲を重ねていたのであろうか。閏五月十四日、言経は大阪の由己宅で行幸記を一覧した。閏五月十八日には、秀吉から天皇に献上された行幸の記録が、正親町院にも届けられている。[18] この時期までには書き上がっているのであろう。

また上杉景勝の事績を記した『上杉家御年譜』の記事も注目される。上杉景勝は聚楽行幸には参加せず、翌五月中旬に上洛した。年譜では四月に行幸の様子を記し「此事委細に石田(三成)・増田(長盛)ヨリ注記シ来ル」とする。また「是去ル十四日聚楽亭ニ行幸ヲ催サレ、秀吉一世ノ喜ト宣ヲ、先達テ此事告来ルニ付早速ニ上洛」という。石田三成らが伝えた内容が『聚楽行幸記』であるかは不明である。しかし秀吉が早くからアピールの道具として行幸の様子を触れ回り、『聚楽行幸記』もあちこちに送付していた可能性があろう。

では由己は言経にどのような助言を求めたのか。『聚楽行幸記』に関しては不明であるが、異なる天正記執筆時に推測できる記事がある。行幸記の翌年天正十七年に、秀吉の子の誕生を記した『若公御誕生之記』が執筆された。この時は由己から言経に堂上衆の序列について質問があり、書き送っている。[19] また同じ『若公御誕生之記』について、松永貞徳『戴恩記』には摂関家九条植通が「当今」「即位」といった詞の読みや、産養の表現について意見を述べている記事がある。

こうした例からは、大村由己は朝廷の作法や人名、故実などに知識が乏しい点があったのではないかと推測される。

（2）一類本の特徴

文章表現の異同

次に諸本の異同を確認したところ、多数の異同が見えるが、特に一類本が他類本と異なった表現をしている箇所が多く見られた。いくつかを略述する。

まず文章表現である。一類では行幸の行列が「竜田の嶺の秋の粧」（192）に劣らず美しいという表現がある。二類以降はこの箇所は「竜田川」とされる。百人一首でも著名なように、秋の粧いといえば「竜田川」の紅葉が本義であろう。次に秀吉が聚楽に到着した場面を見ると、一類では「殿下四あしの門を」（205）と記す箇所を、二類以降では「殿下の御車四足の門へ」と「の御車」が加わる。

舞御覧・和歌御会の記述

四日目の舞御覧の楽屋の記述にも異同がある。一類では「左右の楽屋に五間の幕〈紋に瓜あり〉」（442）とする記述を、二類以降は「瓜紋あり」と表現する。これは楽所幕の木瓜紋を表現したものであろう。また「楽屋の前に大太鼓あり」（442）の注「かさりは火焔也」という記述は大本・柳本のみに見え、他本には見えない。雅楽の大太鼓は通常火焔太鼓であるが、これらは由己には珍しかったため、当初は特記していたと推測される。楽人の装束は一類では「赤地紋紗袍唐錦袴赤地金襴打懸鶏冠石帯糸鞋已下美麗なり」（445）と、かな主体の記録の中で異例なほど漢字の列挙である。ここも二類以降では「赤地の紋紗の袍、唐錦の袴、あかちの金襴の打懸、鶏冠・石帯・糸鞋以下美麗なり」とかな交りで開かれる。由己は当日の次第に基づき執筆したのであろうが、これも当初知識がなかったのではないか。

三日目の和歌御会では、席次につき一類「御座敷上下」（393）との表現が「御座配以下」とされ、また一類「当座の御歌有」（471）「御歌あり」（495）が「御当座あり」「御詠あり」と異なる箇所もある。これらも二類以降が自然であろう。敬語関係では一類「天道にかなひ給ひし」（494。尊B本以外）を「天道にかなはせ給ひし」とする、「御心しつかの」（477）と「御心閑なる」、「契り給ひ」（474）と「契らせ給ひ」など二類以降でより丁寧になる。

人名関係の記述

人名関係の表記にも異同がある。例えば、後陽成天皇が箏の琴を演奏する場面（249）では、一類では「御所の御つまをと」と表現するが、二類以降では「主上の御爪音」と記している。天皇の表現としては「主上」の方が適切であろうか。

大臣の序列について、一類では「内府・右府・徳大寺」の順で記される（358）が、二類では、「菊亭右府・徳大寺前内大臣・尾州内府」と順番が入れ替わり、称号が附される。三類・四類は「菊亭右府・徳大寺前内府・尾張（州）内府」と、順番は二類と同じであるが、徳大寺もほかの二人同様「内府」と唐名表記で揃えている。公家社会内の序列としては、二類以降の右府（菊亭晴季）・前内府（徳大寺公維）・内府（織田信雄）の順が正しい。一類では当時の武家側の目線で、織田信雄を一番上に置き、秀吉のブレーンであった菊亭晴季、やや影の薄い徳大寺公維の順にしたのではないだろうか。

また実名の漢字に齟齬のある人物が何人かいる。一類では「小槻高亮」（69）など漢字に誤りが見える人物が、二類以降の諸本では正しく「小槻孝亮」と記されている。弁官を一類では「勧修寺弁」「日野弁」（72〜）などとするが、二類以降は「勧修寺左〔右〕少弁」「日野左少弁」とする。和歌御会の場面では、御製読師を一類では「殿下」（412）、二類以降は「関白殿」とする。また奉行以下が基本的に称号で示される中で「慶親朝臣」（415）「園基継朝臣」（427）と実名表記だった人物が、「中山頭中将」「園少将」と他と統一されている箇所もある。このほか足利義昭を一類では「室町准后」（387）、以後は「室町入道准后」に、一類の「花山院参議」（397）が二類以降では「花山院宰相」となる、といった違いが見える。いずれも二類以降の表現が、中世の公家の日記ではよく見られる。特に「花山院参議」という表記はまず見ない表現であろう。

このように全体として公家の序列、称号、敬語や舞御覧・和歌会の表現などに一類ではこなれない箇所が存在する。こうした点は、前節で述べたとおり、元来朝廷とさほど縁がなかった由己はあまり得意としていなかったのではないだろうか。かつこれらは後代の転写の過程で不慮に生じる変化ではなく、親本が異なると推測される。こうした特徴からは、四系統の中で一類本がもっとも初期段階の本文と推測される。

（3）大本の特徴

大本は一類の中で秀吉の朱印を有する原本である。しかし大本のみの特徴も多数見られる。主要な異同を**表1**に示したが、特に脱字・脱行や、和歌の文言の違いなどが見られる。こうした特徴は管見の限り一類のほかの本、二類以降には受け継がれていない。すなわち大本は一類を含め他の諸本の親本となった本ではない。冒頭に述べたとおり、この大本は秀吉から誰かに下賜された本である。一類の親本があり、秀吉はそこから書写しては主だった人に下賜したと推測され、その折に誤脱等により本文の変容を生じたのであろう。

一類について、一節では大本、柳本、尊B本、五類の可能性もある斯本を挙げた。これらの中では一類共通の本文のほか、一類の中で変化を見せているものもある。特に注目されるのは、尊B本（足利義昭旧蔵の系統）である。一類の中で尊B本のみ二類以降に近い表現をしている箇所が見られるのである。その代表的なものを**表2**に掲げた。特に人名や官途名

表1　大阪城天守閣所蔵本のみの主要な異同

大本行数	大本	その他
58	御こし三十町余した簾あり	御こし三十丁余みなした簾あり
242と243の間	ナシ	一、笙　大炊御門大納言
474	行幸御申あるへき	行幸御申沙汰有へき
695	豊臣長宣	豊臣長益
722	世にかけて	世をかけて
730	みとりの松	砌（みきり）の松
743	行幸なる事	行幸のことくなる事

表2　大本と尊B本・二類以降の主要な異同

大本の行数	大本の表現	大本と同表現の一類本	尊B本・二類以降
15	百臣	柳・斯	百官
174	津田侍従信兼朝臣	柳	津侍従信兼朝臣
193	かまひしき	柳・斯	かまひすしき
200	いまた牛車は	柳・斯	牛車はいまた
242	同三位中将	柳・斯	同三位中将　三人
266	其状の御詞	柳・斯	其御状詞
281	行末なとの事	柳・斯	行末の事なと
442	かさりは火焔也	柳	ナシ
461	麝香臍二十	柳・斯	麝香臍十

であるが、大政所が天皇に献上した献上品の中の一つ麝香臍の記載（461）も注目される。大本などが「二十」と記すのに対して、尊B本および二類以降は「十」となっている。『御湯殿上日記』当日条によれば「十」だったようであり、由己は当初二十と記していたが、誤りに気づき十と変更したのではないだろうか。

以上から、一類も全く同じ親本からの書写ではなく、本文（親本）の改訂が行われていると推測される。大本と尊B本は別の段階であり、現在確認される諸本の中では大本がもっとも最初の本文を示している。大本の下賜先は不明であるが、秀吉にとってなるべく早く聚楽行幸の盛儀を主張したい相手だったのであろう。

（4）二類・三類・四類の主要な変化

詳細になっていく説明

同様に二類、三類、四類それぞれの中で変化している部分を見ていく。傾向としては二類が比較的一類に近く、四類、三類と詳しくなる。

例えば行幸の行列の中で、雑色が「胡簶・緌を具す」（162。一類・二類）という表現は、三類・四類では「左右共各胡簶・緌具之」と少し記述が補われている。

次に大本では欠けている箇所であるが、還幸ののち

秀吉が天皇に歌を奉る記事がある。一類（柳本・尊B本）・二類では「則叡聞に備へらる」と端的に記すが、三類は「すなはち長諳御使として致持参伝奏へ渡申、今夜叡覧に備しといへとも既ふけ過御合《〔格〕》子にて翌日披露」、四類は「すなはち長諳御使にて伝奏へ致持参之、今夜はや更すき御合《〔格〕》子にて翌朝叡聞に備らる」と詳細である。三類と四類では三類がさらに詳細な傾向がある。さらに一類では、秀吉が和歌を「則短冊に書つけ禁中并院御所へ」（506）送ったと記す。この箇所は二類では「則短冊に書付けられ、当今ならひに院御所へ」と少し敬語が付される。三類は「即式部卿法印長諳を召て短尺に書付させ、松の枝に結ひ、金輪并仙院へ」と筆者や松の枝に結いつけたという情報が加わる。四類は「即式部卿法印長諳を召てたんさくに書つけさせ、松の朶にむすひつけ、金輪ならひに院御所へ」と、表現や情報量が異なっている。

和歌御会

和歌御会の記事（515〜）も顕著な違いがみられる。御会では公家（清花成大名を含む）・武家・法中の三つに分け、九九人の和歌が書き上げられている。一類大本では、端作が四か所記され、ただ和歌が列挙されている。一類の中では尊B本のみ、僧の和歌の冒頭（720）に「法中」と記されている。二類では天皇の和歌に「御製和歌」とあり、阿本・立本では天皇・秀吉の和歌は三行三字を意識して記す。三人目の六宮の脇（525）に「三行三字、自余同前」と注記し、以下は書き下している。三類では天皇の和歌の端作に「和歌二字左へよる」（515）と書き方、さらに「御製大高檀紙そのまゝ、三行三字、即宸筆を染らる」と、懐紙が大高檀紙であったこと、和歌を三行三字に天皇自ら認めたこと、と料紙や筆者の情報も付加される。続く秀吉の和歌にも「三行三字」で、紙は「大たかたんし一寸つゝめ」た少し小さいものであったこと、「式部法印長諳」が書いたとの注記がある。三人目六宮以降は端作を略し、「はしつくり御製に同し」、次の伏見宮は「端作同関白殿、但無同字」と記す。五人目の九条兼孝には「端作皆同前」、武家の一人目前田利家に「端作同前」（665）、法中の一人目昌山に「法中端作季書無之」（720）とくくりごとに端作の書き方が注記されている。四類では天皇に「御製御懐紙は大高檀紙をそのまゝ、勅筆也、三行三字」、秀吉に「御懐紙は大たかたんしを一寸つゝめ侍る、三行三字、式部卿法印長諳書之」、六宮に「はしつくり御製とおなし、三行三字」とあり、九条兼孝には端作を記した上で、次の一条内基から「懐紙したゝめやう自余こと〳〵く同之」として省略している。

こうした傾向から、『聚楽行幸記』はおおよそ一類→二類

↓四類↓三類の順で作成された、という仮説を立てたい。二類と四類は「五月吉辰」という奥書の日付の書き方も共通している。また二類単独では、「六宮」（388）を「六宮御方」と記すなど、朝廷関係の表現に少し丁寧なところがある。

三、特徴的な異同

（1）清花成大名の強調

三節では種々の異同の中でも特徴的な異同をいくつか紹介したい。

まず武家の身分編成について、聚楽行幸を前に徳川家康ら五人を清花成させ、新たな地位を形成したことは著名である。(20)これに関わるのか、諸本の中で微妙に文言が変化している部分がある。まず公家たちに引出物を贈る記事である（355）。

一類：摂家・諸門跡・清花・雲客にいたるまて悉（御引物あり）

二類：摂家をはしめ申諸門跡・清花悉へ

四類：摂家を始申諸門跡・清花以下悉へ

三類：摂家をはしめ諸門跡・清花悉へ

一類では摂家・諸門跡・清花・雲客が並べられる。これに対して二類〜四類は摂関家を「はじめ」と特筆し、一方雲客の記載が見えなくなる。同様の変化が行幸の後、人々が秀吉に参礼に赴く場面（740）にもある。一類では「摂家・門跡・雲客等」が赴いたと記述される。この記述が二類〜四類では「摂家・門跡・清花等」となり、雲客が清花に替わっている。こうした推敲は清花の位置づけとも関わるのではないだろうか。

行幸三日目の和歌御会に清花成をした五人は相伴を許された（398）。その記述は次のように変化する。

一類：尾州内大臣・駿河大納言・大和大納言・近江中納言・備前宰相清花たるへき旨　勅許によりて御相伴也、尤規模たる者也、

二類：尾州内大臣・三河大納言・大和大納言・近江中納言・備前宰相、此五人事清花たるへき旨　勅許によて即御相伴也、尤為規模ものか、

四類：尾州内府・駿河大納言・大和大納言・近江中納言・備前宰相、此五人事清花たるへき旨　勅許によて即御相伴也、尤規模たるものか、

三類：尾張内府・駿河大納言・大和大納言・近江中納言・備前宰相、此五人事今度清花たるへき旨　勅許によて即御相伴也、尤規模たるものか、

一類は五人を列挙し、相伴を勅許されたことを記す。二類・四類では、「此五人事」という文言が加わり、「即」「尤

規模たるものか」と強めの言葉が加わる。さらに三類では「今度」とより強調された表現である。矢部氏の指摘の通り、この行幸において、清花成大名の披露が大きな要素だったことが窺われる。

(2)諸将の起請文

一通目と二通目の表現

次に行幸二日目の起請文である。起請文は二通あり、一通目に織田信雄以下六人、二通目に織田信兼以下二十三人の署名が並ぶ。両通の前後を見ると、一類では一通目の起請文の後そのまま続けて二通目の日付「天正十六年卯月十五日」が示され(318。柳本・尊B本は「四月」)、諸将の連署があり、充所「金吾殿」(341)となる。二類・四類ではこの一通目と二通目の間に「同時別紙誓詞有之、文言日付同前、人衆」と、同文の二通目がある旨の説明が入り、二通目の充所部分に「あて所同上」(二類)「あて所同前」(四類)と記される。三類では「同時別紙誓詞有之、文言等同之、仍人衆計書之」「あて所まへにおなし」とさらに丁寧な説明である。この変化からも、一類→二類→四類→三類の順で増補されたと推測される。

諸将の署名

署名の表記にも違いがある。一通目の連署を一類大本では「加賀少将豊臣利家」「備前参議豊臣秀家」と、通称+氏+名で示している(尊B本は「加賀」等を肩に付す。次頁写真参照)。これに対して二類以降は「右近衛権少将豊臣利家」「参議左近衛中将豊臣秀家」と官・兼官+氏+名で記す。実際の起請文の署名は不明であり、成立が早いという点では一類のような表記だったかもしれない。しかし公家風の文書の署名としては後者の方がより適切であろう。公家の書き方に倣い、『聚楽行幸記』推敲の段階で改めたのではないか。

この起請文は署名した人物の多くが豊臣姓であることから、豊臣姓の創出の点からも注目されてきた。しかし実はその人数は一定ではない。一類で非豊臣姓の人物は、平(織田)信雄・源(徳川)家康・平(織田)信兼・藤原(井伊)直政・秦(長宗我部)元親の五人である。二類・四類ではこれに平(織田)信秀・平(織田)長益の二人が増えて七人となる。三類ではさらに源(徳川)秀康・源(斯波)義康・源(長岡)忠興が源姓となり、姓が脱落している木下勝俊を除いても十人となる。このうち少なくとも四類は秀吉に献上された原本が残っており、後代の作意ではなかろう。

また起請文の姓と行幸三日目の和歌御会懐紙の姓との齟齬も問題となる。和歌の書き上げでは、一類では五人(平信雄・源家康・平信兼・藤原直政・秦元親)が非豊臣姓で示され、

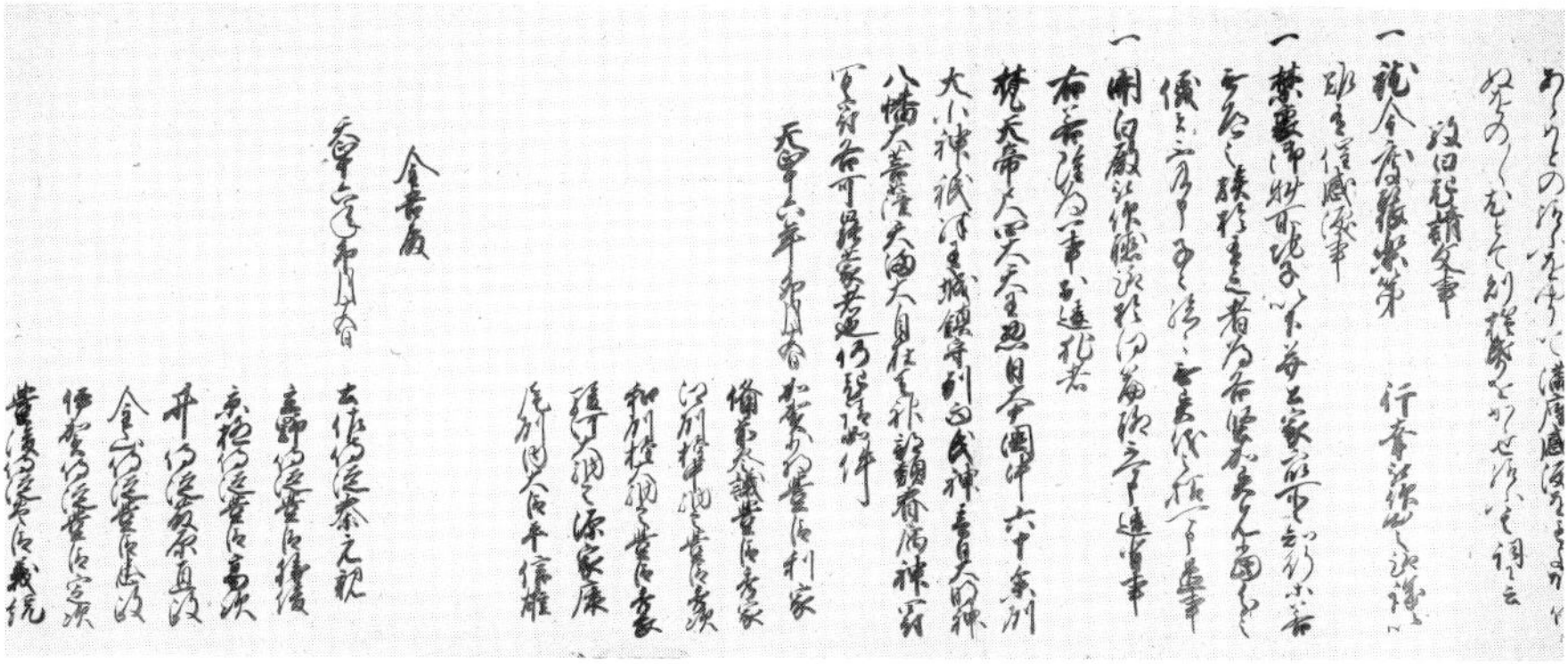

図1 『聚楽行幸記』起請文（一類）：17紙～18紙（大阪城天守閣所蔵）

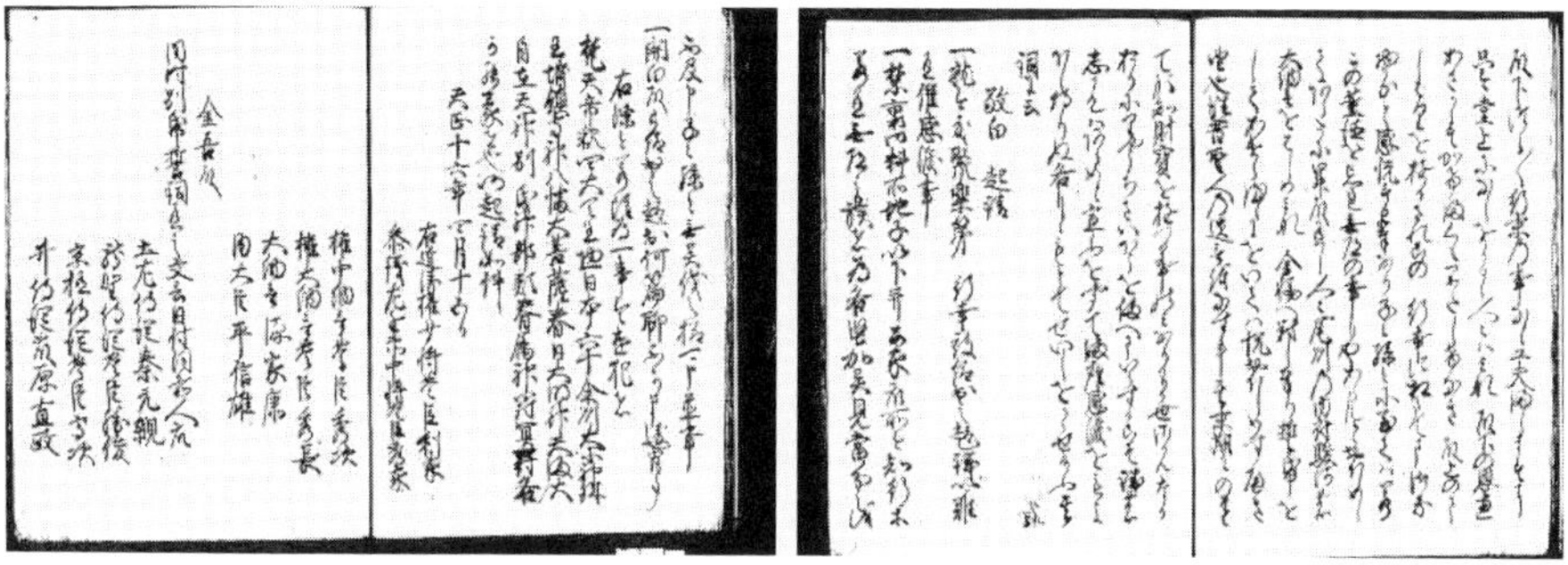

図2 『聚楽行幸記』起請文（二類）：12丁裏～14丁表（東山御文庫収蔵）

二類・三類では平信秀も加わる。とはいえ起請文との整合性は不充分であり、やはり『聚楽行幸記』の推敲を進める中で意図的なことと考えるべきではないだろうか。

この和歌御会については、武家のほとんどが豊臣姓である中で、源姓である徳川家康の独自性・独立性を読み取る池享氏と、むしろ疎外感・孤立感を得たであろうとする矢部氏の説がある。(21) ただし諸記録を見ると、当日の披講は大納言までしか行われておらず、残りの人たちは懐紙を積み重ねる形だった。(22) そのためむしろ豊臣姓で詠み上げられたのは秀吉、弟秀長のみとなる。かつこの和歌懐紙は特に武家では代作・代筆が多いことが想像される。例えば長岡（細川）幽斎の歌集『衆妙集』には「聚楽行幸の御会に人々にかはりて」との詞書を持つ一連の歌がある。これを見ると幽斎は足利義昭・豊臣秀長・豊臣秀次・蒲生氏郷の歌を代作したようである。こうした御会の賀歌は故実が難しく、懐紙の書き方も先述の通り紙の大きさ、字配り、端作の書き方など細かい作法がある。そのため自身が歌を詠じ、懐紙を書いているとは考えにくい。まして他の人々の詠歌、署名については、『聚楽行幸記』によって初めて知られたのではないだろうか。

神文

起請文では神文の変化も見られる。次に列挙する。

一類（大本）：梵天・帝尺・四大天王、惣日本国中六十余州大小神祇、殊王城鎮守、別而氏神、春日大明神、八幡大菩薩、天満大自在天神、部類眷属、

一類（尊B本）：梵天・帝尺・四大天王、惣日本国中六十余州大小神祇、殊王城鎮守、春日大明神、八幡大菩薩、天満大自在天神、別氏神、部類眷属、

二類（東本）・四類・三類：梵天・帝釈・四大天王、惣日本六十余州大小神祇、殊王城鎮守神、八幡大菩薩、春日大明神、天満大自在天神、別氏神、部類眷属、

※二類阿野本・立入本は「国中」あり。三類は「王城鎮守」とする。

「国中」の有無、「氏神」の位置、「春日大明神」「八幡大菩薩」の順番に変動が見られる。起請文は秀吉側がひな形を作成している。すなわちこの神文も秀吉の意識を反映したものであろう。秀吉の他の起請文と比較すると、春日大明神が登場するのは『聚楽行幸記』のみである点も興味深い。[23] 近衛前久の猶子として関白に就任したために藤原氏の氏神が入ったのであろうか。全体に実際の起請文そのものではなく、文章を整えているといえる。

（3）御料所の進上

この起請文と同時に朝廷への御料所が進上された。天皇、上皇、自らの後継者とした六宮（のちの八条宮智仁親王）に所領を与え、また諸公家にも天皇への奉公と引き換えに所領を与える、怠りのある場合は天皇に委ねるという内容である。山口氏は、これは諸公家・諸門跡に対する強い支配権を天皇に保障し、明文化するもので、朝廷秩序の再編であると指摘する。[24] そうした意義のある文書だが、これも次に掲げた通り明らかな異同がある。

一類（大本）

就今度聚楽行幸京中銀子地子五千五百参拾両余、為禁裏御料所奉進上之、并米地子八百石、内参百石院御所へ進上之、五百石為関白領六宮進之、洛中地子米銀子不残奉献之、次諸公家・諸門跡於近江国高嶋郡八千石令配分、朱印別紙有之、自然於無奉公輩者、為叡慮被相計忠勤之輩可被仰付之状如件、

二類

就今度聚楽行幸京中銀地子五千五百三十両余事、為禁裏

御料所奉進上之、并米地子八百石、内三百石院御所ゑ進献之、五百石者為関白領六宮ゑ進之、洛中地子不残令進献之畢、次諸公家・諸門跡於近江国高嶋郡八千石、以別紙之朱印令配分、自然於無奉公輩者、為叡慮被相計之、可被仰付忠勤之族之状如件、

四類

就今度聚楽行幸京中銀地子五千五百三十両余、為禁裡御料所奉進上之、并米地子八百石事、此内三百石院御所ゑ進上之、五百石為関白領六宮ゑ進之訖、次諸公家・諸門跡於近江国高嶋郡八千石余、以別紙之朱印令配分之、自然有無奉公輩者、為叡慮被相計之、可被仰付忠勤之族之状如件、

三類

就今度聚楽行幸京中銀地子五千五百三十両余、為金輪御料所進上之、次米地子八百石事、其内三百石院御所ゑ進献之、五百石者六宮ゑ為関白領進之、洛中地子不残奉進献之訖、次諸公家・諸門跡於近江国高嶋郡八千石以別紙之朱印令配分、自然有無奉公之輩、為叡慮被相計、可被仰付忠勤之族之状如件、

大きく意味が変わるわけではないが、文章を整えていっている様子が看取できよう。さらにこの状は『聚楽行幸記』のほかに六宮の系統桂宮に残された文書と徳川家康の家臣松平家忠の『家忠日記』に記されたものが確認できる。[25]桂宮本は次の通りである。

就今度聚楽行幸京中銀地子五百五拾参枚余事、為禁裏御料所進上之候、并米地子之内参百石　院御所ゑ進上候、此外五百石為関白領六宮ゑ遣之、京中地子米・銀共に不残一粒有侭進之上、全可有運上、次諸公家諸門跡ゑ於近江国高嶋郡八千石、其々に令配分、以朱印別紙に雖遣之、自然無奉公輩有之者、為叡慮被召上、不寄誰々相励御奉公仁躰に可有御支配之状如件、

天正十六年卯月十五日　秀吉（花押）

六宮御かたへ

桂宮本は正文であり、家忠日記もこれとほぼ同文である。しかし充所は六宮で、文言も異なる。おそらくこの文書が原型であり、『聚楽行幸記』の編纂過程で文章を整えていったのであろう。その意味でも一類がもっとも原態に近く、徐々に丁寧になっている様子が判明する。なおこの起請文と進上状の写は、四月一九日には正親町院にも献上された。[26]

おわりに

以上、本稿では『聚楽行幸記』の検討を行った。最初に

『聚楽行幸記』を奥書によって一類〜五類に分類し、それぞれの特徴を検討した。その結果、一類（吉日）→二類（吉辰）→四類（吉辰）→三類（上旬）の順で成立したと推測した。段階を経るごとに、誤りを訂正し、文章を整え、その中で豊臣政権にとって主張すべき部分をより強調し、宣伝に使用したとみられる。そうした変化の例を三節でいくつか紹介したが、その他の点でも個別の文章の変遷についてさらに検討の余地があると思われる。

こうした作為について、『聚楽行幸記』を読んだ人々もある程度気付いていたと推測される。例えば肥後細川家『綿考輯録』の聚楽行幸の記事には、起請文を記し「一に」として別の文章を示したり、「一書右箇条少違有之を左に書置」とある。『聚楽行幸記』に見える文章と違いがあったための注記であろう。『細川家記』にも「私云、聚楽行幸之記といふもの有り、少は誤りも有之か」と見える。参加した諸将が仮に若干違うのではと気付いても、秀吉の名で示された『聚楽行幸記』がある以上は、その記述が公的なものとして受け入れられたのではなかろうか。

『聚楽行幸記』は「天正記」の中で最も多数の写本が確認されている。また現存はしないものの蔵書目録から存在が窺われるものもある（菊亭家・舟橋家・多氏など）。そうした蔵書目録では、公家でも武家でも行幸の記録として区分されている。特に足利義満の時の北山殿行幸記、徳川秀忠の時の寛永行幸記と一連の形で記載されている例が見える。そうした形で受容されたことも、「天正記」の中で『聚楽行幸記』が多数残された理由の一つであろう。

注

（1）山口和夫『近世日本政治史と朝廷』（吉川弘文館、二〇一七年、初出は一九九六年）。

（2）中川和明「聚楽第行幸の行列について」（『弘前大学　国史研究』九〇、一九九一年）、二木謙一『武家儀礼格式の研究』（吉川弘文館、二〇〇三年）。矢部健太郎『豊臣政権の支配秩序と朝廷』（吉川弘文館、二〇一一年）、北堀光信『豊臣政権下の行幸と朝廷の動向』（清文堂出版、二〇一四年）など。

（3）「行幸」（田中允校『古典文庫二一三　未刊謡曲集四』古典文庫、一九六五年）。

（4）桑田忠親『太閤記の研究』（徳間書店、一九六五年）。

（5）遠藤珠紀「秀吉と天皇　実像編」（堀新・井上泰至等編『秀吉の虚像と実像』笠間書院、二〇一六年。以下拙稿とする）。

（6）竹内洪介・石塚晴通「大阪城天守閣蔵『聚楽行幸記』解題・翻刻」（『古代中世文学論考』三八、二〇一九年）。

（7）竹内洪介「『聚楽行幸記』諸本考」令和元年度日本近世文学会春季大会、鶴見大学、二〇一九年六月九日。竹内洪介「『聚楽行幸記』諸本考」（『国語国文研究』一五六、二〇二一年）。

（8）『言経卿記』天正十六年六月七日条。八月十九日条など。

(9) 渡辺武「「聚楽第行幸記」の原本見つかる」（『観光の大阪』二四八、一九七一年）、渡辺武「随想　秀吉朱印「聚楽行幸記」調査未了を愧ず」（『歴史懇談』三〇、二〇一六年）。

(10) 『松雲公採集遺編類纂』書籍八「前田家松雲公書籍捜索書上」。

(11) 『阿野家譜』（東京大学史料編纂所架蔵写本四一七五―一五四）。

(12) 東山御文庫収蔵。勅封一三〇函三〇。

(13) 鴨川達夫「聚楽行幸記」（『皇室の至宝　東山御文庫御物』四、毎日新聞社、二〇〇〇年）、竹内洪介「『聚楽行幸記』諸本考」（『国語国文研究』一五六、二〇二一年）。

(14) 小倉慈司「「高松宮家伝来禁裏本」の形成過程」（『国立歴史民俗博物館研究報告』一七八、二〇一三年）。

(15) 名古屋市蓬左文庫監修『尾張徳川家蔵書目録』一（ゆまに書房、一九九九年）。

(16) 小倉真紀子「『記録目録』（国立歴史民俗博物館所蔵高松宮家伝来禁裏本）」（吉岡眞之・小川剛生編『禁裏本と古典学』塙書房、二〇〇九年）、小川剛生「西面御文庫宸翰古筆並和漢書籍総目録」（吉岡眞之・小川剛生編『禁裏本と古典学』塙書房、二〇〇九年）など。

(17) 宮内庁書陵部所蔵。函号九一―一〇八。

(18) 『院中御湯殿上日記』天正十六年閏五月十八日条（東京大学史料編纂所所蔵）。阿野本・立入本のもととなる本はこの契機に書写された可能性もある。

(19) 『言経卿記』天正十七年八月八日条。

(20) 矢部健太郎『豊臣政権の支配秩序と朝廷』（吉川弘文館、二〇一一年）など。

(21) 池享『戦国・織豊期の武家と天皇』（校倉書房、二〇〇三年）。矢部健太郎「「源姓」徳川家への「豊臣姓」下賜」（『古文書研究』七四、二〇一二年）。

(22) 『御湯殿上日記』天正十六年四月十六日条。『時慶卿記』天正十六年四月十六日条。

(23) 秀吉の起請文については千々和到「霊社上巻起請文」（『國學院大學日本文化研究所紀要』八八、二〇〇一年）、矢部健太郎「聚楽第行幸と起請文」（酒井紀美編『契約・誓約・盟約』竹林舎、二〇一五年）の研究がある。

(24) 山口和夫『近世日本政治史と朝廷』（吉川弘文館、二〇一七年、初出は一九九六年）。

(25) 「桂宮御判物御朱印文書類」六宮充秀吉判物。『家忠日記』天正十六年四月二十一日条。

(26) 『院中御湯殿上日記』天正十六年四月十九日条。桂宮本は判物であり、『院中御湯殿上日記』の記す「しゆいんのうつし」とは異なる点が気に掛かるが、写しであるため判物か朱印状か判然としなかったのであろうか。

附記　貴重な史料の調査をお許し下さった皆様に感謝申し上げる。また本稿は国文学研究資料館共同研究「軍記および関連作品の歴史資料としての活用のための基盤的・学際的研究」（二〇二〇年七月）、国史学会例会（二〇二〇年九月）の報告に基づく。当日助言をいただいた皆様に感謝申し上げる。

古活字版『帝鑑図説』再考
——『帝鑑図説』は本当に〈秀頼版〉か

高木浩明

慶長十一年（一六〇六）に刊行されたという〈秀頼版〉は本当に豊臣秀頼自らが企てた出版物なのか。有跋本・無跋本・異版について、書誌学的観点から再検討する。

たかぎ・ひろあき——清風高等学校・近畿大学文芸学部非常勤講師。専門は日本中世文学、書誌学。主な著書・論文に『中院通勝真筆本『つれづれ私抄』——本文と校異』（新典社、二〇一二年）、「古活字版悉皆調査目録稿」（一）～（九）、鈴木俊幸編『書籍文化史』第11～19集、二〇一〇～二〇一八年）、『中近世移行期の文化と古活字版』（勉誠出版、二〇二〇年）、「大東急記念文庫蔵古活字版悉皆調査目録稿」（『調査研究報告』第四〇号、国文学研究資料館、二〇二〇年）、「古活字版から整版へ、整版から古活字版へ」（藤本幸夫編『書物・印刷・本屋——日中韓をめぐる本の文化史』勉誠出版、二〇二一年）などがある。

はじめに

十六世紀末に、ヨーロッパと朝鮮から伝来した活字印刷技術は、それまでの写本を主とした古典や学問の享受の在り方に、大きな変革をもたらした。新たな学問の受け皿として、日本で新たに刊行されるようになったのが古活字版である。文禄・慶長・元和・寛永年間（一五九二～一六四三）までのおよそ五十年間に、漢籍・仏書・国書、実に種々の出版が行われたが、新たな時代の機運を俊敏に感じ取り、誰よりも早く古活字版の出版を行ったのが、後陽成天皇（在位一五八六～一六一一）である。文禄二年（一五九三）に『古文孝経』を刊行した後、[1]引き続き、慶長二年（一五九七）に『錦繡段』『勧学文』を刊行させ、同四年には『日本書紀神代巻』『古文孝経』『四書（大学・中庸・論語・孟子）』『職原抄』を次々と刊行させた。「慶長勅版」と呼ばれる、これら一連の古活字版は、後陽成天皇の権威を象徴するに余りある、気品のある優雅な大型活字を用い、余裕のある字配りで印刷され、見る者を圧倒する。

これと並行して古活字版の出版に着手したのが、新たな時代の先覚者となる徳川家康である。家康は、足利学校の第九代庠主（校長）の三要元佶（閑室元佶とも、一五四八〜一六一二）に十万個の木活字を与え、京都伏見の円光寺において慶長四年（一五九九）から十一年（一六〇六）までの間に、『孔子家語』『六韜』『三略』『貞観政要』『周易』『七書』を次々と刊行させた。さらにこれらとは別に、慶長十年（一六〇五）、自身の愛読書でもあった『吾妻鏡』の刊行を五十川《いかわ》了庵（了庵は慶長七年と八年に『太平記』、慶長七年には医書の『脈語』を古活字版で刊行している）に命じて刊行させている。これらの本を「伏見版」と呼称する。(2)

一、〈秀頼版〉『帝鑑図説』

ちょうど同じ頃、慶長十一年（一六〇六）に、〈秀頼版〉と通称される古活字版の『帝鑑図説』（以下、〈秀頼版〉）が、弱冠十四歳の豊臣秀頼によって刊行されたという。

『帝鑑図説』は、明の第十三代皇帝隆慶帝の崩御にともない、わずか十歳で即位した万暦帝のために、補佐役の張居正らによって帝王教育の教材として編まれたものである。中国古代の堯帝から宋代の徽宗に至る歴代帝王の事蹟の中から、善事八十一話、悪事三十六話を選び出し、一話ごとに挿絵及び解説を加え、幼帝の理解の助けとした。

〈秀頼版〉は、万暦元年（一五七三）の序を持つ明版を底本にして慶長十一年（一六〇六）に刊行されたが、それはちょうど家康による伏見版最後の『七書』が刊行された年に当たる。このことから、しばしば直接の影響関係を想定して論じられることがあるが、もとは幼帝の補佐役が、幼帝の帝王教育の教材として作成したという『帝鑑図説』の本としての性格を考えると、弱冠十四歳の豊臣秀頼が自らその刊行を命じたということに違和感を感じる。

さらには〈秀頼版〉が、当時の出版物ではまだ珍しかった挿絵を伴っていることから、これは家康が行わなかった挿絵入りの本を秀頼があえて選定することで、印刷・出版面において優位に立とうとする家康への対抗意識が読み取れるとする見方(3)があるが、果たして〈秀頼版〉より先に挿絵入りの本は刊行されていないのだろうか。

実は〈秀頼版〉より先に、挿絵入りの『歴代君臣図像』（以下、『君臣図像』）が家康の周辺で刊行されていた可能性がある。その可能性を窺い知ることができる本が、現在、阪本龍門文庫に所蔵されている伏見版の『周易』である。

伏見版の『周易』は、慶長十年（一六〇五）に刊行されたが、刊行までの経緯については、巻末に付された西笑承兌によって書かれた跋文に詳しい。西笑承兌（一五四八〜一六〇七）は、豊臣秀吉や徳川家康の政治的ブレーンを務めた人物であるが、〈秀頼版〉と通称される『帝鑑図説』にも跋文を書いており、注意される。

阪本龍門文庫に所蔵されている伏見版の『周易』には、下巻後表紙の見返しに、次のような慶長十五年の識語が記されている。

慶長十五年戊正月肥前上佐賀安冨庄和泉村也足庵仙甫寿

座元附与焉　雲屋叟

川瀬一馬氏[4]は、右の識語を、足利学校の第九代庠主で、家康の政治的ブレーンをも務め、伏見版の刊行にも関与した三要元佶（閑室元佶）自筆の識語と認定し、本書は「三要が郷国の帰依者鍋島氏が三要の為に建立した三岳寺の己が門弟の住僧に附与したものと思はれる」とする。阪本龍門文庫蔵本は、二九・六×二〇・一糎の堂々とした本で、卍繋ぎに花文様が空押された薄茶色の原表紙が掛けられている。その上巻の前表紙裏には、『君臣図像』の黄山谷像の刷り反古が用いられ、上巻の後表紙裏と、下巻の前表紙裏には、宋璟像の刷り反古が用いられている。

『君臣図像』は、中国の歴史上著名な君臣のうち四十名の君主を上巻に、六十八名の臣下を下巻に収め、総計一〇八名の図像と略伝に賛を加えて紹介したもので、刊行年時は未詳ながら、阪本龍門文庫蔵の伏見版『周易』の表紙裏に用いられた『君臣図像』の刷り反古の存在から、およその刊行年時を知ることができる。すでに川瀬一馬氏の指摘にもあるように、阪本龍門文庫蔵の伏見版『周易』の表紙が、慶長十年に刊行された後、直ちに装綴されたものであれば、『君臣図像』は慶長十年以前に刊行されたものということになる。仮にそうでなくても識語にいう慶長十五年正月までには遅くとも刊行されていたのは確実である。但し、表紙は表紙屋で別途作られる場合もあるので、表紙裏の反古＝その本の刊行者とは必ずしも言えないが、古活字版の時代には、表紙もまた同一の工房で作られていた事例も数多く確認できることから、表紙裏の反古＝その本の刊行者ということを強ち否定することもできない。すなわち『君臣図像』も、慶長十年より前に伏見円光寺で刊行されていた可能性は十分考えられるのである。とすれば、家康は〈秀頼版〉が刊行されるより早く挿絵入りの本を刊行していたことになり、〈秀頼版〉の刊行が、「家康が行わなかった挿絵入りの本を秀頼があえて選定することで、印刷・出版面において優位に立とうとする家康への対抗意識」から刊行されたという見方は、かなりうがった見方と言わねばならない。

『帝鑑図説』の刊行年時ともほぼ時を同じくするだけでなく、本の性格も近い『君臣図像』が、伏見円光寺で刊行されていた可能性があることに注意しておきたい。

二、有跋本

古活字版の『帝鑑図説』には、慶長十一年（一六〇六）に刊行された〈秀頼版〉と通称される本が二種、すなわち、巻末に西笑承兌によって書かれた跋文を有する有跋本と、これを欠く無跋本がある他、異植字版（正しくは異版）がもう一種ある。[5]

以下、これらの本について改めて再検証を行うが、検証には近畿大学中央図書館蔵本を基準に用い、適宜、他伝本を参看した。本によっては欠巻があるものの、近畿大学中央図書館にはこれらすべての本が所蔵されており、原本を横に並べて詳細に比較検討することができるのが理由である。まずは有跋本から見て行こう。


〔請求番号〕01023454（～457）

〔体裁〕大本、二巻（前一・後一欠）四冊。

〔表紙〕後補薄茶色表紙。二七・五×一九・〇糎。四針袋綴。

〔題簽〕左肩に後補の書題簽（一八・四×三・四糎、「前三」の題簽で採寸）、「帝鑑図説前二（前三・前四）」と墨書す。

〔内題〕「帝鑑図説後序」。

〔尾題〕無。

〔本文〕毎半葉九行、毎行一九字。解文一字下げ。

〔匡郭〕四周双辺（前二・納諫賜金、二二・二×一四・五糎）。有界。

〔版心〕黒口双花口魚尾、中縫に「前（末・後序）（丁付）」。丁付は通し丁付。

〔丁数〕第一冊（前二）、五三丁（前四十五「納諫賜金」の挿絵～前九十七、挿絵一九丁）。第二冊（前三）、六〇丁（前九十八「弘文開館」の挿絵～前百五十七、挿絵二三丁）。第三冊（前四）五七丁（前一百五十八「延英忘倦」の挿絵～前二百十四、挿絵二一丁）。第四（後二）五一丁（後五十三「金蓮布地」の挿絵～後九十八、挿絵一六丁、西笑承兌の跋二丁、後序三丁）。

〔刊記〕西笑承兌の跋、「夫帝鑑図説者元輔少師張居正以経史浩博而／難研究略其大撮其要編輯焉而献／大明皇帝自隆慶六年及今歴三矣十五星霜也聖／賢事蹟八十一事用九九陽数愚蒙悪行三十六／事用六六陰数各因畫圖系其説於後為令／幼主易識見也其輔佐之志良臣之忠不謂而可／知矣雖為／帝者一身有善行則称諸賢君有悪行則以為暗／君凡人之在一世也始者善而後不善者多焉可／不謹慎乎克始克終者固難矣哉頃／右相府秀頼公及見此書手之口之寅夕無不披／覧也仍命工刻于梓而壽其傳於無窮也／孔夫子／日規其所以観其所由察其所安人焉庚乎人焉／庚乎今也右相府其所由其所安見善思及其行／見不善思改其行善言悪行共作鑑戒也妙年末／及志学而有老成人之風規者罕見其比以此書／名帝鑑者本于唐太宗以古為鑑知興替之義聖／哲之君佞邪之主以一百餘之條目知千百世之／治乱興敗者寔非萬代之亀鑑乎也／慶長拾壹稔星集丙午春三月日／豊光老承兊」。

〔印記〕「英空／俊瑞」（朱方印）、「小汀氏蔵書」（小汀利得、朱長方印）、「月明／荘」（朱方印）、「近畿大／學圖書／館蔵」（朱方印）。

〔備考〕裏打修補。墨筆で返点、送仮名が施されている。

川瀬（二三二頁～）、慶長十一年刊秀頼版（イ）有跋本。

本書が〈秀頼版〉と通称されるのは、いうまでもなく本書の巻末に付された西笑承兊の跋文の一文、「右相府秀頼公、及見此書、手之、口之、寅夕無不披覧也。仍命工刻于梓而壽其傳於無窮也」による。跋文によれば、豊臣秀頼が愛読していた『帝鑑図説』を、工に命じて出版させたという。跋文が記された慶長十一年（一六〇六）に『帝鑑図説』が刊行されたとすれば、秀頼は弱冠十四歳に過ぎない。

三、無跋本

『帝鑑図説』の伝本には、西笑承兊の跋文を欠く本、すなわち、無跋本が圧倒的に多い。まずは近畿大学中央図書館蔵本の書誌を記しておく。

〔請求番号〕00271392（～1397）

〔体裁〕大本六冊。

〔表紙〕後補薄縹色空押市松文様表紙。二九・〇×一九・七糎。四針袋綴。

〔題簽〕左肩に後補の書題簽、「帝鑑図説　前乙（前二・前三・前四・後一・後二）」と墨書す。

〔内題〕「帝鑑図説叙」、「帝鑑図説後序」。

〔尾題〕無。

〔本文〕毎半葉九行、毎行一九字。解文一字下げ。

〔匡郭〕四周双辺（叙、二一・七×一四・一糎、任賢図治、二二・〇×一四・四糎）。有界。

〔版心〕黒口双花口魚尾、中縫に「聖（前序・前・前目録・中狂・後目録・後・後序）（丁付）」。丁付は通し丁付。

〔丁数〕前・後集分巻、前集第一～四冊。第一冊（前乙）、五八丁（「聖・哲・芳・規」の四字を半葉ごとに大字草体で刻す、整版二丁／帝鑑図説叙三丁／進図疏二丁／帝鑑図説上呈二

丁／目録五丁／本文、任賢図治～止輦受言・四四丁、うち挿絵一八丁）。第二冊（前二）、五三丁（本文、納諫賜金～留衲戒奢・五三丁、うち挿絵一九丁）。第三冊（前三）、六〇丁（本文、弘文開館～遣使賑恤・六〇丁、うち挿絵二三丁）。第四冊（前四）、五七丁（本文、延英忘倦～燭送詞臣・五七丁、うち挿絵二一丁）。後集は、第五・六冊。第五冊（後一）、五七丁（「狂・愚・覆・轍」の四字を半葉ごとに大字草体で刻す、整版二丁／目録三丁／本文、遊畋失位～笑祖倹徳・五二丁、うち挿絵二〇丁）。第六冊（後二）、四九丁（本文、金蓮布地～任用六賊・四六丁、うち挿絵一六丁／帝鑑図説後序三丁、末尾に後第八一葉誤綴）。

〔刊記〕無。

〔印記〕「岡田眞／之蔵書」（岡田眞、朱長方印）、「横山家蔵」（朱長方印）、「アカキ」（朱小印）、「横山重」（第六冊巻末のみ、朱長方印、以上三印、横山重）「月明荘」（反町茂雄、朱長方印）。

〔備考〕朱引、朱墨による句読点、返り点、頭注書入有。川瀬（二三二頁～）、巻末に慶長十一年の西笑承兌の跋文を欠く、いわゆる無跋本。

西笑承兌の跋文を欠く理由を川瀬一馬氏は(6)、「跋文の性質上後に徳川家を憚つて取り去つたものではなからうか」と考えた。以来、この考えが常識的な見解として現在に至るまで継承されているが、この見解にいう「後に」とは、いつの時点を指しての「後」なのだろうか。こう書くと、あたかも西笑承兌の跋文を有する有跋本と、跋文を欠く無跋本とに印行時期に差があるように思われてしまうが、有跋本と無跋本の「版」は同版である。すなわち、先に西笑承兌の跋文を有する有跋本が印行されて、「後に」跋文を外した無跋本が印行されたわけではなく、有跋本と無跋本は、時を同じくして印行されたものである。

徳川家を憚って跋文を取り去る必要があったとするならば、初めから跋文など付ける必要などなかったはずである。実際、伝本は西笑承兌の跋文を欠いた本が圧倒的に多く、有跋本は、近畿大学中央図書館蔵本の他、東洋文庫蔵本（請求記号、三—A—i—9）と国立公文書館内閣文庫蔵本（請求記号、二九七—一六二）にすぎない。伝本の現存状況を見ると、西笑承兌の跋文が果たして初めから付されていたのかどうかもあやしくなり、むしろ別の理由で後から付けられた本があったという可能性も考えたくなってくる。

徳川家を憚って跋文を取り去る必要など本当にあったのだろうか。この点に関して、ここでもう一つ興味深い事例を取り上げたいと思う。それは、徳川家康が慶長五年（一六〇〇）

に刊行した伏見版の『貞観政要』の跋文についての見解である。

『貞観政要』は、帝王学の指南書であって、人の上に立つ者のために書かれた本で、家康の愛読書でもあった。巻末には、『帝鑑図説』と同じく西笑承兌による跋文が付されているが、その跋文中に次のような一文がある。

豊国大明神、下土《かど》を際辞するの日、嗣秀頼幼君を賢佐せしむ遺命を受け、爾来寛厚にして人を愛し、聡明にして衆を治むること、周勃、霍光が劉氏を安んじ、昭帝を輔《たす》くるに異ならざるなり。矧又《いわんや》海内に此書を弘めて、士民之心を協和す、則ち明神の為に旧盟を忘れず、幼君の為に至忠を尽さん者、其の用大なるかな。

（豊国大明神際辞下土之日、受令嗣秀頼幼君賢佐遺命、爾来寛厚而愛人、聡明而治衆、不異周勃、霍光安劉氏輔昭帝也。矧又海内弘此書而協和士民之心、則為明神不忘旧盟、為幼君尽至忠者、其用大矣哉。）

ここには豊国大明神（豊臣秀吉）の遺命を受けて、幼君秀頼公をよく補佐している家康の人となりが記されるとともに、本書が幼君に至忠を尽くす者にとって大いに役立つ書であることが記されているが、この一文をめぐって、福田千鶴氏は(7)次のように述べている。

この序文の日付から約七ヶ月後に関ヶ原合戦となり、傍線箇所（稿者注、右の跋文）の家康が秀吉の嗣子秀頼を遺命により補佐した云々という文章は江戸時代になると削除されることになる（福井保『江戸幕府刊行物』）。徳川家康としては、右の事実は何としても歴史から抹消せねばならない記述であったに違いない。

「嗣子秀頼を遺命により補佐した云々という文章は江戸時代になると削除される」とあるが、すでに川瀬一馬氏(8)が、「……削去した伝本もあって、之は政治的関係で後に改訂を行つたものと解せられているが、未だ管見に入らない」と述べているように、一文が削除された本の存在を稿者も未だ見出し得ていない。本当にそのような本が存在するのだろうか。福田氏の引く福井保氏の著作をあらためて確認してみると、「恐らく徳川家康と豊臣氏との関係に配慮した処置であろう」とは述べているが、それを証明する本があるかというと、「……部分を削去した伝本がある由」と述べるに留まっている。

すなわち、福井氏の見解は、嗣子秀頼を亡き秀吉遺命により補佐した云々という文章が削除された伝本を実際に確認して述べられた見解ではない。

出版のあり方を「豊臣家と徳川家」、「徳川家康と豊臣秀頼」と「対」にして論じられることが多いが、出版のあり方を考える場合、書物そのものの性格を無視して、「豊臣家と徳川家」、「徳川家康と豊臣秀頼」というような「対」で見る見方に当てはめて考えることは、時に事実を見誤ることにもなりかねない。

この『貞観政要』の跋文についての見解は、『帝鑑図説』の跋文についての見解にも通じる見解で興味深い。「徳川家を憚って」という見方は一度封印して、『帝鑑図説』の本としての性格そのものからもう一度考え直して見るべきである。

四、有跋本と無跋本の「版」

版本を見る場合、版が同じ（同版）か、別（別版・異版）かを見極めることが大切である。ここであらためて、有跋本と無跋本の「版」の問題について考え直してみたいが、近畿大学中央図書館蔵の有跋本は前編一と後編一の二冊を欠くものの、ともに残存する四冊で両者を比較したところ、同版であることが確認できた。

古活字版には時に同版であっても、一部の丁が異版になっている場合があったり、一部の活字を差し替えている箇所がある場合がある。これは偶然見出した例であるが、東洋文庫には有跋本（請求記号、三―A―i―9）と無跋本（請求記号、三―A―i―10）が一本ずつ所蔵されているが、第一冊目の巻首丁叙の一行目「帝鑑図説叙」の「帝」と、すぐ左に並んだ二行目の「帝鑑図説者……」の「帝」が差し替えられているのを見出した。

近畿大学中央図書館蔵本の他、画像が公開されている市立米沢図書館蔵本・国立国会図書館蔵本・国立公文書館内閣文庫蔵本（いずれも無跋本）を確認すると、いずれも「三―A―i―9」本と一致する。こうした一部の活字の差し替えを部分異植字と言い、古活字版では時々見られる現象で、別に驚くことではない。東洋文庫「三―A―i―10」本は、他に一部異版を交えた丁が見受けられるものの、その点を除けば「三―A―i―9」本と同版である。

五十嵐金三郎氏[9]は、国立国会図書館蔵本の活字を一つ一つ検討して、字形の変形のものや、活字を作る時に生じた刀痕の著しいもの、欠損を生じているものなど特徴のある文字を抽出し、それをできるだけ正確に臨書して、これを母形として、二十四の伝本で同一の活字が用いられているか調査し、一覧表にまとめた。

但し、字形の変形のものや、活字を作る時に生じた刀痕の著しいものと言った活字の特徴から、活字の同定をすることは、普通でもなかなか難しい作業である。五十嵐氏の場合、国会本から抽出した活字を臨書したものを用いての調査でもあるので、活字の同定を正確に行うことはなおさら困難である。やはり活字の同定をする場合は、原本同士を横に並べて比較するか、同一の倍率で撮影した図版を用いることによって、彫刻時の傷や使用時に生じた欠損を有する活字を決め手にするのが一番確実な方法である。有跋本と無跋本にも多くの欠損活字を見出すことができ、五十嵐氏も一覧表に挙げて、国会本の活字と同一と認められるものには○印を、異なるものには×印で区別をしている。

五十嵐氏の作成した一覧表を見る限りでは、全ての伝本で活字が全く同一の本はないが、近畿大学中央図書館蔵の有跋本と無跋本を横に並べて活字を一つ一つ比較して見た結果、五十嵐氏が欠損の有無で別活字と判定した活字が、実際は同じ活字という事例を複数見出すことができた。次に具体例を示そう。

まず一つ目の例として挙げた「我」は、第四冊目（前編）の一七四丁表、九行目にあるものであるが、この活字は他にも比較的多く見受けられる活字である。二つの活字を見比べると、一方の「我」の活字には五画目のハネの部分に欠損があり、同一の活字のようには見えないが、実は、欠損がないように見える活字の五画目のハネの部分は、墨筆で補筆がされているのである。ここで見るような補筆は他の箇所でも同様に施されている。複写物やデジタル画像ではわかりにくいが、原本を見比べれば二つの活字は同一の活字であることがわかる。

「我」（無跋本・前174オ・9）

「我」（有跋本）

次の例は、「軽」。第二冊目（前編）の九六丁裏、六行目の下から数えて八字目の例である。無跋本の「軽」の扁、「車」には欠損があるが、有跋本の方には欠損がなく、別活字のように見えるが、実はこれも扁の横棒（一画目と三画目）が墨筆で補筆がされているのである。横棒が墨筆で補筆されたものであるのは、すぐ上に書き入れられた返点の「一」と比べて見ると、墨書であることがはっきりとわかる。

「軽」（無跋本・前96ウ・6）

「軽」（有跋本）

「得」は、第四冊目（前編）の一九九丁裏、九行目の一番下の例を挙げたが、他にも同様な例が複数見受けられる。有跋本の「得」の旁（十画目）には欠損があって、無跋本の「得」の旁（十画目）には欠損がないように見えるが、原本でよく見れば、これも欠損部分に墨筆で補筆がされているのがよくわかる。

「得」（無跋本・前199ウ・9）

「得」（有跋本）

もう一つだけ、第三冊目（前編）の一五〇丁裏、二行目にある「訪」例を挙げよう。

有跋本の「訪」の旁（九画目）には欠損が見受けられるが、無跋本の「訪」の旁（九画目）には欠損がないように見えるが、これも原本でよく見れば、欠損部分に墨筆で補筆がされているのがよくわかる。

「訪」（無跋本・前150ウ・2）

「訪」（有跋本）

五十嵐氏の作成した一覧表で、欠損の有無で別活字と判定されている例は、どうやら欠損部分に墨筆で補筆がされて、別活字に見えていただけだったようだ。

もちろん古活字版という本の性格を考えれば、先に東洋文庫蔵本の事例で見たように、活字の差し替えが他にないとは言えないが、従来考えられている程多くの活字の差し替えがあるわけではない。

五、異植字版

『帝鑑図説』の古活字版にはもう一つ、異植字版とされる本がある。[10] 近畿大学中央図書館蔵本は後編二の冊を一冊欠いているが、参考までに書誌を記しておく。

〔請求番号〕01023449（～453）

〔体裁〕大本五冊。

〔表紙〕後補栗皮表紙（押八双を有するが後補）。二六・九×一七・五糎。四針袋綴。

〔題簽〕左肩に後補の書題簽（一七・二×四・一糎）、「帝鑑図説　一（—五）」と墨書す。

〔内題〕「帝鑑図説叙」。

〔尾題〕無。

〔本文〕毎半葉九行、毎行一九字。解文一字下げ。

〔匡郭〕四周双辺（叙、二二・〇×一四・二糎、任賢図治、二一・九×一四・三糎）。有界。

〔版心〕黒口双花口魚尾、中縫に「前目録（前序・聖・前・

中狂・後目録・後）（丁付）」。丁付は通し丁付。

〔丁数〕前・後集分巻、前集第一～四冊。第一冊、五八丁（目録五丁／帝鑑図説叙三丁／進図疏二丁／帝鑑図説上呈二丁／「聖・哲・芳・規」の四字を半葉ごとに大字草体で刻す、整版二丁／本文四四丁、うち挿絵一八丁）。第二冊、五三丁（本文五三丁、うち挿絵一九丁）。第三冊、六〇丁（本文六〇丁、うち挿絵二三丁）。第四冊、五七丁（本文五七丁、うち挿絵二一丁）。後集は第五冊。第五冊、五七丁（「狂・愚・覆・轍」の四字を半葉ごとに大字草体で刻す、整版二丁／目録三丁／本文五二丁、うち挿絵二〇丁）。

〔刊記〕無。

〔印記〕「近畿大學／圖書館藏」（朱長方印）。

〔備考〕朱引、朱墨による句読点、返点、頭注書入有。三方化粧裁ち。

五十嵐金三郎氏は、本書を無跋本の異植字版とするが、正しくは有跋本と無跋本（同版）の「異版」（別版）である。有跋本と無跋本（同版）と、従来、異植字版と呼ばれている本書を並べてよく比べて見ると、ごく稀に同一と見られる活字が用いられていることもあるが、九分九厘「別の活字」である。こういう本は「異版」（別版）で、異植字版とは言わない。[11] 一般に異植字版について、「同一種類の活字を用いて、同一内容の書物を印刷したもの」[12]と説明されるが、これは「異版」（別版）についての説明である。異植字版とは文字通り、「植字版を異にした本」を言うのであって、活字は「同一の活字を用いたもの」でなければ、異植字版とは言わない。現在はっきりと異植字版と断言できる本は、慶長十三年に三度刊行された嵯峨本の『伊勢物語』など、実はごく限られた本しかなく、現在、異植字版と言われている本は、実は「異版」（別版）であることが多い。

ところで、同版の有跋本と無跋本と、「異版」（別版）の関係を知る上で、興味深い事例が近畿大学中央図書館蔵の「異版」（別版）に見られる。第三冊（前編）の一一一丁、第四冊（前編）の一九三丁と一九九丁に、有跋本と無跋本の残葉が用いられているのである。同じことが宮内庁書陵部蔵本の第三冊（前編）の一二二丁、第四冊（前編）の一九九丁と二一二丁にも見られることから、[13] 後代になって、偶然挿入されたものではないことが明らかである。先行本の残葉が後の版に流用されていることは古活字版では稀に見られる。「異版」（別版）は、有跋本と無跋本が印行されてから程なく、同じ工房で製作されたものであるらしい。

さらにこれを挿絵の観点からも見てみたい。『帝鑑図説』には挿絵（整版）が前編に八一丁、後編に三六丁ある。有跋本と無跋本の挿絵と、「異版」（別版）の、全ての挿絵の匡郭内寸を計測して見たところ、「異版」（別版）の方が一〜二ミリ程度縮小している丁が多い。

　同じ料紙（楮紙）を用いていても、本の保存環境などでこうした誤差が生じる可能性があるが、版本の場合、一般に後刷りの本は版木が縮小するせいか、二ミリ程度縮む傾向がある。版本の挿絵は覆刻されることもあり、その見極めはなかなか難しいが、『帝鑑図説』の挿絵は同版と判断して良い。

　挿絵の匡郭内寸の縮小の他、「異版」（別版）の後出を裏付けることができる事例を次に二つ挙げてみる。

図1-1（無跋本・前41丁）

図1-2（異版・後12丁）

拡大図

拡大図

　図1の挿絵は、前編四一丁の「却千里馬」。前漢の文帝が、一日千里を走る馬を献上された時、狩りなら一日五十里、軍行なら三十里進むだけで、帝だけ千里進んでも無意味であるとして受けなかったという話の挿絵である。文帝の左（挿絵では右側）に立つ側近の頭が欠損しているのが確認できる。
　図2の挿絵は、後編一二丁の「戯挙烽火」。周の幽王が褒姒という姫を笑わせるために非常を知らせる狼煙を挙げ、本当に敵が攻めてきた時に誰も従わなかったという話の挿絵である。

図2-1（無跋本・後12丁）

図2-2（異版）

拡大図

拡大図

三頭の馬に跨った一番後方の人の顔が欠損していることが確認できる。

これで『帝鑑図説』の二種の古活字版が同一の工房で時間を置くことなく、「有跋本と無跋本」の後に異版（別版）が印行されたことが明らかになったが、さらにもう一つ触れておきたいことがある。それは無跋本の東洋文庫蔵本（請求記号、三―A―i―10）と、大東急記念文庫蔵本の前編に、合わせて五丁分の異版（二八丁・二九丁・三二丁・三八丁・五八丁）が混入していることである。

ここで言う異版とは、本節で考察の対象とした「異版」とは別版である。本文に異同がないところを見ると、東洋文庫蔵本と大東急記念文庫蔵本に何らかの理由で不足が生じたため、不足分を新たに活字を組んで製作したものであろう。古活字版では別に珍しいことではない。

この他、東洋文庫蔵本と大東急記念文庫蔵本にはさらに興味深いことに、「却千里馬」と「戯挙烽火」の挿絵に、先に触れた欠損がすで生じているのを確認できる。これらを総合すると、東洋文庫蔵本と大東急記念文庫蔵本は、無跋本の中でも遅くに製本された本と言うことができよう。

おわりに

ここまで検証してきたように、有跋本と無跋本は、巻末に慶長十一年の西笑承兌の跋文を有するか否かの違いがあるだけで、版自体は同版、有跋本と無跋本は、時を同じくして印行されたものである。従来のように有跋本と無跋本という呼称を用いると、あたかも二版あるかのような誤解を生み、さらには有跋本が先に印行されて、無跋本が後から印行されたかのような誤解を生んでしまう。そのことによって無跋本は、跋文を「後に徳川家を憚って取り去った」ものであるというような、本の性格自体をも誤らせる見解をも生んでしまうことになる。跋文を「後に徳川家を憚って取り去った」ものという見解は、有跋本が先に印行されて、無跋本が後から印行されたものという前提があって生まれる見解である。繰り返すが、有跋本と無跋本は、時を同じくして印行された「同版」本である。印行時に徳川家に対して憚る必要があるならば、最初から付ける必要などないはずである。西笑承兌の跋文と徳川家との関係を合わせて考えることはうがった見解であると言えよう。

図3を見てほしい。

これは前編八三丁の「賞強項令」の挿絵で、董宣が罪人を匿う湖陽公主の非を詰るとともに、命を賭して己の行いの正当性を光武皇帝に訴える場面であるが、近畿大学中央図書館蔵の無跋本の挿絵（**図3―1**）には、庭に植栽（?）があるが、有跋本の挿絵（**図3―2**）には、庭に植栽（?）がない。普通に考えれば、庭に植栽（?）があるのが先で、これを削除した（違和感を感じて庭の植栽（?）を削除した）ものが後と考えるのが自然である。現在、「庭の植栽（?）」を確認できるのは、近畿大学中央図書館蔵の「無跋本だけ」である。[14]ちなみに有跋本と無跋本より少し後に印行された「異版」（別版）の挿絵（**図3―3**）にも、庭の植栽（?）は削除されている。この事例を見れば、有跋本が必ずしも先に印行された本ではないことが明らかである。西笑承兌の跋文は、必ずしも全ての本に最初から付されていたわけではなく、跋文を「後に徳川家を憚って取り去った」ものが無跋本というわけでもないのである。現存の伝本の大半が無跋本で、有跋本はわずかに三本にすぎないということの意味を考える時、有跋本は、製本時にかつて豊臣秀吉の恩顧を受けた人向けに、跋文を付して頒布された本である可能性を考えて見ることもできるのではないだろうか。跋文中で秀頼の人となりを称賛する一文、「妙年に未だ及ばずして学を志し、老成人の風有り」（幼くして好学の風があり、おとなびていた）は、秀吉の後継者にふさわしい器を有する秀頼の人となりを記したものとして、まさにそれにふさわしい一文とも言えよう。

どうもこれまでは「右相府秀頼公、及見此書、手之、口之、

図3-1（無跋本・前83丁）

図3-2（有跋本）

図3-3（異版）

寅夕無不披覧也。仍命工刻于梓而壽其傳於無窮也」と記された跋文の存在が、『帝鑑図説』の本としての性格を見誤らせてきたように思えてならない。

そもそも『帝鑑図説』の本としての性格を考えると、この本は、もとは幼帝の補佐役が、幼帝の帝王教育の教材として作成したものである。とすれば、西笑承兌の跋文にいう、弱冠十四歳の豊臣秀頼が自らその刊行を命じたものとする跋文の記述は、『帝鑑図説』の本としての性格にはそぐわない。もともとの本の性格と、秀頼との関係を考えるならば、幼君秀頼公を補佐する者が、秀頼のために刊行したものであるのがふさわしい。

幼君秀頼公の補佐役としてふさわしい人物を考える時、思い出されるのは、慶長五年に刊行された伏見版の『貞観政要』に付された西笑承兌の跋文の記述である。跋文には、豊国大明神（豊臣秀吉）の遺命を受けて、幼君秀頼公をよく補佐している家康の人となりが記されていた。

秀吉の遺言では、秀頼が十五歳になった時に天下を渡す約束があったという。この約束は結局は果たされないままに終わるが、家康が関ヶ原合戦で勝利し、天下人になった途端、直ちに反古にされたわけではない。福田千鶴氏[15]によれば、秀吉の遺言で、その律義を見込まれ、外祖父として秀頼の取り立てを頼まれた家康は、五大老筆頭の立場から抜け出せても、秀頼の親族後見人の立場を抜け出せないでいたという。その立場を家康が放棄できたのは、関ヶ原の合戦から十年を経た後、秀頼が数えの十九歳になった、慶長十六年（一六一一）、家康が秀頼を京都二条城に呼び出し行われた会見の場においてであった。

家康こそ、秀頼の補佐役にふさわしい。『帝鑑図説』の跋文通りに秀頼が出版を命じたとして、どこでその出版をさせたのか、出版に具体的に携わった人物は誰なのか、明確にはできない。一方、家康であれば、早くに京都伏見の円光寺で複数の古活字版の刊行を行っていたことからも、『帝鑑図説』の刊行者としてもふさわしい人物だと言える。家康もまた『帝鑑図説』の愛読者であった。

跋文にある慶長十一年はあくまで跋文が記された年であって、『帝鑑図説』はこれより先に刊行されていた可能性もなくはない。慶長十年より前、京都伏見の円光寺で、『帝鑑図説』と本の性格が近く、同じく挿絵を有する古活字版の『君臣図像』が刊行されていた可能性がある（第一節参照）ことにも注意したい。

古活字版の『帝鑑図説』は本当に〈秀頼版〉だったのか。本としての性格からも改めて考え直して見るべき時がきた。

注

（1）記録の上（『時慶卿記』、文禄二年閏九月二十一日～十二月十三日）では確認できるものの、現存は確認できない。

（2）家康は、慶長十二年（一六〇七）に駿府に退隠した後も、新たに銅活字を鋳造させて、金地院崇伝（以心崇伝、一五九三～一六一五）と林羅山（一五八三～一六五七）に命じて、慶長二十年（一六一五）に『大蔵一覧』、元和二年（一六一六）に『群書治要』を刊行させた。『群書治要』が完成したのは元和二年の五月下旬。残念ながら家康は『群書治要』の完成を見ることなく、完成直前の四月にこの世を去った。

（3）緒方宏大「徳川家康を中心とする印刷・出版合戦」（印刷博物館編『日本印刷文化史』講談社、二〇二〇年）。

（4）川瀬一馬『増補古活字版之研究』（ＡＢＡＪ、一九六七年）六九五頁。

（5）他、本文を和訳した『和本帝鑑図説』が、寛永四年（一六二七）に刊行されている。

（6）注4川瀬前掲書、二三三頁。

（7）福田千鶴『豊臣秀頼』（吉川弘文館、二〇一四年）八七頁。

（8）注4川瀬前掲書、二二四頁。

（9）五十嵐金三郎氏「『帝鑑図説』異植字版小考」（『参考書誌研究』第三二号、国立国会図書館専門資料部、一九八六年十月）。

（10）近畿大学中央図書館蔵本の他、宮内庁書陵部蔵本・尊経閣文庫蔵本・名古屋市蓬左文庫蔵本・福井市立図書館蔵本・大阪府立中之島図書館蔵本等。

（11）『日本古典籍書誌学事典』（岩波書店、一九九九年）の「秀頼版」の項目で、森上修氏は本書を、「挿絵の原刻版木を襲用し、本文活字を組み改めたりして印行した無跋の後出別版本」

と正しく説明している。

（12）『日本古典籍書誌学事典』（岡雅彦執筆、岩波書店、一九九九年）。

（13）原本未見の尊経閣文庫蔵本の第五冊（後編）の三三丁と四一丁、第六冊（後編）の八三丁と八六丁にも有跋本と無跋本の残葉が用いられている。注9五十嵐前掲論文。

（14）この挿絵の異同に気が付いたのは、本稿を書くために近畿大学中央図書館の本を比較している時であった。インターネットで画像が公開されているもの（国立国会図書館蔵本・国立公文書館内閣文庫蔵本・市立米沢図書館蔵本）については確認したが、伝本のすべてを確認できたわけではない。近畿大学中央図書館蔵の「無跋本だけ」というのは、あくまで現時点での話である。

（15）注7福田前掲書、一五二頁。

甫庵『信長記』とその周辺
——『太平記秘伝理尽鈔』との関わり

湯浅佳子

ゆあさ・よしこ——東京学芸大学教授。専門は日本近世文学。主な著書に『近世小説の研究——啓蒙的文芸の展開』（汲古書院、二〇一七年）、『関ヶ原合戦を読む』（共著、勉誠出版、二〇一九年）、『信長徹底解読——ここまでわかった本当の姿』（共著、文学通信、二〇二〇年）などがある。

小瀬甫庵『信長記』は、天道思想に基づく君主論・政道論を説く。同様の言説が『信長記』と同時代成立の『太平記秘伝理尽鈔』にもある。『信長記』の信長重臣の佐久間信盛らには『理尽鈔』の言説に通じる人物造形がある。このことから、『信長記』は『理尽鈔』成立圏の影響を受けて制作された可能性がある。

はじめに

小瀬甫庵『信長記』（十五巻）は、太田牛一『信長公記』（十五巻・首巻）をもとに加筆編集され近世初頭に刊行された織田信長一代の軍記である。

本書は、確かな史料として一定の評価のある『信長公記』に比して、虚構や史実の歪曲があるとして歴史学のほうではあまり顧みられないが、[1] 後世の史伝や文学に影響を与えた書でもある。[2]

『信長記』は古活字版と板本で流布しており、川瀬一馬、[3] 位田絵美ら[4]による諸本調査が備わる。柳沢昌紀によると、『信長記』初版の刊行は慶長十六年（一六一一）末から十七年五月までの間という。[5] 本書は出版された軍記類の中でもかなり早い時期の刊行ということになる。

『信長記』の文学史的・思想史的意義について、松田修は、娯楽と教示性から仮名草子としての基本的性格が現れた最初の軍記とする。[6] また玉懸博之氏は、当書が林羅山や藤原惺窩とは異なる独自の近世的思想観に基づいているとし、後世の中江藤樹や熊沢蕃山等の思想に影響を及ぼしたことの重要性を指摘する。(7)『信長記』は中世から近世への歴史的・文化的過渡期の中でいち早く生まれた仮名草子・軍記であるといえる。(8)

『信長記』は『信長公記』を基本とし、その内容を取捨選択・加筆増補している。増補の特徴の一つに、人物評価や政道論を加えられていることがある。では、それらはどのような書物や思想に基づいているのだろうか。以下に考えたい。

なお、本稿で使用したテキストは、『信長記』は初版の早稲田大学図書館本（十五巻八冊、請求番号：り五―六五二三、古活字版第六種本、古典籍総合データベースによる）、『信長公記』は岡山大学附属図書館池田家文庫本（十五巻十五冊、うち巻十二別筆、請求番号：貴―四八、太田牛一自筆本、古文献ギャラリーによる）、首巻は陽明文庫本（近一―四、写一六冊、国文学研究資料館マイクロフィルムによる）、後述の『太平記秘伝理尽鈔』（以下『理尽鈔』と称す）は臼杵市立臼杵図書館本（四十二巻三十八冊、うち「恩地左近太郎聞書」一冊、請求番号：四門軍二〇、無刊記、国文研マイクロフィルムによる）である。

一、『信長記』と『理尽鈔』

小瀬甫庵は、中国明代成立の善書『明心宝鑑』に基づいた『明意宝鑑』と『政要抄』を『信長記』と同時期に古活字版で刊行している。(9)玉懸博之によると、『信長記』には、『明意宝鑑』『政要抄』にいう天道思想や中国善書・朱子学に基づいた歴史観があるとする。これは、君主とは天からの要求に従い、人道の履践と善政を行い、天からの応報を受けるものという考え方で、信長については、天道の求めに応じ天下統一事業に邁進する、比類ない正しい心と道徳的能力を持った人物として描かれているとする。(10)「人欲ノ私聊モナク万ツ正シキ」（巻三、4オ）、「自然ニ私心ナク、理ニ暁ク」（巻九、1ウ）といった評言からも、玉懸の指摘するような信長像をみることができる。

しかし『信長記』の政道・君臣論の中には、『明心宝鑑』や『明意宝鑑』『政道抄』にはない具体的な方策や心得についての言説がある。ではそれらの言説は、どのような思想・書物に基づいているのだろうか。

『信長記』とほぼ同時期の成立とされる『太平記』の注釈書『理尽鈔』にも、天道思想の影響があるとされる。若尾政希によると、戦国武将の間で流布していた天道思想をいち早く書物にしたのが『理尽鈔』であり、そこには、権力者は天道から政権を委任された存在であり、その倫理的政治（撫民・仁政）には天の応報があるとの観念があるという。(11)この

『理尽鈔』と『信長記』とを比べてみると、両書には類似した言説をみることができる。

『理尽鈔』の成立時期について、今井正之助は、現存最古本の尊経閣文庫蔵写本『理尽鈔』（十八冊本）の最終的な成立を慶長後年から元和初年頃とする。(12) 一方『信長記』は慶長十六年（一六一一）末から翌年五月以前の成立であることから、両書はほぼ同時期か、あるいは『信長記』が『理尽鈔』より先に成った可能性もある。従って、両書の直接的関係を言うことは慎重にすべきであろう。しかし、ここでは試みに『信長記』と『理尽鈔』とに共通する言説を以下にあげて比較する。

傍線部が両書の対応箇所、波線部がそれぞれの独自箇所である。「＊」は『理尽鈔』の引用文である。

（1）智と学問

『信長記』には、君主が修めるべき学問についての言及がある。以下、傍線部が『信長記』『理尽鈔』の対応箇所、波線部はそれぞれに独自の箇所である。

憂国之学問ヲ勤タル真儒ヲ近習ニ被二召セ使一候ヘカシ。兎角天下ヲ永ク治ント思召サハ、文道武道ヲ兼用玉フヘキ事。

（『信長記』巻一「平手中務太輔清秀致極諫令自害事」23ウ、平手清秀の遺言）

儒道ノ真学、少御沙汰可レ然候。国家ヲシロシメス御身トシテハ、漢和古今ノ興衰ヲカヽミ玉ハスシテハ不レ叶ノ由ニ候。

（『信長記』巻六「室町殿御謀反之事」5オ、信長から足利義昭への諫書）

若キ者ニハ儒学ヲ励セ度覚レ之。（略）一人ナリ共、武士ニ学者有ハ最大切ナル事也。

（『信長記』巻十五「信長公東国御進発之事」21ウ22オ、東国の法令）

『信長記』では、「憂国之学問」（国家に尽くすための学問）を修めた儒学者を近臣とすべきこと、国主は和漢古今の歴史を知るべきこと、君主・武士として、文武の道を兼ね備えるべきことを説く。学問の大事を説くことは『理尽鈔』にも次のようにある。

＊才智アルヲ、其ノ器《キ》ニ当《アタ》ルト云。当ル二其ノ器ニ一人、万巻ノ書ヲ可レキ学《マナブ》事也。

（『理尽鈔』巻一、22ウ）

『理尽鈔』では、才智ある者が国主の器に相応するとし、学問が奨励される。『信長記』では波線部のように儒学を勧めるが、『理尽鈔』では必読書に、「太田文」『九国日記』『貞永式目』『貞観政要』、『続日本紀』『根本世鏡鈔』『天平ノ目録』の書名があがり、「古ノ道ヲ思合テ、明《アキラカ》ニ理非《リヒ》ヲ決断セラレ候ヘ」（巻三十五、111ウ）と、和漢の「古ノ道」の学問を奨励している。

なお『信長記』でも右の『理尽鈔』と同じく「智」と「学問」が関連して説かれている。次は、信長が早世した理由を述べた一文である。

終ニ惑乱、開発ニ至ラサル事ハ、畢竟文道ヲ暁シ玉ハス、武道ノミヲ専ニ用ヒ給フニ依也。（略）信長公程ノ智謀ニテサヘ、学問ヲシ玉ネハ斯ク後ヲハシマサス。況其余ヲヤ。
（『信長記』巻十五「信長公早世之評」38ウ39オ）

＊一ニハ智《チ》也。智ハ諸《モロ》〳〵ノ文《ブン》ヲ覚《サト》スハカリニ非《アラ》ズ。生得《シヤウトク》ノ才智《サイチ》也。万巻《マングハン》ノ書ヲ読《シ(ママ)ヨミ》テモ、無《ナキ》二才智《サイチ》一者ハ、能聖人《ヨクセイジン》ノ意《コヽロ》ヲ難《ガタシ》レ知《シリ》。又有二ル才智一モ、不レ学《サレハガクセ》、正理《シヤウリ》ヲ不レ知。
（『理尽鈔』巻一、22オウ）

『理尽鈔』にいう「智」とは、生まれつき持ち合わせた性質のことで、「仁」「勇」とともに治世者に不可欠な資質とされる。しかし、傍線部のように、たとえ才智があったとしても学問をしなければ正しい道理を知ることはできないという。『信長記』の傍線部の信長評はこの『理尽鈔』の説とよく似ている。

『信長記』では、智者・智謀者と評される人物は稀で、信長のほかには父織田備後守信秀が「武勇智謀優長」（巻一「信長公御先祖之事」15ウ）の人とされ、木下藤吉郎秀吉が「一心ノ智謀ヲ以、剛敵数多令二退治一事、抜群ノ働、文武ノ達者也」（巻十四「従甲斐国奉送源三郎殿事」7オ）と称えられる。

（2）君臣

次に、君臣関係についての言説はどうだろうか。

君ハ君タル徳ヲ納メ、臣ハ臣ノ職ヲ守テ臣道ヲ尽ス。（略）中庸ニモ、其君アリ、其臣有テ、其政ノ挙ル事ハ、蒲蘆ノ地ニ生ヤスク茂リ易キ様ニ見ヘテ候。
（『信長記』巻七「元日酒宴之事」夕庵から信長への諫言、2オウ）

＊国家治ル則ンハ、上《カミ》ハ上タリ、下《シモ》ハ下タリ。君臣《クンシン》、下《カ》民、父子、兄弟、主従ノ礼義《レイギ》、自然ニ不《スト》レ乱《ミタレ》。
（『理尽鈔』巻三十五、52ウ）

両書ともに、君主と臣下がそれぞれの職分を全うすることで国家が治まると説いている。なお次は家臣を抱える時の心得である。

公ハ人ヲ知玉ヒテ、挙措其所ヲ得ヲ以要トシ玉ハヽ、治道モ必永ク、福ヒ後裔ニ伝リ、兆民モ其余沢ヲ蒙リ候ヘシ。

（『信長記』巻六「室町殿謀反之事」信長から足利義昭への諫文、3ウ4オ）

賢哲ノ人アラハ、必親疎遠近ヲ間《（へだて）》ス挙用ヒ、国ノ奉行ニ定ムヘシ。

（『信長記』巻八「越前国御退治事」信長から柴田勝家への命、14ウ）

守レ国者、可レ撰二奉行一、枢要歟。（略）撰レ人、在レ己。（略）君、有二其徳一、必也臣有二其道一。

（『信長記』巻十五「信長公東国御進発之事」18ウ。東国の法令）

群臣計二其器量一、宜任二其職一、而可レ被レ与二恩録一。（略）賢愚上下ノ分、不レ可レ忽。国家ノ興亡ハ、只人ノ用捨ニ可レ在之事。

（『信長記』巻十五「信長公東国御進発之事」18ウ19オ）

＊主《シュ》、奉行ヲ定《サタメ》ンニ、其ノ器《キ》ニ非《アラサ》ル人ヲ居《キヨ》セシムルハ、其ノ国亡《ホロフ》ト也。

（『理尽鈔』巻四、10オ）

＊君タル者ノ先臣下ノ善悪《センアク》ヲ可レ知事、肝要《カンヨウ》也。

（『理尽鈔』巻四、21オ）

＊凡ソ良将ハ、器《キ》ト、不器ト、賢愚《ケング》ト、邪正《ジヤシヤウ》トヲ知リテ、人ヲ遣ヲ以テ要《ヨウ》トス。

（『理尽鈔』巻三十六、17ウ）

これらは、治世者における臣下登用の際の人選の大事を説いたものである。『理尽鈔』ではさらに波線部のように、人の善悪邪正を見極めることの重要性にも言及している。

なお『信長記』『理尽鈔』は、ともに女人の政治参加を禁じている。「万事妻妾ノ口入、可禁之」（『信長記』巻十五「信長公東国御進発之事」21ウ）。「男子《ナンシ》ノ佞《ネイ》スラ、為《タメニ》二政道一ノ冦《アタ》ナリ。況ヤ女ヲヤ。是傾国《コレケイコク》ノ端《ハシ》也」（『理尽鈔』巻一、26ウ）の説がある。

（3）諫言

『信長記』では、信長に対し、しばしば家臣から諫言が行われる。次は、信長の不行跡を苦に自害した平手清秀の諫書の文言である。

誠ニ人ノ臣トシテ君ヲ諫ムヘキ例共成ヘキハ此諫書ソカ

シ。好ンスヘキヲ好シ、悪ムヘキヲ悪ミ、人シレス密諫ヲ尽、①ヤハラ請サセ玉フ様ニ言ヲ柔テ書ケルトソ聞シ。（略）諫様ノツキ〳〵シキ時ハ、上下ニヨラス万事成ヌ。（略）諫議、大夫ノ官職ニ当ル人ハ、天命ニ誓テモ②必人欲ノ私ヲ去ヘシ。（略）諫様ホト意味ノ深カルヘキ物ハナシ。

（『信長記』巻一「平手中務太輔清秀致極諫令自害事」24オ～25ウ）

傍線部①は、語り手の評言である。傍線部は、言葉を和らげながら、ゆっくりと信長が納得していくように文を認めていたと平手の諫書を評する。②は、平手の死を聞いた人々の評言で、傍線部に、諫言は必ず私欲を去って行うことが肝要であるとする。これらと同様の言が『理尽鈔』にも次のようにある。

＊今和朝ニ良臣アラハ、只時々《ヨリ》和①ト方便《テダテ》トヲ以テ君ニ諫言《カンゲン》ヲ奉テ、少シノ非ヲ成リ共去《サラ》ント思フ心ノ付キ給フ様ニスベキコソ、目出度《メテタキ》良臣ニテ侍ランスレ。

（『理尽鈔』巻三十五、113オ）

＊凡忠臣《ヲヨソチウシン》ハ、主《シユ》ノ不義《フギ》ヲ見《ミ》テハ諫諍《イサメアラソ》フニ、厳顔《ゲンガン》ヲ犯《ヲカ》シテ被《レン》レ討《ウタ》事ヲ不《ズ》レ悲《カナシマ》。（略）②我カ家《イエ》ノ栄《サカヘ》ン事ヲ不レ思、国家《コクカ》ノ安《ヤス》カラン事ヲタノシム。

（『理尽鈔』巻一、14ウ）

①は諫言のしかた、②は諫言時の心得で、『信長記』の①②に通じている。なお次の③は、信長が足利義昭に送った文書の一部である。

③天下無為ノ為、私意ヲ含セ玉ハス、便佞ノ輩ヲ被二召シ放一サ、遠近トナク賢才ノ者ヲ撰挙サセ玉ヒテ、諸事諫ヲ納ラレ候ハヽ、政道洩ル所御座有間敷候事ナリ。

（『信長記』巻六「室町殿御謀反の事」5ウ）

＊君《キミ》、愛《アイシ》レ臣《シンヲ》、臣親則《シタシムトキン》ハ、君愚《ヲロカ》ナリト云トモ、良臣《リヤウシン》ノ智《チ》、皆君ノ智ト成ル者也。然リト云トモ、十《シウ》ニシテ其五ツヲ得ル物ノ也。一器《キ》ノ水ヲ一器《キ》ニウツスヤウニハ非ス。其ノ故ハ、傍《カタヘ》ノ人ヲ憚《ハヽ》カリ、君ノ所存《シヨゾン》ヲ憚《ハヽカ》ル故ニ不レ然ラ。③君又、十《シウ》カ中ニ五ツハ、其ノ諫《イサメ》ヲ不レ用。

（『理尽鈔』巻四、14ウ15オ）

③は、信長から足利義昭への諫書である。治世にあたっては、賢才者を臣下に選び、その者から諸事諫言を受け入れた時に正しい政治が行われると述べている。これは『理尽鈔』③のように、君主とはおよそ良臣の智（諫言）の半分は受け入れないものだという君主批判の説に通じている。

（4）賞罰

『信長記』と『理尽鈔』とには、為政者が賞罰を行う時の心得が下記のように記される。

①賞罰用捨ノ大体、夫明王ハ、賞ヲ以表トシ、罰ヲ以裏トスト。旧功有テ今悪有則、旧善ヲ以　今ノ悪ヲユルシ、旧悪有テ今善有則、今ノ善ヲ以旧悪ヲユルスト。又曰、①罪ノ疑ヲハ推シテ軽レ之、功ノ疑ヲハ推シテ重レ之。易曰、赦レ過、宥レ罪ト、先②此旨ヲ以可レ有二分別一歟。②賞罰公不公、能々慎肝要也。（略）聊モ挙措賞罰ノ間ニ私意アラハ、其国亡ト心得ラルヘシ。近来ノ体ヲ見ルニ、賞ハ甚軽、罰ハ最重シ。然ニ是ヲ改事、③賞罰、上ニアラス、所出ノ法令ニ有リ。（略）挙措賞罰ハ治国枢機トイヘ共、徳歯不レ遺、何為ニカ用ン。故③法令ノ後ニ附之事。

（『信長記』巻十五「信長公東国御進発之事」21オウ、東国の法令）

①上代ニハ罰ハユルクシ、賞ハ重《ヲモク》スヘシトナリ。今ノ世ハ不レ然、①③罰ハ古ノ法ヲ以テ、相当ヨリ少シ重クセヨ。上代ノ軽《カロ》キ罰ハ、今ノ世ノ重ニ同ジタリ。（略）③国法立テ、世治《ヨヲサマ》ル物也。然レハ主、政道ヲ正シテ、罰ヲハ③古ノ法ニ行フヘシ。（略）②私《ワタクシ》ニ悪《ニクキ》ヲ以テ罰スル事ナカレ。私ノ親《シタシキ》ヲ以テ其器ニ非ルニ、其ノ職《ショク》ヲ与《アタフ》フル事ナカレ。忠ナキヲ賞スル事ナカレ。是ノ三ハ、亡国《ハウコク》ノ根《ネ》也。（略）①③賞《シヤウ》ハ古ノ法ヲヨク知テ、罰ヨリモ猶過テ行フヘシ。

（『理尽鈔』巻三十五、108ウ〜109ウ）

④賞罰ノ事、世以車ノ両輪ノコトキト申伝ヘ候。㋑是ハ偏屈之様ニ覚申候。賞モ其宜ニ叶ヒ、⑤罰ハ十ニ一二ヲ罰シ、其余ハ教玉フヘシ。㋒唯五典三墳ノ刑法ヲ用ヒ玉フヘク候。

（『信長記』巻一「平手中務太輔清秀致極諫令自害事」23オ）

＊①罰法ニ過テ重《ヲモ》ク行《ヲコナ》ハ、何ゾ賞《シヤウ》又法ニ過テ重カラザラン。去レハ④賞罰ハ車《クルマ》ノ両輪《リヤウリン》ノ如シト、古ヨリ申シ伝《ツタ》ヘ侍リシ。

（『理尽鈔』巻三十五、58ウ）

＊最初《ソノカミ》ノ摂政《セツシヤウ》殿、⑤賞ハ十、罸《ハツ》ハ一、二ト宣シ。ソレハ上代ナレハ角コソハ侍ケン。①当時《タウジ》ハ、賞ハ十一、二ニ満余《ミチアマリ》テ行《ヲコナヒ》、罸《ハツ》ハ七、八ツ行ヒ能《ヨカ》ランカ。

（『理尽鈔』巻十、7ウ）

①は賞罰の軽重、②は私意を交えた賞罰の禁、③は法に則った賞罰を説く。ただし両書は①③の文意がやや異なる。

①については、『信長記』は罰は緩く賞を重くすべきとするが、『理尽鈔』では、当代の賞罰は上古より厳重に、かつ賞は罰より重く行われるべきとする。(13) ③については、『信長記』では法に則った賞罰の遂行を説き、『理尽鈔』では破線部㋐「古の」法に則った賞罰の遂行を説く。なお『信長記』が範とするのは波線㋑「五典三墳の法」つまり中国古代の法である。④⑤は両書の表現が類似するが、『信長記』では波線部㋑のように④説には批判的な点が『理尽鈔』と相違する。

（5）君民

両書における為政者の民への向かい方についてはどうであろうか。

大将タル人ハ、無二親疎、遠近之間一、①慈仁ヲ以先トスヘキ事枢要也。

（『信長記』巻一「箕作城攻落事」56ウ）

鰥寡《かんか》孤独ノ輩、国之窮民、無レ告者也、尤不便ノ次第歟。②能々於レ加二哀憐一者、吾本望也。

（『信長記』巻十五「信長公東国御進発之事」19ウ、東国の法令）

*諸民ハ、第《ダイ》一ノ宝《タカラ》ト可レ知ル。（略）謙《ケン》ニ居《ヰ》テ①仁恩《ジンヲン》ヲ施《ホトコ》シ、己《ヲノレ》レヲ責《セム》ルト云。

（『理尽鈔』巻一、23オウ）

*平ノ泰時《ヤストキ》ハ（略）自ヲ忘《ワス》レテ②万民ヲ憐《アハレミ》給ヒシ故ニ、万民心有テ、此ノ恩《ヲン》ヲ報《ホウ》ゼン事ヲ思フ。

（『理尽鈔』巻三十五、53オ）

民安、則君安。君不安、則民不安。③近世擾乱ニシテ、君与民、為二一物一。（略）所詮民間ノ愁ハ主ノ愁也。

（『信長記』巻十五「信長公東国御進発之事」19ウ、東国の法令）

*③君ト民トハ上下ニシテ一体《タイ》也。君ハ体、民ハ四支《シ》ナリトニヤ。君《キミ》、民《タミ》ヲ遣《ツカフ》ニ、我ガ四ノ手足《テアシ》ヲ遣フ如クニセヨトも也。

（『理尽鈔』巻三十五、38ウ）

信長卿、鷹ヲスキ給ヒシ事モ、逸遊ノ業ノミニ非ス。④万民百姓ノ愁ヘ申事ナントヲシロシメサンカ為ナリ。（略）昔、時頼禅門ノ貌ヲ窶シテ六十余州ヲ修業シテ、津ノ国難波ノ浦ニ至シモ、角ヤト思知レタリ。

（『信長記』巻五「御鷹事」5オウ）

*延喜帝《エンギノミカド》ハ、常ニ狩ノ御遊ノ為ニハ非ス、④直訴ヲ聞召サンガ為ニト也。

（『理尽鈔』巻三十五、37ウ）

両書ともに、①②で為政者の仁慈と哀憐を、③では君民一体の国家の理想像を説く。また④では、傍線部のように信長（延喜帝）が狩につけて万民の声を聞き取ったとの話をあげる。

（6）驕奢の戒め

『信長記』では「国守等、此道上手ニ成ナハ、世間物コト奢侈大過シテ、且ハ武道モユルカセニ成申ヘシ」（巻十一「九鬼右馬允大坂表大船推廻事」9ウ、武井夕庵の諫言）と、為政者への数寄の戒めが説かれる。佐久間信盛父子追放も、数寄への傾倒が一因であったとする（巻十一「佐久間右衛門尉信盛父子御折檻之事」）。『理尽鈔』には数寄への言及はないが、蹴鞠・和歌の友のみを近仕者とした源頼家の非行跡（巻一、16オウ）や、尊氏兄弟の過奢で天下大乱した例（巻二十四、7オ）、北条高時の昼夜の大酒・遊興で国が乱れた例（巻三十五、90オ）などをあげ、武士の為政者の驕奢を戒めている。

このように、『信長記』と『理尽鈔』とには、智と学問・君臣像・諫言・仁慈・賞罰・驕奢の戒めといった事柄についての論点のもち方が共通する。成立時期の点から両書の影響関係を言うことは難しいが、『理尽鈔』として当代に形成途中であった学説に甫庵が何らかのかたちで触れた可能性はないとはいえない。

『太平記』は、五十川了庵により慶長七年に古活字版が刊行されて以降、元和寛永年中（一六一五～四三）まで版を重ねている。[14]『信長記』が刊行された頃の慶長から寛永年間は『太平記』の出版ブームの時期でもあった。慶長十五年（一六一〇）には『太平記』の注釈書『太平記鈔』が日蓮宗要法寺の日性により刊行される。[15]それより前の慶長五年に、日性は、和漢対照の年代記の古活字版『重撰倭漢皇統編年合運図』（二巻、以下『合運図』と称す）を刊行している。[16]湯谷祐三によると、当書には日性の『太平記』注釈作業の成果が反映されているという。[17]この日性『合運図』に拠り、甫庵は『信長記』とほぼ同時期の慶長十七年（一六一二）に、古活字版『年代紀略』を刊行している。[18]この頃に、甫庵と日性との間に交流があったとすれば、あるいは日性の周辺から刊行以前の段階の『理尽鈔』についての情報を甫庵が得たこともあり得るかもしれない。

二、『信長記』の人物描写
（佐久間信盛・武井夕庵・滝川一益）

『信長記』執筆時の甫庵が『理尽鈔』に関する何らかの知識を有していたという前提で、ここでは『信長記』の人物描写の際に記される言説に注目し、『理尽鈔』との関わりをさらに考えてみたい。

前述のように、『信長記』では諫言の重要性が説かれ、家臣が信長へ諫言・進言を行う場面が作品中にしばしば描かれる。例えば、平手清秀が信長の不行を諫書を認める（巻一「平手中務太輔清秀致極諫令自害」）。今川義元との合戦で林秀貞・簗田政綱・森可成が信長に作戦を進言（巻一「義元合戦事」）。近江国攻撃で坂井右近・佐久間信盛が信長に戦略を進言（巻一「信長卿御入洛」）。越中国攻撃時、浅井長政の翻心につき、木下藤吉郎秀吉が金崎城残留を進言（巻三「浅井備前守心替」）。元旦の酒宴で佐々成政が信長の君道を言祝ぐ（巻七「元日酒宴之事」）といった場面である。家臣らが作戦を講じたり、信長の行跡に意見したりすることで、国家統一へと主君を導く君臣の理想の姿が示されているのである。

中でも特に、武井夕庵（二位法印）と佐久間信盛の言動が目立って描かれる。武井夕庵は信長の祐筆、佐久間信盛は信長の重臣である。また、『信長記』の後半部分で活躍する人物に滝川一益がいる。次に、『信長記』でのこの三名の描かれ方について考える。

（1）武井夕庵（二位法印）

『信長記』では新たに、武井夕庵に関する次のような話が記される。

①天正二年（一五七四）正月一日の酒宴後、佐々成政が信長の君道を言祝ぎ諫めると、重ねて二位法印が君臣の道の弁えを説き正す（巻七「元日酒宴之事」）。②天正四年（一五七六）、毛受勝介をとおして柴田勝家が越前・加賀国一揆平定を言上、これに信長が感悦する時、「二位法印ヤハラ御傍へ近キ奉テ申ケルハ、越賀二州ノ一揆等誅戮ノ注進御座テヨリ、殊更御心ヨケケニ見ヘサセ玉ヒ候、是ハ可然モ存候ハス。（略）加様ニ誅戮ヲ事トシテ治給ントノミ思食サハ、一向清平ニハ治ルヘウモ存候ハス」（5ウ）と、君主の心得として、刑を軽くし、礼を重んじるよう信長に注言する（巻九「二位法印上諫言事」）。夕庵は、①②のように、佐々成政・柴田勝家を凌ぐ発言力をもって信長を教誡する。①の君臣論は前節の（2）、②の刑礼の説は（4）で指摘した『理尽鈔』の賞罰の説に通じている。

③天正六年（一五七八）十月、佐久間信盛の子甚九郎信栄が信長に終日の茶会を上申したことにつけて、二位法印が信長に数寄の驕奢を戒める（巻十一「九鬼右馬允大坂表大船推廻事」）。これも前節の（6）で述べたように『理尽鈔』に驕奢についての同説がある。

④天正十年（一五八二）四月十一日、織田信忠と二位法印により東国の法度が作成され、理想の治世のあり方が記される（巻十五「信長公東国御進発之事」）。これらの文言が『理

尽鈔』のそれと通じていることは、前節の（1）（2）（4）（5）で述べたとおりである。
⑤天正六年、信長は二位法印の進言を受け、国家の礼楽を正すため朝廷の節会を再興する（巻十一「二位法印諫言之事」）。これは『信長公記』巻十一の天正六年元日、信長の計らいで内裏に節会祭事が再興された記事に拠ったもので、『信長記』ではこれを二位法印の進言による政策とし、人々が「信長公ハ叔世ニ於テ稀ナル大将哉」（3オ）と称えたとする。
武井夕庵は生没年未詳、信長の側近の一人とされる。村儀良美によると、はじめ斎藤道三三代に仕え、永禄八年（一五六五）頃に信長に仕官し、祐筆としてのみならず信長の施政にも参与し、毛利氏などの戦国大名や公家との外交を担当したという。[19]
『信長公記』には以下の夕庵の記事がある。天正二年（一五七四）三月二十七日、東大寺の蘭奢待切り取り時に、塙直政・菅屋直頼・佐久間信盛らとともに奉行となる（巻七）。天正三年（一五七五）七月三日、二位法印に叙せられる。七月六日、京妙顕寺の能興行で摂家・清華衆の桟敷に参席（巻八）。天正六年（一五七八）正月一日、安土での朝の茶会に織田信忠らとともに参列。同年正月四日、万見仙千代所での名物披露の会に参列（巻十一）。天正六年四月七日、二条城で神保長住へ、佐々長穐とともに信長からの言伝をする（巻十一）。天正八年（一五八〇）三月十日、滝川一益・佐久間信盛とともに北条氏政の使者への対応役を務める（巻十三）。天正九年（一五八一）二月二十八日、馬揃では七番に能の山姥姿で参列（巻十四）。天正十年（一五八二）五月十九日、安土城惣見寺での能楽の桟敷に近衛前久・信長・家康とともに参席（巻十五）とある。『信長公記』には、信長の諫言者・助言者としての夕庵の記事はないが、信長の重臣として政治に参与していたことは確かなようである。
『信長記』には、永禄三年（一五六〇）五月十九日、今川義元との合戦時に、夕庵が作成した熱田神社への祈願奉納文の文面が記される（巻一「義元合戦事」）。しかし史実の上では、この時には夕庵はまだ信長に仕えていない。[20] さらに『信長記』には、夕庵の祈願文が奉納された後、白鷺二羽が信長軍の旗に飛来したという奇瑞があり、あたかも夕庵が神仏の力を祈り寄せたように描かれる。重臣の佐久間信盛や柴田勝家の進言を凌ぐ発言力を持ち、その諫言に対して「其イタメル気色ハ涙モ更ニ咽カホナリ」（巻十一「二位法印諫言之事」2ウ）と、常に従順な信長の様子を描くなど、『信長記』における夕庵は、終始一貫して信長を善君へと導くキーマンとして存在する。そうした夕庵の振る舞いと諫言の多くが『理尽鈔』の言説に通じているのである。

(2) 佐久間信盛

佐久間信盛は、『信長記』巻一「織田備後守殿病死之事」に、まずその名があがる。天文十八年(一五四九)三月、信盛は、信長の父織田信秀の葬礼に、次男信行の供として、柴田勝家や佐久間盛重らとともに同行する。これは『信長公記』首巻の天文十八年の記事(14オウ)に拠ったものである。次に、永禄五年(一五六二)五月、信長の西美濃侵攻時に二陣として出陣とあるが(巻一「美濃国カルミ合戦事」)、『信長公記』首巻の同記事(永禄四年五月、92オウ)に佐久間信盛の名はない。

『信長記』巻一「義昭公自越前国美濃国被作御座事」から「箕作城攻落事」までの四話は、『信長公記』巻一、永禄十一年(一五六八)七月二十五日の、足利義昭に信長拝謁から、九月十三日の観音寺占領までの記事に拠るが、そこにも佐久間信盛のことが記される。まず、足利義昭との対面後の軍議の場面で、佐久間信盛と佐々成政が進み出て、信長の武勇智謀を言祝ぎ、挙兵を進言する(巻一「義昭公自越前国美濃国被作御座事」)。次に、同じく軍議の場面で、佐々木信盛が諸将の中から進み出て、近江征伐により天下一統を志す信長の計略の至善なることを言上する(巻一「近江国追罰評定」)。巻一「箕作城攻落事」では、『信長公記』巻一、永禄十一年九月十二日、近江の抜関斎承禎(六角義賢)父子の箕作城を佐久間信盛・木下藤吉郎・丹羽長秀・浅井政貞が攻める記事に拠り、佐久間信盛が信長に、敵兵らの助命を進言する話を新たに作っている。話の後に、「誠ニ大将タル人ハ無親疎遠近間、慈仁ヲ以先トスヘキ事枢要也」(56ウ)と、信長が佐久間信盛の進言を受け、敵兵に対し仁慈を行ったことへの評価が付けられる。

巻三「浅井郡被発向事」は、『信長公記』巻三、元亀元年(一五七〇)六月二十一日の浅井氏の大谷城攻めの記事に拠る。『信長記』では、軍議の場面で、佐久間信盛が信長に、天下の大仕事を前に兵数を費やすべきではないと進言する。巻四「延暦寺炎上」は、『信長公記』巻四、元亀二年(一五七一)九月十二日の、信長の比叡山焼き討ちの記事に拠る。ここでは、佐久間信盛と武井夕庵が、由緒ある山門を攻撃することの非を信長に意見する場面が描かれる。巻六「松永父子降参之事」は、『信長公記』巻六、元亀三年冬、松永久通が罪を許され大和国多門城を開け渡した記事に拠り、佐久間信盛の進言によって信長が松永父子を赦免したとの話を新たに加えている。

このように、『信長記』では佐久間信盛が信長へのよき進言者であったと描く。こうした人物像は、『理尽鈔』にいう君臣一体・諫言・慈仁を旨とする理想的な家臣像に通じている。

しかし、巻十三「佐久間右衛門尉信盛父子御折檻之事」で、信盛は突然追放される。これは『信長公記』巻十三、天正八年（一五八〇）八月、信長が折檻書を信盛父子に遣わして高野山に追放する件に基づく。『信長記』には、「一向武道ニハ不立入、堺町人ノハラハレ共ヲ召寄、数寄三昧ノミヲ専トシ、徒ニ年月ヲ空クセシコト、了簡ノ及所ニ非ス」（7オウ）と、父子の数寄による武道の過怠を難じている。典拠『信長公記』巻十三の折檻書には、大坂本願寺攻撃に数年をやり過ごし、信長に口答えをしておきながら、たいした戦功がないことを咎める文言などがあるが、(21) 数寄への言及はなく、『信長記』の創作である。『信長記』巻十一、天正六年十月、佐久間信栄の茶会の件につけて、二位法印が信長に数寄の驕奢を戒めた話は、この佐久間批判の伏線として作られたものである。前節の（6）で述べたように、『理尽鈔』にも武士の奢侈を戒める説があることから、あるいは『信長記』の数寄に傾倒する佐久間父子の人物造形は、『理尽鈔』の当説に則ったものとも考えられる。

（3）滝川一益

滝川一益も、佐久間信盛と同じく信長の重臣である。『信長記』におけるこの人物の主な記事としては、武田勝頼滅亡後、上野国と信州二郡とを拝領した件がある（巻十五「信長公東国御進発之事」）。典拠『信長公記』にはこの件について次のようにある。

> 三月廿三日、滝川左近被二召寄一、上野国幷信州之内二郡相渡被レ下候。①年罷寄、遠国へ被レ遣候事、痛雖レ被二思食候一、関東八州之御警固を申付、①老後之覚に、上野ニ在国仕、東国之儀、御取次、彼是可申付之旨、上意、忝も御秘蔵之ゑび鹿毛之御馬被レ下、此御馬ニ乗候て、入国仕候へと、御諚。都鄙の面目此節也。
>
> （『信長公記』巻十五、47オウ）

『信長公記』では傍線部①のように、信長は高齢の滝川左近一益の遠国任務を心配したが、老後の名誉として遣わしたとある。一方『信長記』は、これを次のように記す。

> 同廿三日、滝川左近召寄ラレ、上野国信濃国ノ内二郡被レ下、②幷関八州、陸奥ニ至ルマテノ諸公事等、可レ令二進退一、其方、智慮ニアタハサル事有ニ於テハ、家康卿ニ評議ヲ請テ、可レ致二其沙汰一。然レハ此馬、吉例多キ事有ソ、是ニテ入部スヘシトテ、秘蔵シ玉ヒケル御脇物ト

両種被レ下ケリ。滝河畏拝領シ、三度礼シテソ立タリケル。③抑滝河事、義深シテ無二私意一、連々武勇ノ誉、謀略ノ功積リシカハ、関東官領職ヲ給リ仕置ノ為ニ残シ置レ給フ事、面目ノ至、兎角申ニ及ハレス。
（『信長記』巻十五「信長公東国御進発之事」15オウ）

『信長記』は、『信長公記』①にいう滝川の老齢については触れず、②滝川が家康の協力のもとで東国の任務にあたるよう命ぜられたとし、③に滝川の武勇忠義・無欲ぶり強調される。一方『理尽鈔』にも、「我《ワレ》天下ノ執政《シツセイ》トシテサラニ私《ワタク》（ママ）ナシ」（巻三十五、72ウ、北条時頼の言葉）のように、私意なく主君とともに政務にあたることを良将の条件としており、その点において③の『信長記』の滝川の人物像に通じている。

『信長記』では、滝川の関東下向にあたり、天正十年（一五八二）四月十一日、東国の法令が滝川に下される。この箇条は『信長公記』巻十五、天正十年三月に信長が甲斐・信濃国へ下した十一箇条の法令に加筆増補したものである。その増補箇所には、前述のように『理尽鈔』の言説に共通する言説がある。『信長記』の滝川一益には、佐久間信盛と同じく、『理尽鈔』に説かれる理想の君臣像に通じる人物造形がなされているのである。

以上、『信長記』の人物描写方法から『理尽鈔』との関わりを考えてみた。『信長記』は、信長の歴史をとおして君主や君臣の理想のあり方を示そうとしている。その理念の拠り所になったのが『理尽鈔』関連の思想だったのではないだろうか。

おわりに

甫庵はいつ『信長公記』を見たのだろうか。桑田忠親によると、甫庵は慶長十六年（一六一一）六月の堀尾吉晴没後は京都に住み、『信長記』を開版したという。[22] 金子拓は、主君秀次没後の京都居住時に、甫庵が秀吉・秀頼の家臣であった牛一と接した可能性や、次の主君、堀尾家蔵『信長公記』伝本を見た可能性を指摘する。[23]

では甫庵が『理尽鈔』を見た可能性はあるだろうか。加美宏は、甫庵の晩年の写本『永禄以来事始』に、『理尽鈔』に言及した箇所があるとする。[24] 花田富二夫・柳沢昌紀は、『太閤記』（寛永二年（一六二五）自序）が『理尽鈔』から影響を受けた可能性を指摘する。[25] けれども、『信長記』と『理尽鈔』との直接的関係は不明と言わざるを得ない。ただ、本稿で考察したように、両書には思想・表現上の類似があることは確かである。甫庵が『理尽鈔』の成立圏と何らかの関わりを持ち、そこから知識を得ていた可能性はないとはいえない。このことを明らかにするためには、甫庵をめぐる人的文化的交流の様相を探っていくことが求められるだろう。(26) 今後の課題としたい。

注

(1) 谷口克広「本能寺の変を伝える史料」(『検証本能寺の変』歴史ライブラリー、吉川弘文館、二〇〇七年)二七・二八頁。

(2)『信長記』の後の史学・文学への影響の諸様相については、『信長徹底解読――ここまでわかった本当の姿』(堀新・井上泰至編、文学通信、二〇二〇年)等に諸論がある。また藤本正行は、『信長記』が後世に享受された理由に、虚構による分かり易さがあったとする(『信長の戦争――『信長公記』に見る戦国軍事学』講談社学術文庫、二〇〇三年、初出一九九三年、序章)六六―七〇頁。

(3) 川瀬一馬『古活字版の研究』上巻(ABAJ、一九六七年)六〇八頁。

(4) 位田絵美「甫庵本『信長記』諸版考――元和寛永古活字版をめぐって」(『東海近世』五、一九九二年二月)。

(5) 柳沢昌紀「甫庵『信長記』初刊年再考」(『近世文藝』八六、二〇〇七年七月)。

(6) 松田修「信長記と太閤記」(『国文学　解釈と教材の研究』一一―二、一九六六年二月、学燈社)七六頁。

(7) 玉懸博之「慶長期の小瀬甫庵の思想」(『近世日本の歴史思想』ぺりかん社、二〇〇七年、初出一九八八年)四五―四八頁。

(8)『信長記』の文芸性・思想に関する論に、小林健三「江戸初期に於ける史論の一形式について――甫庵本「信長記」を主として」(『史学雑誌』三八―八、一九二七年六月)、松沢智里「信長記考――甫庵信長記の文学性」(『東洋大学紀要　文学部篇』一七、一九六三年三月)、鈴木望「甫庵本『信長記』に引用されたる『管蠡抄』」(『和漢比較文学叢書　軍記と漢文学』一五、汲古書院、一九九三年)、位田絵美「『信長記』改訂の意図」(『名古屋大学国語国文学』七三、一九九三年十二月)、阿部一彦「『信長公記』と『信長記』――「首巻」における『天道』思想の「用法」をめぐって」(『太閤記とその周辺』和泉書院、一九九七年、初出、一九九五年三月)、鈴木望「甫庵本『信長記』に引用されたる足利義昭の漢詩――その偽作説に就いて」(『東洋文化』復刊第九五号、二〇〇五年十月)等がある。

(9) 川瀬注3書、上巻、六二二頁、中巻、九四六頁。

(10) 玉懸博之「松永尺五の思想と小瀬甫庵の思想――『彝倫抄』と『童蒙先習』とをめぐって」(『藤原惺窩　林羅山』日本思想大系、岩波書店、一九七五年)五一七―一八頁。同注7書、三四―四四頁。

(11) 若尾政希「「太平記読み」とは何か」(『近世政治思想史の構想「太平記読み」の時代』平凡社、一九九九年)二六頁。

(12) 今井正之助「『太平記秘伝理尽鈔』の登場」(『『太平記秘伝理尽鈔』研究』汲古書院、二〇一二年)七頁。

(13) 今井注12書「『理尽鈔』の世界」四八頁に『理尽鈔』の賞罰の理念についての指摘がある。

(14) 小秋元段「日性の『太平記』研究と出版」(『増補　太平記と古活字版の時代』新典社、二〇一八年、初出二〇〇二年)九四頁。

(15) 小秋元注14書「日性の『太平記』研究と出版」一一一頁。

(16) 小秋元注14書「要法寺版をめぐる覚書」初出二〇〇八年、

二六五―六六頁。

(17) 湯谷祐三「要法寺円智日性による『倭漢皇統編年合運図』と『太平記鈔』の刊行」(『名古屋外国語大学外国語学部紀要』四〇、二〇一一年二月)一五頁。

(18) 柳沢昌紀「小瀬甫庵にとっての歴史―『年代記略』と『信長記』『太閤記』」(『日本文学』五九―一〇、二〇一〇年十月)一五―一九頁。

(19) 村議良美「織田信長の家臣統率―武井夕庵を通して」(『史艸』五四、二〇一三年十一月)。

(20) 谷口克広「信長の近臣」(『信長の親衛隊―戦国覇者の多彩な人材』中公新書、中央公論新社、一九九八年)一〇頁。

(21) 谷口克広は、この天正元年八月十二日の信盛の信長への口答えの件への怒りが大きかったのではないかとする(「悲劇の織田武将」『信長・秀吉と家臣たち』学研新書、学研パブリッシング、二〇一一年)六四―七三頁。なお和田裕弘によると、天正八年八月の折檻状は『信長公記』以外の史料にも日時の異なる写しが存在するという(「佐久間信盛の追放」(『信長公記―戦国覇者の一級資料』中公新書、中央公論新社、二〇一八年)二三二頁。

(22) 桑田忠親「小瀬甫庵と太閤記の編纂」(『太閤記の研究』徳間書店、一九六五年)一三五頁。

(23) 金子拓「『信長記』を求めた人びと」(『織田信長という歴史―『信長記』の彼方へ』勉誠出版、二〇〇九年)二二〇―二二二頁。

(24) 加美宏「『太平記評判』に関する補説」(『太平記の受容と変容』翰林書房、一九九七年、初出一九九四年)二九七―三〇〇頁。

(25) 花田富二夫「『太平記読―前章」(『芸能文化史』一七、一九九九年一一月)五四頁。柳沢昌紀「太平記講釈と『太閤記』」(『説話文学研究』三六、二〇〇一年六月)。同「楠流兵法家伝来書『翁問三答』の秀吉評判と『太閤記』」(『論集太平記の時代』新典社、二〇〇四年)。ただし柳沢は、『太閤記』の『理尽鈔』利用についてはなお慎重に考えるべきとする。

(26) 慶長年間の小瀬甫庵の動向については福井将介の研究がある(「二人の甫庵―小瀬甫庵と山岡甫庵」(『松江歴史館研究紀要』三、二〇一三年三月)。また、『信長記』に池田恒興や堀尾吉晴の武勇譚が記されることの意味について、笹川祥生・柳沢昌紀・黒田真由美らの論がある(笹川祥生「甫庵の嘆き―『信長記』執筆の意図」(『戦国軍記の研究』和泉書院、一九九九年、初出一九九四年)二二〇―二二一頁、柳沢昌紀「甫庵『信長記』古活字版の本文改訂―片仮名本第六種本を中心に」(『軍記と語り物』四四、二〇〇八年三月)、同「信長公記と信長記、太閤記」(『信長公記を読む』吉川弘文館、二〇〇九年)四四―四八頁、黒田真由美「『太閤記』の描いた武将―堀尾吉晴の場合」(『大妻国文』二一、一九九〇年三月)。なお『信長記』の曲直瀬道三(巻一「義昭公御帰洛事」)・角倉素庵(巻二「六条合戦事」)らについての逸話類からも甫庵の交流圏を探ることができるだろう。

*本文引用にあたり、句読点、返り点等を適宜付した。難読字についてはルビを( )中に平仮名で記した。

*本稿は、二〇二〇年度科学研究費助成事業「戦国軍記・合戦図の史料学的研究」(研究代表者:共立女子大学 堀新氏、領域番号:二〇H〇〇〇三一)の研究成果の一部です。

『慶長治乱記』にみる関ケ原合戦軍記の展開

林　晃弘

はやし・あきひろ——東京大学史料編纂所助教。専門は日本近世史。主な論文に「雲叔玄龍——豊臣秀頼に仕えた薩南学派の僧」（『史林』一〇〇巻三号、二〇一七年）、「幕府寺社奉行の成立と寺院政策の展開」（『日本史研究』六九〇号、二〇二〇年）などがある。

関ケ原合戦軍記の一つである『慶長治乱記』は取り上げられることの少ない軍記であるが、寛文年間に成立したと考えられ、参照された文献が明らかになり、大谷刑部の甥祐玄の逸話など特徴的な内容を含む。個性的で読み取りうる情報が豊かな本作品を通して、十七世紀後半における関ケ原合戦イメージの展開の一端をみていく。

はじめに

近年、慶長五年（一六〇〇）の関ケ原合戦に関する有名な逸話の多くは歴史的事実ではなく、軍記類のなかで創作されたものであることが指摘されている。[1] 同時に、現在の関ケ原合戦像がどのように生成してきたかという点も注目されてきている。

例えば、九月十五日の関ケ原での戦闘で敗死した大谷刑部（吉継、多くの軍記類では吉隆とする）について、その首は湯浅五助なる家臣が人知れず土中に埋め、湯浅は力戦ののち討死したとする逸話がよく知られている。大谷に関するイメージの展開を検討した井上泰至氏は、右の話は寛文三年（一六六三）に成立する植木悦の『慶長軍記』にみられ、後続の軍記に影響を与えていることを指摘している。[2]

それとは別に、大谷の甥で祐筆として従軍した祐玄《ゆうげん》なる僧が持ち去ったとする逸話が知られている。井上氏は十八世紀後半に成立したと考えられる堀麦水《ほりばくすい》の実録『慶長中外伝』に記されていることを指摘し、彦根城博物館所蔵の関ケ原合戦図屏風にも取り込まれたとしている。(3) しかし、この逸話は寛文年間の成立とみられる『慶長治乱記』という軍記にまで遡りうる。そして同軍記は、この話は祐玄自身の著作である「大谷記」等という記録に拠ったものであると記している。『慶長治乱記』はこれまで注目されていない関ケ原合戦軍記の一つで、完成度も高くはない。しかし、「大谷記」なる書物のほかにも参照した書物名が記されるなど、読み取りうる情報量が多い作品である。本稿ではこの軍記に注目する。

ここで関ケ原合戦軍記の江戸時代前期における展開を概観しておく。(4) 最も早い時期のものとしては、遅くとも合戦の翌年には太田牛一が『内府公軍記《だいふこうぐんき》』（「関ケ原御合戦双紙」）をまとめはじめている。(5) この太田牛一の記録は、この後の関ケ原合戦軍記の基礎となる。このほかに当事者の覚書もいくつか記され、一部は世に知られることになる。

次の段階として注目されるのが、明暦二年（一六五六）に林道春《どうしゅん》・春斎《しゅんさい》が酒井忠勝の命により編纂した『関ケ原始末記』である。湯浅佳子氏は『秀吉没後物語』、岡山大本『慶長記』、『戸田左門覚書』との関係の検討から、原『関ケ原始末記』のような書の存在を想定する。そして、『内府公軍記』を骨格に、原『関ケ原始末記』をもとにして、他の書物も用いて再編集したものとする。(6) 周辺書の位置や、幕府関係者における合戦の認識を知る上で興味深い。

関ケ原合戦の物語化において近年注目されているのが、先にふれた植木悦の『慶長軍記』である。井上泰至氏により「関ヶ原もの軍記の出発点」と位置づけられるように、本書の描いた合戦像は現代に至るまで影響を与えている。寛文三年本と寛文八年本があり、井上氏は前者が藤堂家のような大名のために著されたもの、後者が流布したものではないかとの仮説を示している。(7) その後は、峯賀高亮《みねがこうすけ》の『関ケ原合戦誌記』（貞享四年〈一六八七〉序）、宮川忍斎《にんさい》の『関ケ原軍記大全』（元禄三年〈一六九〇〉序）、それを増補した『関ケ原軍記大成』（正徳三年〈一七一三〉序）がまとめられ、これら以外にも多様な軍記が登場してくる。

寛文年間とみられる『慶長治乱記』の成立は、『慶長軍記』とも近く、関ケ原合戦の物語化が大きく展開する時期に位置づけられる。そこで、本軍記を手掛かりに、この段階で関ケ原合戦はどのように語られる環境にあったのか、その一端を明らかにしたい。

一、『慶長治乱記』の概要

(1)『慶長治乱記』の諸本

本軍記は徳川家康が登場するものであり、確認できるものはすべて写本である。明和八年（一七七一）の『禁書目録』では売買禁止の写本のうちに書名がみられる。(8)『国書総目録』には国会図書館（〔国会本〕）・国立公文書館内閣文庫（〔内閣本〕）・京都大学附属図書館（〔京大本〕）・東北大学狩野文庫（〔狩野本〕）・神宮文庫（〔神宮本〕）の諸本があげられており、国文学研究資料館「日本古典籍総合目録データベース」では厳原《いづはら》町教委本（〔厳原本〕）が加えられている。このうち〔国会本〕（請求記号：二三一―一六）は井上重昌なる人物による元禄三年（一六九〇）序の別種の軍記であり、ここでは検討から除く。

〔狩野本〕・〔京大本〕の六巻が本来の構成であると考えられる。分量の参考として〔狩野本〕の各巻の丁数を示すと、第一冊二十一丁、第二冊五十二丁、第三冊五十四丁、第四冊四十六丁、第五冊四十一丁、第六冊四十一丁で、一頁十一行、一行十六文字程度である。『慶長軍記』や『関ヶ原軍記大成』には及ばないが、それなりの分量をもつ作品である。

内容は、豊臣秀吉の晩年から関ヶ原合戦後までを日付順に記したもので、最初の記事は慶長三年正月十日条「堀秀治賜越後事」、最後の記事は慶長五年十二月十二日条「前田孫四郎領地被没収、附宗庵肩衝事」である（小題は〔京大本〕の目次による）。この宗庵肩衝《そうあんかたつき》の逸話は石田三成が宗庵なる町人から買い取ったという茶器にまつわるものである。一部の雑史にみられ、例えば今井林太郎氏が『武辺雑談』の記事をもとに紹介しているが、(9)これも創作された逸話の一つであると思われる。『慶長治乱記』の記事はその早いものである可能性がある。

近年の研究における論点については、小山評定の記述はあるが、問鉄砲の逸話はみえない。小早川秀秋の裏切りは事前に内通を約し、当日の形勢判断により決断に至ったものとして説明されている。

以下、未調査の〔厳原本〕（大本・六冊）を除く写本について特徴をみていく。

①東北大学狩野文庫所蔵本（請求記号：第三門―四九八九）

六巻六冊。漢文体。狩野亨吉《かのうこうきち》の入手以前の蔵書印に「三宅氏」、「下野国渡部氏蔵書印」の二種があり、後者は近代の医家で宮司の渡部邁《わたなべすぐる》のものである。一巻冒頭に「慶長三戊戌至寛文八年七拾一年家康公五拾七歳」、三巻・四巻冒頭に「慶長五庚子至寛文八年六十九年」とあり、寛文八年（一六六八）を基準に年数を示している点が注目される。挿図として六巻に「勢州桑名城図」、「濃州大垣城図」、「豊前小倉図」の三件があり、四巻に「岐阜城之図」、「勢州津城図」との文言のみがみえる。二巻・六巻の末尾には「右所載書者」と記し、書

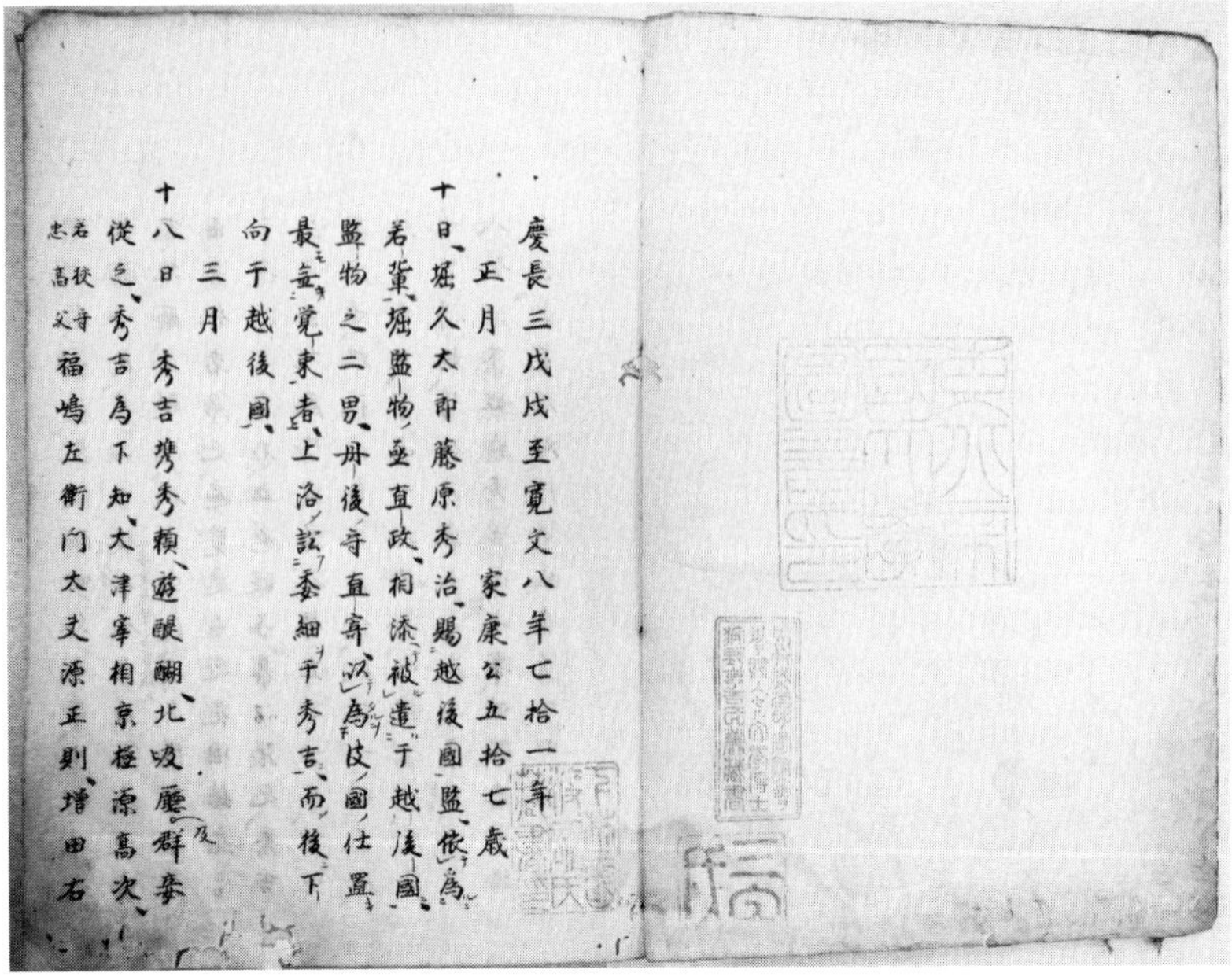
慶長三戊戌至寛文八年七拾一年
正月　家康公五拾七歳
十日、堀久太郎藤原秀治、賜越後國、監、依為
若輩、堀監物並直政、相添被遣于越後國
監物之二男、丹後守直寄以為彼國仕置
最無覚束者、上洛訟委細于秀吉、而後下
向于越後國
三月
十八日　秀吉携秀頼、遊醍醐、北政廳及群妾
従之、秀吉為下知、大津宰相京極源高次、
若狭守忠高父　福嶋左衛門太夫源正則、増田右

図1　『慶長治乱記』（狩野文庫本）　冒頭（東北大学附属図書館所蔵）

名を列記する（後述）。誤脱が目立ち、良質の写本とはいいがたいが、「至寛文八年」とあるもののうち全巻が揃っていることから、以下の検討では主に〔狩野本〕を用いる。

②神宮文庫所蔵本（請求記号：五門―一〇三二）

林崎文庫旧蔵。一～三巻分を一冊にまとめたもので、下巻に相当する部分は欠。〔狩野本〕と全く同じ誤字や書き込みがあり、同系統の写本であると考えられる。一巻冒頭の「至寛文八年」の記載、二巻末尾の「右所載書者」の部分も同様である。

③内閣文庫所蔵本（請求記号：一六八―〇〇五一）

全一冊。題箋には「慶長治乱記　全」とあるが、一・二巻分のみである。漢字平仮名交り文であるが、漢文体のものを読み下したものであろう。一巻冒頭に「慶長三戊戌至寛文八年七十一年　家康公七十七《ママ》歳」とある。一巻末尾の秀吉の親族に関する記述、二巻末尾の上杉家減封の記述は他の写本にみられない。後人の加筆であろうか。

④京都大学附属図書館所蔵本（請求記号：一一―ケ―三）

大惣《だいそう》本。乾（一～三巻）、坤（四～六巻）の二冊。漢文体。乾の題箋の余白に異筆で「〇慶長軍記トハ異也」、見返しに「此本慶長軍記とハ違ひ申候」とあり、植木悦の『慶長軍記』ではないことが注記されている。坤の冒頭に、『太平記』巻一「後醍醐天皇御治世事付武家繁昌事」を翻案したものと思われる序文風の文章がある。

一巻の冒頭に「慶長三戊戌至元禄十二百二年家康公五十七歳」とあり、二巻・四巻でも元禄十二年（一六九九）を基準に年数を記している。〔狩野本〕等で寛文期の人物の先祖として説明されていたものが、元禄期の人物での説明に変更されている点など、異なる部分がある。挿図として、「濃州岐阜城図」、「勢州津城図」、「大和国高取城図」、「関ヶ原」、「勢州桑名城」、「濃州大垣城図」、「豊前小倉城図」の七件がある。

ここまで概要をみてきたが、〔狩野本〕〔神宮本〕と〔内閣本〕に「至寛文八年」、〔京大本〕に「至元禄十二」との記載がある点は注目される。この寛文八年が成立時期の手がかりになると思われる。植木悦の『慶長軍記』を意識して記した可能性も想定できるかもしれないが、後述のように参照している『清正記』は寛文三年に板行されており、一方で延宝元年（一六七三）序の『武家事紀』に影響を与えた可能性が高い。また、元禄六年（一六九三）ごろと推定されている『河《か》内屋《うちや》可正《かしょう》旧記』巻三に書名が見られる。(10) これらの点から寛文三年以降の寛文年間の成立とみてよいと思われ、寛文八年は成立かそれに近い年ではないかと推測される。序文・跋文等はないため確実なことはいえないが、以下はこの仮定のもとに話を進める。

本書を利用するものは多くはないが、例えば『朝野旧聞《ちょうやきゅうぶん》裒藁《ほうこう》』では数ヶ所で引用がみられる。ただし、「東照宮御事蹟」慶長三年七月五日条には「慶長治乱記にはます〳〵詳載すれとも修飾に過て疑ハし」とある。(11) また、藤井治左衛門編『関ケ原合戦史料集』ではおそらく〔内閣本〕をもとにした三ヶ所の引用があり、一〇五頁では「大谷吉継の甥祐玄吉継の祐筆となり合戦後、嵯峨の奥にて作る」と注記する。(12) 本書の成り立ちについては二で改めて検討するが、厳密には祐玄の書は参照された文献の一つのようである。

(2)『東西合軍記』

『慶長治乱記』と密接な関係にある軍記に『東西合軍記』がある。現在確認しているのは国立歴史民俗博物館所蔵「水木家資料」に伝存する写本のみである（請求記号：H―一二四二―七―一二五五―二）。外題はなく、内題に「東西合軍記」とある。全一冊、四十一丁で、一頁十一行、一行十七文字程度、漢字仮名交り文である。現状、徳川家康に関する無題の冊子と二冊組だが、両者の関係は不明である。(13)

内容は、岐阜落城後、合渡川《ごうと》から撤退する石田三成らを宇喜多秀家が出迎え、夜討ちを進言するという場面から始まる。石田らの処刑と戦後処理までを描き、末尾には石田・徳川のそれぞれに味方した諸将を列記し、領知・石高等を記す。

本書は、後ほど検討する大谷自刃の場面の記述から『慶長治乱記』と共通する背景を持つ軍記であることがわかる。それに加えて、近い内容を持つものに国立公文書館内閣文庫所蔵『関箇原軍記秘伝抄』（請求記号：一六八―〇一四六）がある。『東西合軍記』はその中巻の途中以降と酷似しており、大谷自刃の場面をみれば同書を下敷きにして作成されたことはほぼ確実である。なお、十分に検討できていないが、『関箇原軍記秘伝抄』は植木悦の『慶長軍記』と類似する記述も多く、その点でも注意される作品である。

二、『慶長治乱記』の背景

（1）参照された文献

『慶長治乱記』では記事の情報源についての注記が多数みられる。記述の信頼性を高めようとするものであろう。書名をあげるものと、「以或人之説記之」のように具体的には記さないものがある。また、慶長五年九月十五日条には、作者が井伊直好の家人から聞き取ったとする注記がある。これが事実であれば、作者は武家社会と接点を有している牢人のような人物が想定できるであろうか。

以下では、具体的な文献によるものをみていく。例えば、慶長五年八月一日条の伏見城の戦いを描いた場面には、末尾に次のようにある。

史料一『慶長治乱記』〔狩野本〕慶長五年八月一日条

私曰、所録本文者大谷刑部少輔家記也、慶長記説略相似、其外近代雑記・古今雑決集及見聞記、大田和泉書等之説少々有差、

「大谷刑部少輔家記」をはじめとするいくつかの文献を参照して記述したとする。参照したという文献は、〔狩野本〕二巻・六巻の末尾に「右所載書者」として列記されており、それをまとめたものが**表**である。このうち「大谷記」には「或云東西合軍／或云慶長治乱記」との注記がある。また、「大谷刑部少輔家記」「大谷家記」「大谷書」なども同書を指すものとみられる。**表**の12・13・14は二巻のみ、21は六巻のみに登場する。このほか本文中に「見聞記」「古今雑記集」という書名が一度ずつみえる。

表の「回数」は、史料一のように本文中で典拠として明記される回数を、類似する書名を含めて示したものである。最多の「大谷記」については後述する。次の「太田和泉記」は太田牛一の著作を意味するものであろう。『慶長治乱記』には全体にわたり『内府公軍記』に類似する記事はあるが、注記される箇所を確認すると自筆本や重要な写本とは一致しな

いものが大半である。(14) 作者が参照したのは太田牛一に仮託して作られた別の軍記であると思われる。

「近代雑記」「古今雑記集」は、特に慶長四年二月二十九日条の家康の伏見向島《むかいじま》への移徙に関する箇所において詳しく言及される。ここでは前田利家の勧めによるのか、細川忠興の諫言によるのかという点をめぐって、いずれも寛永十九年（一六四二）に、①堀正意《まさおき》らが細川忠興から（「近代雑記」）、②林道春が松平忠明《ただあきら》・久貝正俊から（「古今雑記集」）、③林春斎が石川忠総《ただふさ》から（「近代雑記」）聞き取ったとする内容を記している。寛永十九年は「寛永諸家系図伝」の編纂が行われていた時期であり、それに関するものかもしれない。それぞれの記述は具体的だが、現時点では参照された文献は見いだせていない。

　一方で、以下のものは参照されていることが確定できたものである。

①『豊臣秀吉譜』

「秀吉家譜」は、寛永十九年に林道春の著した『豊臣秀吉譜』のことを指すとみられる。引用したとの注記はないが、例えば『慶長治乱記』の醍醐の花見の記事は『豊臣秀吉譜』と細かい表現に至るまで共通し、ここで同書を参照していることは明白である。なお、『豊臣秀吉譜』は明暦四年（一六五八）に刊行されている。(15)

②『氏郷記』

類似する名称の軍記は複数あるが、近藤瓶城《へいじょう》編『史籍集覧』十四(16)収録の『氏郷記』三巻（第百八十二）と同一のテキストであると思われる。同書には『慶長治乱記』慶長三年正月二十日条、四月九日条と同内容の記述がみられる。成立時期は未詳だが、『慶長治乱記』に先行して成立し、流布していたといえよう。

③『清正記』

「清正記」は、寛文三年（一六六三）刊行の古橋又玄《ゆうげん》の『清正記』か、寛文四年刊行の和

表　『慶長治乱記』の「所載書」

番号	書名	回数
1	慶長記	4
2	関原記	—
3	大谷記（太谷記）	9
4	太田和泉記（太田和泉書）	4
5	北川聞書	—
6	近代雑記	7
7	古今雑決集	1
8	本多記	—
9	氏郷記	—
10	福島家記	3
11	三川記（三河記）	1
12	松平記	—
13	大須賀家伝記	—
14	榊原記	—
15	中村家記	—
16	秀吉家譜	—
17	清正記	—
18	太閤記	—
19	鉄団自記	—
20	徳川記	3
21	古今見聞集	2

＊括弧内は6巻の表記

田利重の『続撰清正記』のいずれかであろう。(17)『慶長治乱記』本文中で典拠として明記する箇所はないが、清正が豊後杵築《きつき》の細川家家老への加勢のため家臣の三宅角左衛門に出陣を命じる場面を比較すると次の通りである（『続撰清正記』も同様）。

史料二『清正記』（肥前島原松平文庫所蔵寛文三年版本）

三宅角左衛門と云てつハう頭に、百挺相そへ、加勢あるべきとの儀なり、角左衛門申せしハ、近日いつかたへぞ御働あるへき、しかるにおゐてハ某義ハ御とりたての者に候へば御傍にて忠義を仕るべきと申、清正いかりをなされ、独り働もしかるべきと思ひしに、さたのかぎりなる申様、此うへは奉公もなるまじと知行をとり上牢人の身となさるゝ、

史料三『慶長治乱記』（狩野本）**慶長五年九月九日条**

依之三宅角左衛門鉄炮大将相添足軽百人可馳向之旨下下知、三宅申云、近日定敵国可有御進発歟、然某御取立之士也、有御傍而可致忠戦云々、清正大怒云、独働可仕者推量今及此儀、如斯事所勇士之望也、然辞退是何事乎、如汝武道不吟味之輩奉公最難叶、者令没収領知忽追放、

このように『清正記』か『続撰清正記』をもとにしたものとなっている。しかし、この後の肥後宇土《うと》城の戦いは『慶長治乱記』慶長五年十一月八日条に記されるが、『清正記』系の話ではなく、次にみる岡山大本『慶長記』に近い内容である。そのため、『清正記』では三宅角左衛門は軍功を立て帰参を遂げることになるが、『慶長治乱記』ではその点は描かれない。作品としての一体感を欠くものとなっている。

④『慶長記』『徳川記』

「慶長記」は慶安元年（一六四八）写の岡山大学附属図書館池田家文庫所蔵『慶長記』（請求記号：p二一―八六）か、その類似本であるとみられる。類似本は加賀市立図書館聖藩文庫所蔵『関ヶ原軍記』（請求記号：二一二―一六二）、同『慶長庚子記』（二一二―一六三）が指摘されており、(18) それに加えて彰考館本（徳川昭武所蔵本）がある。(19) その末尾には「従永井日向守写書」とあり、摂津高槻藩永井家の本を写したものとされる。

「徳川記」は、国立公文書館内閣文庫所蔵『徳川記』（請求記号：一四八―〇〇七九）と同一のテキストであるとみられる。成立時期等は不明である。全六巻で、「御先祖之事」に始まり、元和三年（一六一七）の「神号贈位之事」に至る。三巻末から五巻において関ヶ原合戦を大きく取り上げている。『慶長治乱記』巻六のうち三ヶ所に「徳川記ニハ」「徳川記云」などとして付記する箇所があり、いずれも本書に該当する記載がある。

『慶長記』『徳川記』によったとみられる記事は散見し、例えば、黒田如水の豊後安喜《あき》（安岐）城・富来《とみく》城の戦いは、この両書を下敷きにしているようで、『慶長治乱記』では慶長五年九月十二日・十三日・二十日・二十八日、十月十六日条に分割されているが、細かい表現まで類似している。ただし、記事を切り貼りしているため、十月十六日条の富来開城に至る因果関係が欠落しており、不自然な記述になっている。

以上のように、『慶長治乱記』は右のような先行する書物に依拠しており、ほぼそのまま取り込むこともある。また、個々の記事の間の調整が不十分な箇所もある。物語としての一体感や、全体を貫く主題や思想を読み取れず、特定の家や人物の顕彰でもないのはかかる理由によるものであろう。参照された文献には存否不明のものもあり、「太田和泉記」「近代雑記」「古今雑記集」も現時点では特定できない。[20] そのなかで、作者が特に依拠しているというのが大谷刑部の甥祐玄の記録である。

(2) 大谷刑部の甥祐玄の記録

最初に触れたように、『慶長治乱記』は大谷刑部の甥の僧祐玄の記録を参照してまとめたものと称している。寛文年間に成立したとみられる本書は祐玄に関する記述として最も早いもので、また独自性の高い内容であると考えられる。祐玄とその記録の作成に関する記述は二巻の慶長四年三月一日条と、五巻の慶長五年九月十五日条の二ヶ所にある。まず、前者は次のような内容である。

大谷刑部は近年「癩《らい》病気」であり、常の出仕を止めていた。後に盲目となった大谷は、密事等に関わらせるため甥で博学者の僧祐玄を祐筆とした。ある時、大谷は祐玄を招くと、秀吉没後、世の中は物忩《ものさわが》しく異説がある。末世の鑑となるものを記して欲しいがどうかと言った。祐玄はそれを受けて慶長年中のことをことごとく書き記した。その書は「慶長治乱記」、あるいは「東西合軍記」といい、これが「大谷家記」である。祐玄は大谷が関ケ原にて自害したのち戦場を逃れ、嵯峨の奥に蟄居し、この記録を完成させたという。

ここで大谷の病を癩病と記している点は注目される。井上泰至氏は貞享四年（一六八七）序の『関ケ原合戦誌記』をその早いものとして指摘しているが、[21] それに先行するものとなろう。大谷は家康に従い会津へ出陣する予定であったが、養生のため出立が遅延し、そのなかで近江佐和山《さわやま》の石田三成のもとを尋ねた際に挙兵の企てを聞かされる。大谷は家康については「一旦之御悃志《こんし》」だが、三成とは「竹馬之朋友」であるとして、それに与する決心をする（慶長五年六月十九日条）。祐玄は大谷と行動をともにし、関ケ原の戦場にもあり、そ

図2　「関ヶ原合戦図屏風」（部分）（関ヶ原歴史民俗学習館所蔵）

の死を見届ける。それが五巻の慶長五年九月十五日条の次の記事である。

史料四『慶長治乱記』〔狩野本〕慶長五年九月十五日条(22)

〔前略〕平塚因幡守引請于敵死〔欲〕遂討死相戦、鑓付敵一人、今一人討之、即送彼首二于大谷陣云、日来契約至唯今、依遂討死者也、貴客急可有自害申送、大谷逢平塚使、感武勇、暇乞之返答、向即〔郎〕等云、吾常有病癩病也、敵渡首、其面可見苦、依甚恥之、自害早可隠吾首、者発兵于四方令防敵、此間大谷於馬上自害、刑部少輔之郎従三浦喜太夫取彼首、大谷甥渡祐玄僧、押入死骸于泥土、即自害、祐玄兼間〔兼而相謀ノ間〕謀之日、忽脱捨武具、太刀不帯、着衣、掛袈裟、包持彼首、軍見物真似、遁出戦場、蟄居嵯峨奥、此故終不得大谷首云々、

私曰、祐玄法師依大谷之命自慶長年中元和年中之事記之、以号慶長治乱記、或名東西合軍記、

これによれば、大谷は首が敵の手に渡ることを恥じ、馬上において自刃する。介錯した家臣の三浦喜太夫はその首を祐玄に渡し、死骸を泥土に埋めると大谷の後を追う。祐玄は武具を捨て僧侶の姿となり、大谷の首を持ち戦場を離脱し、嵯峨に蟄居したという。(23)そして最後に著者が私に曰くとことわり、祐玄は大谷の遺命により記録をまとめており、それが「慶長治乱記」「東西合軍記」というのだと記している。

『東西合軍記』の同じ場面では、大谷の首を取った者を家臣の岩田次介とする説と、小川土佐守の家臣樫柄《かしえ》太兵衛とする説を紹介する。これは先述の『関箇原軍記秘伝抄』と同じである。そこで「私云」とことわり、寺沢志摩守の家臣からの情報として樫柄が討ち取ったのは平塚因幡守であると記す。そして『慶長治乱記』と同様の展開を記し、最後に「祐玄法師大谷カ命ニ依リ慶長年中ヨリ元和中ノ事迄記シ、慶長治乱記ト号シ、或東西合軍記ト名ク」と付記している。

したがって、この祐玄の記録は、ここで取り上げている『慶長治乱記』『東西合軍記』そのものではないようである。祐玄著の「原・慶長治乱記」「原・東西合軍記」「大谷家記」というものがあり、それを前提としつつ、現在の『慶長治乱記』『東西合軍記』が成立したということなのであろうか。

祐玄は大谷刑部の甥で僧侶だというが、実在が確かめられる人物ではない(24)。佐村八郎『国書解題』では「大谷記」が立項されており、写本六冊で、一名を「東西合軍記」「慶長治乱記」というとするが(25)、該当する書物は見当たらない。『慶長治乱記』の著者が独自に入手した何らかの記録が存在し、それに依拠した可能性もあるが、祐玄もその記録も架空のものと考えておきたい。

三、『慶長治乱記』の影響

最後に、『慶長治乱記』の影響についてみていく。まず、国立公文書館内閣文庫所蔵の①『関原軍記』（請求記号：一六八―〇一三五）、②『関ヶ原軍記』（一六八―〇一四一）、③『関ヶ原記』（一六八―〇一四八）である。この三つの軍記は相互に共通する部分の多い作品である。いずれも成立時期や作者は不明である。③は家光・家綱政権の老中阿部忠秋（延宝三年〈一六七五〉没）の撰と称しているが要検討かと思われる。

これらは全体にわたり『慶長治乱記』に似た記事が散見する。具体的に比較すると、例えば慶長五年七月に家康に従い東下する諸将の書上げの後には次のように記されている。

史料五『慶長治乱記』〈狩野本〉慶長五年七月十六日条

此外御家人若干、都合五万八百人、太田和泉守牛一書 五万五千八百人有、

史料六『関原軍記』慶長五年七月二日条

右追々順路ヲ経テ関東ニ策ウツ、此外ノ人数若干也、
或書ニ都合五万八百人ト有、太田和泉守牛一カ書ニハ
五万五千八百人ト有、

史料六の「或書」の内容は、まさに史料五と一致する。②・③にもほぼ同じ記述がみられる。また、大谷自刃後の祐玄の逸話もみえ、①・②では本文で、③では「或書ニ」として記されている。これらの点から『慶長治乱記』の影響下にある軍記といえるであろう。

成立時期がわかるものとしては、延宝元年（一六七三）の序文をもつ山鹿《やまが》素行《そこう》の『武家事紀』がある。関ヶ原合戦に関する部分に次の記載がある。

史料七『武家事紀』巻第二十四(26)

大谷吉隆ハ秀秋カウラキリノ時、度々ノカケアイニ利ヲ得トイヘトモ、北国勢悉クウラキリイタシ、大谷カ兵下河原宗右衛門（中略）以下百余人戦死シケレハ、吉隆馬

上ニテ自殺ス、家臣岩佐五助吉隆母衣ノモノナリ、藤堂仁右衛門討取之、介錯シテカタハラニサシヲキ戦死ス、三浦喜太夫大谷カ首ヲミツケ、大谷カ甥ノ僧祐玄ニワタス、祐玄袈裟ニツヽミ煙トス、祐玄後蟄居嵯峨奥、大谷癩病盲目面ミクルシキユヘ、カネテ祐玄ニ申置ト云云、

右の引用部分のうち、湯浅五助と同一人物と思われる岩佐五助の戦死までの推移は植木悦の『慶長軍記』に近い。その先の祐玄に関する逸話は『慶長治乱記』に特徴的なものである。他にも慶長五年十二月十二日条に草庵（宗庵）肩衝の逸話が記されるなど類似する点があることから、『慶長治乱記』を参照している可能性が高いと考えられる。

最後に元禄期の河内国大《だい》ケ《が》塚《つか》の住人の記録『河内屋可正旧記』の記述に触れておきたい。次の部分に「慶長治乱記」という書名が見える。

史料八『河内屋可正旧記』巻二(27)

一、慶長四年十月に大坂の御城西の丸にて宗論の有しか、日蓮宗の不受不施邪法なりとて、権現様聞召分させられ、大坊主分ハ皆流罪にて一宗滅亡の事、慶長治乱記に見えたり、

実際に、『慶長治乱記』慶長四年十月十八日条は大坂対論（正しくは同年十一月二十日の出来事）に関するものである。ここでは豊臣氏の奉行である徳善院《とくぜんいん》・増田《ました》・大谷・長束《なつか》と不受不施派の僧の問答として描かれる。奉行衆は、不受不施派も他宗の者の施物を受けなければ飲食も不可能ではないかと論難し、不受不施派は「国土之恩」「国王（主）之恩」との論理で反論する。それに対して奉行衆は、秀吉が乱世を収め世上を静謐にしたことで、僧や遊民も織らずして衣を着、耕さずして食事をすることができるのだと述べ、つまりは「武恩」であると断じたところ、不受不施派は屈服し、「棟梁之出家」は配流されたとする。

大坂対論は他の軍記でも簡単に触れられることはあるが、『慶長治乱記』では応答のセリフも具体的である。これも先行する書物からの引用かもしれないが、『慶長治乱記』の成立が寛文八年ごろでよいのであれば、まさに不受不施派の禁制が展開する時期であり、かかる背景のなかで作者が関心を抱いて大きく扱った可能性も考えられる。また、不受不施派の問題が当事者以外からどのように認識されていたのかがわかる事例であると思われ、さらに河内屋可正のような人物が本書を通してこの出来事を知っていた点も興味深い。

なお、『河内屋可正旧記』巻二では、関ケ原合戦や大坂の陣の経過が記されているが、この部分は『慶長治乱記』とは異なる軍記類を参照して記述されたものと思われる。この点については後考を期したい。

おわりに

ここまで関ヶ原合戦軍記の一つである『慶長治乱記』について検討してきた。それを踏まえて最後に本軍記の注目される点をまとめておきたい。

第一に、成立時期が寛文三年以降の寛文年間、おそらく寛文八年ごろとみられる点である。これは関ヶ原合戦の物語化において注目される植木悦の『慶長軍記』の成立とも近く、合戦のイメージ化の展開を考える上で重要な時期の作品の一つであるといえる。

第二に、参照された書物が明らかになる点である。二十数種類の書名があげられており、一部のものは実際に利用していることが確認できる。戦後六十年以上が経過しており、福島正則に属して戦い寛文十年まで存命であった生駒利豊《としとよ》のような人物もいるが、(28) 直接の関係者の多くは世を去り、合戦の経験は忘れられようとしている時期である。そのため先行する文献に依拠し、それを再構成する段階に至っているということであろう。

第三に、多様な逸話が登場してくる点である。大谷刑部の甥祐玄に関するもののように、おそらくこれ以前にみられない独自の逸話が記される。その一つの背景は右でも触れた寛文年間という時期に求められるだろう。また、現在確認できる写本には大名家の蔵書であったことが確実なものはなく、一方で山鹿素行や河内屋可正が手にしていたようである。このような受容者が意識されていたのであれば、これも逸話が多様化し、虚飾が膨らんでいく背景の一つであるかもしれない。そしてここで描かれた異説はいくつかの軍記に継承され、合戦や人物のイメージの形成において一定の影響を与えることになる。

以上のように、『慶長治乱記』は関ヶ原合戦軍記の展開の主流にはないが、その物語化における十七世紀後半という時代を考える上で、注目される作品の一つである。

注

(1) 白峰旬『新解釈　関ヶ原合戦の真実』(宮帯出版社、二〇一四年)。

(2) 井上泰至「大谷吉継――軍師像の転変」(同編『関ヶ原はいかに語られたか』勉誠出版、二〇一七年)。

(3) 井上泰至前掲注2論文。同「軍記と屏風をつなぐもの――軍学・絵図・工房」(『軍記と語り物』五四号、二〇一八年)。

(4) 関ヶ原合戦を主題とする軍記は数多い。古典遺産の会編『戦国軍記事典　天下統一篇』(和泉書院、二〇一一年) でもさまざまな作品が取り上げられている。

(5) 大澤泉「杤山斉氏所蔵『内府公軍記』」(『大阪城天守閣紀要』三七号、二〇〇九年)。

（6）湯浅佳子「『関ヶ原始末記』とその周辺」（『かがみ』四九号、二〇一九年）。
（7）井上泰至・湯浅佳子編『関ヶ原合戦を読む――慶長軍記翻刻・解説』（勉誠出版、二〇一九年）。
（8）今田洋三『江戸の禁書』（吉川弘文館、一九八一年）。
（9）今井林太郎『人物叢書　石田三成』（吉川弘文館、一九六一年）。
（10）大阪大谷大学博物館編『影印河内屋可正旧記』一（大阪大谷大学博物館、二〇一五年）。
（11）『内閣文庫所蔵史籍叢刊特刊第一　朝野旧聞裒藁』八（汲古書院、一九八三年）。
（12）新人物往来社、一九七九年。
（13）請求記号：H—一二四二—七—二五五—一。目録上の資料名は「家康公」。
（14）『内府公軍記』の重要な写本については、金子拓『記憶の歴史学――史料に見る戦国』（講談社、二〇一一年）。
（15）『豊臣秀吉譜』は国文学研究資料館所蔵鵜飼文庫本（請求記号：九六—五四七）を「新日本古典籍総合データベース」にて閲覧。
（16）近藤出版部、一九〇二年。
（17）『清正記』寛文三年の版本は肥前島原松平文庫所蔵本（請求記号：四八—七）を国文学研究資料館「新日本古典籍総合データベース」にて閲覧。『続撰清正記』については、森山恒雄「加藤清正伝記『続撰清正記』の成立とその追加集の紹介（一）」（『熊本大学教育学部紀要』人文科学四二号、一九九三年）を参照。
（18）湯浅佳子前掲注6論文。『慶長記』と類似本はいずれも国文学研究資料館のマイクロフィルムを閲覧した。
（19）東京大学史料編纂所所蔵謄写本（請求記号：二〇四〇・五—二三七）。
（20）この他、慶長五年八月二日条には沢田源内『江源《こうげん》武鑑《ぶかん》』に登場する佐々木義郷の逸話が記される。同書は寛文前半には流布していることが知られている（勢田道生「神戸能房編『伊勢記』の著述意図と内容的特徴」（『待兼山論叢』文学篇四四号、二〇一〇年））。
（21）井上泰至前掲注2論文。
（22）誤記とみられる部分について〔京大本〕により傍注を付した。
（23）現在米原市多良《たら》に存在する大谷吉継の首塚に関する記述は見られない。
（24）外岡慎一郎『大谷吉継』（戎光祥出版、二〇一六年）、柏木輝久「大谷大学助吉治」（柏木輝久著・北川央監修『大坂の陣豊臣方人物事典』宮帯出版社、二〇一六年）参照。高山英朗氏のご教示によると、似た伝承を持つ人物に福岡藩士山口氏の祖栗山琳斎《りんさい》がいる。「山口氏系図」（福岡市博物館所蔵「山口武資料」）によると大谷刑部の甥の僧で、関ヶ原合戦後に筑前にて黒田家に仕え還俗したという。また、別に祐玄（史料内では「玄祐」）の逸話を記した書付もあるが、これは受容の一例とみるべきであろう。
（25）一八九七～一九〇〇年。同書は『慶長治乱記』も立項しており、〔内閣本〕を指すものと思われる。
（26）『武家事紀』中巻（山鹿素行先生全集刊行会編、一九一六年）。
（27）前掲注10に同じ。
（28）生駒利豊が記した合戦の模様については白峰旬前掲注1書参照。

田安宗武の武家故実研究――『軍器摘要抄』をめぐって

高松亮太

たかまつ・りょうた――東洋大学文学部准教授。専門は日本近世文学。主な著書に『秋成論攷――学問・文芸・交流』（笠間書院、二〇一七年）、論文に「歌論と創作のあいだ――上田秋成の武家歌論をめぐって」（『国語と国文学』九七―一一、二〇二〇年）、「賀茂真淵と田安宗武――有職故実研究をめぐって」（『近世文藝』一一四、二〇二一年）などがある。

田安徳川家の初代当主宗武は早くから武芸に励むとともに、武家故実にも高い関心を抱き、『軍器摘要抄』という書を著した。新井白石『本朝軍器考』の追考を意図した考証である。そこには、服飾研究や楽曲研究、古代文学研究など多方面に造詣の深かった宗武ならではの知見が認められる。宗武の多彩な考証の特色とそこから開けてくる視界について考えてみたい。

はじめに

徳川御三卿のひとつ田安家の初代当主となった宗武は、学芸をこよなく愛した文化人として名高い。父徳川吉宗の薫陶を受けながら、若くして学問に励み、有職故実や楽曲、歌学、古典学、武芸など諸分野への造詣を深めていった才人であった。荷田在満や賀茂真淵を和学御用として招聘し、意見を徴したことでも知られている。彼の七男にはこれまた当代きっての文化人でもあった寛政の改革の主導者松平定信がいる。

幅広い学殖を持ちながらも、彼の学問の中心にあったのは、他ならぬ有職故実の研究であった。尚古趣味の強かった吉宗の影響を受け、早くから研鑽を積むとともに、関白近衛家の娘森姫を正妻として迎えたこともあり、とりわけ公家有識には並々ならぬ関心を寄せていった。その有職故実研究の一端については、既に土岐善麿による一連の研究や、(1)鈴木淳による国文学研究資料館寄託田藩文庫資料に基づいた詳論が備わり、(2)私も賀茂真淵との関係から分析を試みたことがある。(3)

一方で、御三卿田安家の当主という立場上当然のことながら、帝王学に必要な漢籍を学ぶと同時に、武芸をも嗜み、また武家故実にも一定の関心を示していた。本稿では、宗武が新井白石『本朝軍器考』の追考を目的として著した武家故実書『軍器摘要抄』を中心に、田安家とその周辺の軍器研究の一端を明らかにし、その意義を探っていくことにしたい。

一、新井白石『本朝軍器考』と田安家

元文二年（一七三七）正月、新井白石の著した『本朝軍器考』が刊行された。白石が没した享保十年（一七二五）から数えて十二年後のことである。版元は、京六角通御幸町西の茨城（小川）多左衛門と江戸日本橋通二町目の小川彦九郎であった。

本書は信頼の置ける膨大な史資料に基づきながら、古代から近世に至るまでの武器・武具の沿革や機能、伝来、形状、素材などについて考証したものである。旗幟・金鼓・節鉞《せつえつ》・弓矢・弩砲・火器・矛槍・剣刀・甲冑・鹵楯《ろじゅん》・帷幕・鞍轡《くらぐつわ》の十二類一五一条から成り、「従来の荒唐無稽の俗説を一掃し、確実な文献・記録を中心に、絵画・遺品を徴証とした画期的な論究」[4]という高い評価を受けている。富山藩に仕えた儒者南部南山《なんぶなんざん》の宝永六年（一七〇九）序と水戸藩に仕えた儒者安積澹泊《あさかたんぱく》の享保七年（一七二二）跋を持ち、刊行に際して門人土肥霞洲《どひかしゅう》の元文元年（一七三六）序が加えられた。荒川久壽男によれば、南山が序を草した宝永六年以前に一度完成した後も、自らの体験や澹泊の指摘を活かした修正が加えられるとともに、宝永七年（一七一〇）から八年（一七一一）にかけての中御門天皇の大礼拝観を目的とした上洛に際しても、畿内各地を巡って探訪に努めており、その成果を踏まえた加筆訂正も行われているという[5]。

なお、刊行後間もない元文五年（一七四〇）には、白石の義弟朝倉景衡《あさくらかげひら》が編纂した『本朝軍器考集古図説』が、やはり茨城（小川）多左衛門と小川彦九郎から上梓された。『本朝軍器考』の図解であり、社寺・諸家所蔵の軍器及び古画などから、その模写を収載したものである。刊行の経緯を伝える朝倉景命の元文五年跋によれば、白石が刊行を果たせずに没したのち、義弟景衡が岡田信之の協力を得て諸図の模写を編纂したものの、その景衡も没したため、子の景命が蜂谷広成《はちやひろなり》に縮図を依頼して刊行に漕ぎ着けたものであるという。白石による正徳三年（一七一三）の序と同年の土肥霞洲の跋、享保二十年（一七三五）の三好文政の序を有している。

『本朝軍器考』については、武家故実研究の第一人者といわれる伊勢貞丈も、その著『本朝軍器考標疑』（安永三年〈一

七七四〉成）の序文において「本朝軍器考出でて本朝軍器の説備はれり。故に軍器の故実を謂ふの徒、皆其の驥尾に附せざるなき也」（原漢文）[6]と述べており、当時から後進の故実家たちを大いに刺激していた書であったようである。そのため、本書に触発された故実家らによって補訂・追考を意図した末書が次々と著されていくこととなった。岡山藩士で有職故実研究に力を注いだ土肥経平『本朝軍器考補正』、紀伊和歌山藩士で同じく有職故実家の宇治田忠郷『本朝軍器考余』、伊勢貞丈の『本朝軍器考頭書』『本朝軍器考増註』『本朝軍器考標疑』『本朝軍器考補正評』『本朝軍器考余評』などの一連の考証、あるいは白石の嫡孫新井邦孝の『本朝軍器考翼』、尾張の和学者稲葉通邦の『続本朝軍器考図』といった数々の末書が写本によって伝えられているほか、享和二年（一八〇二）には宣長門の和学者で通邦の門人でもあった名古屋藩士松岡牡鹿輔《しかすけ》による図解考証『本朝軍器考玉箒』が刊行されてもいる。

なお、これら末書の多くは現在慶應義塾大学図書館に蔵されている田安徳川家旧蔵資料のなかからも見出すことができる。明治四十年（一九〇七）に創立五十周年を迎え、記念事業としての図書館建設とともに、蔵書の充実を図っていた慶應義塾に対し、田安徳川家の九代当主徳川達孝《さとたか》が同年十月に蔵書の一部を寄託したのだが[7]、その半数以上が『本朝軍器考』関連の資料であった。内訳は、『本朝軍器考』の版本・写本が一点ずつ、『本朝軍器考集古図説』の版本が二点、および末書が十一点、計十五点であり、末書のうち七点には伊勢神戸藩主本多忠永の六男本多忠憲所用の「（葵に）本」「回芳文庫」「白虎門街回芳蔵庫」印が捺されている。忠憲は、伊勢貞丈の孫貞春に学んだ故実家でもあり、小山田与清や屋代弘賢とも親交のあった人物で、その生没年（安永三年〈一七七四〉～文政六年〈一八二三〉）から、これら末書の多くが田安家三代当主斉匡《なりまさ》との関係から田安家の蔵書に帰したものであろうと推定されている[8]。宗武の『軍器摘要抄』には、（宗武生前に成ったものであっても）末書類が参照された形跡がないことから、宗武の学問形成に寄与したところは認められないものの、田安家の蔵書形成や蔵書総体の性格を考えるに当たって貴重な資料群といえよう。

二、田安宗武の武芸と『本朝軍器考』

宗武は田安家が創立される享保十六年以前の少年時代から、本丸より譲渡された典籍をもとに帝王学たる漢籍を学ぶとともに、吉宗の督励もあって武芸の鍛錬も欠かすことなく行っていた。『田藩事実』や『有徳院殿御実紀』などからはその具体を詳らかに知ることができる。既に土岐善麿の言及が備わるものでもあるが、[9]上記の記録類をもとに、改めてその武芸に関する主たる事跡を素描しておこう。項目は『有徳院殿御実紀』に伝わる記事を中心に、適宜『田藩事実』で補った。

・某年、剣術を早くから学ぶ。師範は御小納戸役の山本八郎右衛門。

・享保十年六月二十一日、吹上の御庭で馬場乗を吉宗に披露する。

・同年九月、松平土佐守豊常より栗毛馬の初音と月毛馬の千年を賜る。

・同年十一月十六日、宗武の射芸を吉宗に披露する。

・同年十二月十七日、紅葉山東照宮参詣に際し、吉宗が進退の作法を宗武に教える。

・享保十二年五月五日、御具足始の式に際し、吉宗から具足を着せられ、陣羽織を賜る。

・享保十二年九月二十日、土肥元成（土肥霞洲）による経書の講読が始まる。

・享保十二年十一月二日、鎗術の稽古を始める。師範は大島雲平。

・享保十四年五月十五日、小林左十郎が剣術師範となる。

・享保十四年九月七日、鉄砲を習い、修行に励む。師範は松下専助。

・享保十五年十一月十三日、吹上の御庭で鉄砲を披露し、吉宗から腕前を賞賛される。

田安家創立以前の話題に限定して摘記してみたが、『有徳院殿御実紀』には宗武の武芸の上達ぶりに「落涙」したり「驚歎」したりする吉宗の姿も写されており、吉宗の訓育の様子を如実に窺い知れるとともに、宗武が射芸や鎗術、剣術、鉄砲といった諸武芸に通じていたことを看取することもできる。宗武に経書の講読を行った土肥元成（土肥霞洲）は先述したとおり『本朝軍器考』に序を、『本朝軍器考集古図説』に跋を送った白石の門人であるとともに、吉宗にも経書を進講し、幕府の儒員にもなった人物である。のちに田安家に仕え、用人・番頭を歴任した。また鎗術の師範を務めた大島雲平は御小納戸役の幕臣で、吉宗の紀州時代からの側近。荷田春満が『創倭学校啓』を幕府に呈上するに際して仲介役を果たしたことでも知られる。[10]なお、他にも『田藩事実』からは武芸にまつわる記事が多く見出せるし、『有徳院殿御実紀』からは田安家創立以後における矢開の宴や追鳥狩《おいとりがり》、弓場始《ゆばはじめ》、大的上覧といった諸行事に臨んだり、吉宗から褒美を賜ったりした記事も見出せるが、いずれも煩瑣に過ぎるため省略に従う。

　さて、こうした素養を備えていた宗武が『本朝軍器考』を手にしたのは、『田藩事実』の享保十四年（一七二九）の項に「同月（二月）十六日、有馬兵庫頭軍器考写出来差㆓上之㆒」とある記事によって、享保十四年二月十六日、十五歳の時であったことが知られる。『本朝軍器考』の刊行は元文二年のため、刊行以前に写本で伝わっていた一本を宗武は譲り受けたのであった。写本を授けた有馬兵庫頭は大島雲平と同じく吉宗の紀州時代からの側近で御側御用取次となった有馬氏倫《うじのり》。春満の享保七年の出府に際し、吉宗の命を受けて、御書物奉行にして和学御用でもあった下田師古《しもだもろひさ》や大島雲平らとともに、春満に故実や書籍について諮問を行った人物の一人であり、翌享保八年三月九日には吉宗の上意を受け、中条信実《ちゅうじょうのぶざね》と師古による春満への有職故実に関する諮問を取り次いでもいる。(11)

　ところで、前節で言及したように、慶應義塾大学図書館に寄託された田安徳川家旧蔵資料には本書の版本と写本が一点ずつ含まれている。そのうち版本には「克一堂図書印」「蔵焉脩焉息焉遊焉」の蔵書印が捺されていることから、二代当主治察《はるあき》の旧蔵書であったことが知られるが、もう一方の写本には田安徳川家資料に押捺例の多い「田藩文庫」と「田安府芸台印」を除いて、他の蔵書印は捺されていない。注意したいのは、『本朝軍器考』の版本が持つ南部南山の宝永六年序と安積澹泊の享保七年跋、土肥霞洲の元文元年序のうち、当該写本が土肥霞洲の元文元年序を欠いていることである。これは本書が版本写しではない可能性を示唆している。もちろんこれだけで即断はできないものの、あるいは本書が有馬氏倫から譲り受けた写本そのものである可能性も皆無ではないだろう。ちなみに本文には、版本と小異はあれども、内容に大きくかかわる異同は認められない。(12)

　なお、賀茂真淵が著した『雑問答考』は、有職故実に関する白石と野宮定基《ののみやさだもと》による問答（『新野問答』）を読んだ真淵が考証を加えた書だが、その真淵奥書には、『新野問答』を一覧した宗武が、根拠薄弱な考証の多いことに飽き足りない気持ちを抱き、真淵に追考を加えるよう要請したことが記されており、宗武の有職故実研究に白石の著書が一定の影響を与えていたことも知られている。

　以上のように、宗武自身の武芸の素養や、吉宗文化圏に属する幕臣や白石の門人たちとの交流、宗武自身の学問的関心などを考慮に入れれば、彼が白石の『本朝軍器考』にひとかたならぬ関心を抱き、その補正追考を試みたことも、ごく自然な成り行きであったと見做すことができよう。

三、『軍器摘要抄』について

国文学研究資料館に寄託されている田藩文庫には『軍器摘要抄』が二点（一五―五一及び一五―五九―八）蔵されている。いま一五―五一の書誌を左に略記しておく。

請求記号一五―五一。写本。大本一冊。縦二六・七×横一九・九糎。表紙は深緑色無地表紙。外題「軍器摘要抄　草稿六種三　全」（左肩無枠）。内題「軍器摘要抄　巻一（～巻四）」。毎半丁五行。字高一八・七糎内外。全五〇丁。印記「田安府芸台印」。

一五―五九―八は丁数・字配り・字母とも一五―五一とことごとく一致しており、田安家において副本とするために臨模されたものと目される（ただし印記はなし）。本書は二代当主治察の命によって整理された、『御先代御筆類御考物御小簞笥入《ごこたんすにゅう》記《き》』（一五―八七）の「十　御引出」に、「「校訂」叢／一　軍器摘要抄　弐冊」とあって、この「弐冊」が二点の『軍器摘要抄』を指しているのだとすれば、既に治察時代の整理段階で副本が作られていたことになろう[13]。

巻頭には編纂に当たった侍臣による序が次のように記されている。

> 此軍器摘要抄てふものは、新井筑後守君美が撰める軍器考にもれたる説、またはあげでも有べき事、或多きが中には誤れる事らの有をあらためさせ給ひて、その要をのみあげさせ給ふ所也。しかりとはもふせど、なを御未定の御事なれば、御草稿をあつめ置奉るのみ。
>
> 安永六丁酉年二月廿八日[14]

すなわち、本書は宗武が『本朝軍器考』の遺漏を補い、不要な説を削り、誤謬を正し、その要点を挙げたものであり、侍臣が未定稿を集成し一冊にまとめたものであるという。ただし、その考証は『本朝軍器考』の全篇を対象としたものではなく、「幡、白旗赤旗、馬幟、指物、笠じるし、鼓鉦《こせい》、鐸、角螺《かくら》、節刀、麾《さい》、団扇、斧鉞《ふえつ》、弓矢、決拾《けっしゅう》、鞆、射韝《たまき》」の十七項目のみとなっている。これらは『本朝軍器考』の巻一から巻四の中途までに当たることから、宗武には全篇に考証を加える意図があったものの、何らかの理由で途絶したものと推察される。

本書の執筆時期は詳らかにし得ない。荷田在満が延享三年（一七四六）に校訂本を完成させた『貞観儀式』[15]についての言及があること、及び『軍器摘要抄』に再三引用される『万葉集』の訓がいずれも寛永版本に拠っていることを勘案すれば、延享三年以降、かつ賀茂真淵が『万葉考』巻一・二・別記を上梓し、長野清良《ながのきよよし》を通じて宗武への献上を行ったとおぼしき明和六年（一七六九）以前と考えるのが穏当かと思われるが、ほかに執筆時期を限定できるだけの傍証を得ないのが現状である。[16]

このように、『軍器摘要抄』は新井白石『本朝軍器考』の限られた部分に対する考証であり、その成立の経緯については不明な点が多いものの、宗武が白石の『本朝軍器考』のどのような記述に関心を持ち、それに対してどのような見解を開陳していたのか検証することは、宗武の学問態度を闡明するうえでも、また武家故実研究において等閑視されてきた宗武の考証の意義を考察するうえでも、その意味は小さくないものと思われる。

四、起源への関心――「白旗赤旗の事」から

それでは、『本朝軍器考』における白石の考証と『軍器摘要抄』における宗武の考証を比較検討しながら、宗武が追考を行った部分と考証のあり方を分析し、宗武の関心の所在や彼の武家故実研究の特色を探っていくことにしよう。

まずは、源平の合戦に際して源氏が白旗を、平氏が赤旗を用いていたことの由来について考証した巻一「白旗赤旗の事」を取り上げてみたい。最初に白旗赤旗の起源について、『本朝軍器考』の考証を抄出する。[17]

按ズルニ、モロコシノ礼ニ、或ハ軍敗レ、或ハ国亡ビテ、降リ服《シタガ》ヒヌル時ハ、必ラズ素キ幡ヲ建ツ。我朝ノ昔モカクゾアリケル。景行天皇ノ紀ニ、周芳国ノ魁帥《ヒトコノカミ》ガ素幡《シロキハタ》建《タテ》シトアルモ、神功皇后ノ紀ニ新羅ノ国ノ王素旆挙《シロキハタアゲ》シトアルモ、欽明天皇ノ紀ニ、新羅ノ大将、白旗《シロキハタ》アゲントアルモ、皆コレ其事ニテアリキ。サレバ昔ハ旗幟ノ類ニ素色《シロキイロ》ヲバ用ヒラレザリシト見エシ。シカルニ、将軍ノ出征ス時ニ、白旗賜ル事アリナドイフ事、心得ヌ事也。

漢籍の史書類に多くみられるように、中国では戦で降伏する際に白旗を建てるものであり、日本でも古くは同様であったという。すなわち、『日本書紀』の景行天皇十二年に周芳国の首領であった神夏磯媛《かむなつそひめ》が天皇の使者に対して自らの船の船首に白幡を立てたことも、仲哀天皇九年に新羅の国王が新羅に到達した神功皇后の軍勢に対し戦意を喪失して白旗を挙げたことも、欽明天皇二十三年に新羅に進軍した河辺臣瓊缶《かわべのおみにへ》に対し新羅軍が白旗を掲げて武器を放棄したことも、全て降伏を意味するものであり、古代において白色は旗幟に用いられるものではなかったと考察しているのである。

それに対し、宗武は中国と地続きの新羅が白旗を挙げた仲哀天皇九年の記事と欽明天皇二十三年の記事は、降伏の意思表示として用いられてたものではあるけれども、周芳国の神

夏磯媛が白旗を建てた行為はあくまで朝廷へ謹んで従おうとする帰順の意志を表したものであり、降伏の意ではないと反論する。この主張の前提には、

此朝の御幡のいろは昔より白かりけるなめり。さるはすべて白き色をたふとみて御衣にも奉るぞかし。後の世の四神の御幡、纛の御幡なども、白きをたいにていろどろかざれるものなり。是古の遺製なれば、推古の御宇皇太子朝廷にこひ給ひてはじめて幡に絵がゝしめ給ひしより前はいろどりもなく白かりけめ。

という、旗幟は古来白色であったという考えがあった。宗武によれば、推古天皇十一年十一月に聖徳太子が天皇に請うて初めて彩色を施すまで旗幟は白色であって、後代の四神御旗や纛幟《とうばん》（将軍の幡旗）が白地に彩色されたものであるのも古の遺制であるという。

そのうえで、白石が「シカルニ、将軍ノ出-征ス時ニ、白-旗賜ル事アリナドイフ事、心得ヌ事也」と述べたことへの反論として、壬申の乱で大海人皇子が村国連《むらくにのむらじ》男依《おより》らを不破を越えて近江へ出撃させた際に、味方の軍衆と近江の軍衆を見分けるため、男依が味方の衣服の上に赤色をつけたという『日本書紀』の話を挙げ、

近江の宮には昔よりの御譲の白き御幡なれば、不破の軍は赤きはたを用ひける也。扨より男依も赤き色を衣の上には付けめ。

と述べ、戦において天皇御譲の白旗（近江宮方＝大友皇子方）と赤旗（男依方＝大海人皇子方）という軍旗の区別が古代からあったことを主張するのである。さらに宗武はその主張を補強するため、『万葉集』巻二に載る一九九番歌「高市皇子尊城上殯宮之時、柿本人麻呂作歌一首」という柿本人麻呂の長歌の一節「指擧有《サシアグル》幡之《ハタノ》靡《ナビキ》者《ハ》冬木盛《フユゴモリ》春去来者《ハルサリクレバ》野毎《ノベゴトニ》著而有《ツキテアル》火之《ヒノ》風之《カゼノ》共《ムタ》靡《ナビク》如久《ガゴトク》」(18)を取り上げ、高市皇子の旗幟が靡く様子を、野火が風に靡いている様子に喩えている以上、その旗幟は赤色であったに違いないと説く。高市皇子は壬申の乱で父大海人皇子方で大功を立てた人物であり、やはり大海人皇子方は赤旗であったという論理である。(19)

こうして宗武は白石の『日本書紀』解釈に疑義を呈し、白石が見落としていた『日本書紀』の別の記事や、自らもその歌風に親炙していた『万葉集』の歌に依拠しながら、紅白の旗の起源を壬申の乱に求めたのであった。『本朝軍器考』の冒頭には「本朝軍器考撰用書目」と題して実に二〇〇部の書目が並んでおり、そのなかには『万葉集』も含まれているのだが、その考証は父吉宗の薫陶のもと、幼少時から古代の文献に高い関心を寄せてきた宗武の方が周到であったというこ

とだろう。

　現在、紅白歌合戦や運動会など、二組に分かれる競技に用いる紅白のルーツとして知られる源平の合戦ではあるが、赤旗白旗のそもそもの由来について白石は、

　然《シカ》ルヲ後ノ代ニ及ビテ源平両家ノ旗色トナレル事、イカサマ其故アルベケレドモ、イマダ詳ナル事ヲ知ラズ。能知ラン人ニ尋ヌベキ事也。

と述べ、詳しい考証には及んでいなかった。このことは時代が下ってもさして変わらなかったらしく、前述した土肥経平や宇治田忠卿、伊勢貞丈らが追考を行った『本朝軍器考』の末書類にも起源を古代に求めたものはなく、あるいは該博な学識を有する屋代弘賢が総判を務めた『古今要覧稿』「器財部」でも赤旗白旗について「皇朝に古き所見有やいまだ考ず」(20)と記されるなど、その起源については十分に追究し得ていないのである。

　こうした事情に鑑みたとき、古代の史書のみならず、『万葉集』にも深く精通し、考証に活かした宗武の博覧強記ぶりと、その考証の徹底ぶりを垣間見ることができよう。そして『軍器摘要抄』は、『本朝軍器考』に影響を受けた末書が陸続と著されるなかにあって、それらの注釈書では十分に検討されていない古文献における軍器の起源を、細密極まる手続きによって説き明かしているという点において、まずは独自性を認めることができるのである。

五、軍器の起源と沿革

　このように、軍器の機能や形状など多岐に亘る『本朝軍器考』の記述のうち、宗武がとりわけ敏感な反応を見せたのは、他ならぬ起源についてであった。この傾向は『軍器摘要抄』の多くの考証に指摘できるものである。例えば巻一「幡の事」では、前節で言及した『日本書紀』景行天皇十二年に神夏磯媛が白幡を立てて参内したことを旌旗の起源とし、巻二「鼓鉦の事」では、『日本書紀』仲哀天皇九年九月の神功皇后による新羅征伐に際して「金鼓節《わいだめ》無くして旌旗《はた》錯乱《まがひみだれ》むときに士卒《いくさのひとども》整はず(21)」と記されていることを鼓鉦の起源とし、巻四「鞆の事」では、『日本書紀』神代上で天照大神が「臂《たゞむき》に稜威《いつ》の高鞆《たかがら》を著《は》き」とある記事を鞆の起源とするといった具合である。

　いずれも白石が『日本書紀』等の記事に言及しつつも断定をせず、詳細な分析を差し控えた事柄に関する追考であり、古文献をもとに考証をさらに推し進めたり、白石の疑問の解消を図ったり、白石の考察への反論を企図したりするものであった。そして、こうした起源に対する視線は、自ずから古

代の軍器が時代が下るにつれていかに変遷していったかという沿革にも向けられていく。

例えば巻一「旗の事」では、養老宮衛令にある「儀仗軍器」という語について『令義解』が「之を礼容に用ふるを儀杖と為し、征伐に用ふるを軍器と為す。即ち実同じくして号を殊にする者」[22]と注したことを受けて、古くは儀仗（儀礼のために用いられる器具）と軍器（軍用の器具）が兼用であったことを指摘しつつ、『貞観儀式』『延喜式』を参照しながら、左右の衛門府は鷲像の纛幡、鷹像の隊幡、緋と黄の小幡を用い、左右の兵衛府は虎像の纛幡《とうばん》、熊像の隊幡《たいばん》、緋と黄の小幡と用いていたとする。そして、後代に至って武家が各々で旗を設けるようになってからは、家紋や旗の形状、掲げ方などが一定ではなくなったことを、児玉党（丸に軍配団扇紋）や佐竹氏（扇に月丸紋）、畠山氏（小紋村濃）、久下氏（「一番」紋）、楠氏（菊水紋）らの旗を例に指摘していくのである。このように、本来古代では儀仗軍器兼用であった器具が、時代が下って朝廷や貴族の力が衰えるにつれ、各武家で独自の軍器が設けられることになった結果、儀仗としての役割を失い、家紋はもとより、形状や掲げ方も各家により様々なものになっていったというのが、軍器の沿革に対する宗武の基本的なスタンスであった。

また、巻四「決拾の事」では、『日本書紀』履中天皇即位前記に「仲皇子、手の鈴《すず》を黒媛が家に忘れて帰れり」とある「手の鈴」について、白石が拆釧《さくくしろ》（割れ目のある鈴がついた腕飾り）ではないかとした考証を退け、手結の緒につけた鈴であるとする。そのうえで『服飾管見別録』で「たゆひと云もの、決拾なる事明らけし。丈夫《マスラヲ》は常に弓をもてならすからに、決拾さすこともまた常也」[23]と古代の手結を決拾と同定していた宗武は、『軍器摘要抄』で手結（決拾）は本来手袋であったと指摘するのである。ところが、建久二年の弓場始で藤原経房が用いた決拾の図（**図1**）[24]を見ると、「蟹のはさみをあはせたる様の物三ツを糸につらぬ」いたもので、古代のものとは異なっており、後代に至って「なまさかしき人」が唐の朱極三（**図2**）なるものを模して作り始めたのであろうと推測する。

さらに、巻二「鼓鉦の事」では、養老宮衛令に関する『令義解』の注によって「礼容軍器其実ことならざるをしる」ことができ、大儀（重大な儀式）や行幸にも用いられた礼容用の鼓鉦と進軍の合図として用いられた軍器用の鼓鉦が同一のものであるとしたうえで、「代くだち行きて、軍器を私にもふくるごとくなりて後は、是等の物たえにけるにや、書にも見へず」と、後代には鼓鉦が軍器として用いられなくなったという。『前九年合戦絵巻』に棹に差した居太鼓が描かれている（図3）のは、まだ軍で鼓を打ち鳴らす風習が聞き伝わっていたのだろうし、『源平盛衰記』巻二十九に義仲の倶利伽羅峠の戦いで「太鼓《タイコ》法螺貝《ホラノカイ》千バカリ籠《コメ》タリケレ」(25)とある

のは、『史記』に伝わる田単《でんたん》の火牛の計を模したもので、あくまで牛と敵を驚かせるためのみに使われたのであるし、宇治川合戦で用いられた太鼓も、命令を発しても聞こえないほど騒がしかった見方の軍勢を黙らせるために打ったもので

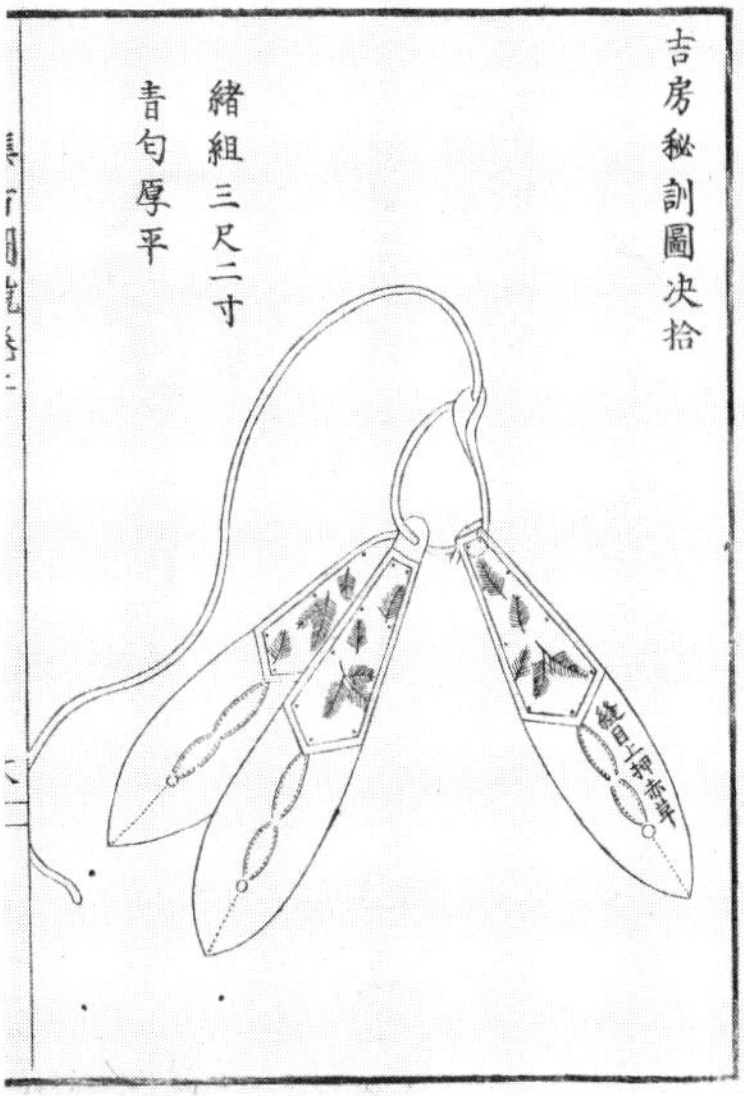

図1　『本朝軍器考集古図説』吉房秘訓図決拾
（国文学研究資料館鵜飼文庫蔵本）

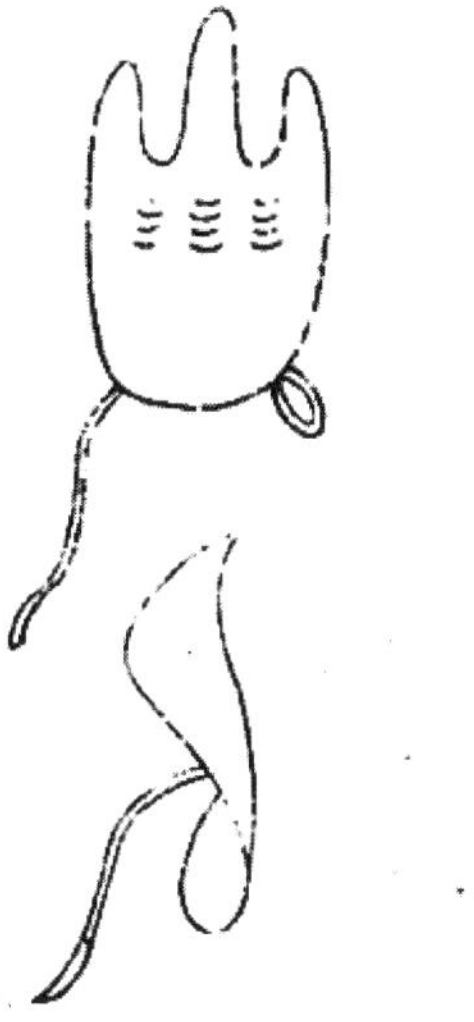
図2　『欽定古今図書集成』朱極三図
（中華書局、1985年より転載）

図3　国立歴史民俗博物館蔵『前九年合戦絵詞』
（『日本の絵巻（続17）』（中央公論社、1992年）より転載）

あって、いずれも進軍の合図という本来の役割は失われてしまっていたとする。

『軍器摘要抄』中最長の分量を誇る、巻四「弓矢製」の考証にも、起源や沿革に関する関心を看て取ることができる。まず、『本朝軍器考』の指摘を踏まえつつ、弓矢の起源が『古事記』で素戔嗚尊《すさのおのみこと》が高天原に上った際に、天照大神が一○○○入の靫を背負い、五○○入の靫を附け、弓腹を振り立てたことにあると指摘したうえで、『古事記』に見出せる弓矢の記述を列記し、その語源や素材について解説を加えていく。さらにその製法について、古くは梔弓《はじゆみ》や梓弓、檀弓《まゆみ》など、弓の名称にも冠されている各木を削り、彇《はず》（弓の両端）も弓と同素材の木で作られていたが、壊れやすいため鍮石《ちゆうじやく》（真鍮）で包まれるようになり、のちには弓彇・矢筈を牛の角で覆うようになったという。そのうえで、戦場で征矢《そや》とともに武官が使う弓と正月十七日に行う大射の儀式で用いる弓がいずれも漆塗りであり、弓も儀仗軍器の兼用であったこと、また養老軍防令や『延喜式』によって征矢五十隻（羽）を胡簶《やなぐい》一具に備えることが古代の礼容軍器のしきたりであったものの、「朱雀村上の御宇より御いきほいおとろへ行て、軍器を私の家にもふくることゝなり、礼容の器はたゞよそほひのみにて実なきものとなり」、矢筈を水精を以て作るようになり、胡簶に備える矢の数も減少したという、やはり古制が変遷していくことを指摘しているのである。

六、派生する考証

こうした軍器の起源や沿革に対する鋭い視線は、軍器に関連するさまざまな問題への考証に派生していくこととなる。本節では、その諸相を炙り出していきたい。

軍器の起源を明らかにするためには、当然のことながら同時代の文献、すなわち古代日本の信頼に足る文献に依拠する必要がある。そのため、宗武の考証には、そうした実証的学問態度に反した考証に対する厳しい非難が散見する。巻三「節刀の事」は節刀（出征の将軍などに対して天皇から下賜された刀）に関する考証であり、その主意は、『令義解』にいう、当初使われていた符節（割符）がのちに刀剣で代用されるようになったとする見解を否定し、日本では古来符節は用いられてこなかったことを主張する点にある。[26]根拠とするのは、『古事記』で伊邪那岐《いざなき》・伊邪那美《いざなみ》に天沼矛《あめのぬぼこ》が与えられた記事、高御産巣日神《たかみむすびのかみ》が天稚彦《あめわかひこ》に天之麻迦古弓《あめのまかこゆみ》と天羽々矢《あめのははや》を与えた記事、景行天皇が倭建命《やまとたけるのみこと》に比々羅木之八尋矛《ひひらぎのやひろほこ》（『日本書紀』では斧鉞）を与えた記事である。すなわち、古来日本では全権委任の証に符節ではなく、矛・弓矢・斧鉞など、さまざまな武器が授けられていたが、大宝令に至って授けるものが刀剣に定まったというのである。注目したいのは、この論証の過程で「義解のは節の事をいはんとて唐の事をいひたるにて、此朝のいにしへの事にはあらざるべし」と『令義解』が中国の風習を敷き写しにしたかのような注を附していることを非難した点である。同様に、この考証の末尾で「さて後の代は節刀をだにさだかにわきまへたる人もなくて、わりふなど様の物といひし人も有けり」と述べ、順徳天皇『禁秘抄』や一条兼良『桃花蘂葉』、亀山院が一条内経らに編纂させた『弘安礼節』といった時代の下った有職故実書、あるいは唐の設官分職の体系を明示した法制書『大唐六典』などを引用しながら、節刀を符節のことであると論じた『本朝軍器考』に対する非難をも展開している。同時代の文献に拠らず、後代の文献、とりわけ中世以降に権威化した一条兼良の有職故実書に対して宗武が批判的であったことは旧稿で既に論じたが、(27)『軍器摘要抄』の考証からも後代の文献に依拠した考証に対する批判的態度が看取できるとともに、中国の文献や故実をもとに日本の故実を論じることへの嫌悪感を顕わにしている点も、宗武の学問の特徴として留意されよう。

　同じように、巻二「鐸の事」では、中国春秋時代の斉の政治家司馬穰苴《じょうしょ》によって書かれた兵法書『司馬法』に基づきながら、鐸を軍器であると指摘した白石に対して、養老軍防令に軍器であるとの記述が見えないことから、鐸はあくまでも弓や決拾の飾り、ないしは『万葉集』巻十八に「左夫流兒《サフルコ》我《ガ》伊《イ》都《シ》伎《キ》之《シ》等《ト》能《ノ》爾《ニ》須《ス》受《ヾ》可《カ》気《ケ》奴《ヌ》婆《ハ》由《ユ》麻《マ》久《ク》太《ダ》礼《レ》利《リ》佐《サ》刀《ト》毛《モ》等《ト》騰《ヾ》呂《ロ》尓《ニ》」（四一一〇、大伴家持）などと詠まれる、駅使（駅馬の使用を認められた公用の使者）に国家が下賜した駅鈴であって、軍用ではなかったと反駁しているのである。ここでもまた「節刀の事」と同様、古代日本の文献ではなく、中国の文献に基づき日本の故実を論じていることに対する批判が展開されていることが分かる。

　ところで、宗武の起源への関心は何も古代の記事に限ったことではなかった。例えば、巻一「指物の事」では、指物（戦陣での自らの目印として鎧の背や腰に指した小旗）の起源について、「古きものともおぼへず」としたうえで、「平治物語に源氏は大旗腰小旗皆おしなべて白かりしと有ぞものに見へし初なる」と述べ、『平治物語』がその起源であると断じている。ところが続いて「されど其後の軍の事書しものには見へず」と疑義を呈しつつ、『吾妻鏡』文治五年（一一八九）七月八日条で、下河辺行平が頼朝の命によって鎧を新調して献上した際に、袖に附けるべき笠標《かさじるし》を兜の後に附けていることを不審に思った頼朝に対し、是れ曩祖の秀卿朝臣の佳例也。其の上、兵の本意は先登《さきがけ》なり。先登に進むの時、敵は名謁《なの》るを以て其の仁を知る。吾が衆は後より此の簡《ふだ》を見て、必ず其の先登の由を知るべき者なり(28)

と答えたことを踏まえ、「てきは名を聞て其人を知り、みかたは後より此簡を見て其先登を知るといひしもてみれば、其頃腰小旗ありしとは覚へず」と、平治の乱を含めた源平合戦の時代に腰小旗は存在しなかったと考証するのである(29)。宗武によれば、腰小旗の早い例としては、源平合戦からさらに下った南北朝の動乱を描いた『太平記』巻第三十一の「武蔵野合戦の事」に見える「白旗一揆」という記述が挙げられるという。そして、『平治物語』の「腰小旗」という記述は、後代の故実をもとになされたものであり、その成立は鎌倉時代末期頃まで下るであろうと推定するのである。

現在『平治物語』は一二三〇年代から一二四六年までの間に成立したと考えられており(30)、それに従えば宗武の考証は失考の譏りを免れ得ないものとなるが、永積安明が『日本古典文学大系31』解説で第一類と分類した古態本には該当する本文がなく、引用箇所は後代に増補された本文であった可能性が高い。『平治物語』には後代の改作が認められる伝本が多く、主語を『平治物語』の成立ではなく、宗武の閲した流布本系本文の成立へと置き換えたならば、ささやかながら、宗武の考証と視点が『平治物語』の諸本論に益するところもあるのではないか(31)。軍器の起源に関する考証から軍記物語の（諸本の）成立に関する考証へと派生していった例であり、軍器研究の持つ可能性を示唆しているという意味でも見逃せない考証といえよう。

また「鞆の事」では、延喜神祇式や兵庫式に拠りつつ、鞆（弓を射放したときの弓返りを防ぐために左の腕に結び付ける弦受けの附けもの）の素材や寸法に言及したうえで、鞆を着する本来の目的を、弾かれた弓が衣の袂にまとわりつくのを防ぐためであったと主張する。したがって、左の袖を結うために附けるものであり、肩をはだけて射る状態で鞆を着するのは後代に行われた誤った用い方であるという。よって、大射・賭弓《のりゆみ》の場面にはだけた舎人が鞆を附けている『年中行事絵巻』（図4）も白河院の時代以後に描かれたものであろうと、こちらも『平治物語』同様、絵巻の製作年代の考証に及んでいるのである。

続いて、起源への関心や古文献に依拠した考証が器具の真贋の根拠へと結びついた考証を取り上げてみよう。巻三「団扇の事」は、白石が現在の軍配団扇と同様のものであり、大将や軍師が所持するものであったと述べるとともに、上宮太子ノ執リ給ヒシ物也トテ、太秦《ウズマサ》ノ広隆寺ノ宝蔵ニ今モアナルヲ見タリシニ（中略）ソノ物フリタルサマ、マガフベクモアラズ。遠キ世ノ物ニテ、其ノ制又ヨノツネニ用フベキ物トモ見エズ。征戦ノ具《グ》タル事疑フベカラズ。

と指摘したことに対する反論である。宗武は『日本書紀』崇峻天皇即位前紀、蘇我馬子が諸皇子と群臣に働きかけて物部守屋を滅ぼすことを策謀した丁未の乱に際し、太子もその軍勢に加わっていたものの、「束髪於額《ひさごばな》にして軍の後《うしろ》に随へり」と記されているように、当時は十四歳ほどの年齢で、(32)軍の後ろに従っていただけであるという。そのうえで、他の史書類にも太子が軍勢を率いたという記述がないことから、太子は将軍として団扇を戴くような人物ではないため、広隆寺所蔵の団扇（図5）は太子所用のものではないと結論付けるのである。これは、武具の起源に対する関心と古文献に徹底的に依拠した考証が敷衍されて、現存する軍器の真贋判定へと結びついた一例として興味深い。(33)

なお、宗武はさらに広隆寺所蔵の団扇について、自らが所持している広隆寺所蔵の団扇の絵（『本朝軍器考集古図説』所載）や『本朝軍器考』における素材と形状の説明を踏まえ、

図4　田中家蔵住吉本『年中行事絵巻』
（『日本の絵巻（8）』（中央公論社、1987年）より転載）

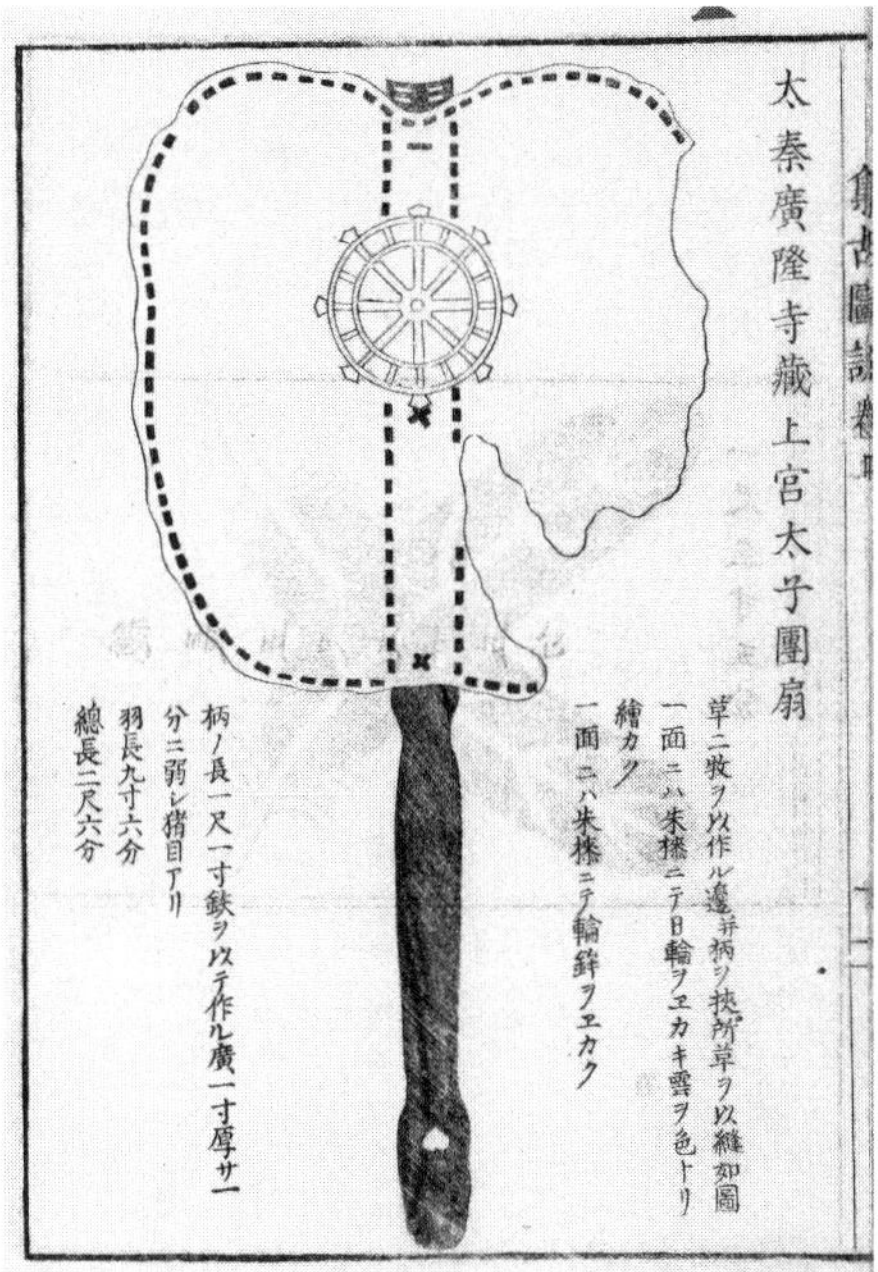

図5　『本朝軍器考集古図説』太秦広隆寺蔵上宮太子団扇
（国文学研究資料館鵜飼文庫蔵本）

「蘭陵王」や「落蹲」といった舞楽で用いる桴《ばち》が同じ金属で作られていることから、現在では絶えてしまった舞楽で用いる団扇であろうとの分析まで行っている。これは、宗武が舞楽に対してひとかたならぬ関心を抱き、自ら『楽曲考』などで展開しているような考証を軍器研究に活かした例として刮目すべきものといえよう(34)。

こうした、宗武自身による隣接する諸分野の研究成果が軍器研究に活かされた例としては、第四節で取り上げた『万葉集』の効果的な活用という特徴が既にあった。この特徴は「白旗赤旗の事」に限ったことではなく、他の考証にも見出すことができる。例えば、巻二「角螺の事」では、大角とともに戦場で吹き鳴らした笛「小角」について、源順『和名類聚抄』が『楊氏漢語抄』を引いて「大角　波羅乃布江《ハラノフエ》、小角　久太能布江《クダノフエ》」と記すことに、「いとおぼつかなし」と疑義を呈し、土佐国長岡郡に「大角《おほつ》」という地名があること、また『万葉集』一九九番歌に「鼓《ツヅミ》之《ノ》音《オト》者《ハ》　雷《イカヅチ》之《ノ》聲《コヱ》登《ト》聞《キク》麻弖《マデ》吹《フキ》響流《ナセル》小角《ヲツノ》乃《ノ》音《オト》毛《モ》敵《アダ》見《ミ》有《タル》虎《トラ》可《カ》叨吼《ホユル》登《ト》諸人《モロビト》之《ノ》協流《オビユル》麻低爾《マデニ》」とあって、小角を「くだのふえ」と読んでは調べが損なわれることを根拠として、古代においては大角を「おほつ」、小角を「をつ」と読むべきであり、「はらのふえ」「くだのふえ」は、後世に大角に代って法螺貝を用い、小角に代って竹筒を用いたことからの呼称であろうとするのである。

このように、宗武の軍器研究には、吉宗の訓育のもと、早くから関心を払ってきた服飾をはじめとする公家有職に関する研究や楽曲研究に加え、真淵とともに進めていたと思われる『万葉集』の研究や、『古事記詳説』という考証を残している『古事記』研究など、自らが取り組んできた隣接領域の研究成果が活かされていることも、銘記しておくべき特徴といえよう。

おわりに

以上、田安宗武の武家故実研究をめぐって『軍器摘要抄』の分析を進め、考証の特色を炙り出すことを試みてきた。本稿での考察をまとめておくならば、まずもって宗武の関心は各軍器の起源に向けられていたということである。白石が史資料を博捜しつつも、疑問を提示するにとどめ、詳細な考証に及んでいない軍器の起源について考証を深めるとともに、『万葉集』を分析の対象として積極的に利用することで、独自の見解を導き出すことが可能となったのである。

さらに、その起源への追究から派生した特色として、各軍器の沿革へも多大な関心を示していること、後代の文献や中国の文献に基づく考証を是とせず、同時代の文献に基づく考証を徹底していること、軍記物語や絵巻の成立の考証、現存する古器物の真贋判定にも派生していることなどが浮かび上がってきた。加えて、宗武の楽曲研究や服飾研究、『万葉集』研究、『古事記』研究など、隣接領域との関連深い考証が見受けられることも注目に値する。こうした分野横断型の考証は他の末書類からは見出せず、多方面に亘る研究を行ってきた宗武をして初めて可能ならしめた考証といえよう。

　ところが、『軍器摘要抄』には田藩文庫以外にも数点の写本が存在しながらも、残念ながら後続の末書類に参照された形跡は認められない。恐らく侍臣が宗武の遺稿を集成して編纂した後も、限られた範囲での転写しか行われず、長らく日の目をみることがなかったのであろう。これは宗武にとっても、後進の故実家にとっても不幸なことと言うほかない。

　とはいえ、既に言及してきたように、本書の考証からは、白石の考証の説き及んでいない事柄や、末書類でも追究されなかった事柄、あるいは現代でも見過ごされている事柄に関して、瞠目すべき考証も認められる。もちろん考証のなかには、現在の研究水準からみて否定されるべき見解も少なくないだろう。しかしながら、徹底した古文献の渉猟や隣接諸分野の成果を活かした考証、そこから派生した関連領域に関する見識など、宗武の持っていた多角的な視点から得られる知見は決して少なくないものと思われる。

注

（1）土岐善麿『田安宗武』第一冊及び第四冊（日本評論社、一九四二・一九四六年）。

（2）鈴木淳「田藩文庫考」（国文学研究資料館編『田藩文庫目録と研究――田安徳川家伝来古典籍』日本書誌学大系九四、青裳堂書店、二〇〇六年）、同「田安家の学芸――初代宗武を中心に」（『徳川御三卿』徳川記念財団、二〇一〇年）。

（3）拙稿「賀茂真淵と田安宗武――有職故実研究をめぐって」（『近世文藝』第一一四号、二〇二一年七月）。

（4）『日本古典文学大辞典』第五巻（岩波書店、一九八四年）「本朝軍器考」の項（執筆は鈴木敬三）。

（5）荒川久壽男「『本朝軍器考』小攷」（『新井白石の学問思想の研究』皇學館大学出版部、一九八七年）。

（6）慶應義塾図書館寄託田安徳川家旧蔵本（九八―一一―一）による。

（7）寄託の経緯や蔵書の性格については『慶應義塾百年史』中巻（慶應義塾、一九六〇年）、及び注2『田藩文庫目録と研究』所収の鈴木淳「田藩文庫考」、松方冬子「田安徳川家蔵書の伝来について」、佐々木孝浩「慶應義塾大学図書館寄託田安徳川家蔵書について」に詳しい。

（8）注7の鈴木論文、佐々木論文参照。

（9）注1土岐善麿『田安宗武』第四冊。

（10）鈴木淳「【解題】創倭学校啓」（『新編荷田春満全集』第十二巻、おうふう、二〇一〇年）など参照。

（11）羽倉信真編『荷田春満歌集』（淡心洞、一九三六年）「荷田

春満大人年譜」、及び『享保八年　羽倉信名日記』（『平成二十一年度國學院大學特別推進研究「近世における前期国学の史的研究」成果報告書』二八頁）。

(12) なお前述したように、『本朝軍器考』は宝永六年以前に成稿してからも、数度に亘って加筆訂正が行われているが、その下限は澹泊跋の享保七年と考えられている（注5）。

(13) 他に、国立公文書館内閣文庫蔵本、多和文庫蔵本、東京国立博物館蔵本がある。なお、披見し得た内閣文庫本（一五三―〇四五四）は昌平坂学問所旧蔵で、「天保六年十一月廿九日写畢／伴直方」の奥書が残る。

(14) 国文学研究資料館寄託田藩文庫蔵本（一五―五一）による。以下同。

(15) 秋元信英「近世の『儀式』写本と荷田在満」（『貞観儀式』、続日本古典全書、現代思想社、一九八〇年）など参照。

(16) 明和六年九月二十九日付長野清良宛賀茂真淵書簡に「先年注考致置候万葉考、去々年出版申付候処出来遅く、漸此節相調候間先入二尊覧一度、今日其許様迄指進候」とある（続群書類従完成会版『賀茂真淵全集』第二十三巻、三三頁）。

(17) 慶應義塾図書館寄託田安徳川家旧蔵資料のうちの写本（九八―四―六、慶應義塾大学グーグル図書館プロジェクトで披見）による。

(18) 『万葉集』寛永版本の引用は国文学研究資料館蔵本（カ―二二）による。なお、当該箇所における賀茂真淵『万葉考』の本文・訓は「指擧《サヽゲタル》有幡之《ハタノ》靡《ナビキ》者冬木成《フユゴモリ》春野《ハルノ》焼火《ヤクヒ》乃風之《ノカゼノ》共靡《ムタナビケル》如久《ゴトク》」であり、宗武が依拠した本文が寛永版本であったことが分かる。

(19) なお大海人皇子方が赤旗を用いていたことについて『新編日本古典文学全集41』の注（西宮一民執筆）は「漢高祖が赤帝の子と自負して赤い旗幟を用いた故事（『漢書』高帝紀上に「旗幟皆赤シ」）にちなんで、大海人皇子が自らを擬したことを示す」とする。

(20) 国立公文書館内閣文庫蔵本（特六五―一、屋代弘賢旧蔵）による。

(21) 寛文九年版本（国文学研究資料館蔵本、ヤ―二―八、新日本古典籍DBで披見）により、傍訓・送仮名ともに平仮名に直し、書き下して記した。

(22) 慶安三年版本（国立国会図書館蔵本、WA一七―六、国立国会図書館デジタルコレクションで披見）により、書き下して記した。以下同。

(23) 国文学研究資料館寄託田藩文庫蔵本（一五―三八九―一四）による。

(24) 図1で示したのは、『本朝軍器考集古図説』所載の「吉房秘訓図決拾」。白石・宗武が述べる「建久二年の弓場始で藤原経房が用いた決拾の図」が同一のものを指すか未詳。

(25) 無刊記整版本（早稲田大学図書館伊地知鉄男文庫蔵、文庫二〇―四一二、古典籍総合DBで披見）による。

(26) 『令義解』には「節とは髦牛の尾を以て之を為《つく》る。使者の擁とする所也。今刀剱を以て之に代ふ。故に節刀と曰ふ。名実相異なりと雖も、其の辞に用る所の者は一也」とある。

(27) 注3拙稿。

(28) 寛文元年版本（国文学研究資料館鵜飼文庫蔵、九六―一二〇、新日本古典籍DBで披見）により、書き下して記した。

(29) 白石は「平治ノ戦ニ、源氏ノ大旗、腰《コシ》小《コ》旗《ハタ》旗、皆ヲシナベテ白カリシ由見エタリ。其腰小旗トイヒシ物、近キ代ノ腰差《コシザシ》、差物《サシモノ》ナドイフ物ノ類ニヤ。ソレヨリ後ノ事シルセル物ニ、此ノ物ノ名ハ見エザル歟」と述べ、『平治物語』の記述を挙げるものの、それを起源と指摘することもなければ、それ以降の書から腰小旗が見出せないことに対し、疑問を提示するのみで問題解決を図ることもしていない。

(30)『保元物語・平治物語・承久記』(新日本古典文学大系43)の日下力解説や『平治物語　全訳注』(講談社学術文庫、二〇一九年)の谷口耕一解説参照。

(31)流布本の成立は室町末期・戦国期と特定されており、宗武の考証とは必ずしも矛盾はしない。小井土守敏・滝澤みか『流布本保元物語平治物語』(武蔵野書院、二〇一九年)参照。

(32)『新編日本古典文学全集41』の注には、「厩戸皇子は敏達三年(五七四)生誕とすれば、この時十四歳」とある。

(33)なお、広隆寺所蔵の団扇を太子所用のものとする見解には、後代のことながら伊勢貞丈『軍器考注』や『本朝軍器考標疑』も否定的な見解を示す。ただし『軍器摘要抄』を参照した形跡は見られない。

(34)宗武の『楽曲考』には「蘭陵王」の項目があり、そこでは「私に作りし短き桴をたづさへて何処にも舞也けり」などと舞楽に使用する私製の桴についての言及も備わる。

附記　資料の閲覧に際し、ご高配を賜った関係機関に感謝申し上げます。なお、本研究はJSPS科研費JP17K13389の助成を受けたものです。

旧海軍兵学校蔵鷲見文庫『兵家系図』をめぐって

井上泰至

いのうえ・やすし――防衛大学校教授。専門は日本近世文学。主な著書に『近世刊行軍書論』（笠間書院、二〇一四年）、『近世日本の歴史叙述と対外意識』（編著、勉誠出版、二〇一六年）、『関ヶ原はいかに語られたか』（編著、勉誠出版、二〇一七年）、『関ヶ原合戦を読む――慶長軍記　翻刻・解説』（勉誠出版、二〇一八年）などがある。

兵学は、江戸の軍記生産・享受の主役であり、思想史的にも重要な位置を占めていたが、研究は進んでいない。生の兵学コレクションとして有力な旧海軍兵学校蔵書の性格と、代表的な書物の紹介を通して、この分野の研究の可能性について論じた。

一、問題意識

近世兵学資料は、若尾政希『「太平記よみ」の時代』（一九九九年、平凡社）のような一部の先鋭的な研究が出て以来、進捗してはいない。大量に残りながら等閑視されている関係資料の学問的意義を示す一端として、海上自衛隊第一術科学校参考館蔵鷲見文庫の正木輝雄『兵家系図』を取り上げ、資料の性格と研究の可能性について報告する。具体的には、若尾前掲書終章「三　再び「太平記読み」とは何か――研究の展望」で、軍学の世紀であった十七世紀の軍学諸流派（甲州流・北条流・山鹿流・越後流等々）の歴史的意義や、軍学と荻生徂徠との関係などが今後の課題として指摘されていることを受けていることをあらかじめ断っておく。

二、鷲見家旧蔵書の概要

標題の鷲見文庫とは、鳥取藩国学者鷲見保明（一七五〇～一八〇八）・安歆（一七八四～一八四七）の自筆稿本・旧蔵書を指す。大正十五年から昭和二年にかけて、京都の江戸以来の版元で、近代には古書肆となった佐々木竹苞楼によって、国学関係書は、主に九州大学中央図書館へ、兵学関係書は、昭和九年、海軍兵学校へ引き取られた。その他、鳥取県立博物館、鳥取県立図書館、米子市立図書館、東洋大学附属図書館稲葉文庫（山本嘉将旧蔵）などにも所蔵されている。国学関係のコレクションについては研究が積み重なってきているが[1]、兵学書については皆無と言ってよい。

本稿では海軍兵学校蔵書を引き継いだ江田島の海上自衛隊第一術科学校参考館蔵の鷲見文庫に絞って取り上げることになるが、鷲見父子二代のコレクションは国学と兵学を兼修した藩に仕える学者のそれであったことをまず念頭に置いておかねばならない。国学と兵学を兼ねた十九世紀の代表的学者には、若狭小浜藩士で本居流国学者、出自は上杉流兵学者の家柄であった伴信友（コレクションは鷲見文庫同様、京都大学附属図書館や小浜市立図書館などに残る）がいる。

現在参考館の整理用に手控えとして作られている『鷲見文庫目録』を通覧すれば、上泉流・楠流・越後流・山鹿流兵書・城郭合戦図・西洋兵学書等一三二六項目が立てられており、兵学の内実を知るに十分な一大コレクションとして価値が高いことが看取できる。東北大学附属図書館狩野文庫には、桑名藩甲州流兵学者杉山一族の旧蔵資料も多く含まれるが、残念ながら狩野コレクションの中に解消されてしまっており、兵学の営みを直接反映するような整理はなされていない。江田島鷲見文庫はその点で貴重なのである。

ざっと、目録を通覧しての感想の段階に過ぎないが、上泉流の兵書が二四〇項目と多く、目録も整備されているのは、この流派の祖秀胤の子の義郷によって岡山・鳥取池田藩に伝流したためであろう。また、西洋兵書では主に歩兵の操練の書物が確認でき、藩主池田慶徳（水戸斉昭五男）の指導により洋学歩兵術を導入したのと関係があるか[2]。以下は、鷲見二代の事績を整理して、標題書をサンプルに、コレクションに探り鍼を入れることとする。

三、鷲見保明・保喜

『和歌文学大辞典』（二〇一四年古典ライブラリー）の白石良夫の文章によれば、保明の略歴は以下の通りである。

鷲見保明《やすあきら》〔江戸時代後期歌人〕名は慶明・休明とも。字は子休。通称は新助・権之丞。号淡成舎・忘言亭。寛延3（1750）年〜文化5（1808）年11月8日、59歳。鳥取藩士。安藤箕山に漢学を、両親に歌学と和歌を学ぶ。衣川長秋らと交遊を結ぶ。『鷲見翁家集稿』『鷲見休明遺稿』『鷲見慶明詠草』など。九州大学文学部に草稿類が残る。

保喜については同事典の高松亮太の解説が備わる。

鷲見保喜《やすよし》〔江戸時代後期歌人〕幼名、保喜。晩年は安歎と称す。通称、勘解由。天明4（1784）年5月26日～弘化4（1847）年3月23日 64歳。休明の長子。鳥取藩士。16歳で尚徳館に出仕し、教鞭を執る。儒学を学び、また衣川長秋に師事し国典に詳しかった。藩政担当の傍ら、国学和歌併修に努め、本居大平・加納諸平・伴信友をはじめ多くの学者と交流があり、殊に紀州の諸平とは、ともに自藩内に国学館の設立を企図するなど親交が深かった。父休明の遺稿を『鷲見翁家集』としてまとめた他、『かたこと歌』50数冊を初めとする多くの草稿類が残る。

【参考文献】『近世和歌史論』山本嘉将（文教図書出版、1958、復刻パルトス社1992）

『新修米子市史』第二巻（二〇〇四年）によれば、米子に住んだ鷲見氏は、家老荒尾氏のもとにいた鳥取藩直属家臣であるという。鳥取藩の米子支配はやや入り組んでいて、家老荒尾氏が城代として施政を担当したが、鳥取本藩のひも付きであるので、鷲見氏のように藩の直属の家臣が、城代家老のところに付けられるという体制があったわけである。鷲見氏は、米子の地域性と、鳥取本藩の集権性の両面を持つ存在であったことは、この際頭に置いておいた方がいい。

四、正木輝雄『兵家系図』の概要

標題書の概要は以下の通りである。大本一冊。藍表紙。外題「兵家系図　完」と書。題簽枠は刷。墨付き八十丁。印記、表紙裏に「鷲見文庫」「購入／第八類辛　号／京都寺町佐々木竹苞堂／昭和九年一月十八日」と朱。初丁オの記述（**図1**）から、文化五年（一八〇八）十二月、子息正木直三郎への兵学伝授の一環として伝えたことがわかる。

冒頭には、二十二点の漢文兵学書を「兵書大概」として挙げる（**図2**）。注目すべきは『紀效新書』で、著者は明の武将戚継光（一五二七～八七、号南塘）。絵図が多用され、具体的な動作技法が示されている意味において、圧倒的なわかりやすさを持った。始め明・万暦十二年（一五八四）に刊行されたが、後に改訂され万暦二十三年（一五九五）に「周世選本」「江氏明雅堂本」が刊行され、さらに万暦三十一年（一六〇三）には「王象乾本」が刊行されていて、さらに「永懐堂・葛氏本」「広東軍政掌印署本」「楚藩本」などがあり、これらの各書の目録内容は同じではなく、「周世選本」は十八巻から成っているが、「万暦十二年版」および「王象乾本」などは十四巻である。倭寇対策から編み出された戦法も記載され、後に詳しく述べるように荻生徂徠の兵学において重要

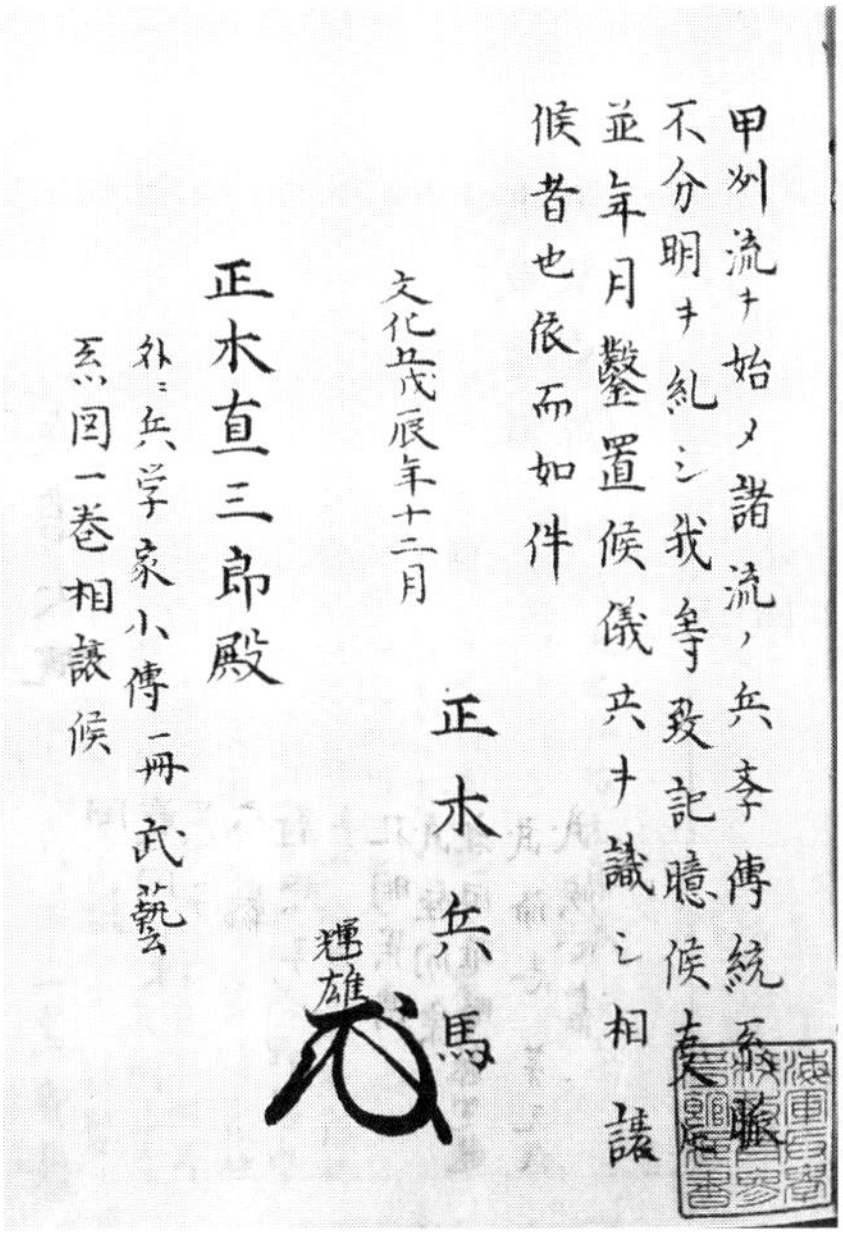

図1　鷲見文庫蔵『兵家系図』初丁オ

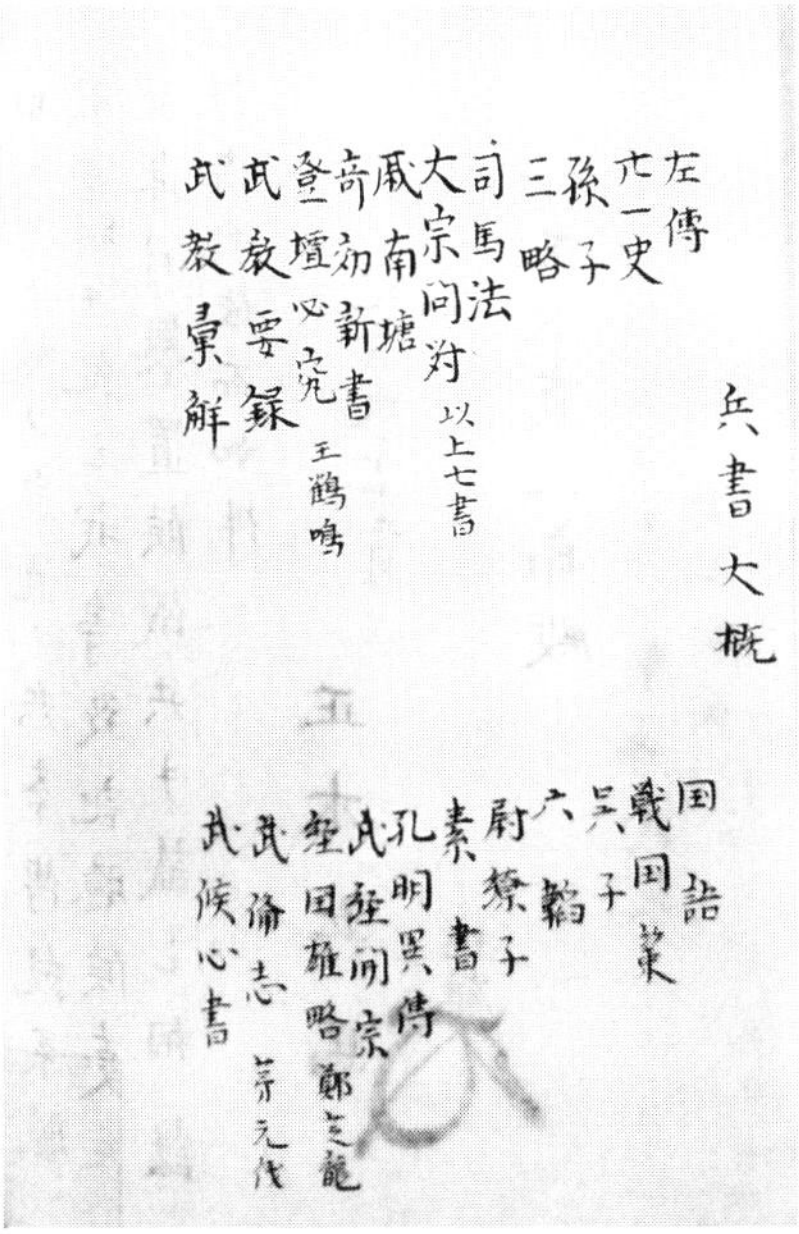

図2　鷲見文庫蔵『兵家系図』初丁ウ

な位置を占めた兵書である。(3)

本文は、「**甲州流系図**」四十五名、「北条流」九名、「**山鹿流**」三十一名、「**小幡系甲州流**」三十二名、「風山流」七名、「上泉流」十三名、「**要門流**」二十二名、「宇佐美流」六名、「千葉流」五名、「斎藤流」八名、「織田流」三名、「大江流」一名、「高常流」、「長沼流」五名、「枢要流」「八幡流」「楠流」「渋田流」「柏木流」「渋川流」「恕見流」「宗国養沈流」「鎌田流」「高宮流」「野草流」「吉明流」「山脇流」「道鬼流」「小笠原流」「児玉流」「伊庭流」「松下流」「京極流」「豊隆流」「難波流」「氏長流」「大内流」「児島流」「重好流」「勝三流」「一竿流」「多田流」「常允流」「**荻生流**」「三嶋流」「竹中流」「嶋村流」「**林子平流**」「的統流」十一名、最後に「当時兵学家」として一一一名の兵学者（鳥取藩二名を含む）と相承関係を挙げる。

今日の江戸兵学研究は、端的に言って石岡久夫『日本兵学史　上・下』（雄山閣、一九七二年）の成したレベルから、その先に出ていないのだが、自衛隊第一術科学校参考館に奉職し、『兵家系図』を駆使して本書をなしたことに思い至れば、数ある鷲見文庫のコレクションの中から本書に焦点を当てる理由は理解されよう。

五、正木輝雄の事績

『兵家系図』著者正木輝雄について、まず事典的な伝記事をまとめれば、以下の通りとなる。

生年未詳、文政六年（一八二三年）十二月九日卒。津山藩甲州流軍学師役。通称直三郎、仕官後兵馬と改める。隠居後、勝良。号酔梅。尾張の人。寛政三年（一七九一）津山藩に仕官、小従人組、擬作《あてがい》四十五俵。寛政五年、藩の軍学師役となる。岡山・広島・鳥取・高松・出石・萩・平戸・備中宮内・同松山の藩士が兵学修行のため輝雄宅に逗留。文化三年（一八〇六）石高五十石。

（『国元日記』『江戸日記』（「津山郷土館報」一〇号）『三百藩人名事典』『国書人名事典』）

以下、藩庁日誌である『国元日記』にみえる、注目すべき動静を、もう少し拾っておこう。

寛政十二年九月二十一日　江戸へ出立。
文化七年五月二十日　津山藩お抱え絵師鍬形蕙斎、津山へ（輝雄と同居）。
文化八年二月二十一日　倅直三郎と米子の田代元春方へ出張を願い出。
　四月十一日　米子より帰着の報告。
　七月十八日　再び田代方へ出張願い出。
　七月二十日　直三郎も同願い出。
　八月七日　米子より帰着の報告。
文化十二年正月　隠居願い出、勝良と改名。
文政元年九月二十九日　田代へ出張の願い出。
　十月五日　出発の届け出。
　十一月八日　帰着の報告。
文政二年四月二十三日　田代へ出張の願い出。
　六月二十四日　帰着の報告。
文政四年五月三日　田代へ出張の願い出（出発・帰着は不明）
文政六年十二月九日　死亡の届け出。

ここで頻出する田代元春についての略歴は以下の通りである。一七六七～一八二一。初め江春、晩年桃隠、通称を恒親、字を子連、家は霞岳亭。米子生まれ、家業（医学）修行のため京都に出る。二十一歳で家督を継ぎ、藩に勤める。国学・和歌に長じ、千家俊信《ざね》に師事する。本居宣長の没後、鈴屋に入門[4]。稲葉文庫に鷲見保明宛て書簡あり[5]。田代は、鷲見一族とも雅交があり、正木のこの書も田代を通じての入手であった可能性は高い。鷲見文庫の兵学伝書には奥書に田代の名が顔を出す。

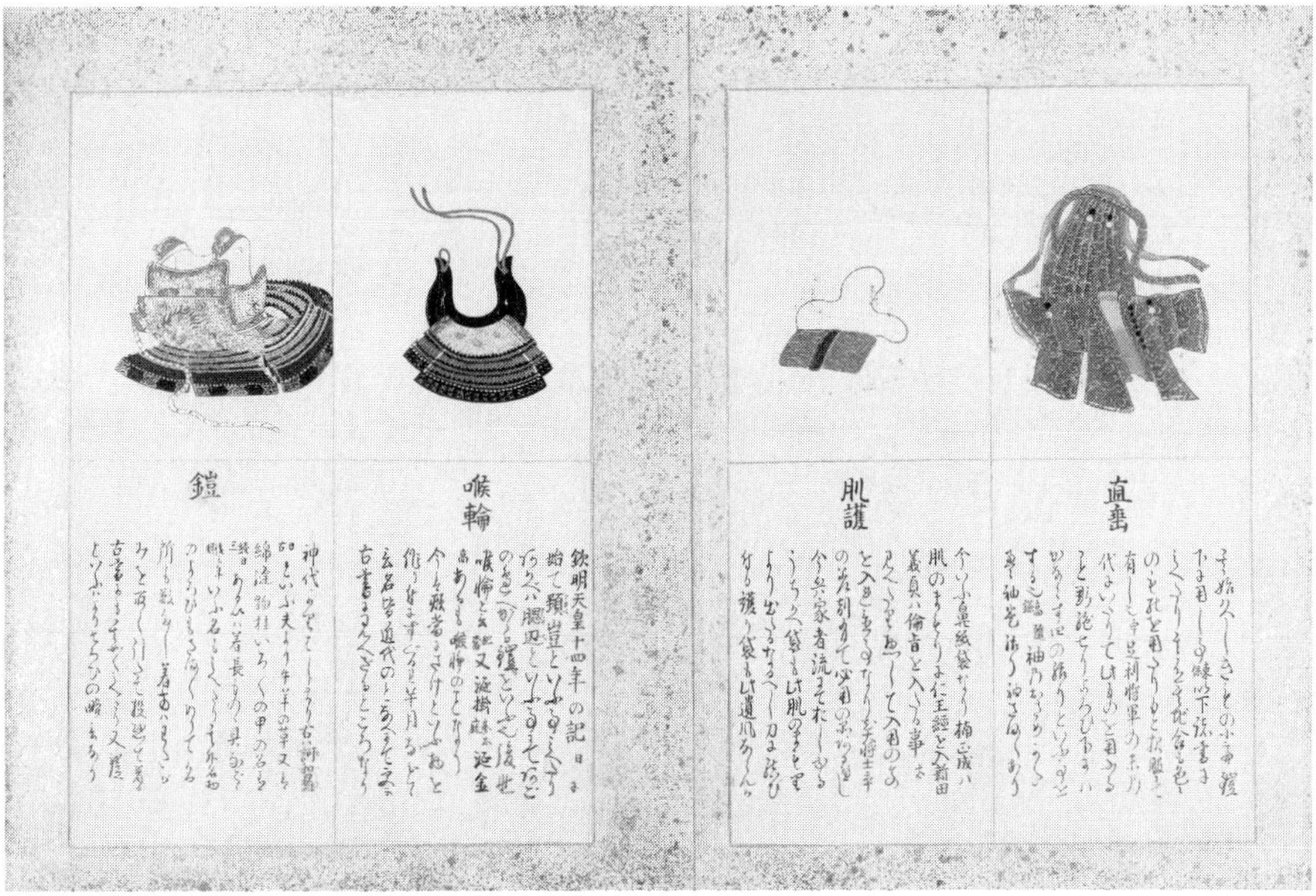

図3 『武器図札（ぶきずさつ）』（国立国会図書館蔵、請求記号：亥二・九三）
DOI：10/11501/2554292
URL: https://dl.ndl.go.jp/info:ndljp/pid/2554292/6

次に注目されるのは、正木と鍬形蕙斎との交友である。国立国会図書館には『武器図札』なる二人の交友を証する書物が残っている。今本書の概要を記せば以下の通りである。

折本二帖。柴野栗山漢文序（文化元年（一八〇四）二月）、江原親章仮名序（享和二年（一八〇二）二月）、享和元年十一月「西郊藤親裕」跋、竹口直兄の求めにより作成。輝雄自筆。内容は図3に挙げたように、甲冑装束の一々を蕙斎が彩色で描き、輝雄は解説をつけたもので、装束の配列は、最初に身に着ける直垂から始まって、兜・太刀・弓矢に至る装着順となっている。[6]

漢文序を寄せる柴野栗山は、寛政の三博士に名を連ねるが、有職家としての顔も持っていた。弟子に屋代弘賢がいたことだけでもその重要性が知れようというものだろう。本書に交錯する人脈は広く捉えれば、賀茂真淵に発する国学の中の有職学と兵学との接近、具体的には、柴野栗山・鍬形蕙斎・谷文晁・屋代弘賢・栗原信充（『真書太閤記《しんしょたいこうき》』の編者）といった儒者・絵師・文献学者をつなげる、松平定信を核とする十九世紀の「知」の在り方の重要な側面に光を当てることとなる。

仮名序を寄せる江原親章《ちかあき》は、『寛政重修諸家譜』によれば、以下の通り。久米吉 孫三郎。母は某氏。安永二年遺跡を継ぐ。時に五歳、采地千七百石。寛政元年六月御小姓組の番士となり、八年五月御小納戸に転じ、十二月布衣。のち放鷹に扈従した点が本書との関連を匂わせる。鳥を射て時服三領を頂いている。墓は、蓮寿山真浄寺（香取市沢）、日蓮宗。沢村は、旗本江原氏知行地で、境内には、沢村領主であった親章の墓一基が残る。竿石正面には「威徳院殿興仁禮譲大居士」「文化二乙丑年正月十日逝去」の文字と二つの家紋が刻まれている。江原氏の葬地は市谷善慶寺（現新宿区）であり、なぜ親章の墓だけ真浄寺にあるのかは不明。台石の側面には、建立者と思われる十一人の名前が刻まれている。

この豪華な折本仕立ての彩色画からなる本書の献呈先はいまだ不明だが、十九世紀の合戦図・合戦絵巻とも対応する、武家故実考証熱の一端と一応考えておく。

六、『兵家系図』の資料的価値

では『兵家系図』の内部からみえる正木の動静、特に兵学者としてのそれはどのようにうかがい知れるのであろうか。以下に列挙してみた。

1　享和元年三月　加賀藩士脇田直勝（巻末「当時兵学家」に「脇田伊織」）より山鹿流軍学伝授。『一九九九年度科研費報告書　日本近世初期における渡来朝鮮人の研究：加賀藩を中心に』（代表：鶴園裕）によれば、直勝の祖脇田直賢（幼名・金如鉄）は、父に翰林学士金時省を持ち、七歳の時に朝鮮出兵で父が戦死し、宇喜多秀家軍に捕らえられ、岡山に連れて来られた。その後、秀家の正妻豪姫の実家・前田家に送られそこで養育される。長じて前田利長の近習となり一〇〇石を与えられ、脇田重俊の娘を妻とし脇田姓を名乗った。大坂の陣の功で二〇〇石を加増（後に更に一〇〇〇石を加増）。御算用場奉行、大小将頭、公事場奉行、町奉行などを務めた後、一六五九年に隠居、翌年年七月没している。

2　天明五年十二月　岡崎藩士（儒臣）辻花五左衛門坂上編成より山鹿流軍学伝授。

3　寛政五年九月　田沼意次家臣山内通武（文化三年没）より甲州流軍学伝授。

4　天明四年十二月　水野左近将監家臣英為貫（岡崎・唐津藩士）より要門流軍学伝授。

以上、である。幕末の兵学者は、各流派を兼修するケースがままあり、正木はその典型ということになる。『兵家系図』のような兵学者師承系図の機能をどう考えればいいのだろうか。ひとつには、自己の位置を確認・証明する働きが指摘できよう。類例としては、蓬左文庫蔵『長沼流伝系』が挙げられる。江戸中期から尾張藩では長沼流が兵学の主流となるが、自分がどの位置にあるのか記録しておきたいというのは、兵学者の地位の証として必要だったのだろう。**図1**に掲げたように『兵家系図』の初丁オには、文化五年十二月に輝雄が息子の直三郎に本書を伝授した旨が記されているのも、相承図が兵学伝授の重要な一要素であったことを物語る。

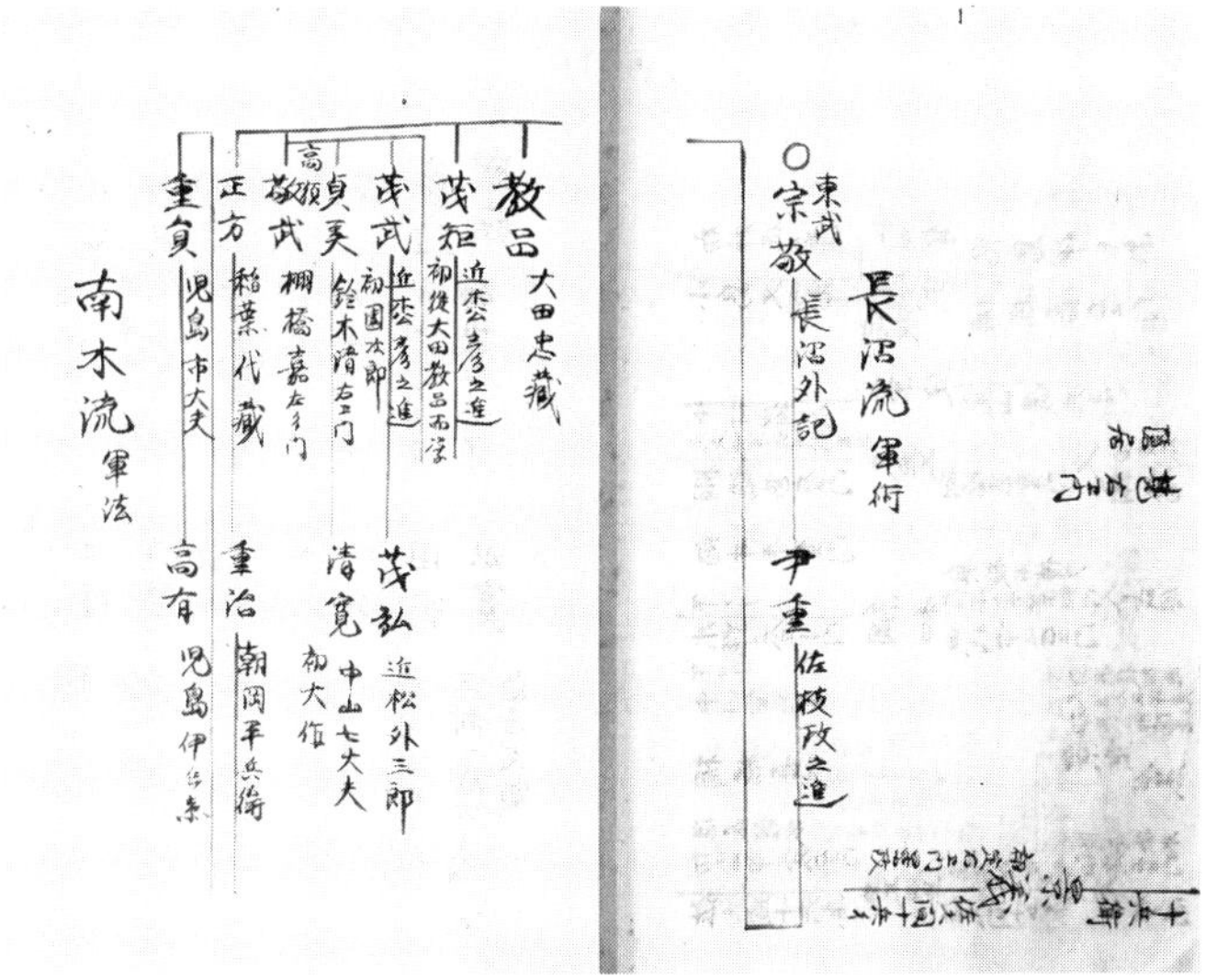

図4　『張藩武術師系録』（防衛大学校図書館有馬文庫所蔵）

ただし、通例として相承図は、各流派別に巻子で、立派な水晶の軸に巻かれたりして残されるものである。しかし、本書は冊子体で流派を越えて情報が集積されている。そこで、今一つは、兵学諸流派の情報集積・整理という機能が考えられる。防衛大学校図書館有馬文庫蔵『張藩武術師系録』（文化八年序）（**図4**）は、尾張藩の兵学者各派の人名・相承を整理・記録したものである。先に述べたように、江戸後期に兵学流派が乱立すると、流派ごとの情報の整理が必要になってきたと想像される。

この兵学者伝記資料としての博覧性こそが、『兵家系図』の資料としての価値であったことは、今でも兵学研究の基本文献として価値を失っていない石岡久夫『日本兵学史』が本書に多く取材していることからも明らかである。

既に以前本書の記事を利用して伝記を記した例をかいつまんで再記しておこう。編纂物関ケ原軍記の実質的始発『慶長軍記』の筆者、植木悦（?～元禄十一（一六九八）、長春、由右衛門、升庵・橘生斎）は、備中の豪族植木氏の流れを汲み、甲州流軍学を修め、『慶長軍記』成立の前年寛文二年（一六六二）に、藤堂分家の高通に拝謁、寛文九年その久居藩に仕官して、城下の縄張りを決め、著作としては『西国太平記』

（延宝六年刊）『職原抄引事大全』（万治二年刊）などを刊行していた。(7) さらに、『兵家系図』の甲州流の部には以下のようにある。

小幡勘兵衛景憲――植木由衛門悦

仕居藤堂家銀三百石。号升庵、又称橘生軒。**一生不犯ノ人焉**。西国出生ト云ヘリ。**水戸光国卿ノ命ニヨリ江戸千駄谷ニ篭居シテ、古陣秘法若干ノ巻を著ス**。或ハ職原大全・慶長軍記等ヲ著ス。

水戸光圀と関係があったという点は、ウラが取れていないが、確かに植木は兵学書『古陣秘法』（延宝二年刊）を口述・刊行はしているし、浪人中江戸千駄ケ谷に住んでいたというのは、『慶長軍記』の序文では駒込となっているのが気になるが、いずれにしろ久居藩に仕官する以前に『慶長軍記』の広範な資料集めが江戸で行われたことを十分予想させるものである。さらに、「一生不犯」の人であったという記事も、『慶長軍記』の内容には大きな影を落としている。(8)

巻五「大谷刑部少輔佐和山江立寄事」で、大谷刑部は家康と兼ねてより昵懇であり、「甥」の木下大学を伴い会津攻めに向かう途中、三成とは「成童」からの「金蘭」、即ち深い友情に結ばれた関係でもあり、「若道」、つまり男色の交わりも濃かったので、暇乞いに佐和山に立ち寄った、と紹介される。(9)

以上のように、『兵家系図』の記事は、謎の多い兵学者の相承関係のみならず、作品理解に資する特記事項にまで及び貴重なのである。

七、兵学者正木輝雄の注目点

諸流派を修めた正木の学問で、兵学史の流れから見て注目すべきは、徂徠学との関係である。『兵家系図』の「徂徠流」の部には、徂徠が茂久景泰から要門流を学んだ記事が確認できる。徂徠伝記研究の決定版である平石直昭『荻生徂徠年譜考』（平凡社、一九八四年）には、

寛文10年　5歳　「太大孺人」の膝下にあり、朝鮮役、加藤清正などについて話を聞いたのは此頃か（『水足子風子詩巻序』8）（中略）祖父が名家出身の棟梁の材であり、方庵が堀宋閑について武田流軍学を学んだこと、また徂徠自身「幼少の時より物師の物語ども数多」聞いたことにつき、『鈴録外書』6参照。

天和2年　17歳　「正月家君寝疾、三月而癒、今年受大内流軍学于外祖父鳥井忠重」（泊）『鈐録』序に岡本半助の『訓閲集』60巻ほどを「某外祖父より是を伝へて委く知りぬ」

とあるのは右をさすのであろう、同じ趣旨の記事が『鈐

録外書』巻6にも見られる。

とあって、茂久景泰との関係の洗い出し自体が今後の調査を待つ必要がある要注意の記事であった。特に上杉流の一派要門流から出発したという問題は、意外に重要である。『鈐録外書』巻六には「弱年の時（中略）謙信流は印可迄相済み申し候」とあるのと符合するからである。この記事の続きには、武田流が軍略を中心として、「節制」、今日で言えば統率に疎く、謙信流は逆であると述べ、節制の事は異国の軍法を学ばねば本質を理解しえないと記している。

徂徠兵学が倭寇対策から「節制」を錬磨した中国兵書『紀效新書』に学んで一大特徴となったことは、既に説かれている[10]。秀吉の朝鮮侵攻において、戦国に錬磨した日本軍が敗れ、平和の極にあった万暦帝時代の明が勝ったのもこの「節制」故だと徂徠は論じ、それは『政談』で展開される屯田兵的武士帰農論とつながっていくのである。**図2**で示したように、徂徠学を学んだ正木も『紀效新書』を読むべき兵書として挙げていた。

徂徠兵学の屯田兵的兵学論は、幕末重要な流れを生む。石岡久夫『日本兵法史　下』一五二ページには、

> 『要鑑抄』においては国政伝品第一国鎮護段の冒頭に、「軍法の本は武略智略なり」といい、「計策」を大本からはずして小問題として別に扱っているのは、佐藤信淵（津山藩蘭学者宇田川玄随門―井上注）がその著『兵法一家言』において、甲州流は謀略・計策を精論して、軍陣・節制を軽んじたのに反し、越後流（要門派）は軍律と制度とを重んじ、謀略・計策を軽視していると指摘しているとおりである。

と徂徠と同様の見方が佐藤信淵にあることを指摘する。信淵と津山洋学の宇田川家との関係も、正木と絡んで気になるところだが、『兵家系図』「当時兵学家」冒頭に要門流兵学を修めた大名の一人として挙がる、陸奥泉藩主本多忠籌（ただかず、一七四〇～一八一三、老中、蝦夷地直轄領化論者）は、佐藤玄明窩（佐藤信淵の父）門であることが記され、徂徠学に発した国民皆兵論につながっていく流れを追うことができる。この問題は、正木個人の問題を越えて、近世兵学から近代国民皆兵への下地としての流路の可能性を顕在化させるもので、今後の大きな課題であることを指摘しておきたい。

注

（1）大内瑞恵「近世国学と鷲見文庫――東洋大学附属図書館蔵稲葉文庫目録と研究1」（『東洋大学大学院紀要』五五、二〇一九年）、大内瑞恵「鷲見保明「秋の道草　上」翻刻――稲葉文庫と橘千蔭・衣川長秋の添削」（『東洋大学大学院紀要』五三、

二〇一六年)、高橋禎雄「近世兵書における「道」解釈の転換:『士鑑用法』を中心として」(『日本思想史研究』四七、二〇一五年)、「新古今集渚の玉」『新古今集古注集成』(近世新注編二、笠間書院、二〇一四年)、白石良夫「鷲見文庫書誌覚書」(『雅俗』一三〜一六、二〇一四〜二〇一六年)、田村隆「鷲見文庫点描」(『九州大学附属図書館研究開発室年報』二〇〇八/二〇〇九、二〇〇九年)、『古兵書目録:旧海軍兵学校教育参考館蔵野沢文庫鷲見文庫』(海上自衛隊第一術科学校普通学科・教材課、一九六四年)。

(2) 阿部裕樹「鳥取藩士山口謙之進の生涯と幕末明治――創立者・岸本辰雄の周辺」(『明治大学史資料センター報告』三一、二〇一〇年)。

(3) 谷口眞子「近世前期の兵学とは」(『書物・出版と社会変容』一七、二〇一四年)、松田隆智『図説中国武術史』(復刻版、壮神社、二〇〇一年、二七―二八頁)、野口武彦『江戸の兵学思想』(中央公論新社、一九九一年、中公文庫、一九九五年)「第6章「軍略」と「軍法」―荻生徂徠の『鈐録』について」。

(4) 森納『因伯の医師たち』(私家版、一九七九年)。

(5) 原豊二「山陰歴史館所蔵七弦琴に関わる近世・近代の〈学〉的体系の考察」(『物語研究』八、二〇〇八年)。

(6) なお、防衛大学校図書館有馬成甫文庫蔵『擐甲図歌』は、本書を版本に仕立てなおしたもので、享和二年(一八〇二)自序に続いて、津山藩儒学者昌谷《さかや》精渓の後序(弘化三年(一八四六)が付され、文中に「今を距つる四十年」云々の文言もあって、版元は「江戸日本橋通二丁目山城屋佐兵衛」である。幕末の動乱期、慌てて甲冑の付け方を学ぼうとする武家を当て込んだ出版であったか。

(7) 井上泰至『サムライの書斎』(ぺりかん社、二〇〇七年)「1 軍学者の想像力 植木悦」。

(8) 井上泰至・湯浅佳子『関ケ原合戦を読む 慶長軍記翻刻・解説』勉誠出版、二〇一九年)「解説」。

(9) 井上泰至「大谷吉継軍師像の転変」(井上編『関ケ原はいかに語られたか』勉誠出版、二〇一七年)。

(10) 前掲注3野口書・井上泰至「軍書・軍学・兵法」(小峯和明編『東アジアに共有される文学世界』文学通信、二〇二一年)。

後記 本稿は、第一三八回「書物・出版と社会変容」研究会(二〇二〇年十一月七日、於:県立広島大学サテライトキャンパス)における口頭発表に基づく。

執筆者一覧（編者以下、掲載順）

井上泰至　石塚晴通　佐々木孝浩　竹内洪介　堀 新
須田牧子　山本 洋　湯浅佳子　入口敦志　薄田大輔
黒田 智　佐藤 悟　日比谷孟俊　大和あすか　川合 康
遠藤珠紀　高木浩明　林 晃弘　高松亮太

【アジア遊学 262】

資料論《しりょうろん》がひらく軍記《ぐんき》・合戦図《かっせんず》の世界《せかい》
理文融合型資料論と史学・文学の交差

2021 年 11 月 10 日　初版発行

編　者　井上泰至
制　作　株式会社勉誠社
発　売　勉誠出版株式会社
〒 101-0061　東京都千代田区神田三崎町 2-18-4
TEL：(03)5215-9021(代)　FAX：(03)5215-9025
〈出版詳細情報〉 http://bensei.jp/

印刷・製本　三美印刷㈱
ISBN978-4-585-32508-6　C1321

重要文化財 後三年合戦絵巻（東京国立博物館蔵）—出典◎COLBASE

合戦図 描かれた〈武〉《もののふ》（仮）

『合戦図』を知るための
基礎資料38点をフルカラーで集成！
最先端の研究成果を具備した
図書館必備の決定版！

中根千絵・薄田大輔〈編〉

予価一七、六〇〇円（税込）
B5判上製・四四〇頁予定
（カラー図録一二〇頁＋三二〇頁）予定
二〇二一年十一月刊行予定
ISBN978-4-585-32013-5 C3021